Springer Fachmedien Wiesbaden GmbH

Grundriß der Geschichtswissenschaft

Herausgegeben von **Aloys Meister**

Inhaltsübersicht des Gesamtwerkes.

* 2. Auflage. † In Vorbereitung.

I. Band.

Abteilung 1. ℳ 2.40. **ℳ 3.—**
***Lateinische Paläographie.** Von Archivdir. Prof. Dr. Berthold Bretholz.

Abteilung 2. ℳ 2.40. **ℳ 3.—**
***Urkundenlehre.** I. u. II. Teil. Grundbegriffe, Königs- u. Kaiserurkunden. Von Prof. Dr. Rud. Thommen. Papsturkunden. Von Prof. Dr. Ludw. Schmitz-Kallenberg.

Abteilung 2a. ca. ℳ 1.60. **ca. ℳ 2.20.**
***†Urkundenlehre.** III. Teil. Privaturkunden. Von Prof. Dr. Harold Steinacker.

Abteilung 3. ℳ 1.50. **ℳ 2.10.**
***Chronologie des deutschen Mittelalters und der Neuzeit.** Von Archivdirektor Geh. Archivrat Dr. Hermann Grotefend.

Abteilung 4. ℳ 2.80. **ℳ 3.40.**
***Sphragistik.** Von Archivdirektor Dr. Theodor Ilgen.
***Heraldik.** Von Archivar a. D., Kgl. Sächs. Kommissar für Adelsangelegenheiten Dr. Erich Gritzner.
Numismatik. Von Geh. Reg.-Rat Dr. Ferdinand Friedensburg.

Abteilung 4a.
†Genealogie. Von Dr. Forst-Wien.

Abteilung 5. ca. ℳ 1.20. **ca. ℳ 1.80.**
***†Quellen und Grundbegriffe der histor. Geographie Deutschlands u. s. Nachbarländer.** Von Prof. Dr. Rud. Kötzschke.

Abteilung 6. ℳ 1.50. **ℳ 2.10.**
***Grundzüge der historischen Methode.** Von Prof. Dr. Aloys Meister.
Geschichtsphilosophie. Von Privatdozent Dr. Otto Braun.

Abteilung 7. ca. ℳ 2.— **ca. ℳ 2.60.**
***†Historiographie und Quellen der deutschen Geschichte bis 1500.** Von weil. Prof. Dr. Max Jansen. Fortgeführt von Prof. Dr. Schmitz-Kallenberg.

Abteilung 8.
†Quellen und Historiographie der Neuzeit. Von Prof. Dr. Hermann Oncken.

II. Band.

Abteilung 1. ca. ℳ 2.80. **ca. ℳ 3.40.**
***†Deutsche Wirtschaftsgesch. b. z. 17. Jahrh.** Von Prof. Dr. Rudolf Kötzschke.

Abteilung 2. ca. ℳ 1.80. **ca. ℳ 2.40.**
***†Grundzüge d. neueren Wirtschaftsgeschichte vom 17. Jahrhundert bis zur Gegenwart.** Von Prof. Dr. Heinrich Sieveking.

Abteilung 3. ca. ℳ 2.80. **ca. ℳ 3.40.**
***†Deutsche Verfassungsgeschichte v. d. Anfängen bis ins 15. Jahrhundert.** Von Prof. Dr. Aloys Meister.

Abteilung 4.
†Deutsche Verfassungsgeschichte v. 15. Jahrhundert bis zur Gegenwart. Von Privatdozent Dr. Fritz Hartung.

Abteilung 5. ℳ 3.— **ℳ 3.60.**
Deutsche Rechtsgeschichte. Von Privatdoz. Dr. Claudius Frh. v. Schwerin.

Abteilung 6. ca. ℳ 5.— **ca. ℳ 5.60.**
***†Verfassungsgeschichte der deutsch. Kirche im Mittelalter.** Von Prof. Dr. Albert Werminghoff.

Abteilung 7.
†Verfassungsgeschichte d. kathol. Kirche in d. Neuzeit. Von Prof. Dr. Jos. Freisen.

Abteilung 8. ℳ 1.— **ℳ 1.60.**
Geschichte der protestantischen Kirchenverfassung. Von Prof. Dr. Emil Sehling.

Die Preise der gebundenen Exemplare sind fett gedruckt.

Der „Grundriß“ soll in knappem Zusammenhang und abgeschlossener Darstellung Studierenden wie Lehrern ein geeignetes Hilfsmittel zur Einführung, Wiederholung und Vertiefung des historischen Studiums bieten.

Der „Grundriß“ soll auf der Höhe der wissenschaftlichen Errungenschaften der Geschichtsforschung stehen. Er soll das Neueste berücksichtigen und so den augenblicklichen Stand der Geschichtswissenschaft in den behandelten Einzeldisziplinen wiedergeben. Nicht die abgeklärten sicheren Ergebnisse allein, auch die neu aufgeworfenen, die ungelösten und zur Diskussion stehenden Fragen werden darin erörtert.

Der „Grundriß“ soll anspornen zur Mitarbeit, zum Vergleichen und Beobachten sowie zum Sammeln entlegener Merkmale und Zeugnisse. Durch reiche Literaturangaben, besonders in Kontroversfragen, wird der Leser in die Lage gesetzt, das Gebotene weiter zu verfolgen und die Begründung des ausgesprochenen Urteils zu prüfen.

Der „Grundriß“ eignet sich wegen seiner übersichtlichen, praktischen Anlage vortrefflich als Nachschlagewerk. Als solches wird er weder in Bibliotheken der höheren Schulen noch der historischen Vereine fehlen dürfen. Forschern auf dem Gebiete der Familiengeschichte und Altertumssammlern wird er vermöge eingehender Berücksichtigung der Hilfswissenschaften wertvolle Dienste leisten.

GRUNDRISS DER GESCHICHTSWISSENSCHAFT
ZUR EINFÜHRUNG IN DAS STUDIUM DER DEUTSCHEN GESCHICHTE DES MITTELALTERS UND DER NEUZEIT
HERAUSGEGEBEN VON ALOYS MEISTER
II. REIHE · ABTEILUNG 3

DEUTSCHE VERFASSUNGSGESCHICHTE
VON DEN ANFÄNGEN BIS INS 14. JAHRHUNDERT

VON

ALOYS MEISTER

ZWEITE AUFLAGE

Springer Fachmedien Wiesbaden GmbH 1913

VERZEICHNIS DER ABKÜRZUNGEN
IM GRUNDRISS DER GESCHICHTSWISSENSCHAFT.

A.	Archiv
Abh.	Abhandlung
Abh. BAk.	Abhandlungen der Bayerischen Akademie
AdB.	Allg. deutsche Bibliographie
Ak.	Akademie
AkathKR.	Archiv f. kath. Kirchenrecht
ALitKgMA.	Archiv f. Literatur und Kirchengesch. d. Mittelalters
Ann.	Annalen
AU.	Archiv f. Urkundenforschung
AZ.	Archivalische Zeitschrift
B.	Bibliothek
BÉCh.	Bibliothèque de l'École de Chartes
Ber.	Bericht
Bl.	Blatt (Bll.: Blätter)
Cbl.	Centralblatt
Chr.	Chronik
CIL.	Corpus Inscriptionum Latinarum
D.	Deutsch
DG.	Deutsche Geschichtsquellen
DLbl.	Deutsches Literaturblatt
DLZ.	Deutsche Literaturzeitung
DWG.	Deutsche Wirtschaftsgeschichte
DWL.	Deutsches Wirtschaftsleben
DZG.	Deutsche Zeitschrift f. Geschichtswissenschaft
F.	Forschungen
FDG.	Forschungen zur Deutschen Geschichte
FBPrG.	Forschungen zur Brandenburg. Preußisch. Gesch.
G.	Geschichte
GBll.	Geschichtsblätter
GGA.	Göttinger Gelehrte Anzeigen
GVer.	Geschichtsverein
Gw.	Geschichtswissenschaft
H.	Historisch
Hb. (Hdb.)	Handbuch
HdWbStW.	Handwörterbuch der Staatswissenschaften
HJb. (HJ.)	Historisches Jahrbuch
HTb.	Historisches Taschenbuch
HVSchr.	Historische Vierteljahrsschrift
HZ.	Historische Zeitschrift
Jb.	Jahrbuch
JB.	Jahresbericht
JBG.	Jahresbericht der Geschichtswissenschaft
JbGesVV.	Jahrbuch für Gesetzgebung, Verwaltung und Volkswirtschaft
JbbNSt.	Jahrbücher der Nationalökonomie u. Statistik
Kbl.	Korrespondenzblatt
KblGV.	Korrespondenzblatt des Gesamtvereins
KG.	Kirchengeschichte
KR.	Kirchenrecht
KUiA.	Kaiserurkunden in Abbildungen
Lbl.	Literaturblatt
LCbl. (LZbl.)	Literarisches Centralblatt
LR.	Literarische Rundschau
M.	Mitteilungen
MHL.	Mitteilungen aus d. Hist. Literatur
MIÖG.	Mitteilungen des Instituts für österreichische Geschichtswissenschaft
MA.	Mittelalter
MGH. (MG.)	Monumenta Germaniae historica
MHV.	Mitteilungen des Histor. Vereins
NA.	Neues Archiv
NF.	Neue Folge
PrJbb.	Preußische Jahrbücher
QE.	Quellen und Erörterungen
QF.	Quellen und Forschungen
R.	Revue, Rivista
RE.	Realenzyklopädie
Rg.	Rechtsgeschichte
RH.	Revue historique
RQH.	Revue des questions historiques
RQSchr.	Römische Quartalschrift
SB.	Sitzungsberichte
SBAk.	Sitzungsberichte der Akademie
St.	Studien
ThJb.	Theologisches Jahrbuch
ThJB.	Theologischer Jahresbericht
ThQ.	Theologische Quartalschrift
ThZ.	Theologische Zeitschrift
Ub.	Urkundenbuch
VSozWG.	Vierteljahrsschrift f. Sozial- und Wirtschaftsgesch.
Vfg.	Verfassungsgeschichte
WbVW.	Wörterbuch der Volkswirtschaft
WZ.	Westdeutsche Zeitschrift
Z.	Zeitschrift
ZA.	Zeitalter
Zbl.	Zentralblatt
ZblB.	Zentralblatt für Bibliothekswesen
ZDA.	Zeitschrift für deutsches Altertum
ZGORh.	Zeitschrift für Geschichte des Oberrheins
ZKG.	Zeitschrift für Kirchengeschichte
ZKR.	Zeitschrift für Kirchenrecht
ZSavStRgGA.	Zeitschrift der Savigny-Stiftung für Rechtsgeschichte, Germanistische Abteilung
ZSozWG.	Zeitschrift für Sozial- und Wirtschaftsgeschichte
ZVerG	Zeitschrift des Vereins für Geschichte

Ursprünglich erschienen bei B.G. Teubner in Leipzig 1913
Softcover reprint of the hardcover 2nd edition 1913

ISBN 978-3-663-15570-6 ISBN 978-3-663-16142-4 (eBook)
DOI 10.1007/978-3-663-16142-4

Vorwort zur ersten Auflage.

Im gegenwärtigen Momente die Verfassungsgeschichte der früheren Jahrhunderte darstellen zu wollen in der Weise, daß die Darstellung die für einen Grundriß nötigen klaren Bilder liefert, war ein schwieriges Unternehmen. Es ist in den letzten Jahren eindringender Forschung so manches in eine andere Perspektive gerückt als wie es früher erschien; scheinbar völlig gesicherte Ergebnisse sind wieder ins Wanken geraten und teilweise ganz neue Probleme tauchten in plötzlicher, scharfer Beleuchtung aus der grauen Verschwommenheit auf. Ich habe mich bemüht, die für die Zwecke des Grundriß einigermaßen gesicherten Positionen zu gewinnen und in den Kontroversgebieten, in denen der Boden schwankte, eine solche Stellung zu nehmen, daß der Leser die Haltbarkeit meines Standortes selbst zu prüfen und über das Streitobjekt sich zu orientieren in die Lage gesetzt wurde. Hierzu waren reiche Literaturnachweise notwendig, die bis zur letzten Korrektur das Neueste mit Auswahl zusammentrugen. Ganz scharf war eine Scheidung der Verfassungsgeschichte von der Wirtschaftsgeschichte nicht überall durchzuführen, da der Verfassungshistoriker der wirtschaftlichen Momente zur Erklärung verfassungsrechtlicher Bildungen nicht entbehren kann. Auch die Grenze gegen die Bearbeitung der neueren Verfassungsgeschichte sollte nicht schroff gezogen werden, da sich die verfassungsgeschichtliche Entwickelung doch eigentlich nicht ohne Zwangsmittel in die übliche Trennung von Mittelalter und Neuzeit scheiden läßt. Deshalb ist auch in unserer Behandlungsart der größere Einschnitt im 13. Jahrhundert gemacht worden. Nach dem 13. Jahrhundert ist nur in einigen Hauptrichtungen bis ins 15. Jahrhundert hinübergegriffen worden, während andererseits der Bearbeiter der neueren Verfassungsgeschichte hier ausholend zurückgreifen und Nachlese halten wird.

Meister.

Vorwort zur zweiten Auflage.

Über anderthalb Jahr ist die „Verfassungsgeschichte" im Buchhandel vergriffen gewesen. Ein Jahr Dekanat und darauf ein Jahr Rektorat haben es verschuldet, daß die Umarbeitung nicht rechtzeitig fertig war, und die zweite Auflage so verspätet erscheint.

An der Art der Bearbeitung ist Einiges geändert. Den Hauptabschnitten sind einleitende Bemerkungen vorausgeschickt worden, in denen größere Gesichtspunkte hervorgekehrt und die Zusammenhänge hergestellt sind. Die ganze Anlage zu ändern, konnte ich mich nicht entschließen, da sie mir so, wie sie ist, am besten pädagogischen Anforderungen zu entsprechen scheint und die Zwecke des Grundrisses besser erfüllt, als eine historische Erzählung und Einflechtung in den Rahmen der politischen Geschichte.

Man wird die bessernde Hand wohl erkennen. Zu den neuen Fragen habe ich Stellung genommen und mit meiner Meinung nicht zurückgehalten.

So möge denn die zweite Auflage eine gleich wohlwollende Aufnahme erfahren wie die erste. Ich danke allen denen, die durch ihre Kritik die Sache gefördert haben.

Münster, 16. Juni 1913. **Meister.**

Inhaltsverzeichnis.

DEUTSCHE VERFASSUNGSGESCHICHTE DES MITTELALTERS VON DEN ERSTEN ANFÄNGEN BIS INS 15. JAHRHUNDERT.

VON ALOYS MEISTER.

Allgemeine Literatur und Hilfsmittel.

Verfassungsgeschichte ist eine selbständig gewordene Tochter der Rechtsgeschichte. Daher hat auch die Begründung einer wissenschaftlichen Behandlung der Rechtsgeschichte erst die Grundlage gegeben für eine Wissenschaft der Verfassungsgeschichte. Deutsche Rechtsgeschichte und deutsche Verfassungsgeschichte als wissenschaftliche Disziplinen erkennen in KARL FRIEDRICH EICHHORN ihren gemeinsamen Stammvater.

KARL FRIEDRICH EICHHORN, Deutsche Staats- und Rechtsgeschichte. Zuerst erschienen Göttingen 1808—1823. 5. Aufl. 4 Bde. 1843—1844.

Seitdem behandeln auch die Werke über deutsche Rechtsgeschichte mehr oder minder verfassungsgeschichtliche Partien, auch ohne dies im Titel anzudeuten, wie das EICHHORN getan hatte und von Neueren v. SCHULTE, Lehrbuch der Reichs- und Rechtsgeschichte, und ZÖPEL, Deutsche Staats- und Rechtsgeschichte u. a. angeben. In vorliegendem Grundriß haben wir jedoch Verfassungsgeschichte von der Geschichte des Rechtes zu trennen gesucht und von verschiedenen Bearbeitern darstellen lassen. Eine eingehendere Behandlung der rechtsgeschichtlichen Literatur findet sich daher in den Abschnitten von Frhr. CL. v. SCHWERIN.

Hier nur die geläufigsten *Rechtsgeschichten:*

R. SCHRÖDER, Lehrbuch der deutschen Rechtsgeschichte. Leipzig. 5. Aufl. 1907. Dies Werk hat den Vorzug, von der ältesten bis in die neueste Zeit zu reichen und berücksichtigt dabei ausgiebig die Verfassungsgeschichte; ist stofflich sehr reichhaltig.

H. BRUNNER, Deutsche Rechtsgeschichte. I, 2. Aufl. 1906. II, 1892. Reicht leider noch nicht über die fränkische Zeit hinaus; beruht durchweg auf eigenem gründlichen Quellenstudium und ist ein sicherer Führer für den, der die quellenmäßige Grundlage prüft.

A. LUSCHIN v. EBENGREUTH, Österreichische Reichsgeschichte 1896. Behandelt auch die allgemeine Rechtsgeschichte.

O. GIERKE, Das deutsche Genossenschaftsrecht. 3 Bde. 1868—1881. Enthält mehr Rechtsgeschichte als der Titel besagt.

Zwei in ihrer Art vortreffliche Grundrisse besitzen wir in

v. AMIRA, Grundriß des germanischen Rechts (in PAULS Grundriß der germanischen Philologie). Aus der 2. Aufl. auch separat erschienen 1897.

H. BRUNNER, Grundzüge der deutschen Rechtsgeschichte (Neubearbeitung seines Abschnittes in HOLTZENDORFS Encyklopädie der Rechtswissenschaft). 1901. 5. Aufl. 1912.

Daneben ist zu nennen A. LUSCHIN v. EBENGREUTH, Grundriß der österreichischen Reichsgeschichte. 1899.

Die eigentliche deutsche *Verfassungsgeschichte* vom Standpunkte des Historikers aus ist erst durch G. WAITZ geschaffen worden.

G. WAITZ, Deutsche Verfassungsgeschichte. 8 Bde. Bd. I, 3. Aufl. 1880; Bd. II, 3. Aufl. 1882; Bd. III, 2. Aufl. 1883; Bd. IV, 2. Aufl. 1885; Bd. V, 2. Aufl., hrsg. von K. ZEUMER 1893; Bd. VI, 2. Aufl., hrsg. von G. SEELIGER 1896; Bd. VII, 1876 und Bd. VIII, 1878 sind leider noch nicht wieder neu bearbeitet.

G. WAITZ, Abhandlungen zur deutschen Verfassungs- und Rechtsgeschichte, hrsg. von K. ZEUMER 1896.

E. WINKELMANN, Allgemeine Verfassungsgeschichte, hrsg. von A. WINKELMANN 1901. Beruht auf Vorlesungen und ist sehr dürftig.

A. HEUSLER, Deutsche Verfassungsgeschichte 1905. Es ist eine einheitliche historische Darstellung, die sich sehr angenehm liest; enthält aber auch manche eigene Auffassungen des Verfassers, für die er keine allgemeine Gefolgschaft haben wird.

Die Literatur zur Geschichte der Kirchenverfassung siehe in dem Abschnitt von A. WERMINGHOFF; die zur Geschichte der Wirtschaftsverfassung in dem Abschnitt von R. KÖTZSCHKE.

Die wichtigsten *Quellensammlungen*, die für die Verfassungsgeschichte in Betracht kommen, sind zunächst die einschlägigen Abteilungen der Monumenta Germaniae historica, insbesondere die

Diplomata und die Leges in f⁰ und der Legum sectiones in 4⁰. Die germanischen Volksrechte, die sog. Leges barbarorum werden in dem Abschnitt Rechtsgeschichte von Frhr. Cl. v. Schwerin vorgeführt (Grundriß II, 5. Man vergleiche das Kapitel Rechtsquellen S. 106ff.). Daneben hat die Verfassungsgeschichte zu berücksichtigen die Formulae (Leg. sect. V), die Capitularia (Leg. sect. II), die Constitutiones et acta publica (Leg. sect. IV). Nächst den Mon. Germ.:

J. Grimm, Deutsche Rechtsaltertümer 1828; 4. verm. Aufl. von Heusler und Hübner. 2 Bde. 1899.

W. Altmann und E. Bernheim, Ausgewählte Urkunden zur Erläuterung der Verfassungsgeschichte Deutschlands im MA. 2. Aufl. 1895.

K. Zeumer, Quellensammlung zur Geschichte der deutschen Reichsverfassung in MA. und Neuzeit 1904.

Zeitschriften und zwanglos erscheinende *Sammelschriften* mit vorwiegender Berücksichtigung der Verfassungsgeschichte:

Zeitschrift der Savigny-Stiftung für Rechtsgeschichte. (1861—1878) 1880ff. Germanistische Abteilung (jetzt hrsg. von Schröder, Brunner und Stutz).

Zeitschrift für deutsches Recht und deutsche Rechtswissenschaft 1839—1861.

Forschungen zur deutschen Geschichte 1862—1886.

Mitteilungen des Instituts für österreichische Geschichtsforschung 1880ff. (jetzt hrsg. von O. Redlich).

Historische Vierteljahrschrift, hrsg. von G. Seeliger. 1898ff.

In zwanglosen Heften:

O. Gierke, Untersuchungen zur deutschen Staats- und Rechtsgeschichte 1878ff.

K. Zeumer, Quellen und Studien zur Verfassungsgeschichte des Deutschen Reiches in MA. und Neuzeit. 1900f.[1])

I. Die germanische Vorzeit.

Einleitung.

Aus der Zeit der vorgeschichtlichen Wanderungen der Germanen haben wir so wenig feste Anhaltspunkte zur Beurteilung ihrer verfassungsartigen Zustände, daß wir vielfach auf Hypothesen angewiesen sind.

Nach dem Ausgleich der Ergebnisse der prähistorischen Archäologie und der vergleichenden Sprachwissenschaft zu urteilen, haben die Germanen sich von Skandinavien und von der Ostseeküste aus in ihre geschichtlichen Sitze, in das Tiefland zwischen Oder und Elbe und darüber hinaus westlich zum Rheine hin und östlich bis über die Weichsel ausgebreitet. Es ist in der Hauptsache ein langsames Vorschieben gewesen, wenn auch hie und da eine Gruppe sich loslöste und, rascher vorwärts drängend, durch die andern sich hindurchschob.

Was durch Verwandtschaft zusammengehörte, war gemeinsam gewandert und hatte gemeinsame Lagerplätze und Rastgründe aufgesucht. Die einzelnen Geschlechter waren wie bei allen Nomadenvölkern nicht gemeinsam zu einem Volk geeint, kein gemeinschaftliches Friedensband umschloß sie. Räumliche Angrenzung bei einer Niederlassung führte jedoch auch zum Zusammenwachsen und zur Verschwägerung von Nachbarsippen. Einem Geschlecht, das Glück hatte und Tatkraft zeigte, schlossen sich auch wohl andere an, unterwarfen sich seiner Leitung, und so kam man von der Organisation der Sippe zu den ersten „staatlichen" Formen. Es entstanden Volksgemeinschaften.

Wurde die Volkszahl zu groß, so wuchs man über das Terrain, in dem man auf der Wanderschaft Halt gemacht hatte, hinaus in das Nachbargebiet; bot auch dies nicht mehr Raum, so mußte man weiterwandern, oder die vorgefundene Bevölkerung

1) Außerdem finden sich mehrfach verfassungsgeschichtliche Arbeiten in: Buchholz, Lamprecht, Marcks, Seeliger, Leipziger Studien aus dem Gebiete der Geschichte. Brandenburg, Seeliger, Wilcken, Leipziger historische Abhandlungen. 1906f. O. Stutz, Kirchenrechtliche Abhandlungen. 1902f. A. Meister, Münstersche Beiträge zur Geschichtsforschung NF. (neben Verfassungsgeschichte auch die Wirtschaftsgeschichte bevorzugend). 1903f. Beyerle, deutschrechtliche Beiträge. 1907f.

vor sich herdrängen. Beim Vordringen nach Süden und Westen stieß man auf die Vormauer der Kelten. Die Kimbern durchbrachen sie und zeigten so dem weiteren Ausbreitungsbedürfnis der Germanen die Richtung.

Jetzt setzen die ersten Nachrichten über die Germanen ein, die auch einiges über ihre staatlichen und gesellschaftlichen Einrichtungen bringen. Römische und griechische Schriftsteller sind die Berichterstatter; man muß das bei der Wertung ihrer Zeugnisse stets vor Augen behalten. Sie haben nur das berichtet, was sie zufällig in Erfahrung gebracht haben und was ihnen besonders aufgefallen ist. Vollständigkeit lag ihnen fern, und tiefer in das Verständnis der Dinge sind sie nicht eingedrungen. Und noch eins. Sie maßen die germanischen Zustände nach griechischem und römischem Maßstab, und sie legten ihnen Bezeichnungen bei, die sie von der eigenen Terminologie hernahmen. Mit dem gleichen Fachausdruck deckten sie in der Heimat etwas anderes als bei den Germanen, bei denen höchstens Ähnliches vorhanden war, für das ein anderer, besserer Ausdruck fehlte.

Diese fremde Berichterstattung hatte jedoch insofern ihr Gutes, als sie aus einer gewissen Entfernung das Germanentum als Ganzes übersah und so die Zusammengehörigkeit aller Germanen erkannte, als bei ihnen selbst ein solches Bewußtsein noch nicht vorhanden war.

Kein gemeinsames politisches Band hielt sie zusammen, nicht einmal ein gemeinsamer Name erinnerte an ihre ursprüngliche Einheit. Auch als frühe Ost- und Westgermanen sprachlich auseinander fielen und getrennte Wege der Entwicklung gingen, führte dies nicht zum Zusammenschluß zweier in Ostgermanen und Westgermanen getrennter politischer Verbände. Nur bei den Westgermanen hatte sich die Erinnerung an die engere Verwandtschaft dreier größerer Gruppen und an ihre gemeinsame Herkunft erhalten in ihrer Ursage von der Abstammung der Ingväonen, Istväonen und Herminonen von einem gemeinsamen Stammvater Mannus. Auch diese drei Gruppen bilden in geschichtlicher Zeit keine politischen Verbände, sondern waren nur Kultgemeinschaften. Eine ähnliche Kultgemeinschaft mögen bei den Ostgermanen die Gruppen der vandilischen Völker gewesen sein. Im übrigen lieferte das Ergebnis der vorgeschichtlichen Wanderungen lauter selbständige Hirtenvölker, die alle ein gesondertes Dasein führten mit Viehzucht und den primitiven Anfängen des Feldbaues. Schon die Kelten hatten vorher die Stammverwandtschaft der einwandernden Nordvölker erkannt und hatten sie mit dem gemeinsamen Namen Germanen umfaßt. Von ihnen übernahmen es die Römer. Bei den Germanen selbst aber dauerte die Zersplitterung bis ins dritte Jahrhundert in die Zeit der Stammbildung.

Den Römern war dieses Germanentum ein Schrecken. Mit Mühe brachte Marius die vor solchen Barbaren fliehenden Legionen zum Stehen. Er siegte zwar zuletzt, und auch Caesar errang über Germanen einen Sieg; aber das waren nur von der Heimat losgelöste Eindringlinge, denen man aufs Haupt schlug. Immerhin waren es große Haufen, die unter einem Führer geeint waren. Sie trugen Völkerschaftsnamen, wie Kimbrer und Sueben, ohne eine staatliche Einheit darzustellen.

In das Innere Germaniens hat selbst Caesar nur zwei kurze Streifzüge unternommen, nur um zu zeigen, daß der Römer an der Rheingrenze stand und sie zu behüten bereit war. Als unter Augustus dann der Versuch gewagt wurde, die Germanen im Innern nachhaltig anzugreifen und zu unterwerfen, da hat die Niederlage im Teutoburger Walde die Undurchführbarkeit eines solchen Planes gezeigt. In der Folgezeit haben die Römer nur ihre Waffenehre wieder hergestellt und eine feste Grenzwehr aufgerichtet. Der römische Limes hat die Flut der nomadisierenden Germanen gestaut; er hat ihren Wandertrieb gezügelt und sie zu größerer Seßhaftigkeit gezwungen.

Das hatte wiederum greifbare Folgen für das Germanentum selbst; bezüglich der Wirtschaftsverfassung wohl am stärksten; aber auch die Fortschritte zur Ausbildung von staatsähnlichen Gebilden und rechtlichen Verfassungen sind nicht gering anzuschlagen. Die Germanen des Tacitus zeigen uns diese Weiterbildungen im Vergleich zu den Germanen des Caesar. Aber es sind Weiterbildungen von unten ausgehend, vom Volke zum Staatsbegriff. Die Staatsauffassung ist noch eine ganz freiheitliche. Sie beruht auf der Selbsthilfe und gewährt dem einzelnen große Selbständigkeit. Herkommen und Gewohnheit gaben die Richtschnur und schufen allmählich ein Gewohnheitsrecht. Keine Staatsorgane regeln das öffentliche oder gar das private Leben; das Volk in seinen einzelnen Gliedern und Gruppen ordnet sich selbst und hilft sich selbst.

Die Ordnung im Hause hält der Hausherr; Friede und Recht in weiterem Kreise verbürgt der Familienverband, die Sippe. Die Familie hat sich zur Sippe erweitert, die in Freud und Leid zusammenhält; die Sippe erweitert sich im weiteren Verlaufe zum Staat.

Durch den Zusammenschluß mehrerer Sippen zu einer größeren Vereinigung wird die ursprüngliche Gleichheit der Sippengenossen aufgehoben: die eine Sippe ist angesehener als die andere, Kriegstaten, Führerschaft, persönliches Übergewicht durch Alter und Erfahrung, auf der anderen Seite Unterordnung und Unterwerfung verschieben die soziale Gleichheit. Es scheiden sich Freie und Unfreie, es hebt sich der Adelige aus den Freien empor und der Freigelassene und Halbfreie über die Unfreien.

Gab schon in der Sippe der Sippenälteste einen gewissen Ausschlag, so mußte die Vereinigung mehrerer Sippen zum Urstaat zur freiwilligen Unterordnung unter einen Leiter des Staates oder unter selbstgewählte Obrigkeiten führen. Dabei bleibt der Gesamtwille der Sippen in Geltung, wie vorher in der einzelnen Sippe die gemeinsame Entschließung der einzelnen Sippengenossen. Dieser Gesamtwille kommt zum Ausdruck in der Volksversammlung. Den Begriff Herrscher kennt der germanische Urstaat nicht; Trägerin der Souveränität ist die Volksgemeinde.

Nur im Kriege hat der Heerführer — in Staaten mit einem König ist es dieser, in solchen unter einer Mehrheit von Fürsten ein von diesen gewählter dux — eine wirkliche Befehlsgewalt über die freien wehrhaften Volksgenossen. Alle Freien, soweit sie in der Volksversammlung als tauglich befunden und waffenfähig erklärt waren, bildeten das Heer. Das altgermanische Militärwesen beruhte auf der allgemeinen Militärpflicht.

Auch dem Gerichtswesen lag die allgemeine Pflicht, für Aufrechterhaltung von Recht und Ordnung zu sorgen, zugrunde. Aber nur wenn die Ehre und Würde des Staatsganzen verletzt war, richtete die Gesamtheit des Volkes; bei einer Rechtsverletzung in kleinem Kreise genügte eine kleinere Gerichtsgemeinde. Sie wurde gebildet durch die Siedelungsgemeinschaft.

Alles in allem genommen, zeigen die altgermanischen Verfassungsverhältnisse den größten Gegensatz zur antiken Staatsidee. In der Antike, bei den Griechen sowohl wie bei den Römern, umfaßte der Staat den ganzen Menschen. Das Individuum ging auf im Staate. Ganz anders bei den Germanen. Alles beruhte hier auf der Freiheit der Persönlichkeit. Diese Freiheit wurde noch nicht vom Staate beschränkt. Die Staatsgewalt kam nur ergänzend zur Geltung; sie hatte ihre Grenzen an den Rechten des Volkes und an der Freiheit der einzelnen Volksgenossen. Neben der Staatsgewalt, nicht unter ihr, lebte der einzelne im Hause und im Kreise des Geschlechtsverbandes nach der Ordnung des Hausherrn und der Sippe, lebten die Gemeinden, die Nachbarschaften, Zweckverbände und Friedensgemeinschaften nach selbstgegebenen Vereinbarungen und Gewohnheiten.

Vom Staate in unserem Sinne ist noch so wenig zu verspüren, daß man sich klar bleiben muß, daß unsere heutigen Begriffe „Staat", „Staatsgewalt", „staatlich" u. a. eigentlich nicht auf diese älteste Zeit passen. Die allgemeine Ordnung ist zum größeren Teile auf privatem Wege von privaten Verbänden herbeigeführt, zum geringeren durch die Allgemeinheit garantiert. Der Fortschritt liegt in dem allmählichen Hinaustreten aus den kleinen Kreisen, in denen die Selbsthilfe waltet, in größere Gemeinschaftskreise, in dem Übergang von privaten Ordnungen zu allgemeineren, zu öffentlichen.

1. Die Sippenverfassung.

WAITZ, Über die Bedeutung des mundium in: Gesammelte Abhandlungen 1896. 1. Bd. BRUNNER, Rechtsgesch. I², 1906, § 12 u. 13. H. BRUNNER, Sippe und Wergeld in Z. f. Rechtsgesch. III, 1ff. GIERKE, Rechtsgesch. der deutschen Genossenschaft I, S. 89f. BERTH. DELBRÜCK, Das Mutterrecht bei den Indogermanen. Preuß. Jahrb. 1879, S. 14ff. E. GOTHEIN, Beiträge zur Gesch. der Familie im Gebiete des alemannischen und fränkischen Rechtes, 1897. F. ROEDER, Die Familie bei den Angelsachsen in Studien zur englischen Philologie, 1899. W. WACKERNAGEL, Familienrecht und Familienleben der Germanen, in Kleine Schriften I, 1, 1872. E. GROSSE, Die Formen der Familie und die Formen der Wirtschaft, 1896. G. FICKER, Untersuchungen zur ostgermanischen Erbenfolge. 4 Bde. u. 2 Halbb., 1891—1904. K. LAMPRECHT, Zur Sozialgeschichte der deutschen Urzeit, 1889. VINOGRADOFF, Geschlecht und Verwandtschaft im altgermanischen Recht, in Z. f. Soz. u. Wirtschaftsg. VII, 1899. S. 1ff. WAITZ, Vfg. I³, S. 53—96. HEUSLER, Vfg. S. 4f. Frhr. CL. v. SCHWERIN (Grundriß II, 5, S. 80ff. u. 85).

a) Die Hausherrngewalt.

Die Gewalt des Hausherrn ist bei den Germanen schon in der ältesten Zeit sehr ausgeprägt erkennbar. Wir dürfen daher annehmen, daß sie bei unserem Volke die früheste Art der Herrschaft darstellte, die eine Unterordnung bedingte.[1]) Diese herrschaftliche Gewalt erstreckte sich über die in der Hausgemeinschaft Zusammenwohnenden. Alle Insassen des Hauses: Weib, Kinder, ledige oder verwitwete Schwestern und das Gesinde waren der Herrschaft des Hausherrn unterworfen. Nach außen haftete der Hausherr für seine Hausangehörigen, „er deckt sie mit seiner Person". Gleichzeitig verfolgte er denjenigen, der seine Hausangehörigen verletzte und heischte von ihm Strafe. Dem Gesinde gegenüber ist seine Gewalt unbeschränkt gewesen, weil das Gesinde als Sache aufgefaßt wurde, an dem der Hausherr das Eigentumsrecht ausübt. Den Familienangehörigen gegenüber war seine Gewalt beschränkt durch die Sippe, die ihre Mitglieder gegen ihn vor Willkür schützte, und durch die Sitte. Das Recht, die Frau zu töten, war ihm nur für ganz wenige Fälle, besonders wenn sie des Ehebruchs schuldig war, vorbehalten.

Die Hausherrngewalt wurde begründet durch die Raubehe oder durch die Kaufehe, von denen die letztere die erstere allmählich verdrängte. Zwischen beiden Eheschließungsformen besteht ein innerer Zusammenhang, insofern auch bei der Raubehe für den Eingriff in die Hausherrngewalt des Vaters der Braut (Muntverletzung) eine Sühne bezahlt werden mußte. Daraus entwickelte sich die vorherige vertragsmäßige Vereinbarung des Kaufs. Äußerlich erinnerte auch dann noch an die ursprüngliche Raubehe der Brautlauf; wobei die Braut, die dem Bräutigam zugeführt wurde, von einem Haufen bewaffneter Verwandten geleitet wird. Gekauft wurde nicht die Frau sondern die Gewalt über die Frau; den Kaufpreis erhielt deshalb auch nicht die Frau sondern ihr Vater oder Vormund und ihre Verwandtschaft. Die Hausherrngewalt über Freie und Halbfreie, insbesondere der Schutz, den der Hausherr nach außen gewährleistet, wird munt genannt, lateinisch mundium.[2]) Die Töchter schieden aus der Gewalt des Vaters durch die Ehe und sie gelangten durch die Ehe in die munt des Ehemanns. Die Söhne wurden aus der Hausherrngewalt des Vaters entlassen, wenn sie

1) F. BODEN, Isländische Regierungsgewalt, 1905 (GIERKE, Untersuchungen 76) sieht im Gefolgschaftswesen die Grundlage der Staatsgewalt.

2) Wir haben noch heute Reste dieses Wortgebrauchs in Vormund, Mündel u. a.

einen eigenen Hausstand gründeten, wenn sie in eine Gefolgschaft eintraten oder wenn sie an Kindesstatt adoptiert wurden — nicht also allein durch die Wehrhaftmachung.

Die Wehrhaftmachung nahm der Vater vor, wenn der Sohn die körperliche Reife und mannhafte Tüchtigkeit erreicht hatte; bei Vaterlosen tat es die Sippe, bei Jünglingen, die in eine Gefolgschaft eintraten, hatte der Gefolgsherr, der princeps, diese Befugnis. Die Wehrhaftmachung war zunächst die Bedingung zur Aufnahme in das Heer, aber sie hatte auch zur Folge, daß der Wehrhafte zur Versammlung ursprünglich der Sippe, später der Volksgemeinde zugelassen wurde, wenn er auch sonst noch der Familiengewalt des Vaters unterstand. Die Wehrhaftmachung mußte öffentlich geschehen, denn der Jüngling wurde dadurch der Sippe und später der Landgemeinde vorgestellt zur Erteilung militärischer und politischer Rechte.

Die Hausherrngewalt verbürgte den Frieden des Hauses, sie sorgte für Ruhe und Ordnung in der Familie.

b) Die Sippe.

Familien, die auf denselben Stammvater[1]) zurückgehen, bilden einen Familienverband. Dieser Verband ist entstanden, indem sich die Familie in männlicher Abfolge erweiterte und neue Hausstände der Söhne und weiter wiederum deren Söhne gegründet wurden. Die so[2]) erweiterte Familie heißt Geschlecht oder Sippe. Die einzelnen Geschlechtsverwandten heißen Gesippen, Gätlinge oder Holden, bei den Westgermanen Magen. Man unterschied dabei wieder die Schwert-, Ger- oder Speermagen, nämlich die männlichen Verwandten des Mannstammes, und die Spill-, Spindel- oder Kungelmagen, alle weiblichen Verwandten und deren Männer.

Die Sippe sorgte für Aufrechterhaltung des Friedens im ganzen Geschlechte; Fehde der Gesippen gegeneinander war verboten. Aber nicht nur in der Verbürgung dieses besonderen Sippenfriedens lag die Bedeutung der Sippe für das altgermanische Volkswesen, sondern auch an der Heeresverfassung, Agrarverfassung, und im öffentlichen Rechtsleben hatte die Sippe noch in geschichtlicher Zeit großen Anteil, — Ausklänge ihrer Bedeutung im vorgeschichtlichen Geschlechterstaat.

Im *Heerwesen* ist die Sippe als frühere Kampf- und Schutzgenossenschaft noch unverwischt. Die Gesippen kämpften nebeneinander, und dadurch waren die Sippen besondere Abteilungen im Heere; familiae et propinquitates bildeten nach Tacitus im germanischen Heere die Unterabteilungen.[3]) Nach dem Beowulfslied haftete die Sippe für den Feigling aus ihrer Mitte, ein Beweis für ihre militärische Verantwortlichkeit und Solidarität. Anfangs stand die Sippschaft im Heere noch unter eigenem Anführer.

Die gemeinsam kämpfenden Geschlechtsverwandten waren nicht nur auf der Wanderschaft zu gegenseitigem Schutz zusammengeblieben, sie hatten sich auch gemeinsam niedergelassen. Die germanische *Wirtschaftsverfassung* läßt deshalb noch erkennen, daß die Sippe vorher eine wirtschaftliche Genossenschaft gebildet hatte, die eine Feldflur gemeinsam bebaute und gemeinsam erntete. Noch Caesar konnte beobachten, daß den Sippen in jährlichem Wechsel Stücke der Ackerflur zu gemeinsamer Benutzung zugewiesen wurden. Daß sie auch bei festerer Niederlassung zu-

1) Eine abweichende Auffassung tritt für gemeinsame Abstammung von einer Stammutter ein und läßt die Sippe mutterrechtlich begründet sein. v. Amira, Recht², S. 106; Ficker, Untersuchungen zur Erbenfolge II, S. 630; III S. 419. *Dagegen*: Brunner, Rg. I², S. 106; Schröder, Rg.⁵, S. 64; Schrader, Die Indogermanen S. 76.

2) Es gibt auch einen weiteren Begriff der Sippe, der alle Blutsverwandten einer Person umfaßt. Doch ist diese Sippe im weiteren Sinne kein verfassungsrechtlicher Verband und kommt daher hier für uns nicht in Betracht.

3) Tacitus Germania c. 7.

sammenwohnten[1]) und Geschlechterdörfer sich bis ins 16. Jh. nachweisen lassen, ist eine natürliche Folge der ursprünglichen Bedeutung der Sippe für die Grundbesitzverhältnisse.

Die *öffentliche Rechtsauffassung* wurde noch vielfach von der Sippe getragen; die Sippe erfüllte Aufgaben des öffentlichen Rechtes, die dann später im vorgerückten Staatswesen die Staatsgewalt übernahm. Vor allem trug sie zur Aufrechthaltung des allgemeinen öffentlichen Friedens bei durch strenge Wahrung des Sippenfriedens. Die Sippe verteidigte ihre Mitglieder gegen jeden Angriff von außen und sie rächte jede Verletzung. Im schwersten Falle, bei Tötung eines Sippengenossen hatte die Sippe noch weit in die geschichtliche Zeit hinein ausgedehnte Befugnisse. Es standen der Sippe bei Totschlag zwei Wege offen: die Fehde gegen die Sippe des Totschlägers oder ein Sühnvertrag mit dieser Sippe; die beleidigte Sippe hatte die Wahl zwischen beiden; durch angebotene Sühne brauchte sie sich aber wohl nicht ohne weiteres ihr Fehderecht abnehmen zu lassen.

Bei der Fehde wird die Tötung gesühnt durch Blutrache, durch Blutvergießen und Tötung von Mitgliedern der feindlichen Sippe. Bei Sühnevertrag geschieht die Sühne durch Sühnegeld, das Manngeld oder Wergeld[2]) hieß, bei den Franken, Friesen und Thüringern auch leudis, bei den Angelsachsen leódgeld oder were genannt wurde. Die Sippe der „toten Hand" verteilte das empfangene Wergeld, indem sie einen Teil den nächsten Angehörigen des Erschlagenen zuweist (= Erbsühne), einen anderen Teil, die Magbuße oder Magzahl, den Magen in bestimmter Abstufung zuteilt. Die Sippe der „lebenden Hand" brachte gemeinsam das Wergeld auf, indem auch hier in bestimmter Abstufung die Magen die Magbuße zusammenbrachten, der Totschläger und seine nächsten Verwandten aber die Höhe der Erbsühne beisteuerten.[3])

Mußte jemand Bürgschaft leisten, so leisteten die Gesippen die Bürgschaft mit ihm; mußte jemand vor Gericht einen Eid schwören, so traten die Gesippen ihm zur Seite und beschworen die Wahrheit seines Eides. Diese Teilnahme der Sippe an der Bürgschaft geht auf eine Zeit zurück, in der die Sippe gemeinsame Besitzgenossenschaft war, und die Teilnahme am Eid auf eine Zeit, in der sie noch in so enger Wechselbeziehung und Lebensgemeinschaft stand, daß jeder Gesippe genau das kennen mußte, was dem anderen passiert war.

Für Unmündige, d. h. solche, die keinen Mundherrn hatten, Kinder, denen der Vater, Frauen, denen der Ehemann entrissen war, übernahm ursprünglich die Gesamtsippe mit dem Sippenschutz die Vormundschaft. Sie bestellte den Vormund, foramundo, muntporo. Da, wo sich die Sitte ausbildete, daß die Sippe den Vormund immer aus den Schwertmagen des Mündels bestellte, da wurden die nächsten Schwertmagen, wie bei den Franken, aus ursprünglich ernannten Vormündern geborene Vormünder, und der Anteil der Sippe an der Vormundschaft trat so zurück.

Auch sonst zeigt sich uns die Gemeinsamkeit der Sippe z. B. beim Verlobungsakte, bei Unterstützung hilfsbedürftiger Gesippen u. dgl.

Die Sippe konnte einen Genossen aus ihrer Mitte ausstoßen; sie haftete dann nicht für seine Untaten. Sie trat also nur so lange für einen Gesippen ein, als sie ihn für wert hielt ihr anzugehören. Später zog die Friedloserklärung durch die Staatsgewalt von selbst den Ausschluß des Friedlosen aus der Sippe nach sich.

Die erstarkende Staatsgewalt hat die Tendenz, die Sippe mehr und mehr aus dem öffentlichen Leben zu verdrängen und ihre Aufgaben selbst zu übernehmen.

2. Die soziale Gliederung.

K. D. Hüllmann, Geschichte des Ursprungs der Stände in Deutschland. 3. T. 1806f. 2. Aufl. 1830. E. Montag, Gesch. der deutschen staatsbürgerlichen Freyheit oder die Rechte der gemeinen Freyen, des Adels und der Kirchen Deutschlands. 2 Bde. 1812—1814. Inama-Sternegg, Gesch. des

1) An die Bedeutung der Sippe im Heerwesen und im Agrarwesen erinnert der Ausdruck fara = Sippe, der sowohl eine Heeresabteilung bezeichnete, als auch territorial gebraucht einen Ort, ein Gebiet bedeutete. Der Ausdruck faramanni im burgundischen Volksrecht hängt damit zusammen. Vgl. H. Brunner, Rechtsgeschichte I², S. 118, Anm. 37.

2) Von wer = vir, Mann.

3) Brunner, Rechtsgeschichte I², S. 121f.

deutschen Ständewesens (Handwb. d. Staatsw. Supplb. 2). R. KÖTZSCHKE, Die Gliederung der Gesellschaft bei den alten Deutschen. D. Z. f. Gw. NF. 2.

Adel: F. C. v. SAVIGNY, Beitrag zur Rechtsgeschichte des Adels im neueren Europa. Vermischte Schriften IV. K. MAURER, Über das Wesen des ältesten Adels der deutschen Stämme. 1846. R. SCHRÖDER, Der altsächsische Volksadel und die grundherrliche Theorie. Z. d. Savigny-Stiftung. GA. 24.

Freie: PH. HECK, Die Gemeinfreien der karolingischen Volksrechte. 1900. H. BRUNNER, nobiles und Gemeinfreie der karol. Volksrechte. Z. d. Savigny-Stiftung. GA. 19; Derselbe, Ständerechtliche Probleme. Ebd. 23. W. WITTICH, Die Frage der Freibauern. Untersuchungen über die soziale Gliederung des deutschen Volkes in altgermanischer und frühkarolingischer Zeit. Ebd. 22. G. GRUPP, Bauernfreiheit der germanischen Urzeit. Hist.-pol. Bl. 121. P. VINOGRADOFF, Wergeld und Stand. Z. d. Savigny-Stiftung. G. A. 23. E. HERMANN, Die Ständegliederung bei den alten Sachsen und Angelsachsen. (GIERKE, Untersuchungen. H. 17.) E. v. MOELLER, Der homo francus der Ewa Chamavorum. MIÖG. 23.

Freigelassene: R. SOHM, Die Liberti der altgermanischen Zeit. Z. d. Savigny-Stiftung. G. A. 21. P. VINOGRADOFF, Die Freilassung zu voller Unabhängigkeit in den deutschen Volksrechten. FDG. 16. K. MAURER, Die Freilassung nach altnorwegischem Recht. SB. Ak. München 1878. A. STOCK, Die Freilassung im Zeitalter der Volksrechte. Halle. Diss. 1881. M. FOURNIER, Essai sur les formes et les effets de l'affranchissement dans le droit gallo-franc, 1885; Derselbe, Les affranchissements du V au XIII siècle. Rev. hist. 22. H. BRUNNER, Die Freilassung durch Schatzwurf, in: hist. Aufsätze WAITZ gew. 1886. E. GOLDMANN, Beiträge zur Gesch. der germanischen Freilassung durch Wehrhaftmachung in GIERKE, Untersuchungen. H. 70. 1904.

Unfreie: H. Boos, Liten und Aldionen nach den Volksrechten. Göttingen. Diss. 1874. K. KÖHNE, Die Geschlechtsverbindungen der Unfreien im fränkischen Recht, in: GIERKE, Untersuchungen. H. 22. G. JASTROW, Über das Eigentum an und von Sklaven nach den deutschen Volksrechten. FDG. 19; Derselbe, Zur strafrechtlichen Stellung der Sklaven bei Deutschen und Angelsachsen, in: GIERKE, Untersuchungen. H. 2. G. MEYER, Die Gerichtsbarkeit über Unfreie und Hintersassen. Z. d. Savigny-Stiftung. GA. 2. 3.

WAITZ, Vfg. I^3, S. 149—200. SCHRÖDER, Rg. ^{6}, § 9. BRUNNER, Rg. I^2, § 14, S. 133f. HEUSLER. Vfg. S. 5.

Für die Zeit der Wanderung der Germanen müssen wir ganz einfache soziale Verhältnisse annehmen. Viele Kriegsgefangene waren auf der Wanderung nur Ballast, man schleppte sie nicht mit sich herum, sondern opferte sie den Göttern. Nur die allernötigsten Knechte wird man mitgeführt haben. Die Volksgenossen aber standen sich alle sozial gleich gegenüber. Ein größeres Ansehen gab nur hervorragende Tüchtigkeit und Zugehörigkeit zur engeren Familie des Führers, beides aufs innigste zusammenhängend, da man die Tüchtigen als Führer wählte. Das primitive soziale Bild der Urzeit zeigt also eigentlich nur einen Stand, die Vollfreien. Unter ihnen beginnen sich einige Wenige durch besonderes Ansehen abzuheben, während andererseits eine geringe Zahl Unfreie ihnen beigesellt ist.

Nach dem Seßhaftwerden ist die soziale Gliederung vielgestaltiger geworden. Es unterscheiden sich Adelige, Freie, Halbfreie, Freigelassene und Unfreie. Dabei sind rechtlich Adelige und Freie noch nicht geschieden und sind daher zusammen in einem Stand, tatsächlich aber lassen sich schon die Adeligen als vornehmere und die Gemeinfreien als weniger vornehme Freie unterscheiden.

a) Der Adel.

Tacitus[1]) spricht von der nobilitas, aus der die Könige entnommen wurden. Dadurch ist der Adel bezeugt als das Königsgeschlecht; die Zugehörigkeit zur Familie des Königs bedingte den Adel. In den Staaten ohne Königtum entsprechen die principes in gewissem Sinne den Königen; die Zugehörigkeit zur Familie der principes wird daher in gleicher Weise ein höheres Ansehen verbürgt haben wie die Zugehörigkeit zur Königsfamilie.[2])

1) Germania c. 7: reges ex nobilitate ... sumunt.

2) Demgegenüber sei auch die Auffassung notiert, daß nur bei Völkern mit Königtum, nicht in Volksstaaten, der Adel sich gefunden habe. Andere frühere Versuche, den Adel zu erklären aus größerem Grundbesitz, aus der Schutzherrschaft über andere Klassen des Volkes, aus erblichem Priestertum, aus einem besonderen Ritterstand u. a. siehe bei WAITZ, Vfg. I^3, S. 169f., auch MÜLLENHOFF, Deutsche Altertumskunde IV, S. 193f.

Geschlossen als ein besonderer Stand war der Adel noch nicht, das geht schon daraus hervor, daß Tacitus fortfährt duces ex virtute sumunt. Wird man nun zwar als dux meist den Tüchtigsten unter den principes erwählt haben, so ist diese Wahl doch nicht unbedingt auf die principes beschränkt gewesen und es konnte auch ein hervorragend tapferer Freier zum dux erwählt werden. Er und seine Nachkommen erwarben dadurch großes Ansehen und stiegen so auf in die Reihe der Adeligen. Die Wahl des Ostgoten Witiges ist dafür Beweis.[1]) Es ist dadurch bezeugt, daß das Volk nicht verpflichtet war, einen Untüchtigen zu wählen nur wegen seiner Zugehörigkeit zum Adel; aber im allgemeinen kehrte die Wahl immer wieder zu den Adeligen zurück, denn sie hatten seit alters her das Vertrauen, sie hatten sich bewährt als Führer und Berater.[2])

Das Wesen des altgermanischen Adels besteht nämlich allein in einem höheren Ansehen der Person und in einem gewohnheitsmäßigen größeren Einfluß auf die öffentlichen Dinge. Große Taten gaben Ansehen und dies vererbte sich als höhere gesellschaftliche Wertung auf die Nachkommen. Der Volksglaube knüpfte die Abstammung des Adels an die Götter an, ein Beweis für seine hohe Einschätzung. Eine Folge seines Ansehens ist es, daß man in der Stellung eines Adeligen als Geisel eine größere Bürgschaft empfand. Das erkennbarste Vorrecht, das man ihm einräumte, ist, daß er ob nobilitatem mehrere Frauen haben konnte.

Im übrigen unterschied sich der Adelige noch wenig von den Freien, höchstens daß die jungen Adeligen mit Vorliebe in die Gefolgschaften eintraten, um sich gesteigerter kriegerischer Tätigkeit zu widmen. Die germanische Bezeichnung war Adaling, Edeling von adal, gutes Geschlecht. Die Römer nannten sie nobiles, ihr Hauptgeschlecht die stirps regia. Da wo der Adel nicht aus einer einzigen Führerfamilie hervorgegangen war, sondern das herrschende Geschlecht die Führer kleinerer Volksteile von sich abhängig gemacht hatte, da unterschied man die stirps regia der Herzogsfamilie und die übrige nobilitas.

Schon aus dieser Entstehung erklärt sich, daß der Adel der Germanen wenig zahlreich war.

Das höhere Wergeld scheint erst nach der Völkerwanderung rechtlich normiert worden zu sein; es ist aber anzunehmen, daß die adelige Sippe auch schon vorher in einzelnen Fällen ein höheres Sühnegeld als das des Freien verlangte und durch ihre Macht und ihr Ansehen es auch durchsetzte. Doch mag es eine Forderung von Fall zu Fall gewesen sein, wohl auch verschieden in der Höhe des Anspruchs; jedenfalls erfahren wir nichts von einer einheitlichen vorherigen Regelung.

Nach der Völkerwanderung ist dann auch der Adel ein geschlossener Geburtsstand.

b) Die Freien.

Waren demnach die Adeligen zunächst nur eine Anzahl besonders angesehener Freier, so bestand auch die ganze übrige Masse der vollberechtigten Volksgenossen aus den Freien. Eine rechtliche Scheidung zwischen Adel und Freien gab es zunächst nicht. Die freien Volksgenossen hießen Freihälse oder Frilinge. Sie hatten Sitz und Stimme in der Volksversammlung und sie waren die Krieger der germanischen Heere. Die öffentliche Wehrhaftmachung gab ihnen die politischen und die militärischen Rechte.

---

1) BRUNNER, Rechtsgeschichte I^2, S. 139.

2) HEUSLER, Vfg. S. 6f. macht darauf aufmerksam, daß in den demokratischen Schweizerkantonen sich ganz ähnliche Verhältnisse durch die Jahrhunderte erhalten haben. „Die Reding in Schwyz sind in konstantem Besitze der Ehrenämter ihrer Länder, mit jubelndem Mehre beruft sie die Landsgemeinde zu den Würden des Landammanns, des Landesfähnrichs“ usf.

Sie sind aber nicht als Landjunker zu denken, wie sie eine grundherrliche Theorie aufgefaßt wissen möchte[1]), als hätten sie wie kleine Landherren gelebt, die den Boden nicht selbst bestellten, sondern von Sklaven bewirtschaften ließen. Im Gegensatz dazu zeigen uns die Volksrechte der Merowingerzeit noch den Freien als einen Freibauern mit bäuerlicher Beschäftigung.

Eine unrichtige Vorstellung war es auch, sich die Freien alle gleich an Besitz vorzustellen. Es waren von Anfang an mannigfache Ungleichheiten vorhanden, sie sind nicht erst später entstanden.

c) Die Halbfreien und die Freigelassenen.

Bei den Westgermanen begegnet uns eine Bevölkerungsklasse, die nicht zu den Freien gehört, aber auch nicht den Knechten beizuzählen ist; bei den Ostgermanen ist diese Mittelklasse nicht nachgewiesen. Die Sachsen, Angelsachsen, Friesen und Franken haben dafür die Bezeichnung Liten, während die Alamannen, Bayern und Langobarden dafür den Ausdruck aldio verwenden.

Die Liten[2]) oder Aldien sind entstanden dadurch, daß sich eine vorgefundene Bevölkerung den eindringenden Eroberern freiwillig unterwarf.[3]) Für die freiwillige Unterordnung erhielten sie bessere Lebensbedingungen als die mit dem Schwerte Besiegten, die unfrei wurden. Ihre Abhängigkeit äußerte sich in Diensten und Zinsen, zu denen sie verpflichtet waren, und in dem Mangel der Freizügigkeit. Der Lite war einem Herrn unterstellt, dem er bestimmte fixierte Dienste und Zinsen zu leisten hatte; er konnte heiraten, wenn der Herr seine Einwilligung dazu gab; er konnte Besitz erwerben, aber ihn ursprünglich nicht vererben. Durch Freilassung konnte er die volle Freiheit erlangen. Vor Gericht vertrat ihn sein Herr.

Der Litenstand war erblich, er konnte jedoch auch erworben werden durch Freilassung eines Unfreien zum Litentum oder durch Ergebung eines Freien in den halbfreien Stand.

Man unterscheidet eine *Freilassung* zu vollem Recht und eine zu minderem Recht. Erstere wird bei Tacitus nicht erwähnt, doch scheint sie altgermanisch zu sein. Bei den Franken wurde sie durch den König vorgenommen, der die Freigelassenen für vollfrei erklärte; bei den Bayern tat es der Herzog. Der so Freigelassene erlangte vor allem die Freizügigkeit. Jedenfalls war ein öffentlich-rechtlicher Akt nötig, der einem solchen Freigelassenen öffentliche Rechte gab. Ohne diesen Akt war der Freigelassene nur privatrechtlich frei, er ist aus der Abhängigkeit von seinem Herrn privatim entlassen, aber der Öffentlichkeit gegenüber bedurfte er der Vertretung durch einen Schutzherrn, — meist ist es sein früherer Herr. Er hatte seinem früheren Herrn noch servitium und oboedientia zu leisten, aber das sind keine ungemessenen Dienste mehr.

Tacitus nennt die Liten nicht, dagegen sind von ihm die Freigelassenen, liberti, besonders erwähnt. Da die Freigelassenen niederer Ordnung in dem Stand der Liten aufgingen[4]), so mag er alle Liten für Freigelassene angesehen haben. Liberti, Freigelassene, sind bei Tacitus nicht die durch Freilassung zur vollen Freiheit gelangten Halbfreien, sondern die durch Freilassung zur Halbfreiheit aufgestiegenen Unfreien.[5]) Diese liberti waren an die Scholle gebunden und mußten festgesetzte Dienste und Zinsen entrichten wie die Halbfreien.

---

1) Zuerst von Ph. Heck, Altfriesische Gerichtsverfassung, 1894, S. 224f., 234, dann hauptsächlich vertreten durch W. Wittich, Grundherrschaft in Nordwestdeutschland, S. 116f.; Derselbe, Freibauern, 1901, S. 22f.; Derselbe, Altfreiheit und Dienstbarkeit, 1906, S. 77. Diese Theorie stützt sich besonders auf Tacitus Germania c. 15. Siehe dagegen H. Brunner in Z. d. Savigny-Stiftung GA. 19, S. 104 und R. Schröder, ebd. Bd. 24, S. 371.

2) Fränkisch: leto, lat, ahd. laz, latinisiert litus, lito, laetus, lazzi, lassi = lässig, träge.

3) Die Liten der Sachsen sollen unterworfene Thüringer sein. Waitz, Vfg. I³, S. 157.

4) Vgl. Walter, Rechtsgeschichte, § 411.

5) Liberti non multum super servos sunt. Tacitus Germ. c. 25.

d) Die Unfreien.

Unfreie besaßen die Germanen als sie noch in Bewegung waren nur in geringer Zahl; eine größere Menge, als unbedingt nötig war, wäre auf der Wanderung lästig gewesen. Den notwendigen Bedarf an Unfreien deckte der Germane aus den Kriegsgefangenen, soweit sie nicht den Göttern geopfert wurden. Die Kinder von Unfreien wurden wiederum unfrei, und ferner konnten auch Freie in Unfreiheit geraten dadurch, daß der freie Familienvater Frau oder Kind in die Knechtschaft verkaufen durfte, andererseits aber auch der freie Mann selbst im Falle der Zahlungsunfähigkeit (bei fälliger Buße oder beim Spiel) sich in die Unfreiheit ergeben mußte. Ihr Ende fand die Knechtschaft durch Tod oder durch Freilassung.

Das Wesen der germanischen Knechtschaft bestand darin, daß der Knecht nicht als Person, sondern als Sache aufgefaßt wurde. Er war ein Vermögensobjekt seines Herrn und danach bestimmte sich seine rechtliche Lage. Der Herr konnte nach Belieben über ihn verfügen; er konnte ungemessene Dienste von ihm verlangen, er konnte ihn töten, züchtigen, verkaufen. Wurde der Knecht verletzt, so hatte nicht er ein Recht auf eine dafür zu entrichtende Buße, sondern sein Herr hatte ein Recht auf Entschädigung für die im Knechte verletzte Sache. War der Knecht durch einen Dritten getötet worden, so hatte der Herr den Anspruch auf Ersatz seines sachlichen Wertes.

Daraus ergibt sich von selbst, daß der Knecht nicht das Recht hatte, eine Ehe einzugehen; gab der Herr seine Zustimmung zu einer Geschlechtsverbindung von Knechten, so wurde diese nicht als Ehe aufgefaßt; es wurde keine Familie dadurch begründet und der Herr konnte die Verbindung wieder auflösen, wenn er es für gut fand.

Der Knecht hatte ferner nicht die Fähigkeit Vermögen zu erwerben oder gar zu vererben. Was er erwarb, gehörte dem Herrn. Hatte der Knecht einem Dritten Schaden zugefügt, so haftete dafür der Herr.

Tacitus bezeichnet die germanischen Unfreien als servi, betont aber, daß ihre Behandlung gegenüber derjenigen der römischen servi eine milde war[1]); demnach werden Sitte und Gewohnheit in den rechtlichen Befugnissen des Herrn gegenüber den Unfreien tatsächliche Milderungen bewirkt haben. Die germanische Bezeichnung für Knecht war Schalk.

3. Die Anfänge des Staates.

Landau, Die Territorien in bezug auf ihre Bildung und Entwicklung, 1854. Gemeiner, Die Verfassung der Centenen, 1855. Thudichum, Gau- und Markverfassung, 1860; Derselbe, Der altdeutsche Staat, 1862. Baumstark, Urdeutsche Staatsaltertümer, 1873. Erhardt, Älteste germanische Staatenbildung, 1879. W. Sickel, Der deutsche Freistaat, 1879; Derselbe, Zur germanischen Verfassungsgeschichte. MIÖG. Ergbd. 1. H. Delbrück, Der urgermanische Gau und Staat, in Preuß. Jahrb. 81. R. Bethge, Die altgermanische Hundertschaft, in Festgabe an K. Weinhold, 1896. L. Baumann, Die Gaugrafschaften im wirtembergischen Schwaben, 1879. K. Weller, Die Besiedelung des Alamannenlandes, in Württemberg. Vierteljahrsh. f. Landesgesch. NF. 7. J. Cramer, Die Geschichte der Alamannen als Gaugeschichte, in Gierke, Untersuchungen 57. S. Rietschel, Untersuchungen zur Gesch. der altgermanischen Hundertschaft. Z. Rg. GA. 1907, Bd. 28, S. 342f.; Derselbe, ebenda 1909, Bd. 30, S. 193f.: zur Hundertschaftsfrage. Frhr. Cl. v. Schwerin, Die altgermanische Hundertschaft in Gierkes Untersuchungen H. 90, 1907. Derselbe zur Hundertschaftsfrage. ZRg. GA. 1908, Bd. 27. Waitz, Vfg. I^3, S. 201—235. Schröder, Rg. ^{5}, § 4. Brunner, Rg. I^2, § 16, S. 156—163. Heusler, Vfg. S. 12.

a) Die Gliederung des Staatsgebietes.

Die wachsende Mitgliederzahl der erweiterten Sippe, die sich mehr und mehr mit Nachbarsippen verschwägerte, führte zu einer weiteren Gemeinschaft, zur Volks-

1) Germania c. 25. Doch darf man aus dieser Stelle, in der die Knechte wie römische Kolonen geschildert werden, nicht schließen, daß es keine unfreien Haussklaven gab, wie dies Wittich tut. Vgl. dagegen Z. f. Rg: der Savigny-Stiftung. GA. 19, 105; auch Brunner, Rechtsgesch. I^2, S. 141, Anm. 38; Müllenhoff, Deutsche Altertumskunde IV. S. 355.

gemeinde. Diese Volksgemeinde an sich war nur ein personaler Begriff und diese personale Völkerschaft nannten die Römer civitas. Dadurch daß die Sippen auf einem räumlich begrenzten Gebiet zu Interesseneinheiten zusammenwuchsen und verschmolzen, wurden sie zum Staat. Zum Staat gehört demnach ein bestimmtes Land, das ein Volk gemeinsam in Besitz hat.

War die Völkerschaft auf der Wanderschaft, so mußte sich zur besseren Ordnung das Bedürfnis nach kleineren Abteilungen herausstellen. Solche Gruppen wurden geliefert durch die natürlichen Teilungen in Familien und Geschlechter.

Wenn man dann zur Ansiedelung schritt, so ließ man sich in denselben Gruppen nieder, in denen man einwanderte. Die verwandten Geschlechtsgenossen setzten sich nahe beieinander fest, etwa in einer Talniederung, an einem Bergabhang[1]), d. h. in einem durch die Natur geschaffenen Landschaftsbezirk.

Es ist gar nicht nötig, daß man bei dieser ersten Einwanderung der Germanen eine numerische Gliederung der Einwanderer und infolgedessen auch eine numerische Abzählung und Teilung der Siedelungsgemeinschaft anzunehmen hat.

In Haufen, wie man gekommen war, besetzte man ein Landgebiet und innerhalb desselben lagerten die Familien zusammen, und so entstanden Familienniederlassungen, Familiendörfer. Wir haben demnach in der ältesten germanischen Zeit Haufenokkupation und Sippensiedelung. Dabei braucht die Bodenverteilung nicht völlig von der Willkür der Sippen abhängig gewesen zu sein. Aus den beiden Hauptquellenstellen Caesar Bell. Gall. VI, 22 und Tacitus Germ. 26[2]) geht hervor, daß die einzelnen Sippen ihre Siedelungsplätze von der Gesamtheit der einwandernden Völkerschaft durch die principes angewiesen erhielten. Der Wille der einzelnen Sippe ordnete sich dem gemeinsamen Überlegen des Volksganzen unter. Der Staat ist hier schon ein Kompromiß von Gemeinschaftsordnung und privater Organisation.

Um das Ansiedelungsgebiet eines solchen Volkshaufens wurde ein breiter Streifen wüstgelegt[3]) als äußeres Zeichen der Besitznahme, zugleich auch um das Überschreiten durch fremde Herden und andere landsuchende Volksmengen zu verhindern, in der primitiven Zeit ein wirksames Schutzmittel.

Das bei einer Besiedelung besetzte Landgebiet, räumlich durch natürliche Grenzen abgeschlossen, hieß Gau, ahd. gawi, alts. gô, fries. gâ, gô. Die Römer nannten landschaftliche Verbände schon bei den Kelten pagus; wenn sie dieselbe Bezeichnung auch auf den germanischen Gau anwandten, so kann dieser nicht von dem keltischen verschieden gewesen sein. Der durch natürliche Terraingrenzen sich abhebende Landbezirk kann nun aber von ganz verschiedenem Umfang, bald reichlich groß, bald klein sein. In einem recht großen Gau kann sich beinahe eine ganze civitas, in einem kleinen Gau nur vielleicht ein Teil einer Völkerschaft ansiedeln; die größere civitas (= Völkerschaft) besetzt bei der Niederlassung auch mehrere Gaue, Nachbarbezirke, während eine kleinere civitas eher in einem Gau Platz finden kann. Deshalb ist der Begriff Gau so vieldeutig und hat schon so viele widersprechende Erklärungen gefunden, weil er, ins Verhältnis zur civitas gesetzt, tatsächlich so Verschiedenartiges bedeuten kann. Der Landbezirk Gau, pagus, kann das Gebiet einer Siedelungsgemeinschaft und das mehrerer Siedelungshaufen, er kann das Gebiet einer civitas und er kann auch ein Teilgebiet einer civitas sein. Wie die civitas ganz verschieden war an Volkszahl, so auch ganz verschieden ihr Verhältnis zum Gau, zumal dieser selbst keine

1) Tacitus Germania c. 16 ubi fons, ubi campus, ubi nemus placuit.

2) Caesar de bello Gall. VI, 22: magistratus ac principes in annos singulos gentibus, cognationibus hominum quique una conierunt, quantum et quo loco visum est agri, attribuunt atque anno post alio transire cogunt. Tacitus Germ. 26: agri pro numero cultorum ab universis vicis occupantur, quos mox inter se secundum dignationem partiuntur.

3) Caesar Bell. Gall. IV 3 und VI, 23.

feststehende sondern eine sehr variierende Größe war. Mit dieser Tatsache ist es ganz gut vereinbar, daß ein Gau sehr selbständig werden und seine Insassen ihre eigenen politischen Wege gehen konnten, wie ja der cheruskische Gau Ingwiomers sich von der Erhebung der Cherusker ausschloß. Es wären die Nachrichten des Tacitus (c. 6) damit in Einklang, daß hundert Mann aus jedem Gau zu der aus Reitern und Fußsoldaten bestehenden Elitetruppe vor der Schlachtreihe ausgewählt wurden. Tacitus hatte hier volksreiche Völkerschaftsgaue im Auge. Dagegen gab es auch kleinere Gaue, nämlich Siedelungsdistrikte von Sippen und Dorfschaftsgaue.

Der Gau ist also nur ein geographischer, kein politischer Begriff, und dementsprechend gab es auch zunächst keine Gauverfassung. Eher wurde ein solcher geographischer Distrikt zum Gerichtsbezirk. Erst da, wo der Gau später der Bezirk einer Grafschaft wurde, ist er zu einem politischen Bezirk geworden. Als man später in fränkischer Zeit zur Bildung von Gaugrafschaften schritt, da sind auch mehrere Gaue oder Teile davon (Goe Westfalens) zu einem großen Grafschaftspagus vereint worden.

Nach der Völkerwanderung und der Bildung der Stämme beziehungsweise nach der Gründung des fränkischen Reiches begegnen uns andere Bezirksbezeichnungen zum Teil erst ziemlich spät, die man ihrer Natur nach als gleichartig angesehen und vielfach auch für die Urzeit als vorhanden gewesen angenommen hat. Das sind Ausdrücke wie centena bei den Franken, huntari bei den Alamannen, hundari bei den Schweden und hundred bei den Angelsachsen.

Die Gelehrten-Forschung machte daraus den Begriff der Hundertschaft, worin der Zahlbegriff 100 oder 120 (Großhundert) stecken soll, und unterschied eine personale Hundertschaft und eine territoriale Hundertschaft.

Es ist herrschende Meinung geworden, daß die mit der Zahl 100 in Verbindung stehende Hundertschaft schon der germanischen Vorzeit angehört habe, daß sie urgermanisch sei und deshalb auch gemeingermanisch. Meinungsverschiedenheit bestand nur insofern als die einen nur die personale Hundertschaft auf die Vorzeit zurückdatierten, die anderen auch die territoriale Hundertschaft. Gegen die Annahme einer gemeingermanischen Einrichtung hätte schon sprechen müssen, daß die vermeintliche Hundertschaft sich sprachlich nicht bei allen germanischen Stämmen nachweisen ließ; sie fehlt bei den Sachsen, Friesen, Bayern, Langobarden und Westgoten und sie fehlt bei den Ostgermanen. Deshalb haben vorsichtige Forscher sie auch bei diesen genannten Stämmen als nicht vorhanden angesehen, während andere in methodisch anfechtbarer Weise angenommen haben, daß die bei diesen andern vorkommenden Bezeichnungen Go (Sachsen), Del (Friesen) eben die vermißte Hundertschaft bedeuteten.

1. Für die personale Hundertschaft in der Vorzeit tritt vor allem H. Brunner[1]) ein. Nach dieser Auffassung ist die Hundertschaft ursprünglich eine Gliederung des Heeres (*Heerestheorie*) gewesen und da Heer und Volk zusammenfielen in Friedenszeit auch eine Einteilung für die Gerichtspflege. Solange auf die Zahl 100 Wert gelegt wurde, konnte keine Territorialisierung der Hundertschaft eintreten, denn es mußte für militärische Zwecke von Zeit zu Zeit neu abgezählt werden. Man nimmt dabei nicht an, daß ein Geschlecht nach Abzählung von 100 (120 das sog. Großhundert[2]) wehrfähigen Männern auseinandergerissen worden sei; schematisch ging man nicht

1) H. Brunner, Rechtsgeschichte I^2, 159ff. Frühere namhafte Anhänger dieser „Heerestheorie" waren Eichhorn, Deutsche Staats- und Rechtsgeschichte; Wilda, Strafrecht der Germanen 1842; K. Maurer, Kritische Überschau der deutschen Gesetzgebung und Rechtswissenschaft I, 1853; Landau, Die Territorien usw. 1854; G. L. Maurer, Einleitung zur Geschichte der Mark-, Hof-, Dorf- und Stadtverfassung 1854; Gemeiner, Die Verfassung der Centenen usw. 1855; Walter, Deutsche Rechtsgeschichte 1857^2; R. Schröder, RG.; Heusler Vg. u. viele andere.

2) Über die Zwölfzahl bei den Germanen. Vgl. Waitz, Vfg. I^3, Beilage 2, S. 497ff.

vor. Eher wäre zu denken, daß man kleine Familien zusammengetan habe bis sie mindestens 100 (120) Krieger zählten und so eine Hundertschaft bildeten.

Den Übergang zur territorialen Hundertschaft dachten sich die Anhänger dieser Heerestheorie erst ganz allmählich infolge Nachlassens der praktischen Bedeutung der Hundertzahl. Erst in der fränkischen Zeit soll eine Umwandlung der persönlichen Verbände in Verwaltungsbezirke eingetreten sein.

Oder man erklärte sie sich aus der mehr militärischen Besitzergreifung im Laufe der Völkerwanderung. Da wo das Volk in militärisch formiertem Heere einmarschierte und im Feindesland seine neuen Wohnsitze kämpfend in Besitz nahm, da blieb eher die auf dem Marsche zusammengehörige Hundertschaft auch bei der Niederlassung zusammen. Das sei besonders bei den Völkerschaften der Fall gewesen, die mehr oder minder weit gewandert sind und in längerem Heerverband von Hundertschaftsgruppen zusammen waren. So soll die germanische Neusiedelung auf früher römischem Boden jenseits des Rheins und der Donau in viel größerem Maße Hundertschaftssiedelung gewesen sein. Die militärische Gliederung des feindlich anrückenden Heeres blieb hier maßgebend. Das würde dann besonders für die Franken und Alamannen zugetroffen sein. Die 100 Heermänner, die im Moment der Ansiedelung zusammengehörten und sich beieinander niederließen, könnten aber auch dann nur zur territorialen Hundertschaft erstarrt sein, wenn nicht von Zeit zu Zeit neu abgezählt wurde.

Überhaupt enthält diese Heerestheorie manche Unwahrscheinlichkeiten.[1]) Trotzdem ist sie heute noch die verbreitetste Auffassung.

2. Im Gegensatz zu dieser Theorie der alleinigen Ursprünglichkeit der personalen Hundertschaft steht die von der Ursprünglichkeit des Hundertschafts bezirkes. Hauptvertreter ist SIEGFRIED RIETSCHEL.[2]) Auf Grund von Untersuchungen über die schwedischen hundari und die angelsächsischen hundred kommt er zu der Auffassung, daß das Wesen der altgermanischen Hundertschaft ein Verband von 100 Hufen sei. Diese *Hufentheorie* ist schon früher von J. GRIMM[3]) und von G. WAITZ[4]) ausgesprochen worden. Danach sollen bei der Ansiedelung jeder Familienvater eine Hufe erhalten und je 100 Hufen einen Bezirk gebildet haben. In dieser Form hängt die Hufentheorie mit der Heerestheorie zusammen, nur daß man gleich bei der Ansiedelung eine Radizierung der Hundertzahl auf das Land als 100-Hufenbezirk annahm. RIETSCHEL dagegen geht allein von der Landteilung aus. Er will eine große Regelmäßigkeit in der zahlenmäßigen Anlage der Dörfer und der hundari bei den Schweden erkannt und einen Parallelismus dazu bei den Angelsachsen gefunden haben.[5]) Es ist mir unwahrscheinlich, ob wir bei einer natürlichen Besiedelung ein so regelmäßiges System einer schematischen und zahlenmäßigen Gliederung des Landes annehmen dürfen.[6])

3. Neuerdings hat Frhr. v. SCHWERIN[7]) eine auf den ersten Blick bestechende Auffassung geltend gemacht, die nämlich, daß es sich bei der Hundertschaft gar nicht um die 100-Zahl handle, sondern um eine Menge. Diese *Mengentheorie* stützt sich auf

1) Ich verweise auf die von v. SCHWERIN, Die altgermanische Hundertschaft, S. 14ff. angeführten Gegengründe. Ich gestehe, daß sie mich überzeugt haben. Auch RIETSCHEL hat sich in diesem Punkte seinem Gegner angeschlossen. Z. f. Rg. Bd. 28, S. 371, 421.

2) S. RIETSCHEL, Untersuchungen zur Geschichte der germanischen Hundertschaft I. Z. f. RG. der Savigny-Stiftung, GA. Bd. 28, S. 342ff. Derselbe, Zur Hundertschaftsfrage ebenda Bd. 30.

3) J. GRIMM, Deutsche Rechtsaltertümer Bd. II^4, 1899, S. 58.

4) G. WAITZ, Deutsche Verfassungsgeschichte Bd. I^3, S. 228.

5) Bei den Schweden sollen 12 Urdörfer mit ursprünglich je 8 Großhufen ein hundari gebildet haben. Bedenklich ist schon, daß dies 96 und nicht 100 Hufen ergibt. RIETSCHELS Ansicht ist entschieden abgelehnt worden von SVEN TUNBERG, studier rörande Skandinaviens älsta politiska indelning. 1911. Bei den Angelsachsen sollen bei der ersten Besiedelung lauter Dörfer zu 5 Hiden angelegt worden sein und je 20 Dörfer, also 100 Hiden, zu einem hundred zusammengefaßt sein.

6) Andere ebenfalls von der Hundertzahl ausgehende Auffassungen sind die „Wehrpflichtstheorie", wonach Hundertschaft der Bezirk sei, der 100 Krieger zu stellen habe (Vertreter: SACHSSE, Historische Grundlagen des deutschen Staats- und Rechtslebens 1844), und die „100 Sippentheorie", wonach in der Völkerwanderung die germanischen Völker sich in Scharen von je 100 Sippen geteilt und in dieser Gruppierung sich niedergelassen hätten (Vertreter: SIEGEL, Deutsche Rg., 3. Aufl., S. 168. Ähnlich v. SYBEL, Entstehung des deutschen Königtums, 2. Aufl., S. 78).

7) Frhr. C. v. SCHWERIN, Die altgermanische Hundertschaft (Gierkes Untersuchungen H. 90. 1907).

eine Worterklärung, die sich jedoch philologisch nicht aufrecht halten ließ. Trotzdem scheint mir v. SCHWERIN im Kern nicht unrecht zu haben, wenn er die sog. Hundertschaft als das „Niederlassungsgebiet eines unbestimmt großen wandernden Haufens" erklärt.

Auch ich bin der Ansicht, daß die Hundertzahl bei der Ansiedelung keine Rolle spielte, weder eine personale noch eine territoriale. Der unterste politische Bezirk war der Niederlassungsbezirk eines Siedelungshaufens, bestehend aus einer oder mehreren Sippen. Bei den Franken benannte man entweder diesen Bezirk selbst oder aber eine zu Polizeizwecken vorgenommene Abgrenzung mit der lateinischen Bezeichnung centena, den Vorsteher mit centenarius. Mit dem Vordringen der fränkischen Einrichtungen ist diese Benennung den Alamannen zugetragen worden; sie übersetzten sie durch hundari und benannten damit ihre Sippenbezirke. Ähnlich dürften bei den Schweden und Angelsachsen spätere Bildungen oder Namensübertragungen anzunehmen sein, zumal da die dortigen Bezeichnungen huntari und hundred erst ziemlich spät in den Quellen auftreten. Es ist aber nicht einmal gelungen, die fränkische Einrichtung oder Bezeichnung überall im ganzen fränkischen Reiche einzubürgern, und zwar deshalb, weil öfters völlig ausreichende, auf die Sippensiedelung zurückgehende andere Verbände und Namen vorhanden waren, wie Go bei den Sachsen, Del bei den Friesen.

Ebenso hat es eine territoriale Tausendschaft nicht gegeben.[1]) Die Tausendschaft, die seit W. SICKELS Arbeiten vielfach als ursprüngliche Einteilung gegolten hat und als solche in die Lehrbücher von SCHRÖDER[2]) und BRUNNER[3]) übernommen ist, läßt sich als politischer und territorialer Verband nicht nachweisen.

b) Das Fürstentum und das Königtum.

G. WAITZ, Über die principes in der Germania des Tacitus. FDG. II, S. 387. G. BRAUMANN, Die principes der Gallier und Germanen bei Caesar und Tacitus. Berlin. Progr. 1883. A. WIESSNER, Zu Prinzipat und Gefolgschaft in der altgerm. Verfassung. DZ. f. Gw. 12. WALTH. SCHULTZE, Prinzipat, Komitat, Nobilität im 13. cap. der Germania des Tacitus. DZ. f. Gw. NF. 2. W. VOSZ, Republik und Königtum im alten Germanien. 1885. F. DAHN, Könige der Germanen. 9 Bde. 1861—1902. H. v. SYBEL, Entstehung des deutschen Königtums. 1844. 2. Aufl. 1881. W. HOFMEISTER, Das Königtum im altgerm. Staatsleben. 1886. WALTH. SCHÜCKING, Der Regierungsantritt. Buch I: Die Urzeit und die Zeit der ost- und westgermanischen Stammesreiche. 1899. v. PFLUGK-HARTTUNG, Die Thronfolge in den german. Stammesstaaten. Z. f. Rg. d. Savigny-Stift. GA. 11. E. MAYER, Zu den germanischen Königswahlen. Ebd. 23. H. SCHULZE, Thronfolge und Familienrecht der ältesten germanischon Königsgeschlechter. Ebd. 7. FR. BODEN, Die isländischen Häuptlinge. Ebd. 24; Derselbe, Die isländische Regierungsgewalt in der freistaatlichen Zeit, in GIERKE, Untersuchungen 78 (1905). GIAC. BLANDINI, La monarchia germanica prima delle invasioni. 1888. WAITZ, Vfg. I³, S. 236—337. SCHRÖDER, Rg. ⁵. S. 26f., 29f. BRUNNER, Rg. I². § 17, S. 164f. HEUSLER, Vfg. S. 22f.

1) Die Hauptstelle, mit der man die territoriale Tausendschaft beweisen wollte, ist Caesar bellum gall. IV, 1 betreffs der Sueben: hi centum pagos habere dicuntur, ex quibus quotannis singula milia armatorum bellandi causa suis ex finibus educunt. Reliqui, qui domi manserunt, se atque illos alunt. Hi rursus invicem anno post in armis sunt, illi domi remanent. Vgl. W. SICKEL, Freistaat, S. 93, Anm. 10. Gegen die Glaubwürdigkeit der Tausendmännergaue siehe WAITZ, Vfg. I³, S. 103, 224f.; DELBRÜCK, Der urgermanische Gau und Staat, in Preuß. Jahrbücher 81 (1895), S. 483; S. RIETSCHEL, Die germanische Tausendschaft, Z. f. Rg. der Savigny-Stiftung. GA. 1906. S. 249f. Über Tausendschaft siehe auch unten unter Kriegswesen S. 20. Einen m. E. nicht geglückten Versuch, die Tausendschaft zu retten, unternahm M. KRAMMER im NA. Bd. 32, 1907.

2) SCHRÖDER, Rechtsgesch., 5. Aufl., S. 20/21f.; vgl. W. SICKEL, Zur germ. Verfassungsgesch., S. 19; auch CLAUSSEN-MUNCH, Die nordisch-german. Völker, S. 126.

3) BRUNNER, Rechtsgeschichte I², S. 158. Derselbe, Grundzüge der deutschen Rechtsgesch., 5. Aufl., 1912, S. 14. Nach dem Vorgang von SCHRÖDER und BRUNNER ist die Tausendschaftstheorie aufgenommen worden von R. BETHGE, Die altgermanische Hundertschaft, in Festgabe für K. Weinhold, 1906, S. 3; K. WELLER, in Württemb. Vierteljahrsh. f. Landesgesch. NF. 7 (1898), S. 315, Anm. 2; CRAMER, Gesch. der Alamannen als Gaugeschichte, 1899, S. 60f.; Derselbe, Die Verfassungsgesch. der Germanen und Kelten, 1906, S. 6, 29, 53; L. SCHMIDT, Gesch. der deutschen Stämme bis zum Ausgang der Völkerwanderung I, 1 (1904), S. 39 und Westd. Z. 20 (1901), S. 20.

Zwischen Fürstentum und Königtum bestand bei den Germanen kein grundsätzlicher Unterschied, deshalb ist auch eine Scheidung der germanischen civitates in Monarchien und Republiken unrichtig.[1]) Im Wesen unterscheidet sich der Freistaat wenig vom Königreiche. Die Gewalt des Königs hat deshalb auch in der Hauptsache denselben Inhalt wie die Gewalt des princeps, sie unterscheidet sich jedoch von ihr durch den größeren „Umfang".

Die älteste Bezeichnung des germanischen Königs ist thiudans, das uns in Ulfilas Bibelübersetzung begegnet und für βασιλεύς gebraucht wird. Es ist der Herr der Herrscher, der im Altsächsischen thiodan heißt und dessen Stamm bei den Bayern und Franken auch in Eigennamen mit der Wurzel Theud . .[2]) vorkommt. Das heutige deutsche Wort König stammt von ahd. kuning, soviel wie Mitglied des herrschenden Geschlechtes, Sohn des Herrschers.

Der König stand an der Spitze eines ganzen Volkes, der princeps an der Spitze nur eines Volksteils, nämlich der Insassen eines Gaues. Gemeinsam ist beiden Gewalten, daß ihre Träger aus dem vornehmsten Geschlechte, der stirps regia, entnommen sind. Das Volk wählte den König aus dem königlichen Geschlecht[3]) und das Volk wählte auch ursprünglich die principes aus dem königlichen Geschlecht. Der gewählte König, besonders bei einer freien Wahl, wurde auf einem Schilde hochgehoben[4]) und der Menge gezeigt, die durch Waffenschlag und Zuruf ihre Zustimmung zu erkennen gab.[5]) Da, wo sich ein Königtum entwickelte, ist eine größere Neigung zur Erblichkeit entstanden; die Wahl ist eine Erbwahl, das heißt man wählte nur aus einem Geschlecht. Das gesamte Königsgeschlecht hatte also ein Erbrecht auf das Königtum, nicht ein einzelner Erbe. Das Volk traf die Auswahl; diese konnte bei Untauglichkeit des Zunächstberechtigten eine wirkliche Wahl sein, sie konnte aber bei schon erprobten und tüchtigen Kandidaten zur bloßen formalen Anerkennung herabsinken; hatte das Königsgeschlecht keinen tauglichen Kandidaten, so sah man von der Erblichkeit ab. Da, wo sich der Prinzipat ausbildete, konnte sich umgekehrt die reine Wahl leichter durchsetzen, die den persönlich Tüchtigen dem Geburtsberechtigten eher vorziehen kann. Trotzdem sind auch hier Mitglieder bestimmter edler Familien im Besitz des Prinzipats gewesen, ein Beweis, daß man auch hier mit der Wahl möglichst bei einer erblichen Familie blieb. Gemeinsam ist beiden das Heerführeramt; der König ist Führer des ganzen Volkes, der princeps Führer der Heermänner seines Gaues. Der König hatte ein Gefolge, der princeps ebenfalls. Der König trug langwallendes Haupthaar als Abzeichen seiner Stellung und ebenso der princeps.[6])

1) MÜLLENHOFF, Deutsche Altertumskunde IV, S. 192. BRUNNER, Rg. I², S. 168.

2) Vgl. FÖRSTEMANN, Altdeutsches Namenbuch I², Personennamen. 1900. S. 1409f. Z. B.: Theodo, Theudobert, Theudelinda, Theudemar, Theudoricus, Teodoar u. a.

3) Tacitus Germania c. 7. Vgl. auch WAITZ, Vfg. I³, S. 320f. Der König kann einen Sohn oder Enkel zum Nachfolger empfehlen, z. B. Jordanes c. 56: vocatis Gothis Theodericum filium regni sui designat heredem; aber das Volk ist nicht daran gebunden. Die Erbwahl hat sogar auch Unmündige zu Königen berufen. Über Erbrecht und Wahl im Beowulflied s. SCHERER, Z. f. d. österr. Gymn. 1869. S. 95f.

4) Das Erheben auf den Schild ist uns zunächst bei der Wahl eines dux verbürgt (Tac. histor. IV c. 15). Bei der Königswahl sind uns nur Fälle einer freien Wahl mit Schilderhebung berichtet, wo ein Herrscher erwählt wurde, der nicht schon durch Erbrecht seines Geschlechtes einen Anspruch hatte. Bei der Wahl des Witiges spricht jedoch Cassiodor X, 31 von einer Sitte der Vorfahren: Gothos inter procinctuales gladios more majorum scuto supposito regalem nobis contulisse dignitatem. Die Erhebung von principes auf den Schild ist fraglich; s. WAITZ, Vfg. I³, S. 269, Anm. 2. Schilderhebung von Frankenkönigen: Chlodweg (GREGOR v. TOURS, Hist. II, 40), Sigibert (l. c. IV, 51. 52), Gundovald (l. c. VII, 10).

5) Die Schilderhebung ist also nicht bloß ein Wahlvorschlag, wie W. SCHÜCKING, a. a. O., S. 8ff. sie auffaßt.

6) Trefflich drückt es BRUNNER aus (a. a. O., S. 169): Mit Rücksicht auf den gleichen Inhalt der Königs- und Fürstengewalt darf der germanische rex als princeps civitatis, der germanische princeps als Kleinkönig oder Gaukönig aufgefaßt werden.

Aber es konnte nicht ausbleiben, daß sich auch Verschiedenheiten in der Stellung beider Gewalten im Laufe der Zeit herausbildeten. Das war eine ganz natürliche Konsequenz. So war der König der Oberpriester seines Volkes. Im Freistaat unter der Vielherrschaft der principes müssen die principes ebenfalls zuerst das Priestertum mit ihrer Stellung verbunden haben, denn noch Caesar fiel es auf, daß die Germanen, die er kennen lernte, kein besonderes Priestertum hatten. Also mußten doch wohl Nicht-Priester, und zwar wahrscheinlich die Angesehensten, d. i. die principes, die Opfer der Gauinsassen dargebracht haben. Aber zur Zeit des Tacitus ist es anders geworden, er kannte sowohl neben den Königen, als neben den principes berufsmäßige Priester. Indessen, während sie beim Königtum nur priesterliche Gehilfen des Königs blieben, scheinen sie bei den Freistaaten eine selbständigere Stellung gewonnen zu haben. Dadurch wurden aber priesterliche Funktionen der principes nicht ausgeschlossen.

Im Verhältnis zur Volksversammlung zeigt sich ebenfalls eine Verschiedenheit der Entwicklung. Weder der König noch die principes standen über der Volksversammlung. Aber in Staaten mit Vielherrschaft ist die Gesamtheit der Gaufürsten zu einem „Fürstenrat" für die ganze Völkerschaft geworden, der die Angelegenheiten, die vor die Volksversammlung kommen sollten, vorberiet und minder wichtige Dinge selbst erledigte.

Für einen Krieg benötigten die Völker mit der Vielherrschaft der principes einen Oberanführer, dux, der aus der Mitte der principes entnommen wurde und der im Frieden wieder in ihre Reihe zurücktrat.

Die Entstehung des Königtums beginnt früher bei den Ostgermanen als bei den Westgermanen. Caesar scheint überhaupt noch keine Könige der Germanen im römischen Sinne zu kennen. Ariovist ist nur ein Heerführer. Die Entstehung des Königtums ist gleichbedeutend mit dem Beginn der Einigungstendenz. Markomannen, Quaden und Hermonduren sind so die ersten, die unter Königen geeint wurden. Bezüglich der Westgermanen kommt die Tendenz zur Einherrschaft zuerst bei den Cheruskern und Brukterern auf.[1]) Bei der Bildung der germanischen Stämme führt dieselbe Einigungstendenz zu Stammeskönigen, die schon im Anfang des 6. Jhs. bei den Alamannen, Salfranken, Ribuariern, Thüringern vorhanden sind, im 7. Jh. bei den Friesen. Die reguli, Kleinkönige der einzelnen Völkerschaften, die aus den principes sich entwickelt haben, werden von dem Stammeskönigtum, das eine größere Einheit erstrebt, beseitigt; so bei den Salfranken. Oder die reguli werden mediatisierte Unterkönige und Fürsten unter dem Stammeskönig; so bei den Langobarden die duces, bei den Angelsachsen die reguli und ealdorman.

Fördernd auf die Ausbildung des Königtums wirkte auch die römische Nachbarschaft. Die Römer nannten schon einen Häuptling größerer Massen einen König, als ihm eine solche Stellung und Macht noch gar nicht zukam. Sie wollten es lieber mit einem König zu tun haben, als mit einer Vielheit von principes. Träger starker Eroberungs- und Einigungstendenzen, wie Chlodwig, lernten ihrerseits aber gern vom römischen Vorbild, ließen sich König nennen und suchten Könige zu sein.

c) Die Volksversammlung.

ZIMMERMANN, Die Volksversammlung der alten Deutschen, in BRANDES, Ber. über d. germ. Ges. II. 1863. S. 29f. SOHM, Reichs- und Gerichtsverfassung I. S. 3f. MÜLLENHOFF, Deutsche Altertumskunde IV. S. 233. FRENSDORFF, Recht und Rede, in hist. Aufs. für G. Waitz. 1886. S. 443f. WAITZ, Vfg. I³, S. 338—370. SCHRÖDER, Rg. ⁵, S. 23f. HEUSLER, Vfg., S. 9f. BRUNNER, Rg. I², § 18, S. 175f.

---

1) WAITZ, Vfg. I³, S. 303.

Die Verfassung sowohl der Staaten mit Königtum als der Freistaaten gipfelte in der Volksversammlung. Hier kam der politische Wille des Volkes zum Ausdruck, hier war auch der Sitz der obersten Verwaltung.

Concilium hat Tacitus diese Versammlung genannt, es war ein concilium civitatis, eine Versammlung des ganzen Volkes, das gemeinsam gewandert war und gemeinsam sich niedergelassen hatte. Man kann die Versammlung Landesgemeinde nennen, weil die heute noch in den demokratischen Kantonen der Schweiz sich findende Landesgemeinde auffallende Ähnlichkeit mit der uns von Tacitus geschilderten germanischen Volksversammlung hat.[1]) Die germanische Bezeichnung dafür war thinc ahd. dinc, bei den Franken auch mallus, bei den Angelsachsen gemot, bei den Sachsen und Friesen warf.

Befähigt zur Volksversammlung zu erscheinen waren die wehrhaften Männer, das Erscheinen war ihr Recht und ihre Pflicht. Man kam in vollen Waffen, denn die Volksversammlung war gleichzeitig Heeresversammlung. Hier wurde über Krieg und Frieden entschieden, von hier aus zog man vielfach direkt in den Kampf. Deshalb war die Volksversammlung eine Heeresmusterung und sie war gleichzeitig der Ort, an dem der Vater oder der Fürst die öffentliche Wehrhaftmachung des herangewachsenen Jünglings vornahm, weil die Wehrhaftmachung gleichzeitig politische und militärische Rechte gab. Der Jüngling erhielt dadurch Stimmrecht in der Versammlung, er wurde in die Reihe der vollberechtigten Freien aufgenommen.

Die Volksversammlung ist der Ort, wo die Freilassungen zu öffentlichem Recht vor sich gingen.[2])

Die Volksversammlung diente auch als Opferversammlung. Hier brachte der König oder im Freistaate der Priester der civitas die Opfer für das Volk dar. Eine religiöse Handlung leitete die Versammlung ein; die Versammelten wurden unter den Frieden der Götter gestellt; die Verletzung des Friedens war daher eine Beleidigung des Gottes und wurde durch den Priester gestraft.[3])

Im Think wurden die öffentlichen Wahlen vollzogen, hier wurde der König bestimmt, hier wurden in Freistaaten der dux und die principes gewählt. Hier sind fremde Gesandte empfangen und Verträge abgeschlossen worden.

Auch Gericht konnte im Think gehalten werden in Fragen, die sich auf die ganze Völkerschaft bezogen, in denen der allgemeine Volksfriede verwirkt wurde, z. B. bei Landesverrat, Fahnenflucht u. a. Durch einen solchen Gerichtsspruch übte die Landesgemeinde das ihr zustehende Recht aus, jemanden aus ihrer Mitte auszustoßen. Sie verpflichtete jeden Volksgenossen, den Friedbrecher zu verfolgen und zu töten. Sein Tod sollte eine Sühne sein für die durch die Missetat beleidigten Götter.

Die Volksversammlung trat an festen Terminen zusammen, bei Eintreten des Vollmonds oder des Neumonds. Man tagte unter freiem Himmel an einer den Göttern geheiligten Stätte. Die Zustimmung zu einem vorgebrachten Antrag gab man durch den Waffenschlag[4]), nämlich ein Rühren der Speere oder ein Zusammenschlagen der Schilde. Mißbilligung wurde durch Murren kundgegeben. Jedenfalls konnte es aber auch vorher zu öffentlicher Rede und Gegenrede, zu einer Diskussion kommen.[5])

---

1) Darauf macht HEUSLER, Vfg. S. 10 aufmerksam. Auch BRUNNER, Rg. I^2, § 18 verwendet den Ausdruck Landesgemeinde.

2) s. o. S. 10.

3) Silentium per sacerdotes, quibus tum coercendi ius est, imperatur. Tacitus Germania c. 11.

4) Im Nordischen Vápnatak genannt. Vgl. KONR. MAURER in der Germania, hrsg. von BARTSCH, 16, 317. Erwähnt wird der Waffenschlag Tacitus Germania c. 11; Hist. V, 17; GREGOR v. TOURS, Hist. franc. II, 40; Annales Mettenses ad a. 690 (MG. SS. I, 317). Vgl. auch GRIMM, Rechtsaltertümer II, S. 383f.

5) Vgl. BRUNNER, Rg. I^2, S. 177, Anm. 13.

Über den Leiter der Versammlung wissen wir nichts Bestimmtes. Im königlichen Staat hat aber wohl sicher der König die Versammlung geleitet, im Freistaat vielleicht der Oberpriester der Völkerschaft.

Von einer Versammlung zur anderen erledigten die principes eines Volkes die laufenden Geschäfte. De minoribus rebus principes consultant, sagt Tacitus. Sie bildeten, wie oben bemerkt, zu diesem Zwecke einen Fürstenrat.

Außer der Versammlung der Völkerschaft muß auch die Möglichkeit von Gauversammlungen offen gelassen werden. War ein Volk zu zahlreich geworden, hatte es zu weite Gebiete in Besitz genommen, dann konnten nicht mehr alle zu einer gemeinsamen Versammlung kommen. Da versammelte sich wohl der Gau zur Erledigung seiner näheren Bedürfnisse. Das wurde aber gleichzeitig der Ausgang zur größeren Selbständigkeit des Gaues, ja zur Entstehung von Teilstaaten.

Von den übrigen Versammlungen, die der Germane kennt, sind die Versammlungen größerer Völkergruppen wie der Ingväonen, Istväonen und Herminonen schon erwähnt; es sind reine Kultversammlungen zu gemeinsamen religiösen Opfern dieser Verbände. — Die Gerichtsversammlung des Siedelungsbezirkes wird bei der Gerichtsverfassung zu erwähnen sein.

4. Das Kriegswesen.

v. Peucker, Das deutsche Kriegswesen der Urzeiten. 3. T. 1860/64. F. W. Barthold, Gesch. der Kriegsverfassung und des Kriegswesens der Deutschen. 2. T. 1855. Hans Delbrück, Gesch. der Kriegskunst. II. Die Germanen. 1902. Otto Dahm, Die Feldzüge des Germanikus in Deutschland. Westd. Z. Ergheft. XI. 1902. Weinhold, Beiträge zu den deutschen Kriegsaltertümern SB. d. Berl. Ak. 1891. S. 543ff. Waitz, Vfg. I³, S. 231, 402—417. Brunner, Rg. I², S. 180f. W. Sickel, Freistaat, S. 126f. P. Roth, Gesch. des Benefizialwesens. S. 33f. Müllenhoff, Deutsche Altertumskunde IV. S. 173f., 198—207, 256f. Arnold, Deutsche Urzeit, S. 251—306. F. Dahn, Deutsche Gesch. I, S. 223f. Lamprecht, Deutsche Geschichte I, S. 132f. Schröder, Rg. ⁵, S. 37f. M. Jähns, Handbuch einer Gesch. des Kriegswesens von der Urzeit bis zur Renaissance. 1880; im allgem. über die Entwicklung der Kriegswissenschaft vergleiche man M. Jähns, Gesch. der Kriegswissenschaft vornehmlich in Deutschland. 3 Bde. 1889—91. S. Rietschel, Die germanische Tausendschaft, in Z. f. Rg. der Savigny-Stiftung. GA. Bd. 27. 1906.

Eine kriegerische Periode lag vor der Zeit des erkennbaren Auftretens der Germanen in ihren geschichtlichen Sitzen. Angriffe und Abwehr wechselten auf der Wanderschaft und auch noch nach der Niederlassung galt es kriegsbereit zu sein, um die neuen Wohnstätten zu verteidigen und das Volk zu schützen gegen durchwandernde Horden und gegen feindliche Nachbarn. In diesem Kampfe um die Existenz ist die kriegerische Seite des alten Germanentums besonders ausgebildet worden. Ihre Götter dachten sie sich als Kriegsgötter, sie feierten in ihnen Heldengröße; und in ihren Vorfahren sahen sie Kriegshelden mit allen kriegerischen Tugenden.

a) Das Heer.

Aus dieser Zeit des allgemeinen Kriegertums stammte die Pflicht aller wehrfähigen Germanen am Kampfe ums Dasein tatkräftig teilzunehmen; als etwas Selbstverständliches entwickelte sich der Grundsatz der allgemeinen Heerpflicht. Diese allgemeine Heerpflicht des Germanen unterschied sich aber von unserer heutigen allgemeinen Militärdienstpflicht: es wurde nicht wie heute jeder Bürger, der diensttauglich war, in das Heer eingereiht, sondern umgekehrt nur derjenige, der kriegstauglich war, konnte Vollbürger sein. Die Waffentüchtigkeit war die Voraussetzung der bürgerlichen Vollrechte. Krieger zu sein, ist demnach nicht nur Pflicht, sondern auch ein Recht des Vollfreien. Und zwar waren die Krieger allein die Bürger[1]), mit exercitalis bezeichnen die Römer bei den Germanen geradezu Bürger und mit exercitus Bürgerschaft. Auch sonst haben wir sprachliche Beweise, daß Heer und Volk einander gleich waren. Wulfila (Lucas 2) braucht das Wort harjis, obwohl er Volksmenge meint; bei den Langobarden bedeutete hariman soviel wie Krieger und Freier, fara sowohl Heer

1) Liten und Unfreie konnten nur als Troßknechte im Heere Verwendung finden, galten aber nicht als Krieger.

als auch Volk; ebenso begegnet bei den Burgunden faraman in dieser Doppelbedeutung. Deshalb standen auch die bürgerlichen Einrichtungen mit dem Heerwesen aufs innigste in Verbindung.[1]) Die Volksversammlung war Heeresmusterung, sie war der Ort der Wehrhaftmachung; der Rechtsgang kannte die kriegerische Fehde und den entscheidenden Zweikampf.

Auch die Gliederung des Heeres war ursprünglich gleich der des Volkes. Die Sippen kämpften beieinander[2]); sie bildeten Abteilungen des Heeres von ungleicher Größe.

Ob daneben auch Gruppierungen zu Tausenden und zu Hunderten bestanden haben, muß dahingestellt werden. In der Hervara saga[3]) ist ein großes Heer erwähnt, das nach Tausenden und Hunderten zählte. Da sich diese Stelle aber auf das Heer der Hunnen in der Schlacht auf den katalaunischen Feldern bezieht, also inhaltlich die Auffassung des ursprünglichen westgotischen Erzählers widerspiegeln kann, beweist sie nichts für das Vorhandensein der Tausendteilung bei den Skandinaviern.

Auch die vielzitierte Stelle bei Caesar über die Gaue der Sueben[4]), die jährlich tausend Krieger ins Feld stellen, ist zu vieldeutig und unglaubwürdig, als daß sie als sichere Grundlage für die Annahme einer germanischen Heeresgliederung nach Tausenden gelten kann. Und wenn selbst die Sueben so volkreich waren, daß ihre Gaue tausend Krieger liefern konnten, so bleibt es sehr zweifelhaft, ob darin eine allgemeine taktische Gliederung der germanischen Heere in Tausendschaften zu sehen ist. Warum sollte nicht das eine und andere Mal nach Tausenden gezählt worden sein, ohne daß dies ein gemeingermanisches Einteilungsprinzip war? Bei den Westgoten dagegen ist die Tausendschaft, thiuphadia, als Heeresabteilung bezeugt[5]) mit einem thiuphadus oder millenarius an der Spitze.

Überhaupt wird nirgends von den Germanen berichtet, daß sie eine zahlenmäßige Gliederung des Heeres gekannt hätten. Auch die Einteilung des germanischen Heeres in Hundertschaften hängt daher in der Luft und beruht lediglich auf Hypothese. Der Militärschriftsteller Maurikios[6]) sagt sogar ausdrücklich, daß sie keine abgezählten Abteilungen gehabt hätten, sondern nur Gruppierungen nach Geschlechtern und Verwandtschaften.

Als Oberbefehlshaber über die Truppen einer Völkerschaft wurde auf einer Volksversammlung für jeden Kriegsfall von neuem aus der Zahl der principes einer ausgewählt oder durch das Los bestimmt; er hieß Herzog (ahd. herizoho, asächs. heritogo) dux. Mit dem Ende des Krieges endigte auch seine Stellung wieder und er trat in die Reihe der principes zurück. In Königsstaaten hatte der König den Oberbefehl.

---

1) So ist z. B. das Heergeräte, die kriegerische Ausrüstung, bei Schutz- und Dienstverhältnis sowie im Erbrecht von Bedeutung.

2) Caesar Bell. Gall. I, 51 Generatimque constituerent. Tac. Germ. 7 non casus nec fortuita conglobatio turmam aut cuneum facit sed familiae et propinquitates.

3) Ausgabe von N. M. Petersen in Nordiske Oldskrifter III. 1847. 14, p. 50. Vgl. Rietschel, Die germanische Tausendschaft a. a. O. S. 241. v. Schwerin, Altgerm. Hundertschaft S. 17ff.

4) Bell. Gall. IV, 1. Über die Unglaubwürdigkeit vgl. Waitz, Vg. I^3, S. 103, 224f. Auch Delbrück, Der urgermanische Gau und Staat, in den Preuß. Jahrbüchern. Bd. 81. 1895. S. 483.

5) Vgl. S. Rietschel (s. o.), S. 241f. Er hält dieses Vorkommen bei den Westgoten nicht für urgermanisch, sondern für römischen Einfluß. „Dann hätte man in der thiuphadia die römische Neulegion, den numerus, zu erblicken, der seit Diokletian tatsächlich eine Tausendschaft war, in dem thiuphadus oder millenarius aber den Tribunen, der in den griechischen Quellen als *χιλίαρχος* in römischen gelegentlich, besonders auch in Spanien, als millenarius erscheint."

6) *Στρατηγικὸν* hrsg. v. J. Schefferus XI, 4: *Τάσσονται δὲ ἐν ταῖς μάχαις, . . . οὐ μέτρῳ τινὶ ὡρσμένῳ καὶ τάξει ἢ ἐν μοίραις ἢ ἐν μέρεσιν ἀλλὰ κατὰ φυλὰς καὶ τῇ πρὸς ἀλλήλους συγγενείᾳ.*

Die allgemeine Heerpflicht schloß nicht, wie heutzutage, seitens des Staates die Verpflichtung in sich, den Krieger auszurüsten und zu verpflegen. Zur allgemeinen Heerpflicht kam daher für den einzelnen noch hinzu die Pflicht der Selbstausrüstung und der Selbstverpflegung. Die dadurch unvermeidliche Ungleichheit der Bewaffnung, der eine Ungleichheit der Leistungsfähigkeit entsprochen hätte, wurde jedoch wahrscheinlich durch Sitte und Gewohnheit ausgeglichen.[1] Bestimmte Waffenstücke wird man als unbedingt notwendig zur vollsten Ausrüstung angesehen haben. Die Selbstverpflegung erstreckte sich nur bis zur Landesgrenze; im Feindesland war Raub und Plünderung das Recht des Kriegers.[2]

Die bevorzugte Truppengattung der Germanen war zur Zeit des Tacitus das Fußvolk; besonders die Fußtruppen der Chatten werden gerühmt. Indessen zeichneten sich auch einige Völkerschaften durch eine gute Reiterei aus. So werden die Bataver als die besten Reiter im römischen Heere gepriesen, und nächst ihnen wird die Reiterei der Tenkterer hervorgehoben. Zu Pferde müssen wir uns auch den Oberanführer, König oder dux, denken und die principes nebst den Gefolgsleuten. Ferner wird uns berichtet, daß vor der eigentlichen Schlachtordnung eine auserlesene Vorhut kämpfte, die ihrem Truppencharakter nach sich in der Weise zusammensetzte, daß je einem Reiter ein geübter Fußgänger beigegeben war.[3] Zu dieser Elitetruppe wurden die Einzelnen ausgewählt; deshalb war hier die Zusammensetzung nach Familien ausgeschlossen, hier war eine zahlenmäßige Abgrenzung am Platze. Ursprünglich stellte jeder Gau 100 auserlesene Männer zu dieser Vortruppe. Aber schon zu Tacitus' Zeit spielte auch hier die Zahl 100 keine Rolle mehr; man nannte sie nur noch die Hundert, centeni, und es galt als besondere Ehre zu ihnen zu gehören.[4]

Während der Völkerwanderung und auch nachher wird uns bei den Goten, Vandalen und auch bei den Alamannen Reiterei erwähnt. Aber später fehlte es den Westgermanen an Reitertruppen. Die zunehmende Beschäftigung mit dem Ackerbau und das Verbleiben in festen Wohnsitzen mag die Pferdezucht und das Bedürfnis nach einem Reittiere zurückgedrängt haben.

Die Gewalt über Leben und Tod hatte im Heere nach Cäsars Darstellung der Führer; nach Tacitus stand die Strafgewalt und auch das Recht der Tötung gleichsam auf Befehl des Gottes dem Priester zu. Dieser Widerspruch wird wohl dadurch zu erklären sein, daß in den westgermanischen Freistaaten, die Tacitus kannte, im Laufe der Zeit sich die Tendenz ausgebildet hatte, die Macht des dux zu beschränken. Nicht er sollte deshalb als die Quelle des Rechtes im Heere angesehen werden, sondern die Gottheit.

Die Aufstellung der Schlachtordnung geschah in Form eines Keiles[5]; und zwar bildete, wenn mehrere Völkerschaften gemeinschaftlich Krieg führten, jede Völkerschaft einen Keil. Jede civitas, also auch jeder Keil, hatte ein besonderes Feldzeichen, das im Frieden im heiligen Haine der Götter aufbewahrt wurde.

Die Kampfesweise war die Offensive; alle Kraft legte man auf den ersten Stoß.

Teilaufgebote waren den Germanen wohl anfangs fremd. Bei späterer Volksvermehrung könnte man aber wohl annehmen, daß sie Teilaufgebote in der Weise ge-

---

1) Wir hören von einheitlichen Waffen wie sax und francisca.

2) Jeder Feldzug war gleichzeitig Beutezug, da der Erfolg eines Krieges geradezu gemessen wurde an der gemachten Beute. Die Führer erhielten einen größeren Anteil daran.

3) MÜLLENHOFF, Deutsche Altertumskunde IV, S. 174. BETHGE, Die altgermanische Hundertschaft, in Festgabe an K. Weinhold, 1896.

4) Tacitus Germania c. 6: ex omni iuventute delectos ante aciem locant. Definitur et numerus: centeni ex singulis pagis sunt, idque ipsi inter suos vocantur; et quod primo numerus fuit, iam nomen et honor est.

5) Eberkopf, cuneus, svínfylking, von den Römern und Nordgermanen genannt.

kannt haben, daß einmal zu einem kleineren Zug nur einzelne Gaue aufgeboten wurden. Auch die Tatsache, daß der Bericht über das wechselnde Tausendmann-Aufgebot der Sueben entstehen konnte, läßt darauf schließen, daß ein Teilaufgebot nicht etwas vollkommen Unmögliches war.

b) Das Gefolgswesen.

H. Brunner, Zur Geschichte des Gefolgswesens, in seinen Forschungen zur Gesch. des deutschen und französischen Rechts, 1894. Deloche, La trustis et l'antrustion royal, 1873. Doublier, Formalakte beim Eintritte in die altnorwegische Gefolgschaft. MIÖG. 6. Ergbd. W. Scherer, Über Heynes Beowulf, in Z. f. d. österr. Gymn. 1869. Waitz, Vfg. I³, S. 371—401. Schröder, Rg. ⁵, S. 33f. Brunner, Rg. I², S. 186f. Heusler, Vfg., S. 7f.

Eine besonders charakteristische Einrichtung schuf der kriegerische Geist der Germanen im Gefolgswesen. Man versteht darunter ein persönliches, auf Gegenseitigkeit beruhendes Treuverhältnis zwischen einem Gefolgsherrn und seinen Gefolgsleuten.

Tacitus nennt es comitatus und neben comites kamen auch die Bezeichnungen clientes und satellites vor; germanische Benennungen dafür sind ahd. gasinthi, bei den Langobarden, Franken, Angelsachsen auch gasindi, fränkisch trust, lat. trustis. Auch heißen die Gefolgsleute Degen, ahd. degan, die königlichen Gefolgsgenossen Antrustionen.

Die Verpflichtung des Gefolgsherrn bestand darin, daß er den Gefolgsleuten Schutz gewährte und ihnen Ausrüstung und Verpflegung darbot[1]); auch sollte er ihnen Gelegenheit geben zur kriegerischen Betätigung. Er tat dies, indem er mit seinem Gefolge, wenn der Friede in der eigenen Völkerschaft allzulange dauerte, einer kriegführenden Nachbarvölkerschaft zu Hilfe kam. Bot sich auch dazu keine Gelegenheit, so waren Jagdzüge ein teilweiser Ersatz. Der Schutz, den er dem Gefolgsmann gewährte, war ein militärischer Schutz, er schützte ihn vor Angreifern und verteidigte ihn mit seiner Macht. Die Verpflegung gab er dem Gefolgsmann in der eigenen Herrenhalle, denn mit der Aufnahme in die Gefolgschaft war die Aufnahme in die Hausgenossenschaft verbunden. Speise und Trank und Schlafstelle hatte der Gefolgsmann im Hause des Herrn. Außer der notwendigen Ausrüstung spendete ihm der Herr zur besonderen Belohnung für treuen Dienst und hervorragende Taten auch wohl Schätze, Gewänder, Ringe, Rosse und Waffen.[2]) Auch lohnte er ihre Tüchtigkeit durch eine Rangabstufung unter ihnen.[3])

Besonders vornehme Abstammung und große Verdienste des Vaters ermöglichten auch in jugendlichem Alter schon die Aufnahme in die Gefolgschaft.[4])

Die Pflichten der Gefolgsleute anderseits lagen in den Aufgaben einer militärischen Leibwache. Der Gefolgsmann mußte den Herrn verteidigen mit seinem eigenen Leibe; er kämpfte daher im Kriege neben ihm. Fiel der Herr, so war es schimpflich ihn zu überleben. Im Frieden tat der Gefolgsmann Dienste, soweit sie ein freier Mann tun konnte, denn die soziale Stellung wurde durch den Eintritt in die Gefolgschaft nicht gemindert; das Ergebenheitsverhältnis zu einem Herrn und die eingegangenen Verpflichtungen verringerten weder die persönliche Würde des freien Mannes noch seine Rechte.

---

1) Auch die Frau des Gefolgsherrn teilt diese Pflicht, indem sie die Instandhaltung der Gewänder überwacht. Brunner, I², S. 187.

2) Ringspender heißt er in der Dichtung, die Gefolgsleute sind Ringfreunde. Vgl. Brunner, I², S. 192, Anm. 57.

3) Tacitus Germania c. 13, gradus quin etiam ipse comitatus habet iudicio eius quem sectantur.

4) Tac. Germ. c. 13: insignis nobilitas aut magna patrum merita principis dignationem etiam adulescentulis assignant, ceteris robustioribus ac iam pridem probatis aggregantur, nec rubor inter comites aspici. Unter den stärkeren und bewährteren Männern will Heusler, Vfg. 9, Waffenmeister verstanden wissen, die den „Kadetten“ Unterricht erteilen.

Der Eintritt in die Gefolgschaft geschah durch einen Treueid und sonstige Förmlichkeit, vielleicht Darreichung eines Geschenkes durch den Herrn, etwa Roß und Waffen. Es war ein freiwillig eingegangenes Verhältnis; niemand konnte zum Eintritt gezwungen werden. Die Verpflichtung wurde eingegangen auf Zeit, sie war nicht lebenslänglich. Nach gegenseitiger Vereinbarung wurde sie gelöst, wenn der Gefolgsgenosse einen eigenen Hausstand gründen wollte.

Nicht jeder Freie konnte sich eine Gefolgschaft halten, sie war zu kostspielig, deshalb war die Unterhaltung eines Gefolges tatsächlich[1]) nur auf Könige und Fürsten beschränkt; umgekehrt wurde deren Stellung und ihr Ansehen sowohl beim eigenen Volk als auch den Nachbarvölkern gegenüber gehoben durch eine ansehnliche Gefolgschaft. Die Zahl der Gefolgsleute war nicht feststehend, sie wechselte nach Bedarf und Gelegenheit. Es sind uns Gefolgschaften von 15 und von 120 und mehr Mitgliedern überliefert und einmal 240.[2]) In letzterem Falle aber erregte der Gefolgsherr den Unwillen seines Volkes wegen dieser hohen Gefolgszahl. Schon die Unterhaltungspflicht des Herrn im eigenen Hause schließt es aus, daß die Gefolgschaft sehr zahlreich war. Daher ist jetzt auch die frühere Ansicht ganz aufgegeben, daß die Staatengründungen der Germanen auf römischem Boden, ja die Wanderungen der Germanen überhaupt nur Züge von Gefolgsherren mit ihrer Gefolgschaft gewesen seien.

Zum Eintritt in die Gefolgschaft war jeder wehrhafte jugendliche Freie berechtigt; dem Gefolgsherrn aber stand es frei ihn aufzunehmen oder abzulehnen. Wenn er schon bei der Wehrhaftmachung in die Gefolgschaft eintrat, so nahm nicht der Vater, sondern der princeps selbst die Wehrhaftmachung vor. Im allgemeinen war es ein Vorzug der jungen Adeligen, in die Gefolgschaft aufgenommen zu werden. Die Gefolgschaft ist ihnen eine Kriegsschule und gleichzeitig eine Erziehung zum Hofdienst und späteren Staatsdienst gewesen. Es konnte vorkommen, daß der Fürstensohn aus der Gefolgschaft schied, indem ihn ein Bezirk zum princeps an Stelle eines verstorbenen Verwandten wählte.

Nicht zu verwechseln mit der geschilderten Gefolgschaft ist die Kriegstruppe, die sich einem Führer anschließt zu einer Heerfahrt. Es kam vor, daß das kriegerische Bedürfnis der jungen wehrhaften Männer so stark wurde, daß es zu einem Kriegszuge drängte. Dann erbot sich wohl in der Volksversammlung ein Fürst zu einer Heerfahrt, etwa zu einem Streifzug durch Feindesland, und die kriegerische Jugend schloß sich ihm unter Billigung der Versammlung an. Dieses Verhältnis von Führern und Kriegern ist nur ein vorübergehendes, für die Dauer eines Kriegszuges gewesen, es war keine Hausgenossenschaft damit verbunden und somit keine eigentliche Gefolgschaft.

5. Die Gerichtsverfassung.

Kurt Burchard, Die Hegung der deutschen Gerichte im MA., 1893. v. Richthofen, Untersuchungen zur friesischen Rechtsgeschichte II, S. 457. Ph. Heck, Altfriesische Gerichtsverfassung, 1894. J. W. Planck, Das deutsche Gerichtsverfahren im MA. 2 Bde. 1878. 1879. Rosenthal, Gesch. des Gerichtswesens und der Verwaltungsorganisation Bayerns I, 1889. Waitz, Vfg. I³, S. 418 bis 453. Schröder, Rg. ⁶, § 8, S. 41—46. Brunner, Rg. I², § 20, S. 195—210. F. Philippi, Landrechte des Münsterlandes, 1907.

Daß in gewissen Fällen die Gesamtheit der Volksgenossen zu Gericht saß, also die Volksversammlung Gerichtsversammlung sein konnte, ist schon oben (S. 8) erwähnt.

Die ordentliche und eigentliche Gerichtsgemeinde war jedoch die Siedelungsgemeinde, die ordentliche Gerichtsversammlung war die Bezirksversammlung der Sippenniederlassung. Man unterscheidet ein echtes und gebotenes Ding. Das echte Ding

1) Gesetzliche Beschränkung ein Gefolge zu halten, oder in ein solches einzutreten hat wohl nicht bestanden.

2) Vgl. Roth, Benefizialwesen, S. 29. Nach Ammianus Marcellinus XVI 12, 60 ergaben sich 200 Gefolgsleute des Königs Chnodomar nach der Schlacht bei Straßburg in die Gefangenschaft.

trat an feststehenden Terminen zusammen, ohne daß dazu besonders aufgefordert wurde.[1]) Wurden nicht alle vorliegenden Sachen auf dem echten Ding erledigt, so wurde noch ein Nachding oder Afterding gehalten, das sich entweder direkt an das echte Ding anschloß oder kurz nachher stattfand. Das gebotene Ding verpflichtete nur denjenigen zum Erscheinen, der durch den Richter eigens dazu entboten wurde. Es ist aber zweifelhaft, ob sich diese Dreiteilung bei allen Germanen fand.

Jeder Siedelungsbezirk hatte eine besondere herkömmliche Dingstätte, unter freiem Himmel, meist etwas erhöht auf einem Hügel, weithin sichtbar, durch einen oder mehrere Bäume erkenntlich. Als sich im Laufe der Zeit der Siedelungsbezirk erweiterte, neue Höfe und Bauernschaften auf Rodeland allmählich hinzuwuchsen, blieben sie oft noch lange bei der alten Gerichtsstätte. Der dazu gehörige Gerichtsbezirk veränderte sich also, weil er nicht von Anfang an mit festen räumlichen Grenzen abgesteckt war, sondern die neuen Siedelungen mit aufnehmen konnte.[2]) Diese Dingstätten (Mal, Malberg) waren den Göttern geweiht. Sie wurden bei Beginn der Gerichtsversammlung noch eigens durch Verkündigung des Dingfriedens unter den Frieden des Gottes gestellt. Einfriedigung des Gerichtsplatzes mit Pflock und Schnur, das Schweiggebot des Priesters[3]) oder des Richters: „Ich gebiete Lust und verbiete Unlust", das uns in nordischen, sächsischen, friesischen und fränkischen Quellen überliefert ist, und verschiedene Hegungsfragen des Richters z. B. ob es Zeit und Ort des Dings sei, vervollständigten die Vorbereitungen vor der Gerichtsverhandlung.

Richter war der princeps; er besuchte die Siedelungs- und Gerichtsstätten des ihm angewiesenen Bezirks und hielt Gericht ab. Cäsar berichtet uns, daß die principes regionum atque pagorum inter suos ius dicunt, controversiasque minuunt.[4]) Nach Tacitus sind es die principes, qui iura per pagos vicosque reddunt[5]) oder ius dicunt, während centeni comites aus dem Volke consilium simul et auctoritas gewährten. Diese Quellenstellen sind wohl folgendermaßen zu interpretieren: Die auf dem Landding der civitas gewählten Fürsten haben Gericht zu halten in den Gauen und Dörfern, nämlich echtes Ding an dem Mallus des Gaus oder an den verschiedenen Malstätten ihrer Gaue, gebotenes Ding konnte auch in einem Dorf angesagt werden. Daß der Fürst dabei 100[6]) Begleiter aus dem Volke hat, ist sonst nirgends berichtet, vielleicht ist centeni von Tacitus hier in dem Sinne gebraucht, wie wir auch heute noch hundert oder tausend sagen, wenn wir eine unbestimmte Menge meinen. Jedenfalls hat er demnach ein ansehnliches Gefolge, das ihn berät und das seinem Gebot Nachdruck geben kann, consilium et auctoritas. Der princeps führte als Richter den Vorsitz im Gericht und er verkündete denn auch den Urteilsspruch, er gab das Rechtsgebot[7]) aus. Das Urteil selbst aber erfragt er. Diese Frage wird sich an die Gesamt-

1) Wahrscheinlich an alten heidnischen Opfertagen.

2) Erst später sind durch Teilung kleinere Gerichtsbezirke mit eigenen Dingstätten entstanden; vgl. L. Baumann, Die Gaugrafschaften im würtembergischen Schwaben, S. 4f.; F. Philippi, Landrechte des Münsterlandes, 1907, S. VIII. Philippis Deutung der Gerichtsstätten als Ausgangspunkt für die Gerichtsbezirke ist leicht mit der oben von uns gegebenen zu vereinigen. Es scheint mir natürlicher, daß erst die Siedelungsgemeinde sich eine Malstätte wählte und diese allmählich ihren zuständigen Bezirk erweiterte, als daß die Dingstätte zuerst bestanden, etwa als Heiligtum, und sich an ihr eine Gerichtsgemeinde zusammengeschlossen hätte.

3) Tac. Germ. c. 11. 4) Bell. Gall. VI, 23.

5) Tacitus Germ. c. 12: Eliguntur in iisdem conciliis et principes, qui iura per pagos vicosque reddunt. Centeni singulis ex plebe comites consilium simul et auctoritas assunt.

6) Die herrschende Meinung sieht in dieser Stelle den Beweis für die Existenz der Hundertschaft. Die Hundertschaft sei die Gerichtsgemeinde. Dabei bleiben die Ausdrücke comites und ex plebe unerklärt. Für comites sucht v. Schwerin eine Erklärung, indem er es als ein Mißverständnis des Tacitus hält, der ein deutsches Wort „Folger" (sc. des Urteils) wörtlich übertragen habe (a. a. O. S. 108).

7) Aug. S. Schultze, Privatrecht und Prozeß in ihrer Wechselbeziehung I, S. 97f.

heit der Versammelten gerichtet haben; der Richter konnte aber auch mehrere oder einen besonders Rechtskundigen zum Urteilsvorschlag auffordern. Es wird dabei wohl nicht ausgeschlossen gewesen sein, daß er auch selbst einmal den Urteilsvorschlag machte.[1]) Erst durch die Zustimmung durch die anwesende Gerichtsgemeinde (Vollwort) wurde ein solcher Vorschlag zum Urteil. Dieses Vollwort wird wahrscheinlich schon von Anfang an durch Waffenschlag, Waffenrühren erfolgt sein.

II. Von der Völkerwanderung bis zum Ende der Karolinger.

Einleitung.

Kaspar Zeuss, Die Deutschen und ihre Nachbarstämme. 1837. Arnold, Ansiedelungen und Wanderung deutscher Stämme. 1875. v. Erckert, Wanderungen und Siedelungen der germanischen Stämme bis Karl d. Gr. 1901. O. Bremer, Ethnographie der germanischen Stämme, in Pauls Grundriß der germ. Philologie. Bd. 3. 1899. F. Stein, Die Stammfrage der Germanen und die älteste Geschichte der deutschen Stämme. 1899. R. Much, Deutsche Stammsitze. 1892; derselbe, Deutsche Stammeskunde (Sammlung Göschen 126). 1900. E. Heyck, Über Nationalität und Stammverhältnisse der Germanen. HZ. 85. Wintersheim, Gesch. der Völkerwanderung. 4 Bde. 1859—1864. 2. Aufl. von F. Dahn. 2 Bde. 1880—1881. Reitter, Der Glaube an die Fortdauer des Römerreiches im Abendlande. Münster. Diss. 1900. Heusler, Vfg. 16f., 19f.

Die Gesetze u. Volksrechte der germanischen Stämme siehe v. Schwerin in diesem Grundriß V. S. 107ff.

Die geschilderten germanischen Verhältnisse hielten sich intakt nur so lange, als sie nicht der Einwirkung durch das Römertum ausgesetzt waren. Schon in der Zeit der Angriffe Roms auf die germanischen Lande haben die Germanen vom Gegner gelernt.

Zunächst waren Verteidigungsmaßregeln nötig. Haben sich in der ersten Zeit die Sugambrer und Chatten vor Cäsar, die Chatten vor Germanikus in die Wälder flüchten müssen, waren noch die schwachbesiedelten vici der Marser wehrlos i. J. 14 n. Chr. dem über sie herfallenden Germanikus preisgegeben, so lernte man doch den Wert von Fluchtburgen kennen. Wenn auch nicht alle Wallburgen heute mehr so weit zurückdatiert werden dürfen, wie das Schuchhardt[2]) nachgewiesen hat, so haben sich doch einige der noch erhaltenen als alte Zufluchtsburgen erwiesen, wie die Grotenburg bei Detmold, die Milseburg bei Fulda, die Sieburg bei Karlshafen. Vielleicht haben für diese Ringwälle schon die Kelten das Vorbild geliefert, aber auch andere Burgen, befestigte Herrensitze, sind schon in diesen Kriegszeiten entstanden; Segestes wird in einer solchen belagert.

Und wenn Mattium das caput des Volkes der Chatten genannt wird, so zeigt das, daß die Germanen nicht mehr bloß bedeutungslose vici hatten, sondern auch schon einige, vielleicht befestigte, Hauptorte, wie sie es jenseits des Limes sahen. Das Römertum schob ja seine Organisationen bis an die Grenze vor und überzog auch damit die im Römerreich einbegriffenen germanischen Völker. An Stelle des germanischen princeps pagi begegnet uns in der augusteischen Zeit der praefectus pagi, seit den Flaviern sind die vici unter die Leitung von curatores gestellt. Haben die Flavier die linksrheinischen germanischen civitates, wohl im Zusammenhang mit den dort eingerichteten beiden germanischen Provinzen, organisiert, so hat dann Trajan diese Organisation über den Rhein verpflanzt und das Dekumatenland in civitates eingeteilt. So werden dort die civitas Mattiacorum gebildet mit Wiesbaden als Vorort, die civitas Taunensium mit dem Vorort Heddernheim, die civitas Alisensis mit dem Vorort Wimpfen, die civitas Sueborum Nicretium mit Ladenburg (Lopodunum), die civitas

1) Diese verschiedenen Möglichkeiten sind Rückschlüsse aus der verschiedenen Verteilung der Urteilsfindertätigkeit bei den einzelnen Stämmen nach der Völkerwanderung.

2) Schuchhardt, Atlas vorgeschichtlicher Befestigungen in Niedersachsen. H. 7. Abschn. VIII. Volksburg und Herrensitz. S. 57ff.

Sumelocennensis mit Rottenburg, die civitas Aurelia Aquensis mit Baden-Baden u. a. m. An diesen Vororten wurden fora mit Gerichtshallen und Tempeln errichtet, Mauern zum Schutz erbaut und so die Grundlage zu städtischer Entwicklung gelegt.

Naturgemäß beschnitten die Römer, soweit ihre Einflußsphäre reichte, den Germanen ihre altangestammten Rechte. Den Tenkterern wurde das Zusammentreten der Volksversammlung nur ohne Waffen gestattet und unter römischer Aufsicht. Ebenso wurden die Markomannen und Quaden nach den Kriegen des Kaisers Markus nach Zeit und Ort in der Abhaltung ihrer Versammlungen beschränkt und diese selbst ebenfalls unter Aufsicht eines römischen Centurionen gestellt. Und alle diese Völker gehörten nicht zum römischen Reich, ihre Gebiete waren nicht einer römischen Provinz einverleibt; wie vielmehr müssen die germanischen Völker im römischen Reichsverband eingeschränkt worden sein. Immermehr werden diese germanischen civitates den gallischen gleich geworden sein.

Sehen wir von diesen romanisierten Germanenvölkern ab, so zogen durch die Limestore doch nicht nur römische Kulturerzeugnisse zur Befriedigung der täglichen Bedürfnisse des Lebens, sondern auch die Bekanntschaft mit den römischen Einrichtungen und die Erkenntnis ihrer Überlegenheit. Die urzuständlichen Verhältnisse auch dieser Germanen, zunächst der Grenzvölker, erfahren so den umgestaltenden Einfluß des römischen Beispiels. Schon das zu Augustus' Zeit entstandene Markomannenreich zeigt vielfach römisches Gepräge. Marbod hat aus einem erfolgreichen Heerführertum eine Art römischen Königtums entfaltet, in dem der absolutistisch-zentralisierende Zug auffallend gegen den germanischen Gedanken der Volkssouveränität absticht. Er stützt sich auf ein stehendes nach Römerart geschultes Heer und seine Herrschaft umfaßt schon ein vielgestaltiges Staatswesen, dem er teils unterworfene teils im Bundesverhältnis stehende Völker angegliedert hat.

Die Nord- und Ostgermanen haben ihre alten Zustände am längsten bewahrt. Aber auch hier zeigen sich seit der Mitte des 2. Jahrhunderts Veränderungen. Es beginnt ein Zusammenschluß kleinerer Völkerschaften zu großen Massen und ein unaufhaltsames Vordringen gegen die römischen Grenzen.

A. Die Ostvölker.

F. Dahn, Könige der Germanen. Bd. 1 Vandalen, Bd. 2—4 Ostgoten, Bd. 5 Westgoten. G. Kaufmann, Über das Föderativverhältnis des tolosanischen Reiches zu Rom. FDG. 6. Th. Mommsen, Ostgotische Studien. NA. 14. Nachträge ebd. 15. F. Kiener, Verfassungsgeschichte der Provence seit der Ostgotenherrschaft. 1900. L. Schmidt, Gesch. der Vandalen. 1901. H. Derichsweiler, Gesch. der Burgunden bis zu ihrer Einverleibung ins fränkische Reich. 1863. R. Saleilles, de l'établissement des Burgonds sur les domaines des Gallo-Romains. 1892. C. L. Le Duc, le régime de l'hospitalité chez les Burgonds (Nouv. Rev. hist. de droit. 12). J. Havet, du partage des terres entre les Romains et les barbares chez les Burgonds et les Visigotes (Rev. hist. 6 und Oeuvres t. 2).

Der im Jahre 166 unter Mark Aurel begonnene Markomannenkrieg, der ausgebrochen war, nachdem die Römer den Markomannen und Quaden eine friedliche Aufnahme ins Römerreich abgeschlagen hatten, war das Vorspiel für gewaltige Umgestaltungen, die bald im Gefolge davon eintreten sollten. Vierzehn Jahre hat hier der Kampf gedauert; nur mit der größten Kraftanstrengung haben die Römer hier den Anprall zum Stehen gebracht. Aber da die eigentliche Ursache bestehen blieb, führte der Druck von rückwärts nur zu einer vorläufigen Änderung der Richtung zu einem Ausbiegen, während gleichzeitig von Osten her slawische und sarmatische Völker ungestüm herandrängten. Das ergab die sog. große Völkerwanderung.

Inzwischen hat sich jedoch schon eine weitgehende Durchsetzung des Römertums durch germanische Elemente vollzogen; die Germanen haben dem alternden Römerreich neues Blut und neue Kraft zugeführt, die es noch eine Zeitlang vor dem völligen

Zerfall bewahrten. Es fehlte den Römern vor allem an Arbeitskräften und Soldaten. Da haben sie zunächst auf den kaiserlichen Domänen in den Grenzgebieten unterworfene Germanen als Kolonen angesetzt in einem mehr unfreien als freien Zustand und mit der Verpflichtung, als Bauern die Domänen zu bewirtschaften und als Krieger die Verteidigung des Landes zu übernehmen. Seit dem Ende des 3. Jahrhunderts begegnen uns Germanen öfters als laeti. Sie sind etwas besser als die germanischen Kolonen gestellt, sie müssen zwar auch Kriegsdienste übernehmen, aber sie sind im übrigen unabhängiger. Sie stehen unter einem eigenen praefectus laetorum und haben die Rechte selbständiger Körperschaften.

Dann schlagen die Wellen der Völkerwanderung über die Reichsgrenze. Ganzen Völkerschaften werden jetzt seit dem Ende des 4. Jahrhunderts auf Reichsboden Wohnsitze angewiesen, sie erkennen die Oberhoheit des Kaisers an und sie verpflichten sich gegen Sold zu Kriegsdiensten. So wird das römische Heer immer mehr germanisiert.

Und nicht nur ins Heer, sondern auch bis in die höchsten Beamtenstellen dringen die Germanen vor. Sie regieren das Reich und sie halten das Reich noch kraftvoll zusammen, ehe es zerbricht. Sie setzen Kaiser ein und ab. Drei Namen genügen: der Franke Arbogast, der Vandale Stilicho, der Suebe Ricimer.

Diese Verhältnisse erklären es uns, daß an Stelle der ursprünglichen Landanweisungen förmliche germanische Staatengründungen auf römischen Reichsboden traten. Diese germanischen Gründungen waren nicht gegen den Bestand des Römerreiches gerichtet, sie sollten in das römische Staatswesen eingefügt, dem römischen Staatsbegriff untergeordnet werden. Naturgemäß ist diese Anpassung an die römische Staatsidee nicht überall ganz gleichmäßig verlaufen; die einzelnen Völker haben sie wiederum individuell vollzogen. Auch änderte sich vielfach das Verhältnis der germanischen Staaten zum Römerreiche im weiteren Verlaufe der Entwicklung.

Allen gemeinsam war die erste Einführung unter Zustimmung des Kaisers. Die germanischen Herrscher ließen sich römische Amtstitel erteilen, sie traten als dux, patricius, proconsul oder magister militum in den römischen Amtsorganismus ein und dadurch kam die Unterordnung unter den Kaiser und unter die römische Reichseinheit auch äußerlich zum Ausdruck. Die Verfassungszustände, die sich dann bei diesen Neubildungen entwickelten, standen alle mehr oder minder unter der Rückwirkung römischen Einflusses. So hat bei allen das Bekanntwerden mit römischen Anschauungen dahin geführt, daß die Herrschergewalt erstarkte. Es entsteht eine Königsgewalt, die sich von dem Königtum der Urzeit weit entfernt hat. Für die einzelnen Staatsangehörigen verdrängt allmählich der Begriff des Staatsuntertanen, der der Befehlsgewalt des Herrschers untersteht, den des freien, mitbestimmenden Volksgenossen. Die Zusammensetzung der Staatsangehörigen ist eine andere geworden, es ist nicht mehr die einheitliche stammverwandte Völkerschaft der Urzeit, neben dem staatsbildenden Hauptvolk sind viele mitgezogen und mitgenommene „Reisläufer" und vor allem auch die Römer zu einem Staate zusammengefaßt. Nur die Vandalen haben ja nachher mit den Römern aufgeräumt. Und diese Verschiedenheit der Abstammung wird in den neuen Staaten noch vermehrt durch die Verschiedenheit der Religion, die Ostgermanen waren während der Wanderung Arianer geworden, die Römer dagegen waren Katholiken. Das war für diese Staaten ein gemeinsamer Keim des Verderbens; die Reiche der Ostgoten, Burgunder und Vandalen sind zuletzt daran zugrunde gegangen.

Die Landnahme der Ostgermanen geschah im Einklang mit ihrem Einpassen in die römische Staatseinrichtung durch eine Landteilung mit den Römern nach dem bestehenden römischen Einquartierungssystem.[1])

1) Cod. Theodosianus VII 8, 5 (Arcadius et Honorius 398).

Das spätrömische Einquartierungssystem schrieb vor, daß der Grundbesitzer, possessor, dem Soldaten, hospes, ein Drittel seines Hauses einräumte. Der Eigentümer durfte zuerst ein Drittel auswählen und mußte dann dem Soldaten die Wahl zwischen den beiden anderen Dritteln lassen. Die Verpflegung erhielt der Einquartierte durch die Militärverwaltung aus Staatsmagazinen, sei es in Naturalien, sei es in Geld. Bei der Einquartierung der landsuchenden Germanen wurde insofern eine Änderung vorgenommen, als dem germanischen Krieger außer einem Drittel des Hauses auch ein Teil des Grundbesitzes des Possessors zugeteilt wurde. Dafür brauchten die römischen Provinzialen, die die Grundstücke hergaben, keine Naturalien mehr an die Staatsmagazine abzuliefern. So waren die Germanen nicht geschlossen, sondern gleichsam dauernd in Quartier gelegt, immer eine germanische Familie neben eine Römerfamilie angesiedelt. Die Römer behielten ihre Freiheit und ihren Besitz, sie verblieben bei ihrem Recht. Am schonendsten wurde das ostgotische Reich in den Rahmen des römischen Staates eingepaßt. Aber es blieb nicht überall bei diesem anfänglichen Verhältnis. Die Vandalen haben sich unter Geiserich, die Westgoten unter Eurich unabhängig gemacht, die Burgunder haben die römischen Elemente später selbständiger umgemodelt.

a) **Die Vandalen.** Die Vandalen, die mit den Alanen und suebischen Volksteilen vereint in Gallien 406 eingebrochen waren und sich eine Zeitlang (seit 409) in der pyrenäischen Halbinsel aufgehalten hatten, waren 429 (von dem römischen Statthalter Bonifazius gerufen?) nach Afrika übergesetzt. Ihre Ansiedlung stellt sich dar als eine vertragsmäßige Gebietsabtretung, für die sich die Vandalen in einem Frieden von 435 zur Tributzahlung verpflichteten. Nach einem abermaligen Kriege erfolgte 442 ein neuer Vertrag zwischen dem Vandalenkönig Geiserich und dem römischen Kaiser Valentinian, durch den der Vandalenstaat die Unabhängigkeit erwarb und von der Tributzahlung befreit wurde. Nach Geiserichs Tode geriet der Vandalenstaat wieder in Verfall und nach kaum hundertjährigem Bestande fand er 534 durch Belisar seinen Untergang.

Die ursprüngliche Niederlassung der Vandalen in Afrika war geschlossen geschehen in der bei Karthago gelegenen prokonsularischen Provinz provincia Zeugitana, in der die Römer ausgerottet oder zu Hörigen gemacht wurden.

Das Staatswesen, das die Vandalen in Afrika entwickelten, behielt daher mehr einen germanischen Charakter bei, besonders hinsichtlich der Gesetzgebung, bei der noch die Vandalen zugezogen wurden, wenn es sich um Gesetze für Vandalen handelte. Trotzdem hat das Königtum unter Geiserich eine straffe Befehlsgewalt entwickelt. Der König hat die Banngewalt, nicht mehr das Volk. Verordnungen für die Römer hat er wohl selbständig erlassen. Er regiert durch römische und vandalische Beamte. Römische Amtstitel ließ Geiserich bestehen, ebenso die römischen Verwaltungseinrichtungen wie beispielsweise das Postwesen. Ein wesentliches Recht des vandalischen Volkes wußte er zu brechen, nämlich seine Mitwirkung bei der Thronfolge; es gelang ihm, durch ein Gesetz Erbfolge nach Erstgeburtsrecht durchzusetzen.

b) **Die Westgoten.**[1] Die Westgoten waren zunächst als Föderaten in den römischen Kriegsdienst eingetreten und hatten von Kaiser Theodosius nach Maßgabe des römischen Einquartierungssystems Wohnsitze in Illyrien angewiesen erhalten. Eine Verlegung ihrer Sitze nach Italien unter Alarich war mißglückt; unter Ataulf erhielten sie jedoch abermals als Föderaten nach einem Vertrag mit Kaiser Constantius 419 Wohnsitze in der Provinz Aquitania secunda in Südgallien, wo sie in Abhängigkeit vom Kaisertum das tolosanische Reich mit der Hauptstadt Toulouse gründeten. Sie mußten für das römische Reich Kriegsdienste leisten. Ataulf hat als römischer Oberfeldherr einen Aufstand in Gallien niedergeworfen und sein Nachfolger Wallia hat im römischen Dienste einen Feldzug über die Pyrenäen unternommen. König Eurich 466—484 löste diese Abhängigkeit und erweiterte das Westgotenreich über den größten Teil von Spanien, die Auvergne und die Provence.

Schon bei der Niederlassung in Südgallien hatten die Westgoten einen größeren Landteil erhalten als dies sonst das Einquartierungssystem vorsah. Sie empfingen zwei Drittel des Ackerlandes, während den Römern ein Drittel verblieb. Wald und Weide sollten beiden gemeinsam sein.[2] Goten und Römer waren anfangs scharf ge-

1) Vgl. F. Dahn, Westgotische Studien 1874. 2) Lex Visigothorum X 1, 8.

schieden. Zunächst trennte sie die Verschiedenheit der Religion, dann aber auch die Verschiedenheit des Rechts. Die Römer lebten nach dem im breviarium Alarici II i. J. 506 zusammengestellten römischen Recht; für die Goten galt der zwischen 469 und 481 erlassene codex Euricianus des Königs Eurich. Anfangs waren nur die Goten Krieger, die Römer dagegen militärfrei. Dagegen waren die Goten anfangs steuerfrei, während die Römer der Grundsteuer unterworfen waren. Goten und Römer unterstanden gesonderten Niedergerichten und vor allem hinderte das Eheverbot die Verschmelzung.

Eine Änderung dieser sozialen Gegensätze bahnte der Übertritt Rekkareds I. (586—601) zur katholischen Kirche an, da seitdem die Kirche das westgotische Staatswesen zu durchdringen begann. Die Entscheidung brachte aber erst König Rekisvinth (652—672) dadurch, daß er das Eheverbot aufhob und die Rechtseinheit des westgotischen Reiches begründete. Er verarbeitete die älteren Gesetze und die Reformedikte des Königs Leovigild zu dem nunmehr für Goten und Römer gleichmäßig geltenden Gesetzbuch der lex Visigothorum.[1])

Damit war der westgotische Staat auf eine andere Grundlage gestellt. Das politische Übergewicht des Gotentums war aufgegeben; es war eine Mischnation an die Stelle getreten mit gemeinsamer Religion und gemeinsamem Rechte. Das führte allmählich zur Bildung der spanischen Nation.

Eine andere soziale Verschiebung machte sich im Westgotenreiche geltend, dadurch, daß das Vermögen und vor allem der Grundbesitz in der sozialen Schätzung den Ausschlag gab. Man unterschied nicht so sehr zwischen frei und unfrei, sondern zwischen reich und arm. Wer es zu Reichtum brachte, wurde zu den Großen des Reichs gerechnet, ihm standen alle Hof- und Staatsämter und die hohen Kirchenämter offen. Da hier auch die Nachkommen der römischen Senatorengeschlechter Zutritt erhielten und auch der gotische Volksadel vertreten war, so entstand aus diesen drei Elementen eine neue Aristokratie. Diese neue Aristokratie bildete eine Macht, denn die meisten Mitglieder waren große Grundherren. Die Großgrundherrschaft war aber im westgotischen Reiche sehr ausgebildet; der senior loci, Grundherr, hatte eine tatsächliche Herrschaft über die Bewohner seiner Grundherrschaft, er befehligte sie auch im Kriege. Hier liegen die Anfänge für das im Mittelalter in Spanien so verbreitete Seniorat des Feudalstaates.

Die Bedeutung der Grundherren hängt zusammen mit Veränderungen, die im Laufe der Zeit in der allgemeinen Wehrpflicht notwendig geworden waren. Schon im 5. Jh. ist die Wehrpflicht, die ursprünglich nur auf die freien Goten beschränkt war, auch auf die Römer ausgedehnt worden. Die wachsenden Anforderungen an eine höhere Truppenzahl bei gleichzeitigem Rückgang der freien Bevölkerung infolge von Verarmung und Abhängigkeit führten dann im 7. Jh. unter König Wamba (672—680) abermals zu einer Militärreform, und zwar zu einer Ausdehnung der allgemeinen Wehrpflicht auf alle waffenfähige Männer. Dadurch waren die von einer Grundherrschaft abhängigen Leute und Unfreien in die Heerespflicht einbezogen worden; die Klienten folgten fortan ihrem Senior in den Krieg, die Unfreien ihrem Herrn.

Das Königtum der Westgoten war ein Wahlkönigtum, deshalb hat sich keine Erbdynastie entwickeln können. Häufig ist auch die Beseitigung eines mißliebigen Königs durch Königsmord erfolgt. Die Versuche einiger Könige, durch Ernennung ihrer Söhne zu Mitregenten ihrer Dynastie eine größere Beständigkeit zu geben, haben zu erbitterten Aufständen geführt. Wählbar waren nur Goten; Wähler waren ursprünglich alle freien Goten, später tatsächlich nur die Reichsgroßen und da zu ihnen auch

1) K. Zeumer, Gesch. der westgotischen Gesetzgebung. NA. Bd. 25 u. 26.

die Bischöfe gehörten, so haben auch sie an der Wahl teilgenommen und man wird dann später nicht diejenigen ausgeschlossen haben, die nicht von gotischer Abstammung waren. Auch wenn zur Wahl der consensus omnium populorum erwähnt wird, so werden später darin die Römer eingeschlossen sein. Die Wahlmonarchie hat zur Folge gehabt, daß schon früh, 653, das Staatsgut vom königlichen Privatgut geschieden wurde. Das Familiengut ging an die persönlichen Erben, während das Staatsgut an den Thronnachfolger kam.

Die Macht des Königtums im Westgotenreich hing ab von seiner Stellung zur Aristokratie. Je nachdem es ihm gelang, über die Reichsgroßen Herr zu werden, verzeichnet die westgotische Geschichte kraftvolle Despoten und Tyrannen neben schwachen der Aristokratie ausgelieferten Herrschern. In der Gesetzgebung war der König von Anfang an auf die Zustimmung der Großen angewiesen. Anfangs im Hoflager, später in Reichskonzilien kam diese Mitwirkung der Reichsgroßen zustande; wie im Merovingerreich waren diese Konzile nicht nur für weltliche Dinge, sondern auch für kirchliche Angelegenheiten tätig. Der König berief das Konzil und bestätigte seine Beschlüsse, wie ihm auch die Ernennung der Bischöfe zustand. Es ist der Aristokratie und besonders den Bischöfen gelungen, durch diese Reichskonzile einen weitgehenden Einfluß in allen wichtigen Regierungsfragen zu gewinnen.

Im übrigen hat die königliche Gewalt viele römischen Züge angenommen. Außer der Kriegshoheit und der Gerichtshoheit steht dem König eine verhältnismäßig schon weitentwickelte Polizeigewalt zu, die im Interesse des allgemeinen Wohles überall eingreifen konnte. Die Amtshoheit übte er, indem er einerseits römische Organisationen wie das Munizipalwesen und die Magistratur bestehen ließ, anderseits gotische Beamte einführte. Die höheren Beamten dux, comes, vicarius erstreckten ihre Befugnisse in gleicher Weise über Goten und Römer.[1]) Auch kann der König in die Rechtspflege durch seine Gerichtshoheit eingreifen.

c) **Die Ostgoten.**[2]) Nachdem Theoderich in Übereinstimmung mit Kaiser Zeno die Ostgoten nach Italien geführt und als Beauftragter des Kaisers die Herrschaft des Odoaker gestürzt hatte, führte er die schon von Odoaker erlassene Verfügung der Landteilung durch[3]), die den Germanen ein Drittel des Ackerbodens zuwies. Die Ansiedlung der Goten fand unter möglichster Beibehaltung der Geschlechtsverbände statt. Der ostgotische Staat ist durch den römischen Kaiser autorisiert, seine Anfänge gehen auf die Zustimmung der kaiserlichen Regierung zurück, er ist als ein Teilstaat dem Imperium eingefügt. Er hat also nicht den Grad der Selbständigkeit erreicht, wie der westgotische Staat seit Eurich. Theoderich hat an der Auffassung von der Einheit des römischen Weltreiches festgehalten, er suchte die römischen Formen nach Möglichkeit beizubehalten. Formell blieb er dem römischen Kaiser untergeordnet, wenn er auch tatsächlich unabhängig regierte.

Das Charakteristische der diokletianisch-konstantinischen Verfassung bestand in der Trennung der Militär- und der Zivilverwaltung. Theoderich übernahm für sich und seine Goten ausschließlich die Militärmacht; die Goten waren die einzigen Krieger, sie standen unter comites, die zugleich richterliche Befugnis hatten. Und neben dieser gotischen Heeresverfassung bestand die Zivilverwaltung der Römer in der Form der Munizipalverfassung unter dem praefectus praetorio und dem vicarius. Ja selbst den römischen Senat ließ er bestehen. Es waren zwei förmlich getrennte Verwaltungen; die römische Verwaltung nannte Theoderich selbst seine res publica romana. Für Römer waren die Gotengrafen nur dann zuständig, wenn es sich um Streitigkeiten zwischen Goten und Römern handelte. Theoderich bestimmte, daß sie dann unter Umständen nach gotischem oder römischem Recht urteilen mußten. Als Theoderich 510 zum Danke dafür, daß er das Westgotenreich vor den Franken gerettet hatte,

1) Betr. der Unterrichter s. o. S. 29.

2) L. M. Hartmann, Das italienische Königreich 1897. G. Pfeilschifter, Theoderich d. Gr. 1910.

3) Procop. de bello Gotico I, 1.

die Provence erhielt, da hat er auch nach Gallien die Scheidung der Militärgewalt unter comites mit richterlichen Befugnissen[1]) und der Zivilgewalt unter praefectus praetorio und vicarius übertragen.

Theoderich hat seine eigene Stellung über die im Rahmen der germanischen Verfassungen dem Könige gegebene hinausgehoben, dadurch, daß er die Volksversammlung überflüssig machte und wie ein Imperator gebot. Er hat die Militärhoheit und die Justizhoheit, er ist Leiter der auswärtigen Politik. Seine Edikte haben bindende Kraft für Goten und Römer, wenn sie auch formell nicht als Gesetze galten, da nur der römische Kaiser das Recht der Gesetzgebung hatte. Die römische Steuerverfassung ließ er nicht nur bestehen, sondern er verstand sie auch auf die Goten auszudehnen — gewiß ein bedeutsames Zeichen einer weitgehenden Finanzgewalt. Ebenso übt er Polizeigewalt aus und das Beamten-Ernennungsrecht. Vor allem hat er es verstanden, den Erbanspruch an der Krone durchzusetzen, so daß kraft Erbrecht sogar eine Frau, Amalasuntha, den Thron besteigen konnte.

Nicht alles hatte dauernden Bestand, da manches in der Macht seiner Persönlichkeit begründet war, so besonders das germanische „Mittelmeerstaatensystem", das unter seinem Protektorate ins Leben trat. Seine Nachfolger wußten diese politische Haltung nicht zu bewahren, ihre Schwäche und eine gotische Reaktion führten zu einer stärkeren Betonung des Volkswillens. So ist der nicht dem Adel angehörige Vitigis wegen seiner tapferen Taten im Gepidenkriege vom versammelten Gotenheere nach Absetzung des unfähigen Theodahat auf den Schild erhoben und zum König ausgerufen worden. Auch die folgenden Könige sind Wahlkönige gewesen.

d) **Die Burgunder.** Schon als die Burgunder, von der Weichsel kommend, noch in den Maingegenden saßen, waren sie Freunde der Römer gewesen; sie hatten ihnen wesentliche Dienste gegen die Alamannen geleistet. Ende des 4. Jhs. sind sie zwischen den Franken und Alamannen hindurchgebrochen und haben sich bis über den Rhein ausgebreitet und dort 406 als Föderaten der Römer das im Nibelungenliede gefeierte Burgundenreich mit der Hauptstadt Worms begründet. Ihre Landnahme ist, da sie als Freunde der Römer kamen, nach dem Einquartierungsmodus erfolgt. Später mit den Römern verfeindet, wurden sie 435 durch Aetius und 437 durch die Hunnen, wohl unter Begünstigung des Aetius vernichtet.

Ihre sehr zusammengeschmolzenen Reste[2]) fanden Aufnahme bei den Römern und sind von diesen in der Sabaudia (Savoyen) 443 angesiedelt worden, naturgemäß, da sie nicht als Sieger, sondern als Schutz suchende Besiegte kamen, erst recht im Einklang mit den römischen Einrichtungen. Die folgenden Könige der Burgunder hießen magistri militum, die Burgunder werden kaiserliche milites genannt und der Kaiser selbst von ihnen als dominus noster bezeichnet. Es war ihnen dort wohl ein Drittel des Hauses und ein Drittel des Grundbesitzes des römischen hospes zugewiesen worden, und so waren sie vergleichbar einer angesiedelten Militärtruppe. Als aber das Kaiserreich immer schwächer wurde und umgekehrt die Bedürfnisse und Forderungen der Burgunder immer mehr stiegen, da haben sie sich zuletzt zu Herren des Landes, in dem sie anfangs nur im Quartier lagen, aufgeschwungen. Von Savoyen aus haben sie sich den Rhonefluß und die Saone hinab nach Südgallien ausgedehnt und ein neues Burgundenreich begründet, bis ihnen die Franken entgegentraten. Dieses Fortschreiten der Burgunder hat in der Lex Burgundionum einen Niederschlag behalten, indem noch zu erkennen ist, wie ihnen bei weiterem Vordringen die Hälfte, dann bei späterer Gebietserweiterung zwei Drittel des Ackerlandes überlassen wurden.[3]) Von Haus, Garten und Almende haben sie sich stets die Hälfte geben lassen.[4])

---

1) Man unterschied den comes erster und zweiter Klasse. Im römischen Recht hatte der comes die Jurisdiktion nur für seine Soldaten. Es war daher eine Neuerung Theoderichs, daß die comites nicht nur in Streitigkeiten der Goten, sondern auch in Prozessen der Goten mit Römern entscheiden sollten. Durch besondere Delegation konnten sie selbst mit Zivilgeschäften über Römer betraut werden. Hier haben wir ein Analogon zum fränkischen comes. Betreffs der Literatur über den römischen comes civitatis vgl. W. Sickel in GGA. 1886. S. 569f.; 1888. S. 440f.; Westd. Z. 9 S. 252.

2) Etwa 12 000 waffenfähige Männer, was einer Gesamtzahl von 50 000 Seelen entspräche. Heusler, Vfg. 19.

3) Lex Burg. tit. 13, 31, 67 beweist die Zuweisung der Hälfte des Grundeigentums; tit. 54 die Ausdehnung auf zwei Drittel des Ackers, ein Drittel der Sklaven und die Hälfte von Haus und Garten und Weideland. Vgl. Heusler, Vfg. 20.

4) Lex Burg. tit. 54.

Von den Verfassungsverhältnissen des älteren Burgunderreichs wissen wir wenig.[1]) Das ältere Königtum, das mit Gundahar — dem Gunther des Nibelungenliedes — zugrunde ging, wird das Volkskönigtum der Ostgermanen gewesen sein.

Das Königtum im neuen Burgunderreich stand auf anderer Grundlage; seine Macht ist aus der des römischen Heermeisters, magister militum, hervorgegangen und daher mit römischen Befugnissen ausgestattet. Der König ist daher nicht beschränkt durch eine Volksversammlung, er besitzt die vollen Hoheitsrechte. Das Volk hat auch bei der Einsetzung des Königs nicht mitzusprechen; es ist kein Wahlreich, sondern ein Erbreich, erblich in einem neuen Königsgeschlechte, das mit König Gondiok zur Regierung gekommen war.

Im Burgunderstaat waren Burgunder und Römer gleichberechtigt. Wir finden daher auch Römer in den höchsten Beamtenstellen. In der Verwaltung hatte man die römischen Stadtgemeinden bestehen lassen mit einem defensor civitatis an der Spitze und der städtischen Kurie; und daneben waren Gaubezirke eingerichtet unter Grafen, die die Militärgewalt und Zivilgewalt ausübten. Neben ihnen ernennt der König noch besondere Richter, iudices deputati. Er selbst ist oberster Richter; der Instanzenzug ist der römische.

Die sozialen Verhältnisse lassen unter den Freien drei Schichten erkennen: die Vornehmen, optimates oder majores, die Mittleren, mediani, und die Geringen, viles. Die Unfreien scheiden sich in Knechte und Kolonen. Die Vornehmen sind offenbar der neue Dienstadel, die Reichsgroßen, wie er überall beim neuen Königtum entsteht. Sie haben sich auch im Burgunderreich zur Geltung gebracht. Der König hält mit den Grafen Hoftage ab und hört ihren Rat bei der Gesetzgebung.

Trotz der politischen Gleichstellung von Goten und Römer hat noch König Gundobad um 500 zwei verschiedene Gesetzbücher erlassen, den liber constitutionum, später lex Burgundiorum genannt, für die Burgunder, und für rein römische Verhältnisse die lex Romana Burgundionum, später codex Papianus genannt.

B. Die Westvölker.

L. M. Hartmann, Gesch. Italiens im MA. Bd. 2. 1903. L. Baumann, Schwaben und Alamannen. FDG. 16, 215. K. Weller, Die Besiedelung des Alamannenlandes. 1898 im Württemb. Vierteljahrshefte f. Landesgeschichte. NF. 7. J. Cramer, Gesch. d. Alamannen als Gaugeschichte in Gierke Unters. 57. 1899. R. Schröder, Die Herkunft der Franken. HZ. NF. 7; Derselbe, Die Ausbreitung der salischen Franken. FDG. 19; Derselbe, Die Franken und ihr Recht. Z. f. Rg. GA. II. Fr. Stein, Urgesch. der Franken und die Gründung des Frankenreichs. 1897 im Arch. d. hist. Ver. v. Unterfranken. 39. A. Schiber, Die fränkischen und alamannischen Siedelungen in Gallien, bes. Elsaß und Lothringen. 1894. K. Lamprecht, Fränk. Wanderungen und Ansiedelungen. Z. d. Aachener Gesch. Ver., 4. 1882; Derselbe, Ansiedelungen und Wanderungen der Franken namentlich im Rheinlande. Westd. Z. 1. G. Bolze, Die Sachsen vor Karl d. Gr. Berl. Progr. 1861. R. Much, Z. Stammeskunde der Altsachsen. Hans. Gbll. 1898. E. Winkelmann, Gesch. der Angelsachsen. 1883 in Onckens Allg. Gesch. J. Heinsch, Die Reiche der Angelsachsen. Breslau. Diss. 1875. v. Langhans, Über den Ursprung der Nordfriesen. 1879. v. Ledebur, Nordthüringen und die Hermunduren. 1852. A. Kirchhoff, Thüringen doch Hermundurenland. 1882. Lippert, Beiträge z. ältesten Gesch. der Thüringer. Z. Ver. f. Thür. Gesch. NF. 3, 4, 7. Gaupp, Das alte Gesetz der Thüringer. 1834. Devrient, Angeln und Warnen, die Entstehung des thüringischen Stammes. N. Jbb. f. d. klass. Alt. 7. C. Zeuss, Die Herkunft der Bayern von den Markomannen. 1839. 2. A. 1857. R. Much, Die Anfänge des bayerisch-österreich. Volksstammes, in Beitr. z. Anthropologie u. Urgesch. Bayerns, 12. S. Riezler, Gesch. Bayerns. I. 1878.

Im Westen hatte zuerst die Wanderung der Markomannen wieder Bewegung unter die bereits ansässigen Germanen gebracht. Im weiteren Verlauf der Völkerwanderung der östlichen Gruppen machten sich auch deren Nebenwirkungen bei den Westgermanen geltend; Volksteile wurden abgesprengt und nach dem Westen gedrängt; im Süden zieht wiederholt ein ganzes Völkergeprassel vorüber; das große Hunnenreich wird gegründet und wieder zerstört, in die frei werdende Lücke schoben sich die Langobarden — kurz, im 3. Jh. ist auch im Westen ein Ineinanderschieben und Vor-

1) Es sind hendinos, Häuptlinge und ein sinistus, Ältester, erwähnt.

wärtsdrängen entstanden, das hier zur Bildung größerer Gruppen führte. Nachbarliche und verwandte Völkerschaften verwuchsen wohl hier und da miteinander, andere sind auch durch politische Motive, durch das Bedürfnis gemeinsamen Zusammentretens gegen äußere Feinde einander näher gebracht worden; Bündnisse wurden geschlossen, gemeinsam ein Gebiet besiedelt, und so ergibt sich als schließliches Resultat das Auftreten der zuerst lose gefügten, dann immer fester sich schließenden Stämme.

Ungefähr um dieselbe Zeit, da die Goten im Osten an der Schwelle des Römerreiches gebieterisch eintrafen, anfangs des 3. Jhs., traten die Alamannen am Main, als Hauptgruppe der Sueben, vor die Grenze des Limes. Bald erzwangen sie den Durchbruch und ergossen sich über die agri decumates bis ins Alpenland der heutigen Schweiz. Am Niederrhein und in Holland bildete sich eine andere Germanengruppe, die der Franken, im 4. Jh. noch getrennt in Salier und Ribuarier. Hinter ihnen schieben sich die Friesen aneinander, es ballen sich die Sachsen zusammen, stark genug, um einen Volksteil abzugeben auf die britische Insel zur Gründung des angelsächsischen Reiches, und es heben sich die Thüringer nach Aufnahme der Warnen und Angeln als besondere Gruppe heraus. Das wurden die Stämme. Übergänge von dem einen zum andern waren noch da, fließende Grenzen der Zugehörigkeit, aber in der Hauptsache war die Grundlage gefunden für die Entwicklung getrennter Stammesvölker. Zu ihnen gesellten sich im 6. Jh. aus Böhmen kommend die Bayern.

a) Die Langobarden.

Sie sind das einzige Volk der Westgermanen, das in die große Wanderbewegung der Ostvölker hineingeriet und auch dasselbe Wanderziel, Italien, hatte. Im Jahre 568 trafen sie dort ein, und zwar im Gegensatz zu den bisher in Italien eingewanderten Germanen als Feinde der Römer und als Eroberer. Trotz ihrer geringen Volkszahl, die nach Tacitus durch ihre außerordentliche Tapferkeit wettgemacht wurde[1]), haben sie die römische Herrschaft in Italien bis auf geringe Reste zertrümmert. Daher finden wir auch bei ihnen keine Anlehnung an die römischen Verfassungseinrichtungen; zwar haben sie nach Art der hospitalitas mit römischer Verpflegungspflicht zunächst sich einquartiert, aber alles Römische wurde beseitigt und ein nationaler Staat errichtet. An die hundert Jahre hielt sich das langobardische Volk ziemlich frei von römischen Einflüssen. Noch in der königlosen Zeit der langobardischen Herzogsregierung haben sie nach Paulus Diaconus zahlreiche unbequeme Römer einfach aus dem Wege geräumt.[2]) Die Römer waren in diesem Langobardenstaat nicht gleichberechtigt, sondern sie galten als eine minderberechtigte, abhängige Bevölkerung, die den Siegern zinspflichtig war. Da die Longobarden aber im Verhältnis zu den Römern so wenig zahlreich waren, so können nicht alle Römer zinspflichtig geworden sein, sondern nur für jeden Langobarden ein römischer Grundbesitzer, der ihm dann den dritten Teil seiner Einkünfte — die tertia der römischen Kolonen — zu zahlen hatte.[3]) Erst ganz allmählich, nach der Wiedererrichtung des mit reichem Krongut ausgestatteten Königtums, begann die Anpassung an römische Verhältnisse und Rechtssicherheit für die Römer. Die Trennung blieb jedoch bestehen, besonders weil sich mit dem Arianismus der Langobarden bald auch ihr politischer Gegensatz zum Papsttum verband.

Entsprechend der Ausschaltung des römischen Einflusses trug der langobardische Staat mehr germanischen Charakter. Das Volk kam mehr zur Geltung, die Volksversammlung wurde beibehalten, die Könige wurden gewählt. Neben dem Königtum war das Herzogtum bestehen geblieben, ja es war nach der Ermordung Klephs ein Jahrzehnt lang nicht für notwendig empfunden worden, wieder einen König aufzustellen. Nur die drohende äußere Gefahr führte wieder zur Wahl eines Königs, Authari. Das Verhältnis der Herzöge zum König war das der freiwilligen Unterordnung und Treue. Fast ganz unabhängig waren die ganz im Süden gelegenen Herzogtümer Benevent und Spoleto. Die Herzogtümer schlossen sich an alte römische Stadtbezirke an.

Die Herzöge hatten bei Erneuerung des Königtums freiwillig zur Bildung eines Krongutes beigetragen und dazu die Hälfte ihres Herzogsgutes abgetreten. Zur Verwaltung dieses Königsgutes war in den Herzogtümern ein königlicher Domänenbeamter, der gastaldus, nötig, der einzige königliche Beamte, der in den Herzogtümern anzutreffen ist. Das Königtum sucht dieses Gastaldenamt auf Kosten der Herzogsgewalt zu unterstützen und es gibt schließlich im 8. Jh. einige Gebiete, in denen keine Herzöge mehr vorhanden sind und die königlichen Gastalden an ihrer Stelle die Verwaltung in der Hand haben.

Das Königtum ist unter Liutprand sehr erstarkt. Der Langobardenstaat ist überhaupt nicht an innerer Entkräftung zugrunde gegangen, er war noch stark genug, als er einem Mächtigeren, Karl d. Gr., unterlag (774). Als im folgenden Jahre die Herzöge in Nord- und Mittelitalien sich gegen die Frankenherrschaft erhoben, hat Karl d. Gr. hier das Herzogtum beseitigt und die fränkische Grafschaftsverfassung eingeführt. Im Süden aber haben sich die Herzogtümer Benevent und Salerno bis ins 11. Jh. erhalten.

---

1) Tac. Germ. c. 40. Auch haben sie wiederholt Unfreie freigelassen, um sie ins Heer einstellen zu können.

2) Paulus Diaconus hist. Langob. (MG. SS. rer. Lang.) II, 32: multi nobilium Romanorum ob cupiditatem interfecti sunt, reliqui vero per hospites (hostes?) divisi, ut tertiam partem suarum frugum Langobardis persolverent, tributarii efficiuntur.

3) Heusler, Vfg. 21, stellt es anders dar und meint, daß die Langobarden den römischen hospites alles Land nahmen und sie zwangen, es unter Zinspflicht für sie zu bebauen.

b) Die 6 reichsdeutschen Stämme.

1. Die Alamannen. Ihr Name[1]) ist der älteste Stammesname, der uns begegnet. Im Jahre 213 werden sie zuerst erwähnt, als Kaiser Caracalla am Main mit ihnen Krieg führte. Vergeblich suchten Aurelian und Probus sie wieder hinter den Limes zurückzudrängen, auch eine schwere Niederlage, die ihnen 357 Kaiser Julian bei Straßburg beibrachte, vermochte ihnen das römische Obergermanien nicht mehr zu entreißen. Damals standen sie noch unter mehreren Königen — im ganzen werden 15 mit Namen genannt, die allerdings nicht alle gleichzeitig regierten —, ihre Angehörige vom königlichen Geschlechte werden als regales bezeichnet, die aus den Adeligen, den optimates, hervorragen. Nach dem Untergang des Burgunderreiches am Mittelrhein breiteten sich die Alamannen rheinabwärts aus und stießen so auf die Franken. Als Chlodweg sie bekämpfte und besiegte (Zülpich 496), ist von einer Mehrheit von Alamannenkönigen nicht mehr die Rede, sie sind unter einem König geeint.

Die Franken haben die Selbstverwaltung der Alamannen unter einem Herzog bestehen lassen; erst 746 wurden die Herzöge beseitigt. Allmählich wurden auch die fränkischen Einrichtungen eingeführt.

2. Die Franken. Etwas später[2]) als die Alamannen begegnen uns die Franken. Sie haben ihren Namen von franco = frei[3]) zum Unterschied von den in ein Abhängigkeitsverhältnis zu den Römern getretenen Germanen. Die Franken waren aus Völkerschaften, die zwischen Rhein und Weser gesessen hatten, zunächst am Niederrhein zusammengeschmolzen. Nach Gregor v. Tours sollen die Bruckterer, Chamaven, Ampsivarier und Chatten die Hauptbestandteile gewesen sein; auch die Chattuarier gehörten dazu. Die Chatten mögen wohl im 3. Jh. das treibende Element gewesen sein. Die Franken zerfielen in drei Gruppen, in die salischen Franken, die zunächst im römischen Toxandrien sich festgesetzt haben, in die ribuarischen Franken am Rheinufer und in die Chatten. Die Salier werden schon in der zweiten Hälfte des 4. Jhs. genannt; sie scheinen Batayer, Kanninefaten und Cugernen in sich aufgenommen zu haben. Den Namen sollen sie vom Salgau an der Yssel erhalten haben. Die Ribuarier haben sich später als die Salier und zwar besonders aus den Bruckterern und Ampsivariern gebildet. Sowohl Salier als Ribuarier standen unter mehreren Kleinkönigen. Von diesen führte der König Chlogio die Salier bis zur Somme.

3. Die Sachsen. Die Sachsen, von ihrem kurzen Schwerte sahs genannt, traten zuerst im 2. Jh. an der rechten Seite der unteren Elbe auf; später umfaßt dieser Name die Völker zwischen der unteren Elbe und dem Harz, also u. a. die früheren Chauken und Cherusker. Die linkselbischen Sachsen zerfielen in drei Gruppen: die Westfalen, Engern mit dem Kernvolk der Angrivarier und Ostfalen; im Gegensatz dazu hießen die nordelbischen Sachsen Nordalbinger. Im 4. und 5. Jh. drängen auch die Sachsen nach dem Westen; sie besetzen die Nordküste Galliens, den litus Saxonicus und die Inseln der Loiremündung. Dann beginnen die Kämpfe mit den hier vordringenden Franken.

Die Sachsen haben kein Königtum ausgebildet. Sie blieben in den alten Verhältnissen stehen. Nur im Kriege haben sie einen gemeinsamen Führer aufgestellt. In Friedenszeit waren die einzelnen Teilbezirke selbständig unter eigenen Häuptlingen.

Der Adel ist bei den Sachsen besonders hochstehend; er hat mit den Freien keine Ehegemeinschaft und ist durch ein sehr hohes Wergeld ausgezeichnet.

4. Die Friesen. Schon Drusus hat die Friesen an der Küste angetroffen und 12 v. Chr. unterworfen. Auch Tacitus kannte Friesen, sprachlich = die Wagenden[4]), und zwar Großfriesen und Kleinfriesen an der Nordseeküste von der Weser bis zur Sinkfala bei Brügge; Plinius nennt Frisii und Frisiavones. In der Zeit der Bildung neuer Stämme werden die Völker von der Weser bis nach Brügge Friesen genannt, und man unterscheidet dabei Ostfriesen zwischen Weser und Laubach, Mittelfriesen zwischen Laubach und Fly und Westfriesen zwischen Fly und Sinkfala, neben denen noch später an den Küsten und Inseln von Schleswig die Nordfriesen auftreten. Schon im 7. und 8. Jh. sind die Friesen unter einem einheitlichen Königtum geeint.

Seit dem Ende des 7. Jhs. werden Könige der Friesen genannt, als erster Aldgils, es scheint aber kein den ganzen Stamm zusammenfassendes Königtum gewesen zu sein, vielleicht nur Ober-

1) Alamannen bezeichnet einen Bund von Völkerschaften, wahrscheinlich verwandter suebischer Völker. An die suebische Abstammung gemahnt der Name Schwaben, der mit Alamannen ganz gleichbedeutend gebraucht wird. Da die Germanen die deutschen Nachbarn der Franzosen waren, hat die französische Sprache ihren Namen Alemands auf alle Deutschen verallgemeinert.

2) J. Wormstall (die Herkunft der Franken von Troja 1869) ist dafür eingetreten, daß die Franken schon bei Cicero, Ep. ad Atticum XIV, 10, genannt seien, und Bremer, a. a. O. S. 144, hat sich dieser Ansicht angeschlossen. Wir können ihm nicht beipflichten. Vgl. F. Dahn, Könige der Germanen, IX 1 S. 1 Anm. 1; Brunner, Rg. I², S. 43 Anm. 1.

3) Früher hat man den Namen Franken von Francisca abgeleitet, womit in den Quellen die Streitaxt der Franken bezeichnet wurde. Indessen liegt das umgekehrte Verhältnis näher, daß Francisca von dem Namen der Franken abgeleitet wurde, weil nur bei den Franken die Streitaxt Francisca heißt. Dagegen besitzen wir eine ags. Bezeichnung franco und altnord. frakka für Lanze, Wurfspieß. Die Franken selbst nannten aber ihren Wurfspieß ango, nicht franko. Dafür, daß der Frankenname auf „frei" zurückgehe und die Waffe nach dem Volke genannt wurde, tritt Grimm ein: Wörterb. IV 1 S. 57 und Gesch. d. deutschen Sprache S. 512f. Für die umgekehrte Entwicklung, daß von der Waffe der Volksname gebildet und vom Volksnamen dann die Bedeutung „frei" hergeleitet sei, spricht sich Kluge aus: Etymol. Wörterb. S. 122.

4) K. Zeuss, a. a. O. 136; nach Grimm, Gesch. d. deutschen Sprache S. 465, die Freien.

anführer im Kriege. Im übrigen ist bei den Friesen, wie bei den Sachsen, die altgermanische Verfassung am längsten bewahrt worden.

5. Die Thüringer. Die Thüringer sind im 4. Jh. aus den Hermunduren, Angeln und Warnen zusammengewachsen. Der Name Thüringer tritt uns erst Anfang des 5. Jh. entgegen und geht auf Duren, alter Name der Hermunduren (herminonischen Duren), zurück.[1]) In ihrem ältesten Volksrechte, das unter Karl d. Gr. aufgezeichnet wurde, spricht sich noch die Erinnerung an die Entstehung des Stammes aus durch die Benennung der lex Angliorum et Werinorum hoc est Thuringorum. Anfangs des 6. Jhs. hat es noch einen besonderen König der Warnen und einen der Thüringer gegeben.[2]) Jedoch hat sich auch bei ihnen ein einheitliches Königtum des ganzen Stammes entwickelt, das freilich zur Zeit, als der fränkische König Theoderich die Thüringer bekämpfte, durch inneren Streit gespalten war. Die Franken haben Südthüringen unterworfen und Nordthüringen wurde sächsisch. Nur der mittlere Teil behielt den Namen Thüringen und wurde einem fränkischen Herzog unterstellt.

6. Die Bayern. Die Bayern, Baiumvarii, waren aus Böhmen, dem Lande Baia, Bojoheim, dem früheren Sitz der keltischen Bojer, in das Donaugebiet westlich und südlich des Böhmerwaldes um 500 eingewandert und haben sich dort am spätesten zu einem großen Stamm entwickelt. Markomannen, Quaden und Waristen sind darin aufgegangen. Anfangs scheinen sie unter fünf Führern gestanden zu haben, später ist ein einziger dux an ihrer Spitze.

Überblicken wir das Werden der sechs Stämme der Schwaben, Franken, Sachsen, Thüringer, Friesen und Bayern, die vom 3.—6. Jh. alle deutschen Völkerschaften mit Ausnahme der Abgewanderten unter sich aufteilen, so sind es vielfach nicht ursprüngliche Ansiedelungen der Nachbarn, die zusammenwachsen und die Stämme bilden, sondern sie sind oft erst auf der Wanderung verschmolzen. Wanderprodukte sind die Alamannen, die Salfranken und die Bayern. Mehr als alte Siedelungsnachbarschaft und Verwandtschaft haben oft politische Gründe zum Zusammenschluß geführt, gemeinsame Abwehr und notwendige gemeinsame Offensive. So sind die Stämme weniger aus uralten nationalen Scheidungen hervorgegangen, sondern aus Völkermischungen und Neugruppierungen, bei denen auch oft der äußere Zufall eine Rolle spielt.

c) Die Angelsachsen. Als Kaiser Honorius im 5. Jh. die römischen Truppen von Britannien zurückgezogen hatte, konnte die Einwanderung fremder Ankömmlinge keinen nennenswerten Widerstand mehr finden. Um diese Zeit wurden die Sachsen am litus Saxonicus von den Franken bedrängt, sie wichen zurück und wanderten auf die nahe britische Insel. Auch ein Teil der Angeln und Jüten war hinübergefahren. In welchen Etappen sich diese Einwanderung vollzog, wissen wir nicht; jedenfalls brachte sie den ganzen Süden und Osten in die Hände der Germanen und zwar so, daß südlich die Sachsen wohnten und nördlich die Angeln. Die sieben Reiche, die in alten englischen Erzählungen genannt werden Kent, Sussex, Essex, Wessex, Ostanglia, Mercia und Northumbrien mögen auf verschiedene Einwanderungsphasen und Eroberungen hindeuten. Es besteht anfangs eine Mehrzahl von Kleinkönigen, ihre Zahl und Reiche verändern sich im Laufe der Zeit, manche ergeben sich anderen freiwillig oder werden von ihnen unterworfen.

Das Königtum beruht auf Erbwahl; der Nachfolger wird aus den Angehörigen der Königsfamilie von den Angesehensten des Volkes, den witan, gewählt. Die königliche Macht ist beschränkt durch die regelmäßig zusammentretende Versammlung der Großen, witenagemot, die zuständig ist für die Königswahl, für die Gesetzgebung, für die Zuweisung von gemeinsamem Volkland zu Privatbesitz, und die auch bei Abschluß von Verträgen und bei der Entscheidung über Krieg und Frieden befragt wird. Die Bedeutung dieser Versammlung zeigt sich auch darin, daß sie in Zivilsachen des Königs die Entscheidung hat, und daß sie zu Zeiten sogar unfähige Könige abgesetzt hat.

Die Ansiedelung der Einwanderer war in Sippenverbänden geschehen und daher kommt es, daß ihre ältesten Niederlassungen vielfach Geschlechtsnamen tragen. Die Einzelnen haben ihren Grundbesitz durch Urkunde angewiesen erhalten — bocland — und im Gegensatz dazu steht der Gemeinbesitz, gemeine Mark — folcland. Grundbesitz und Königsdienst bewirken früh die soziale Scheidung in earl = Adeliger, cearl = Gemeinfreier, laet = Abhängige, Unfreie und in königliche Dienstmannen = than.

---

1) Patronymisch durch die Endung ing von Duren gebildet.

2) Vgl. die gleichlautenden Briefe Theoderichs d. Gr. an den König der Heruler, den König der Warnen und den der Thüringer bei Cassiodor Var. III, 3 (MG. auct. ant. 12, 79).

Über die Entstehung und das gegenseitige Verhältnis der staatlichen Unterverbände der Zehnschaft, des hundred[1]) und der shire gehen die Ansichten noch auseinander. Vorsteher der shire war der ealdorman, ein Volksbeamter, neben dem dann als königlicher Beamter der shirgerefa auftritt.

In Zeiten der Gefahr haben die angelsächsischen Könige freiwillig einen aus ihrer Mitte zum obersten Kriegsherrn bestellt, dem die anderen sich unterordneten. Er hieß nach der sog. Sachsenchronik: Bretwalda, der Weithinwaltende, lateinisch totius Britanniae rector oder imperator. Aus dieser Stellung und infolge Aussterben einzelner Kleinkönige machte Egbert von Wessex (800—836) ein Oberkönigtum, worauf dann sein Enkel Alfred (871—901) den Einheitsstaat durch Bearbeitung eines gemeinsamen Gesetzbuches begründete.

Die Staatengründungen auf römischem Boden, die von den ostgermanischen Völkern ins Leben gerufen und die Stammbildungen, die von den germanischen Westvölkern vollzogen wurden, waren Übergangsprodukte, zu denen die bewegte Zeit der Wanderungen führte. Nur der angelsächsische Staat hatte dauernden Bestand infolge der eigentümlichen insularen Verhältnisse.

Die Staaten der Ostgermanen trugen den Keim des Unterganges von Anfang an in sich; er bestand einerseits in der zu geringen Kopfzahl der Germanen im Verhältnis zu den Römern und in ihrer Loslösung vom germanischen Hinterlande und anderseits in dem Gegensatz zwischen dem Arianismus der Germanen und dem Katholizismus der Römer. Die Stammesformationen der Westgermanen waren eher geeignet, die Träger einer dauernden Entwicklung zu werden, zumal da jetzt keine wesentlichen Wanderungen mehr einsetzten und die stabile Unterlage zu entwickelteren Staatsverhältnissen gewonnen war. Es ist kein Zufall, daß es von allen westgermanischen Stämmen den Franken beschieden war, die Weitergestaltung nicht nur des Germanentums, sondern des gesamten Abendlandes herbeizuführen, denn sie sind von den Westvölkern — abgesehen von den Langobarden — am tiefsten ins Herz des Römertums eingedrungen, haben vom Römerreich am meisten gelernt und haben Anschauungen und Einrichtungen der Antike sich zunutze gemacht. Außerdem wurden in der Gründung des Frankenstaates in Gallien die Fehler vermieden, die von den Ostgermanen begangen waren, die Fühlung mit der germanischen Basis ging nicht verloren und die religiöse Trennung wurde vermieden durch die Annahme des katholischen Christentums der Römer seitens der Franken.

1. Das fränkische Königtum.

W. Sickel, Entstehung der fränkischen Monarchie. Westd. Z. 4; Derselbe, GG. Anz. 1889. 937f.; Derselbe, MIÖG. Ergbd. 3, 451f. v. Sybel, Entstehung des deutschen Königtums 2. Aufl. 1881. F. Dahn, Könige der Germanen. 7 u. 8 (Franken). Waitz, Vfg. 2^3, S. 99—106, 136—216, 350—360. Brunner, Rg. 2, 7—95. v. Amira, Grundriß d. germ. Rechts². 1897. 93f. Sohm, Reichs- und Gerichtsverfassung 9 —37. Fahlbeck, Le royauté et le droit royal francs. 1883. E. Mühlbacher, Deutsche Geschichte unter den Karolingern 1896.

König Chlodweg[2]) 481—511, einer der Kleinkönige der salischen Franken, hatte, nicht mehr um der Landnot und dem Wandertrieb der Salier zu genügen, sondern aus eigener Initiative, mit

1) Ich persönlich sehe nicht nur in der Zehntschaft für Polizeizwecke, sondern auch im hundred und zwar ursprünglich für Steuerzwecke jüngere Bildungen, während andre bes. Rietschel das angelsächsische hundred für ursprünglich halten und es auf die Siedelung zurückführen.

2) Vorgearbeitet war ihm schon durch König Chlogio, der Cambrai besetzte und die Römer dort ausrottete; Chlodwegs Vater Childerich hatte bereits in Gallien solches Ansehen, daß nicht der römische patricius Syagrius, sondern König Childerich für den Frieden Galliens sorgte, indem er die Westgoten zurückschlug und die sächsischen und britischen Seeräuber vertrieb. Der fränkische Herrscher hatte die tatsächliche Macht, während Syagrius noch der rechtliche Vertreter der Gewalt des römischen Imperiums war. Mit der Entthronung des Syagrius trat Chlodweg einfach an dessen Stelle, wie ganz analog später die Karolinger an die Stelle der Merowinger traten.

den iuniores eine Anzahl Eroberungskriege unternommen, in denen er 486 das Reich des Römers Syagrius stürzte, dann Gallien bis zur Loire unterwarf, 496 die Alamannen besiegte und abhängig machte und 507—510 den Westgoten das Gebiet zwischen der Loire und der Garonne abnahm. Es wurde nicht von Franken dicht besiedelt, denn die seßhafte fränkische Bevölkerung war zurückgeblieben; nur im herrenlosen, verwüsteten und im früher römischen Fiskallande wurden fränkische Krieger als Großgrundbesitzer ausgestattet.[1]) Gleichzeitig mit dieser ungeheuren Machterweiterung beseitigte Chlodweg die ihm verwandten übrigen Kleinkönige des Salierstammes und ließ sich auch von den Ribuariern zum König erwählen, so daß er am Ende seiner Regierung ein mächtiges einheitliches Königtum der Franken geschaffen hatte.

Seine vier Söhne setzten das Werk des Vaters fort, 531 bezwangen sie die Thüringer und 532 unterwarfen sie das burgundische Reich. Dann wurde noch die Provence dem fränkischen Großreiche eingefügt und zuletzt auch um die Mitte des 6. Jh. den Bayern die fränkische Oberhoheit aufgenötigt.

In dieser Zeit kraftvoller Merowinger wird die Auffassung vom germanischen Königtum eine andere. Das Königtum erhielt eine durch römische Anschauung geförderte Ausbildung. Die königliche Macht des Merowingergeschlechtes hält die verschiedenartigen Teile des Reiches zusammen, aber sie ist doch nicht stark genug, die wieder aufstrebende Selbständigkeit der einzelnen niederzuhalten. Ein einheitliches Reich, das alle Verschiedenheiten ausglich, haben die Merowinger nicht geschaffen. Das Einheitliche, das sich über all die Sonderbildungen und die mehr oder minder selbständigen Teile hinüberlegte, war eben nur das Königtum, das sich mit einzelnen königlichen Institutionen überall einzuschieben suchte, „im übrigen stellte das Reich eine sehr lose Konföderation der sehr verschieden organisierten Stämme dar".[2])

Da aber setzt eine Periode der Thronstreitigkeiten und des Verfalles ein, in der eine mächtige Aristokratie eine neue zentrale Staatsgewalt herstellt, die unter Pippin königlichen Charakter erhält und unter Karl d. Gr. im Kaisertum gipfelt. Abermals werden die Reichsgrenzen gestärkt und erweitert durch Karl Martells Sieg gegen die Araber, durch die Erweiterung Septimaniens und die Unterwerfung der West- und Mittelfriesen unter demselben Hausmeier und endlich durch Karls Unterdrückung des Langobardenreiches, Unterwerfung der Sachsen und Bezwingung Bayerns, sowie durch seine Siege gegen die spanischen Araber und die östlichen Avaren.

Für die Steigerung der öffentlichen Gewalt, mithin auch der königlichen Gewalt, ist als wichtigster Faktor der Krieg maßgebend gewesen. In den kriegerischen Zeiten hat die Notwendigkeit politischer Selbstbehauptung die öffentliche Gewalt gestärkt, die Befehlsgewalt des Herrschers gekräftigt. Durch kriegerische Bewegung gelangten die Deutschen von Völkerschaften zu Stämmen, von Stämmen zur Reichsgründung — aber auch von privater Ordnung mehr zur öffentlichen, vom Volksstaat zum Königstaat.

Die Arnulfinger, Pippiniden und Karl d. Gr. haben im Gegensatz zum merowingischen Reich schon eine große Zentralisierung der Regierung angestrebt. Aber trotz systematischen Vorgehens und ernster planmäßiger Arbeit hat selbst Karl d. Gr. die völlige Einheitlichkeit nicht erreicht. Der Staat dehnte seine Aufgaben jetzt aus und er durchdrang mehr und mehr Gebiete des öffentlichen Lebens und zugleich wuchs die Gesetzgebung an. Die Verwaltungstechnik erweitert sich, wesentlich unterstützt wird die Staatsgewalt in diesem Aufschwung durch die Kirche. Während die Kirche aber auf der einen Seite zu den Staatsaufgaben herangezogen wurde, hat anderseits auch der Staat kirchliche Aufgaben übernommen und mit der Unterwerfung heidnischer Völker gleichzeitig ihre Christianisierung bewerkstelligt.

Das ist in noch höherem Maße der Fall, als Karl d. Gr. zum fränkischen Königtum noch die Aufgaben eines abendländischen Kaisers übernahm und in dieser Würde

1) Heusler, Vfg. 31, weist darauf hin, daß zwischen den einzelnen Feldzügen Chlodwegs meist ein Zwischenraum von fünf Jahren lag, die Zeit, in der eine neue kriegerische Mannschaft heranwuchs, die dann durch „Reislaufen" aus der alten Heimat Chlodweg zu Kriegen drängte. Er mußte sie beschäftigen, sein Militärstaat beruhte nur darauf, daß er seine Leute durch Krieg reich machte.

2) Boretius, Beiträge zur Kapitularienkritik 94; Heusler Vfg. 35f.

die Erneuerung des antiken Kaisergedankens verband mit einem neuen kirchlichen Inhalte: Beschützer und Verbreiter des Christentums zu sein.

Aber über Ansätze einer intensiveren Verstaatlichung ist auch der große Karl nicht hinausgekommen. Es bleibt vielfach bei Wünschen und frommen Ermahnungen, es fehlte die zwingende Kraft. Und es gibt zu denken, daß nach ihm alles wieder zusammenbrach. Die öffentliche Gewaltorganisation — römisch-imperial gedacht — muß sich in der Folgezeit abfinden mit der mehr auf privater Genossenschaftsbasis ruhenden germanischen Staatsauffassung.

Im Vergleich zu dem germanischen Volkskönigtum ist das Königtum im fränkischen Reich ein wesentlich anderes geworden. Die Eroberungen, die vom Könige persönlich ausgingen, haben seine Machtbefugnisse außerordentlich vermehrt. Zunächst wirkte die Vorstellung, daß König und Volk einheitlich die Staatsgewalt repräsentierten, noch deutlich weiter. Aber es entstand doch jetzt die Auffassung, daß die Regierungsgewalt vom König ausgehe, und daß der König der Träger der höchsten Staatsgewalt sei.

Die Momente, die diese *Steigerung des königlichen Ansehens* herbeigeführt haben, sind vor allem:

1. Der Zuwachs an gallo-römischer Bevölkerung. Die Römer sahen im Herrscher den unumschränkten Gewalthaber; sie übertrugen ihre frühere Unterordnung unter das imperium auf ihr Verhältnis zum fränkischen König. Naturgemäß verfehlte die Stellung des Königtums zu den Römern nicht, ohne Rückwirkung zu bleiben auf die Stellung des Königs zu den Franken. Denn das Königtum hatte das Bestreben, einheitlich zu sein, nicht etwa den Römern gegenüber eine andere königliche Machtfülle zu üben als den Franken gegenüber.

2. Die Annahme oder Anlehnung an römische Einrichtungen. Indem das junge fränkische Großkönigtum sich Staatseinrichtungen zunutze machte, die durch die Praxis des komplizierten antiken Staatswesens erprobt waren, trug es wesentlich zur Befestigung und Stärkung der Staatsgewalt bei. Hierzu gehören u. a. Versuche mit dem römischen Steuerwesen, einem fränkischen Zoll- und Münzwesen, die königliche Kanzlei, das gesamte Domänenwesen und einige öffentliche Dienste der Untertanen.

3. Der Anschluß Chlodwegs und seiner Nachfolger an das katholische Christentum bewahrte sein Reich nicht nur vor dem Zwiespalt zwischen Arianismus und Athanasianismus, sondern stellte die wohlorganisierte und hierarchisch gegliederte Kirche in den Dienst des fränkischen Königtums. Die gallische Kirche von den Franken übernommen und geschützt, vergalt diesen Schutz durch Stärkung des monarchischen Gefühls auf der Basis der christlichen Moral und durch Unterstützung der staatlichen Disziplin, die ja wiederum ihr selbst zugute kam. An die Stelle des germanischen Mythus von der göttlichen Abstammung des Königsgeschlechtes setzte sie die christliche Auffassung von der Heiligkeit des von Gott eingesetzten Königtums. Der Herrscher ist ein König von Gottes Gnaden; dies ist seit Karl d. Gr. (768) auch im königlichen Urkundenwesen durch die sog. Devotionsformel „gratia dei rex“ zum Ausdruck gebracht. Unter dem Einfluß der Kirche wird die königliche Gewalt aus dem göttlichen Rechte hergeleitet.

4. Der Erwerb eines umfangreichen Krongutes, das dem König durch seine Eroberungen zufiel, setzte ihn in die Lage, materiell seine Getfeuen zu unterstützen. Durch reiche Krongutverleihungen schuf er sich eine starke Gefolgschaft und ein ergebenes Beamtentum. In Gallien vermehrten außerdem noch Abgaben aus dem antiken Steuerwesen die Machtmittel des Königs.

Die gewaltige Machtsteigerung darf uns jedoch nicht veranlassen, die königliche Stellung im Frankenreiche als eine unbeschränkte anzusehen. Wohl kamen Willkürakte vor, besonders unter den Söhnen Chlotars I., aber das war Überschreitung der königlichen Machtbefugnis. Der König war noch in mancher Hinsicht beschränkt durch das Volk, und hierin erkennen wir die Nachwirkung des germanischen Königsbegriffes. Die Volksversammlung, mit der früher der König gemeinsam die oberste Gewalt repräsentierte, war nach der Reichsgründung fortgefallen; nur noch bei der Erhebung der Arnulfingischen Dynastie zum Königtum trat sie in größerem Umfange zusammen und brachte den Volkswillen zum Ausdruck. War so der König im allgemeinen von der Bevormundung durch die Volksversammlung frei geworden, so hat doch das Volk in Waffen, die Heeresversammlung, hin und wieder sich seiner alten Vorrechte erinnert. Der König muß wohl mal sein Heer zu einem Kriegszug bewegen, er kann nicht immer eigenmächtig den Feldzug befehlen[1]; auch zur Beendigung eines Krieges gehörte die Einwilligung des Heeres. Der König mußte seine Krieger überreden, einen Krieg fortzusetzen, und er konnte gegen seinen Willen von ihnen veranlaßt werden, ihn abzubrechen und in die Heimat zurückzukehren.

Es ist auch schon deshalb unrichtig, die Stellung des fränkischen Königtums als Absolutismus aufzufassen[2], weil der König nur nach Maßgabe des geltenden Rechtes Befehle erlassen konnte; er war also beschränkt durch das bestehende Volksrecht. Die Untertanen schuldeten ihm nur Gehorsam, soweit er sich im Rahmen des Rechtes hielt, einseitig konnte der König durch Gesetze das Volksrecht nicht ändern. Er konnte z. B. nicht die Franken dazu bewegen, nach römischem Muster ein Steuerwesen einzurichten, ja selbst den Widerstand, den ihm bald auch die Römer bei der Besteuerung leisteten, konnte er nicht einmal beseitigen.

Der großen Machtsteigerung des fränkischen Königtums im 6. Jh. entsprach im 7. Jh. eine dauernde Schwächung der königlichen Gewalt. Diese Reaktion wurde herbeigeführt durch die Aristokratie und erhielt ihre rechtliche Grundlage in dem Edikt Chlotars II. von 614, das man die fränkische „magna charta libertatum" genannt hat. Der König macht darin Konzessionen an die Aristokratie und den Hausmeier.

Im allgemeinen besteht das *Wesen des fränkischen Königtums* in folgenden Punkten:

1. Der König hat das Recht des Bannes. Diese Banngewalt äußert sich zunächst darin, daß er unter Strafe verbieten und gebieten kann.

2. Der König ist der Hort des Friedens. Der allgemeine Friede ist Königsfriede, wer ihn verletzt, verfällt der königlichen Strafe. Daneben erteilt der König noch einen besonderen Königsschutz, dessen Verletzung erhöhte Strafe nach sich zieht. Der Friedensschutz des Königs bedingt die oberste Polizeiaufsicht.

3. Der König hat die Kriegshoheit. Die oberste Gewalt im Heere steht ihm zu und er übt sie durch den Heerbann, der ihm das Recht gibt, die Heerpflichtigen unter Strafe zum Kriegszug aufzubieten und im Heere die Kriegsjustiz zu üben.

4. Dem König wird ein Treueid geleistet. Die Untertanen sind ihm zur Treue eidlich verpflichtet. Sie sind seine fideles oder homines, leudes. Sie geben dem König herkömmliche Geschenke und sie sind zu gewissen öffentlichen Frondiensten verpflichtet, zu Zöllen und gewissen Abgaben.

5. Der König ist Eigentümer des Krongutes. Er verfügt über sein Privatvermögen und das Staatsvermögen.

---

1) HEUSLER, Vfg. 50, betont zu sehr die Befehlsgewalt des Königs, die eine Zustimmung des Heeres zu einem Feldzuge ausgeschlossen habe.

2) Das ist die Auffassung FAHLBECKS in oben zitiertem Werke (früher schwedisch erschienen, dann ins Französische umgearbeitet).

6. Er ist Repräsentant des Reiches nach außen, schließt Verträge ab, empfängt Gesandte, entscheidet, allerdings zeitweilig durch die Großen und das Volk beschränkt, über Krieg und Frieden.

7. Der Kirche gegenüber hat er das Recht, die Synoden zu berufen und die Bischöfe einzusetzen. Bei Neugründungen von Bistümern bestimmt der König zur Karolingerzeit den Sitz und bezeichnet Umfang und Grenzen.

Begründet wurde das fränkische Königtum ursprünglich durch *Wahl;* noch Chlodweg ließ sich von den Ribuariern zum König wählen. Seit Chlodweg aber herrscht Erbfolge beim Thronwechsel, das Wahlreich ist in ein Erbreich umgewandelt. Erbberechtigt waren zunächst die regierungsfähigen Söhne und, wenn keine existierten, die Brüder des Königs. Waren mehrere gleichberechtigte Erben da, so teilten sie sich in die Herrschaft. Waren Teilreiche vorhanden, so machte die Erbfähigkeit nicht an den Grenzen dieser Teilreiche halt; der nähere Verwandtschaftsgrad begründete ein gegenseitiges Erbrecht in allen Teilreichen.[1])

Aber das Wahlprinzip war nicht ganz vergessen. Pippin wurde durch Wahl der Franken König, und auch Arnulf ist durch die ostfränkischen Stämme zum König gewählt worden. Selbst als Karl d. Gr. 771 die Alleinherrschaft erhielt, geschah es consensu omnium Francorum, und bei den Reichsteilungen von 808, 817 und 843 sowie bei der Vereinigung der Reiche unter Karl III. spielten Zustimmung und Wahl der Großen eine Rolle. Im übrigen aber galt das Reich als ein erblicher Besitz der Karolinger Familie. Man teilte das Reich wie einen Privatbesitz unter die Söhne. Bei normalem Erbgang, wenn nur ein Erbe, der regierungsfähig war, in Frage kam, oder die Erbfolge durch Teilungsvertrag geregelt war, hatte die Erbwahl nur die Bedeutung einer Anerkennung seitens der Großen. Bei anormalen Fällen dagegen hat das Wahlprinzip wieder mit dem Erbprinzip konkurriert.

Die *Regierungsfähigkeit* ist schon früh eingeschränkt worden. Als nicht erbfähig im Königtum und nicht regierungsfähig gelten: 1. die mit körperlichen und geistigen Gebrechen Behafteten, 2. Unmündige, 3. Frauen; dazu kam in der Karolingerzeit unter dem Einfluß der Kirche, daß 4. uneheliche Söhne im allgemeinen nicht als erbberechtigt galten und nur dann in Frage kamen, wenn kein regierungsfähiger ehelicher Sohn vorhanden war. 5. Söhne, die in den geistlichen Stand eintraten, schieden von der Thronfolge aus.

Schon zur Anerkennung der Regierungsfähigkeit war die Mitwirkung der Großen nötig. Damit war ihre Beteiligung am Thronwechsel aber nicht erschöpft. Die Großen sind in der Folgezeit die eigentlichen Wähler. Sie verschaffen durch ihre Huldigung dem neuen König Anerkennung. Und bei Reichsteilungen wird ebenfalls die Zustimmung der Großen eingeholt.

Der *Regierungsantritt* nahm seinen Ausgang von der Thronerhebung, elevatio; es ist dies nur eine veränderte Form für die alte germanische Schilderhebung. War der König mündig, so bestieg er feierlich den Thron und drückte dadurch öffentlich die Besitzergreifung der Herrschaft aus. Unmittelbar daran schloß sich die allgemeine Huldigung; von den Großen, die an der Thronbesteigung teilgenommen hatten, nahm der neue König sie sogleich durch einen Eid entgegen, dann fuhr er auf einem mit Ochsen bespannten Wagen durch das Reich und empfing auf dieser Umfahrt die Huldigung. Wo der König nicht hinkam, nahmen die missi den Treueid ab.

---

1) Dabei blieb es oft strittig, ob beim Tode eines Teilerben die Brüder oder die Söhne des Verstorbenen sein Teilreich erben konnten. Wenn dieser Fall eintrat, kam es immer zu Bürgerkriegen, in denen das Prinzip des Einheitsstaates sich zur Wehr setzte gegen die Weiterführung des privaten Erbrechts am Teilreich.

Seit Pippin gehörte zum Regierungsantritt auch die kirchliche Salbung[1]), und im 9. Jh. trat auch noch die Krönung hinzu. Pippin ist zuerst 751 im Auftrag des Papstes von den Bischöfen gesalbt worden, dann noch einmal 754 mit seinem Sohne vom Papste selbst. Als ihm seine Söhne 768 in der Regierung folgten, haben sie sich abermals salben lassen. Die Salbung beruht auf altjüdischem Gebrauch, die Westgoten und Briten haben schon ihre Könige gesalbt, aber man vermutet, daß die Angelsachsen für die Deutschen die Vermittler waren.[2]) Die Krönung kennt das fränkische Reich seit Karls d. Gr. Kaiserkrönung, und diese hatte ihrerseits ihr Vorbild in der Krönung der oströmischen Kaiser. Die Kaiserkrönung wurde Anlaß, daß auch eine Königskrönung eingeführt wurde.

Ehrenzeichen des Königtums ist das langwallende Haupthaar; nur Mitglieder der königlichen Familie tragen es. Wer der Regierung entsetzt wird oder sonst als regierungsunfähig erklärt wird, dem wird zuerst das Haar geschoren. Abzeichen der Königsmacht war bei den Merowingern der Speer, bei den Karolingern Krone und Kreuz, Zepter und daneben das Schwert.

Eine besondere Eigentümlichkeit des merowingischen und des karolingischen Königtums waren die *Reichsteilungen.* Diese merowingischen Teilungen waren nicht Teilungen des Reiches in getrennte Königreiche. Das Reich wurde als eine Einheit betrachtet, die durch die Teilung nicht auseinander gerissen wurde. Geteilt wurde nur die Regierungsgewalt, und zwar „zu gleichem Rechte"; keiner sollte Oberherr des anderen sein. Es war eine Gesamtherrschaft; das zeigte sich auch darin, daß nur eine gemeinsame Kanzlei für alle Teilreiche existierte. Diesen Teilungen lag eine privatrechtliche Auffassung vom Königtum zugrunde, das man als Familienbesitz des merowingischen Hauses ansah. Die Reichsteilungen der Karolinger erhielten durch die Erlangung der Kaiserwürde seitens dieses Geschlechtes eine etwas andere Bedeutung. Karl d. Gr. ernannte 812 seinen Sohn Ludwig zum Mitkaiser, während er Pippins Sohn Bernhard als Unterkönig in Italien einsetzte. Das kommt noch mehr 817 zum Ausdruck dadurch, daß Ludwig d. Fr. dem ältesten Sohne, der die Kaiserkrone tragen sollte, die Hauptmasse des Reichsgebietes zuteilen wollte, während die jüngeren Söhne als Unterkönige mit geringeren Abfindungen vorlieb nehmen sollten. Dieses neue Prinzip ist aber nicht durchgedrungen. Schon bei den späteren Teilungsplänen (zuerst 831) und auch im Vertrage zu Verdun ist man wieder auf den Grundsatz der Teilbarkeit zu gleichen Rechten zurückgekommen.

Die *Auffassung vom Kaisertum,* die Karl d. Gr. beseelte, war die vom imperium universale, wie sie das Römertum ausgebildet hatte. Karl wollte das weströmische Kaisertum fortsetzen und er nahm dazu neu auf die Durchdringung dieses Imperiums mit den universalen Tendenzen des Christentums. So erhält sein Kaisertum ein theokratisches Gepräge; es ist für ihn ein Geschenk Gottes, auf dem die Verpflichtung ruht, den Gottesstaat auf Erden zu verwirklichen. Deshalb betrachtete auch Karl den Akt der Kaiserkrönung in der Peterskirche nur als eine kirchliche Zeremonie. Im Einklang mit dieser Auffassung hat er selbst i. J. 813 seinen Sohn Ludwig zum Mitkaiser ernannt und ihn die Krone vom Altar nehmen lassen. Es paßt auch ganz in diese Auffassung, daß er Pippins Sohn Bernhard zum Unterkönig in Italien einsetzte.

Ganz analog dazu hat Ludwig d. Fr. durch die ordinatio imperii v. J. 817 Lothar zum Mitkaiser und Nachfolger ernannt, während er den jüngeren Söhnen die Stellung von Unterkönigen einräumte. Das übergeordnete Kaisertum wurde das einigende Band, das die Reichseinheit repräsentierte. Das wurde jedoch schon anders im Vertrage zu Verdun. Hier dankte die universale Kaiseridee wieder ab, jeder Teilkönig ward un-

1) E. Mühlbacher, Deutsche Geschichte unter den Karolingern. S. 50.
2) Vgl. Brunner, Rg. 2 S. 19, Anm. 28.

abhängiger Herrscher neben dem Kaiser und die Teilreiche wurden zu selbständigen Königreichen, jedes erhielt seine eigene Kanzlei. Zunächst hielt sich auch jetzt noch die Vorstellung von der Einheit des gesamten Frankenreiches. Dies kam zum Ausdruck dadurch, daß man von einem westfränkischen und einem ostfränkischen Reiche sprach und dadurch, daß noch alle Könige der verschiedenen Reiche aus einer Familie stammten. Die karolingische Familie betrachtete bis zu ihrem Untergang die gesamten Frankenreiche als ihr gemeinsames Familienbesitztum; nur dadurch erklärt sich, daß der unfähige Karl III. noch einmal alle Reiche in seiner Hand vereinigen konnte.

Der König regierte vermittelst des *Königsbannes.* Dieser Bann ist entweder ein Friedensbann, durch den Personen, Sachen oder Örtlichkeiten einem höheren Frieden unterstellt wurden — vor allem ist die Person des Königs und das Königsgut in diesen höheren Frieden einbegriffen —, oder es ist ein Befehlsbann, durch den Anordnungen des Königs in Verwaltung und Recht eine höhere Verbindlichkeit erhielten. Der Bann äußert sich dadurch, daß die Verletzung des höheren Friedens oder die Nichtachtung der höheren Verbindlichkeit eines königlichen Befehls eine höhere Bannbuße nach sich zieht. Nach ihrem Wirkungsgebiete unterscheidet man einen königlichen Heerbann[1]), Gerichtsbann, Polizeibann u. a. Vom Befehlsbann wird der König in der Zeit der Merowinger nur im Kriege, in Friedenszeit dagegen noch nicht allzuviel Gebrauch gemacht haben, denn er hatte noch kein unbedingtes Gesetzgebungsrecht. Der König mußte mit dem alten Rechte der Gesetzgebung durch die Volksversammlung rechnen. Die eigentliche Volksversammlung gab es zwar nicht mehr, aber auf dem Märzfeld erschienen die Großen der Stämme, und diese beschlossen nun mit dem König das Gesetz. Selbst die capitula legibus addenda sind nicht einseitig vom König verfügt, sondern mit Hilfe und vielleicht unter Initiative der Großen zustande gekommen. In Sachen, die das Volksrecht nicht unmittelbar angingen, wie Gerichtsbefehle u. ä., hat dagegen der König durch den eigenen Befehlsbann praecepta erlassen. Anders war es schon in der Karolingerzeit; Karl d. Gr. hat sich schon der Banngewalt ausgiebig bedient, um ergänzend und beeinflussend zu den Volksrechten Stellung zu nehmen. Der König übertrug seine Banngewalt auf seine Beamten, die sie in seinem Namen verwalteten.

Neben dem auf der königlichen Banngewalt fußenden besonderen *Königsfrieden* wird auch jetzt bei den Franken der gemeine Landfriede als Königsfriede aufgefaßt. Nicht mehr die Volksgemeinde bestraft den Friedensbrecher, verfolgt und tötet ihn bei handhafter Tat, sondern sie darf ihn nur noch binden und vorführen, den Friedensbruch, die Infidelität, bestrafen jetzt der König und seine Beamten. Dabei ist die alte strenge Wirkung der Friedlosigkeit abgeschwächt. Der König hat das Recht, die Todesstrafe zu mildern in Verbannung, in Verstümmelung oder in Vermögensstrafe. Daraus entwickelt sich eine arbiträre Strafgewalt des Königs.

Dem allgemeinen Königsfrieden dient als notwendige Ergänzung der allgemeine *Königsschutz,* dem besonderen Königsfrieden der besondere Königsschutz. Alle Untertanen des fränkischen Königs, auch alle Fremden, die sich im Lande aufhalten, genießen den allgemeinen Königsschutz. Wo kein Sippenschutz vorhanden ist, tritt deshalb keine Schutzlosigkeit mehr ein, sondern der allgemeine Königsschutz. Der besondere Königsschutz muß besonders bezahlt werden; der König gewährt ihn gegen Dienste oder Abgaben. Nicht nur freie wehrhafte Männer, auch Kinder, Frauen, Geistliche, Kaufleute und Juden können diesen besonderen Königsschutz erwerben. Durch den besonderen Königsschutz erhält der Schützling das ius reclamandi ad regis defini-

1) Besondere Beamte, haribannatores, haben unter den Karolingern die verwirkten Heerbannbußen eingetrieben.

tivam sententiam, d. h. er kann eine Streitsache vor das Königsgericht ziehen, was insofern ein Vorzug war, weil dort der König eine arbiträre Justiz übte. Das besondere Schutzverhältnis wird begründet durch eine symbolische Handlung, die commendation bestehend in der Handreichung (in manus se commendare).

Um die Stellung des fränkischen Königtums richtig zu würdigen, muß man seine *Einnahmequellen* ins Auge fassen. Das Vermögen des Königs, der Königshort, der schon in der germanischen Sage eine Rolle spielte, trug zur Stärkung des königlichen Ansehens wesentlich bei. Es war für den König ebenso nötig, daß er einen Schatz hatte, wie daß er sich durch Tüchtigkeit vor den Volksgenossen auszeichnete. Denn auf seinem persönlichen Einflusse beruhte des Königs Macht; der Schatz aber gab ihm Einfluß und Ansehen. Er bestand nicht nur aus gemünztem Gold, sondern auch aus Spangen, Ringen, Gefäßen, Kleidern, mit denen der König Geschenke machen konnte. Der Schatz des Königs wurde in gleicher Weise für Privatausgaben wie für Staatsausgaben verwandt und umgekehrt flossen in den Königsschatz sowohl Einnahmen staatsrechtlicher Natur als Einnahmen aus dem Privatgut des Königs. Unter den Merowingern wurde wohl noch kein Unterschied gemacht zwischen dem Hausgut der königlichen Familie und dem Staatsvermögen. Bei den Karolingern ist indessen insofern ein Unterschied zu bemerken, als sie das Hausgut in ganz anderer Weise zusammenhielten als das Staatsgut. Die ersten Karolinger wenigstens haben fast nichts von ihrem Stammgut veräußert, ihre Schenkungen und Verleihungen betrafen fast nur Staatsgut.[1])

Die Einkünfte des fränkischen Königs gehen zum Teil auf germanischen, zum Teil auf römischen Ursprung zurück.[2]) Vom germanischen Volkskönigtum stammen:

1. Die dona annualia, die jährlichen Geschenke, die beim Märzfeld, später dem Maifeld oder der großen Reichsversammlung im Frühjahr dargebracht werden. Diese Abgaben waren ursprünglich freiwillige Geschenke; allmählich wurden sie jetzt pflichtmäßige Leistungen, über die genaue Kontrollbestimmungen getroffen wurden.

2. Die außerordentlichen Geschenke bei Verheiratung der Königstochter, Prinzessinnensteuer, blieben bestehen, ebenso bei Wehrhaftmachung des Königssohnes.

3. Die öffentlich verwirkten Strafgelder, wie Friedensgelder und Bannbußen, nach Abzug dessen, was der königliche Beamte davon erhielt. Insbesondere auch die durch Verletzung des lokalen Königsbannes, wie Forstbann und dergleichen, verwirkten Gelder.

4. Erbloses Gut, also das Vermögen des zu Tode verurteilten Verbrechers, des Friedlosen, das Erbe des Landfremden, sowie auch das Wergeld von sippelosen Personen, von Fremden und Freigelassenen. Bei Erbstreit und Erbenteilung, wenn der König die Entscheidung trifft, erhält er einen Erbschaftszehnten.

5. Herrenloses Gut sollte jetzt als Königsgut gelten. Alles Land, das wüst lag, Wald und Weide, die nicht zu einer gemeinen Mark gehörten, sollte dem König zustehen. Er zog Nutzen daraus, indem er dort Königshöfe anlegte und bewirtschaften ließ oder Ländereien ausschied, die er gegen Zins zur Rodung vergab. Bei den Eroberungen ist dem König viel herrenloses Land zugefallen, da die Besitzer im Kriege gefallen, vertrieben oder geflohen waren.

6. Die Tribute fremder Völker flossen in den Königsschatz. So haben Sachsenvölker unter den Merowingern 500 Kühe zu zahlen gehabt; Pippin verlangte von ihnen 300 Pferde; die Thüringer mußten dem König Theoderich Schweine zinsen.

---

1) Vgl. Waitz, Vfg. 4^2 S. 6ff. u. 140f. A. Dopsch, Die Wirtschaftsentwicklung der Karolingerzeit 1912 S. 150f. B. Steinitz, Die Organisation und Gruppierung des Krongutes unter Karl d. Gr. VSchrSozWg. 1911.

2) Zur Ergänzung vgl. unten den Abschnitt über die Abgabenpflicht der Untertanen.

Tribute sind zu verschiedenen Zeiten erwähnt von Burgundern, Aquitaniern, Langobarden, dem Herzogtum Benevent und von slawischen Völkern.

7. Die Schutzzinsen für den besonderen Königsschutz, insbesondere die Abgaben der Juden.

Vom römischen Rechte leitet das Königtum noch folgende Einnahmen her:

8. Die Steuer der römischen Untertanen.
9. Einnahmen aus dem Münzrecht.
10. Einkünfte aus dem Zollregal und sonstige Verkehrsabgaben.
11. Einnahmen waren auch die Vorspanndienste und Spanndienste, insofern sie der König nicht zu bezahlen brauchte, sondern sie ihm geleistet werden mußten.

2. Die Zentralverwaltung.

a) Der königliche Hof und die Hofbeamten.

Fustel de Coulanges, La monarchie franque. S. 135f. Deloche, La trustis et l'antrustion. 1873; Hincmarus de ordine palatii (v. J. 882), hrsg. von V. Krause, 1894 und von Boretius-Krause, Capitularia 2, 517f. Waitz, Vfg. 2^3, 2. S. 69—113, 3^2. S. 493—554. Brunner, Rg. 2, 95f.; Derselbe, Zur Gesch. des Gefolgswesens. Z. d. Savigny-Stiftung f. Rg. 9, 210f. Schröder, $Rg.^4$, 137f. 5. Aufl. 140f.

Es gab noch keine feste königliche Residenz. Die Merowinger hielten sich meist in kleinen Pfalzen auf[1]), neben denen aber auch schon Paris, Soissons, Metz und Reims als Aufenthaltsorte der Könige hervortraten. Karl d. G. ist am häufigsten in Heristal, Ingelheim, Worms und besonders Aachen nachzuweisen, das gegen Ende seiner Regierung und unter Ludwig I. die bevorzugteste Residenz ist, so daß Aachen geradezu als Reichshauptstadt gelten kann.

Im allgemeinen hatte der merowingische Hof mehr ein römisches Gepräge, da dort römische Provinzialen, romanisierte Burgunder und Neustrier verkehrten, und so eher das römische Kulturniveau gewahrt blieb, während der Karolingerhof mehr germanischen Charakter zeigte, da Austrasier das Übergewicht hatten und nur die Hofgeistlichkeit die höhere römische Bildung bewahrte.

Am Königshof (palatium, domus oder aula regis) hält sich der König einen Hofstaat, comitatus; man verstand darunter nicht nur das eigentliche Gefolge, sondern die Gesamtheit der weltlichen und geistlichen Personen, Germanen sowohl wie Römer, Freie, Liten und Unfreie, die am Hoflager anwesend waren. Eine bevorzugte Stellung nahm darunter die Leibgarde des Königs, trustis, ein, eine Art Fortsetzung der alten germanischen Gefolgschaft. Der Gefolgsgenosse, antrustio, hat die Pflicht, die Person des Königs und das königliche Haus zu schützen; bei der Aufnahme schwört er trustem et fidelitalem, und als Gegenleistung zeichnet ihn das Königtum aus durch das dreifache Wergeld. Der Königsdienst hat eine Steigerung im Ansehen der Gefolgschaft herbeigeführt, insofern als anfangs auch Liten und Knechte darin vorkommen, später aber nicht mehr. Der am Hofe verkehrende Römer scheint zunächst als conviva regis eine besondere Stellung gehabt zu haben, später erscheint aber auch der Römer in der trustis. Der König benutzt die Antrustionen sowohl zu persönlichen Diensten als auch im Dienste der Reichsverwaltung; er zieht sie zu Beratungen heran und sendet sie als seine Gesandten aus. War es auch bis zum Verschwinden der Antrustionen im allgemeinen die Regel, daß sie am Hofe des Königs lebten, so war in den kleinen Hofhaltungen der letzten Merowinger auf mittelmäßigen Höfen für sie kein Platz mehr und wenig Verwendung. So wurde es mehr und mehr Sitte, daß der Antrustio auf ein

1) Sie hatten mehr den Charakter größerer Wirtschaftshöfe mit Wohngebäuden für den König und die trustis. Vgl. Augustin Thierry, Recits des temps Mérovingiens.

Gut zog.[1]) Die arnulfingischen Hausmeier hielten auch über diese zu Haus wohnenden Antrustionen den Trustisverband aufrecht.

Von den übrigen Hofleuten (aulici oder palatini) haben einige ein bestimmtes Amt, viele aber stehen dem Könige zur beliebigen Verwendung zur Verfügung und führen den Titel comites. Auch beruft der König Beamte an seinen Hof, eigens um ihren Rat zu hören; sie sind seine consiliares. Abt Adalhard v. Corbie, ein Verwandter der Karolinger, hatte unter Karl d. Gr. die Ordnung der königlichen Hofverwaltung aufgezeichnet in seinem libellus de ordine palatii. Leider ist er uns nicht erhalten und wir sind auf eine Benutzung dieser Schrift in einem Briefe des Hincmar von Reims, epistola de ordine palatii, 882, angewiesen.[2])

Dagegen finden sich am karolingischen Königshofe die vier germanischen Hausämter Truchseß, Marschall, Schenk und Kämmerer.[3]) Für die Merowingerzeit ist die Bezeichnung Truchseß noch nicht nachgewiesen, statt dessen gab es einen Oberaufseher über die Hofverwaltung, den Seneschalk, dessen Amt zuzeiten durch den major domus ausgeübt wurde. Die lateinische Bezeichnung für Truchseß ist zuletzt dapifer, für Kämmerer in der Merowingerzeit thesaurarius oder cubicularius, während der camerarius sein Unterbeamter ist; in der Karolingerzeit dagegen hieß der Kämmerer camerarius und seine Unterbeamten cubicularii, saccelarii usw. Der Kämmerer hatte ursprünglich nur die Aufsicht über den königlichen Schatz in der Schatzkammer des Königs, und damit hing auch zusammen, daß er für die Kleidung und die Wohnung der Hofgesellschaft zu sorgen hatte, die Kammer erhielt aber allmählich allgemeinere Aufgaben. In der Karolingerzeit hat sie bereits eine viel allgemeinere Bedeutung gewonnen, sie ist eine Art Reichsschatzamt geworden.[4])

Der Marschall hieß comes stabuli und sein Untergebener marescalcus (Mährenschalk) hatten für den königlichen Stall, der Schenk, princeps pincernarum, und seine Unterstellten, pincernae, hatten für die Getränke zu sorgen. Daneben gab es in der Karolingerzeit noch andere Hofämter: einen obersten Türwart, der zugleich Zeremonienmeister war, einen Quartiermeister, der bei den Reisen des Hofes und dem Wechsel der Residenz in Tätigkeit trat, einen Schwertträger, spatarius, dann weiter Türsteher, Jäger, Ausläufer, Köche, einen Leibarzt und in der Karolingerzeit auch einen Bibliothekar.

Neben diesen vorzugsweise zur eigentlichen Hofverwaltung nötigen Beamten gab es noch andere, die einen weiteren Wirkungskreis hatten und Organe der Reichsverwaltung wurden, nämlich vor allem die Hausmeier und die Pfalzgrafen, besonders aber die Beamten der Kanzlei. Am Hofe war auch der Sitz der obersten Domänenverwaltung und endlich bildete auch die Geistlichkeit der Hofkapelle einen starken Einschlag im Gesamtbild des fränkischen Hofes.

b) Der Hausmeier.

Pertz, Gesch. der merowingischen Hausmeier. 1819. Schoene, Die Amtsgewalt der fränkischen Majores domus. 1858. E. Hermann, Das Hausmeieramt ein echt germanisches Amt. 1880 in Gierke Unters. 9. Waitz, Vfg. 2, S. 83f. Brunner, Rg. 2, S. 104f.

---

1) Ich notire hier, daß Heusler, Vfg. 42f., die trustis weiter gefaßt wissen möchte als kompagnieweise angesiedelte Militärkolonien, die auch zu Verwaltungs- und Polizeizwecken zur Verfügung stehen.

2) MG. Kap. II. 517—530; vgl. auch Prou, Hincmar de ordine palatii. 32. Anm. 1, u. S. 98.

3) Heusler, Vfg. 63, wirft die Frage auf, ob diese Beamten dem König von Pfalz zu Pfalz folgten oder ob sie auf jeder königlichen Villa, die für die Aufnahme des Hofes „eingerichtet“ war, „ständig vorhanden“ waren; das letztere nimmt er für die erste Merowingerzeit an, weil mehrere Beamte in derselben Stellung aus dieser Zeit genannt werden. Es entsprach ja in der Tat mehr der primitiven Art der Hofhaltsverwaltung in der Zeit, in der das Domänenwesen noch nicht ausgebildet war.

4) Vgl. A. Dopsch a. a. O. S. 148f.

Der Hausmeier, major domus, ist ursprünglich der Vorsteher der Knechte, ihm untersteht das gesamte Hausgesinde. Der major domus des königlichen Hoflagers mußte eine angesehene Persönlichkeit sein, weil die Hausämter am Königshofe, die unter seiner Aufsicht standen, vielfach von vornehmen Leuten ausgeübt wurden. Ganz im Einklang mit dem Ursprung der Hausmeierstellung hatte nicht etwa der König allein, sondern auch die Königin, die Prinzen und Prinzessinnen einen Hausmeier für das Gesinde ihres Haushaltes. Gab es mehrere Teilkönige, so hatte jeder naturgemäß seinen eigenen Hausmeier für seinen Hofstaat, wir haben darum einen austrasischen, einen neustrischen und einen burgundischen Hausmeier.

Der königliche Hausmeier erscheint seit dem Ende des 7. Jh. als Vorsteher der trustis. Da aber die trustis die heranwachsende adelige Jugend umschloß, so kam es ganz von selbst, daß der königliche major domus der Vertrauensmann und das Haupt der Aristokratie wurde. So wird der major domus im Kampfe zwischen Aristokratie und Königtum unter Brunhilde zum Vertreter der Interessen der Aristokratie gegen das Königtum. Der Sieg der Aristokratie ist der Sieg des Majordomats über das Königtum; Chlotar II. muß im Jahne 613 die Unabsetzbarkeit dem Hausmeier Warnackar zugestehen.[1]) Wie aber der Hausmeier aufhört absetzbarer Beamter zu sein, hat das Königtum jeden Einfluß auf ihn verloren. Anfangs hatte der König den Hausmeier ernannt, dann hatte die Aristokratie durchgesetzt, daß sie bei der Ernennung des Hausmeiers ein entscheidendes Wort mitsprach; zuletzt aber erhebt sich der Hausmeier über die Aristokratie, die ihn erhoben hat, und die Hausmeierwürde wird erblich. Nach dem Siege des austrasischen Hausmeiers Pippin bei Tertri 687 über den neustrischen Hausmeier Berthar verbinden die Arnulfinger die Hausmeierwürde dauernd mit ihrem Hause, und zwar für alle drei Reiche.

Parallel mit dieser äußeren Entwicklung des Hausmeiertums geht die wachsende Bedeutung der Stellung des major domus. Noch mit der Aufsicht über die Königspfalz mag es zusammenhängen, daß er frühe Einfluß auf das Domänenwesen erhält, er spielt bei Krongutverleihungen eine Rolle und ist schließlich der Vorsteher der gesamten Domänenverwaltung (s. unten unter e). Am Hofe wird er zunächst der vornehmste Berater des Königs und Beisitzer im Königsgericht. Seitdem gewinnt er immer mehr Einfluß auf die Reichsverwaltung; seine Hausverwalterstelle gibt er ab an den Seneschalk, und dadurch wird seine Stellung ganz zum Reichsamt. Die Schwäche der letzten Merowinger legte die oberste Reichsverwaltung ganz in die Hand des Hausmeiers. Die Hausmeier heißen jetzt principes Francorum und subreguli, sie haben den Vorsitz im Hofgericht, sie setzen die Beamten ein und selbst den König. Ja schließlich regierten Karl Martell und seine Söhne als Hausmeier eine Zeitland ohne König. Ein äußeres Zeichen dieser nahezu königlichen Stellung war es, daß die Hausmeier Pippin und Karlmann in der Form der Königsurkunde urkundeten.[2])

Die Rechte, die das Königtum an die Hausmeier verlor, wurden ihm jedoch wieder eingebracht, als Pippin König wurde und damit die Hausmeierstellung aufhörte.

c) Der Kanzler und der Erzkanzler.

H. Bresslau, Handbuch der Urkundenlehre I² Kap. 7 S. 352ff. G. Waitz, Vfg. 2³, 2 S. 80ff.; 3², S. 511ff. und 6² 345f. (Seeliger). W. Erben, Urkundenlehre 41ff. (Below-Meinecke, Handbuch). R. Thommen in diesem Grundriß 2. Aufl. S. 44ff.

Unter den Merowingern haben wir noch keinen eigentlichen Leiter der Kanzlei anzunehmen. In die leitende Stellung teilen sich mehrere Referendare. Erst als unter

1) Fredegar IV c. 42.
2) Näheres darüber Brunner, Rg. 2, S. 108, Anm. 28.

den Karolingern die Kanzlei (s. u.) fest ausgebaut ist, hat sie auch einen ständigen Vorsteher.

Nachdem schon unter Pippin und Karl d. Gr. der Erzkaplan, der Leiter der Hofkapelle, in einer leitenden Stellung auch zur Kanzlei gestanden hatte, übernahm unter Ludwig d. D. der archicapellanus auch die Leitung der Kanzlei. Im Jahre 870 wird zum ersten Mal ein Erzbischof von Mainz zum Erzkaplan bestellt und damit die dreifache Personalunion in der Stellung des Erzkaplans, Erzkanzlers und Erzbischofs von Mains begründet, die seitdem mit wenigen Ausnahmen bestehen bleibt.

Seit das Vorsteheramt aber an so vornehme Herren gekommen war, die meist vom Hofe abwesend waren, hat ein anderer Kanzler die eigentliche Leitung der Kanzlei in Händen und während anfangs Kanzler überhaupt Kanzleibeamter bedeutet, heißt seitdem nur der wirkliche Leiter „Kanzler" oder Reichskanzler.

Dieser Kanzler wird einer der wichtigsten Beamten im Reich. Sein Einfluß auf die Gestaltung der vom Könige ausgehenden Schriftstücke gibt ihm zuzeiten Einfluß auf die königlichen Entschließungen selbst. Er ist oft der Berater des Königs und selbst zuweilen die Seele der königlichen Politik.

Der Erzkanzler hat jetzt nicht mehr mit den Kanzleigeschäften zu tun, seine Bezeichnung ist nur ein Ehrentitel. Aber unter Adolf von Nassau und seinen Nachfolgern, sowie unter Friedrich III. versuchten die Erzbischöfe von Mainz noch einmal Einfluß auf die Kanzlei zu gewinnen, indem sie die Ernennung des Reichskanzlers an sich brachten. Auch darin, daß im J. 1470 ein Erzbischof von Mainz die Gefälle der Reichskanzlei neben denen des Reichsgerichtes pachtete, zeigt sich wiederum eine größere Abhängigkeit der Kanzlei vom Mainzer Erzbischof.

Zu dem Erzkanzleramt des Erzbischofs von Mainz für das Reich trat 962 noch eine Erzkanzlerwürde für Italien, die anfangs von italienischen Bischöfen, dann vorübergehend von Mainz und Bamberg und von 1031 an vom Erzbischof von Köln getragen wurde.[1])

Ein drittes Erzkanzleramt hat Heinrich III. für Burgund errichtet. Auch dieses finden wir anfangs in Händen von einheimischen, burgundischen, Bischöfen; es begegnen uns anfangs der Erzbischof von Besançon, dann die Erzbischöfe von Vienne in seinem Besitz. Seit 1308 sind die Trierer Erzbischöfe als Erzkanzler für Burgund (bzw. Arelat und Gallien) anerkannt.

d) Der Pfalzgraf.

Alfr. Pernice, De comitibus palatii commentatio. 1863. Th. Sickel, Acta regum et imperatorum Karolingorum, I, S. 366f. 1867. H. Brunner, Das Gerichtszeugnis der fränkischen Königsurkunde in Festgaben für Heffter. 1873. Barchewitz, Das Königsgericht zur Zeit der Merowinger und Karolinger. Ficker, Forschungen zur Reichs- und Rechtsgeschichte Italiens, 1. 1868. S. 312ff. Waitz, Vfg. 2, S. 76f., 191; 3, S. 510; 4, S. 485f. Brunner, Rg. 2, S. 108f.

Der comes palatii war in der Merowingerzeit ein Hofbeamter, der insbesondere beim Königsgericht Verwendung fand; er ist Beisitzer des königlichen Hofgerichts. Daneben aber konnte er wie alle Hofbeamte mit beliebigen anderen Aufträgen des Königs betraut werden. In den Placita des Königsgerichts findet sich die Formel in quantum comes palatii nostri testimoniavit; daraus geht hervor, daß der Pfalzgraf die Verantwortung trug für den Inhalt der Gerichtsurkunden, während ein Beamter der Kanzlei, ein Referendar, die Urkunden rekognoszierte. Das Zeugnis des Pfalzgrafen verbürgte den richtigen Hergang bei der Gerichtsverhandlung und das Ergebnis dieser Verhandlung.

Der Pfalzgraf hat in Abwesenheit des Königs als dessen Vertreter selbständig den Vorsitz im Königsgericht geführt. Daraus entwickelt sich in der Karolingerzeit neben dem Königsgericht ein besonderes Pfalzgrafengericht. Die Gerichtsurkunden

---

1) Nur im Anfang des 12. Jh. gab es nochmals Schwankungen: 1110—1111 ist Adalbert v. Mainz, 1117—1118 Gerhard v. Trient, 1133 Norbert v. Magdeburg, 1137 Heinrich v. Regensburg als Erzkanzler für Italien tätig.

werden jetzt nicht mehr von der Kanzlei geschrieben, sondern unter dem Pfalzgrafen entsteht eine Gerichtsschreiberei; pfalzgräfliche Notare schreiben jetzt die Placita. Der König reservierte sich für sein Gericht, in dem der Pfalzgraf nach wie vor Beisitzer blieb, die Streitsachen der Großen des Reiches und die Fälle, in denen das Volksrecht nicht ausreichte. Alle anderen Fragen, die an das Hofgericht herantraten, wurden dem Gericht des Pfalzgrafen überlassen. Der Pfalzgraf wird dadurch allmählich zu einer Zwischeninstanz zwischen Untertanen und König. Gesuche und Anträge der Untertanen an den König gehen durch seine Hand; er ist der Vermittler zwischen Volk und König. Seine unter den Karolingern auf diese Weise gehobene Stellung verschafft ihm ehrenvolle Aufträge, er wird als Gesandter, ja sogar als Heerführer verwandt.

Gab es schon zur Merowingerzeit zuweilen mehrere Pfalzgrafen, so ist dies auch in der Karolingerzeit der Fall. Insbesondere haben die karolingischen Könige Italiens einen eigenen Pfalzgrafen gehabt.

e) Die Domänenverwaltung.

E. Hermann, Hausmeieramt: Anhang 2 über die fränkischen domestici. S. 103f. Fahlbeck, Royauté etc. Annex V: Le domesticus. Waitz, Vfg. 2, S. 45; 4, S. 141. Brunner, Rg. 2, S. 117f. A. Dopsch, Die Wirtschaftsentwicklung der Karolingerzeit 1912.

In der Merowingerzeit finden wir am Königshofe einen obersten Verwalter der Domänen, den Hofdomestikus. Der Ausdruck domesticus bedeutete ursprünglich Hofbeamter im allgemeinen, der Begriff verengert sich dann zum Amtstitel des Domänenvorstehers. Er hatte den Rang eines comes und ist wohl dem römischen comes rerum privatarum nachgebildet. Der Hofdomestikus scheint einen Amtssprengel, etwa das zu einer Residenzpfalz gehörige Königsgut, direkt verwaltet zu haben, während er im übrigen den anderen provinzialen domestici übergeordnet ist. Als Hofbeamter wird der Oberdomestikus auch zu anderen Hofdiensten herangezogen, so daß wir ihn auch als einen Beisitzer im Königsgericht erwähnt finden.

Unter dem provinzialen domesticus, der dem Hofdomestikus unterstellt ist, versteht man den Domänenverwalter, der dem dux einer Provinz beigesellt ist zur Verwaltung der Domänen in dieser Provinz. Die einzelnen Gutskomplexe, fisci, werden von actores mit Hilfe ihnen unterstellter ministeriales bewirtschaftet. Zuweilen werden mehrere Güter zu einer decania vereinigt, deren Verwalter dann decanus heißt.

Unter den Karolingern ändert sich die Domänenverwaltung insofern, als der Hofdomestikus verschwindet und mit der Abschaffung der Dukate auch die provinzialen domestici fortfallen. Es beginnt jene Selbständigkeit der Lokalbeamten, die für das mittelalterliche Beamtenwesen überhaupt charakteristisch ist. Nur diejenigen Domänen, die für den Unterhalt des königlichen Hofes und für Hofhaltung zu sorgen hatten, und ihre Beamten waren straffer der königlichen Hofverwaltung unterstellt.[1]) Für sie wird wohl der Hausmeier an die Stelle des eingegangenen Hofdomestikus getreten sein. Im übrigen hatten über die anderen Domänen in letzter Instanz der König und die Königin selbst sich das Verfügungsrecht gewahrt. In ihrem Auftrage vermitteln Seneschalk und Schenk die einzelnen königlichen Anordnungen an die Domänen. Aber auch Seneschalk und Schenk haben keine selbständige Kompetenz für die Verwaltung der Domänen. Die einzigen zuständigen Kontrollbeamten für die im übrigen sich selbst überlassenen Provinzialdomänenbeamten waren die missi dominici. Sie kontrollieren deren Amtsführung, sie prüfen deren Rechnungs-

1) Hincmar, de ordine palatii in MG. Capitularia II, 525 c. 23. Vgl. dazu Dopsch a. a. O. S. 146.

führung, sie überwachen die Ablieferung der Einkünfte und schlichten und untersuchen vorkommende Streitfälle.

Ein solcher Domänenkomplex, vielfach Streubesitz, stand unter einem Domänenamtmann, der in Westfranzien iudex hieß, sonst aber meist als maior bezeichnet wird.

3. Die Gliederung des Staates und die Provinzialverwaltung.

Fustel de Coulanges, La Monarchie franque. S. 183ff. Eichhorn, Über die ursprüngliche Einrichtung der Provinzialverwaltung im fränkischen Reich. Z. f. geschichtl. Rechtswissenschaft. 8. Bd. (1835). Longnon, Géographie de la Gaule. 1878; Derselbe, Études sur les pagi de la Gaule, in Bibl. de l'école des hautes études. II. 11. fasc. G. Landau, Beschreibung der deutschen Gaue. 2 Bde. 1855. S. 57. Lipp, Das fränkische Grenzsystem unter Karl d. Gr. 1892, in Gierkes Untersuchungen. 41. Kiener, Verfassungsgeschichte der Provence 1900. S. 23ff., 80ff. K. Rübel, Die Franken. 1904. Waitz, Vfg. 2³, S. 384ff.; 3, S. 341ff. Brunner, Rg. 2, S. 141ff. Schröder, Rg.⁴ S. 119ff. 5. Aufl. S. 122ff. Amira, Recht², S. 71ff.

A. Die Verwaltungsbezirke.

Die Reichsteilungen der Merowinger haben in den Teilreichen große Verwaltungsbezirke geschaffen: Austrasien, Neustrien und Burgund. Selbst, wenn nur ein König das fränkische Gesamtreich regierte, verblieben getrennte Verwaltungsdistrikte unter eigenem Hausmeier. Der Gegensatz des germanischen Ostens und des römischen Westens, der eine Zeitlang verwischt war, als der austrasische Hausmeier den neustrischen gestürzt und sein Gebiet an sich gerissen hatte, brach unter den Söhnen Ludwigs d. Fr. doch wieder durch und führte schließlich zur Bildung einer Francia orientalis, ostfränkisches Reich, neben der Francia occidentalis, dem Westreich. Eine Zeitlang schob sich Lothars Reich, Lotharingen, wie ein Keil dazwischen. Es war jedoch ein künstliches Gebilde und konnte auf die Dauer die Selbständigkeit nicht bewahren; es wurde später in seinen Resten — Lothringen — bald von dem einen, bald von dem anderen der beiden Übrigbleibenden beansprucht und in Abhängigkeit gebracht.

Ähnliche große Verwaltungsbezirke waren die Unterkönigtümer, die zu verschiedenen Zeiten existierten und von Mitgliedern der Königsfamilie verwaltet wurden wie Italien, Aquitanien, Bayern, anknüpfend an geschichtliche Sonderentwicklungen.

Davon abgesehen gab es auch noch andere geschichtlich gewordene oder geographisch abgeschlossene Einheiten, die Dukate, auch Provinzen, provincia, ducatus, regnum[1]) genannt. Sie waren von ganz verschiedener Größe und teilten auch nicht etwa das ganze Reich auf. Solche Dukate waren Austrasien, Bretagne (Britannia), Waskonia (Land der Basken), Septimanien oder Gotien, Bayern, Alamannien, Elsaß, Churrhätien, Istrien, Thüringen, Ribuarien, der Dukat Hamaland der Chamaven. Dieser Verwaltungsbezirk des Dukats ist von den Karolingern abgeschafft worden.

Die eigentlichen, das ganze Reich wie mit einem Netze überspannenden Verwaltungsbezirke der fränkischen Zeit sind die *Grafschaften*. Als Gallien in Grafschaften eingeteilt wurde, wählte man als Grafschaftsbezirk die dort vorhandenen römischen civitates. Der römische Civitas-Bezirk wurde der Gau der Grafschaft, die Stadt war ihr Verwaltungszentrum und gab dem Grafschaftsgau deshalb auch vielfach den Namen z. B. Metzgau, Speyergau. Im rechtsrheinischen Germanien ist die Grafschaftseinteilung nicht mit einem Schlage eingeführt worden. Da, wo die Reste römischer Einrichtungen vorhanden waren, knüpfte man zum Teil ebenfalls an die civitates an und so entstehen auch dort Gaue mit Stadtnamen wie Wormsgau, Augustgau, Salzburggau, sonst nahm man den vorhandenen alten Völkerschaftsgau[2]), wo er noch bestand oder wo sich Name und Erinnerung an ihn erhalten hatte, und so erhielt man Bezirke mit Völkerschaftsnamen wie Hamaland (Chamaven), Linzgau (Alamanni Lentienses), Bardengau (Langobarden), pagus Batua (Battaver), pagus Hattuaria (Chattuarien), pagus Boroctra (Brukterer), pagus Engili (Angeln) u. a. In diesen Fällen blieb oft der frühere Völkerschaftsverband zusammen; wo vorher ein Gau der Völkerschaft war, wurde daraus ein Grafschaftsgau des neuen Gesamtstaates. Es konnte auch vorkommen, daß der Name des Gaues bestehen blieb, wenn auch die

1) Nicht zu verwechseln mit regnum = Reichsgut, z. B. das Aachener Reich.

2) Vgl. auch Grundriß, Reihe I, den Abschnitt von Kötzschke, S. 445; ferner Kretschmer, Hist. Geographie, S. 193ff., in v. Below-Meinecke, Handbuch.

früheren Bewohner ihr altes Völkerschaftsgebiet verlassen hatten. Ferner hat auch hier und da die Umgrenzung eines Grafschaftsgaues den alten Völkerschaftsgau durchschnitten, so daß die Grenzen beider sich nicht deckten. Auch die Grafschaften mit Namen nach den Himmelsrichtungen knüpfen zum Teil an die alten Gaue früherer Völkerschaften an wie im Elsaß die Grafschaften Nordgau und Sundgau, in Bayern Nordgau, Westergau und Sundergau, in Thüringen Westergau und Ostergau, im Mittelfrieslande Suthergo, Westergo und Ostergo. Gaue die nach Flußnamen, Gebirgen u. dgl. benannt wurden, haben ebenfalls alte natürliche Bezirke zur Grundlage.

Solche Gaue wurden nun im Gebiete des Frankenstammes und in ganz sicheren und friedlichen Reichsgebieten zu Verwaltungsbezirken von Grafschaften, d. h. sie wurden zum Gerichtsbezirk für einen Grafen eingerichtet. Der Begriff Gau ist demnach auch dann noch eigentlich ein geographischer[1]), es ist der Terrainbezirk der Grafschaft. Es ist eine begrifflich schiefe Ausdrucksweise, wenn man den Gau als eine politische Organisation bezeichnet, er gibt nur den Rahmen für die politische Organisation.

Da wo jedoch eine solche Beruhigung noch nicht eingetreten war, wie insbesondere in entlegenen Teilen und an der Grenze, da wurden zunächst militärische Präfekturen in diesen Gauen etabliert und zuweilen mit einer zurückliegenden Grafschaft verbunden. An der Grenze wurden in der Regel mehrere Gaue zu einem größeren Verwaltungsbezirk vereinigt. Nach dieser Übergangszeit wird auch hier der militärische Gouverneur, Präfekt, durch einen Grafen abgelöst und größere Grenzpräfekturen werden zu Markgrafschaften.

Diese Einrichtung der Grafschaften teils im Anschluß an gallorömische civitates, teils an deutsche Gaue, teils auch unter Durchschneidung alter Gaue hatte zur Folge, daß die Größe der einzelnen Grafschaften ganz verschiedenartig war. Deshalb begann man seit dem Ende des 8. Jhs. die allzu großen Grafschaften zu teilen.

Infolgedessen unterschied man oft bei ein und demselben alten Gaunamen einen pagus major und einen pagus minor.

Die neu eingerichteten fränkischen Grafschaften übernahmen als Unterbezirke die etwa schon vorhandenen Unterbezirke der Gaue; in Gallien standen dafür frühere römische Unterbezirke zur Verfügung, in Germanien die Siedelungsbezirke. Auf diese Weise sind die neuen Organisationen zu den alten Siedelungseinrichtungen in Beziehung gesetzt.

In Südgallien benutzte man als Unterbezirke die vorgefundenen vicariae; bei den Friesen ließ man die Delen bestehen, bei den Sachsen die Goe. Im gallischen Gebiet übernahmen die Franken auch die vorgefundene römische centena. Diese Zent, Zentene, war ein Bezirk, in dem jeder Eingesessene die Verpflichtung hatte, bei der Diebesverfolgung sich zu betätigen. Die Zentene selbst haftete für den Dieb in ihrer Mitte, und sie wurde dieser Haftungspflicht erst ledig, wenn sie nachweisen konnte, daß der Dieb in eine andere Zentene geflohen war. Diese Aufgabe der Zentenen erschließen wir aus dem Friedensgesetz Chlotars I. und Childeberts I.[2])

Bei der Ausbreitung der fränkischen Einrichtungen und Bezeichnungen nach dem Ostreich werden zunächst auch die Unterbezirke der Alamannen durch die lateinische Kanzleisprache des Königshofes und der Verordnungen als centenae bezeichnet worden sein, was das alamannische Volk wiederum volkstümlich übertrug als hundari.

Die herrschende Meinung sieht dagegen in der alamannischen hundari territoriale Hundertschaften, die auf eine ursprgl. zahlenmäßige Hundertschaft zurückgehen und urgermanisch seien. Die Grafschaften sollen regelmäßig Hundertschaften als Unterbezirke besessen haben.

---

1) S. o. S. 12f.

2) c. 9, 16, 17 Ausg. v. Boretius I S. 4ff. S. Rietschel, der pactus pro tenore pacis in Z. f. Rg. (Savigny-Stiftung) GA. Bd. 27, S. 265ff. tritt mit gewichtigen Gründen dafür ein, daß der pactus und die Dekrete von Childebert II. (575—595) und Chlotar II. (584—628) herstammen.

Kleinere politische Verwaltungsbezirke als die hundari oder die ihnen analogen Bezirke gab es zunächst nicht, abgesehen von Resten der römischen Stadtverwaltung in den romanischen Gegenden, wo die Selbstverwaltung und die eigene städtische Verwaltungseinheit nicht überall ganz unterdrückt wurden.

Andere Bezirke, die das fränkische Reich noch kennt, Bauerschaft, Dorfgemeinde sind wirtschaftlicher Natur und sind im Abschnitt Wirtschaftsgeschichte von KÖTZSCHKE behandelt.

B. Die Beamten.

R. SOHM, fränkische Reichs- und Gerichtsverfassung, 2. Abdruck 1912. THONISSEN, L'organisation iudiciaire . . . de la loi Salique. 2. éd. 1882. BEAUCHET, Histoire de l'organisation iudiciaire en France, epoque franque. 1886. PLATON, Le mallus ante theoda vel thunginum. 1889. H. BRUNNER, in Z. f. Rg. der Savigny-Stiftung. GA. 11, 206. KÖGEL, Der Sagibaro in Z. f. Deutsches Altertum. 1889. BRUNNER, Rg. 2, § 79, S. 149f. WAITZ, Vfg. 2^3 2. Abt. S. 1f.

Das fränkische Reich, insbesondere die Karolingerzeit, hat recht eigentlich erst den Beamtenstaat geschaffen. Der altgermanische Volksstaat hatte auch schon Beamten gekannt, Volksbeamten, aber ihre Zahl war gering und ihre Stellung eine andere. Man kann weder die Sippenältesten, die Ordnung in der Sippe hielten, Beamten der Sippe, noch die Volksweisen und Ältesten, die das Weistum in den Versammlungen fanden, Beamten des Volkes nennen. Die vorhandenen alten Volksbeamten waren in der Hauptsache nur Vollzieher des Volkswillens, die neuen staatlichen Beamten waren Beauftragte des Königs. Sie hatten eine Regierungsgewalt, wenn auch nur eine abgeleitete. Diese Regierungsgewalt war ebenfalls erst geschaffen und allmählich ausgebildet worden in der königlichen Banngewalt. Die trat zunächst nur ergänzend neben das Volksrecht, aber sie wurde doch die Basis zu einem Verordnungsrecht der Regierung und somit auch zu einer eigentlichen Regierungsgewalt der Beamten im Rahmen ihres Auftrags.

Das älteste Ämterwesen des fränkischen Reiches in der Zeit des Entstehungsprozesses und der ältesten Konsolidierung lernen wir am besten aus der Lex Salica kennen. Da erscheinen zunächst einige Beamte der Übergangszeit, die später nicht mehr vorkommen: der thunginus und der sacebaro, ferner der praefectus.

1. Der thunginus.

Er ist ein Volksbeamter, denn er hat nicht das dreifache Wergeld des Königsbeamten. Er ist ein richterlicher Beamter, der den mallus ankündigt, der ihn durch die üblichen Hegungsfragen einleitet und der den Vorsitz führt. Dies alles sind Funktionen, die früher dem princeps im Gau zustanden. Auch der thunginus scheint nicht Richter bloß einer Gerichtsstätte, sondern im ganzen Gau gewesen zu sein. Ein Unterschied ist nur der, daß jetzt beim gebotenen Ding nicht nur der thungin, sondern auch der Zentenar das Ding ansagen und den Vorsitz führen kann, während früher neben dem princeps niemand dieses Recht hatte. Das ist so zu erklären, daß in der Zeit der Neubildungen der Zentenar der neuen fränkischen Zentenen auf Kosten des Gaurichters an Bedeutung gewonnen hat. Er hat für den Bezirk der territorialen Zentenen den Gaurichter unterstützt, indem er sein Beisitzer wird und in dem gebotenen Zwischengericht schließlich sein Vertreter und selbständiger Vorsitzender. Daß der thunginus den princeps ablöst, erklärt man sich folgendermaßen: Die Stellung des princeps als Gaufürst[1]), der Fürstenrat der principes in Beziehung zur Volksversammlung haben aufgehört mit dem Fortfallen der Volksversammlungen, mit dem Weiterwandern der Gauinsassen und Hineinschieben anderer Volksteile. Konstant blieben nur die Gerichtsstätten, den Göttern geheiligt, und konstant blieb auch das Bedürf-

1) S. o. S. 16f.

nis nach einem Richter für den Bezirk der Gerichtsstätte. Da mochte der eine oder andere princeps mit Resten des Volkes an der Gerichtsstätte zurückgeblieben sein, wenn er nicht mitsamt der Hauptmasse des Gauvolkes fortgezogen war; aber dann war er für die neue Bevölkerung nur Richter; mit der Zersprengung des Völkerschaftsgaues hatte das Gaufürstentum aufgehört. Wenn der alte princeps nicht mehr zur Richtstätte zurückgekehrt war, dann hatte sich das Volk an dem Malberg einen anderen Richter gewählt. Die alte Gerichtsstätte mußte ihren Richter haben, wenn auch die Gerichtsgemeinde durch die Verschiebung wechselte. Nun verstehen wir auch die Bezeichnung thunginus[1]); er hat seinen Namen von seiner Tätigkeit am thunk, donk = Hügel[2]), Gerichtsanhöhe, Malberg. Er hat nicht mehr alle Befugnisse des früheren princeps, er ist nur Hügelrichter.

Dieselben Funktionen des thunginus übernimmt später der Graf, als dieser Richter wird; deshalb verschwindet der thunginus mit der Durchführung der Grafschaftsverfassung. Wir haben also hinsichtlich des Gerichtswesens die Aufeinanderfolge von princeps, thungin, Graf.

2. Der sacebaro.

Es ist ein königlicher Beamter mit dreifachem Wergeld. Die Lex Salica bestimmt für ihn, daß nicht mehr als drei sacebarones gleichzeitig an einem mallus anwesend sein sollten. Daraus geht hervor, daß es kein Beamter war, dem ein fest abgegrenzter Amtsbezirk zugewiesen war. Und weiter kann man aus dieser Stelle schließen, daß es für seine Aufgabe und mithin für das königliche Interesse nicht dienlich war, wenn zu viel sacebarones an einem Orte auftraten. Wir dürfen im sacebaro wohl einen Beamten erblicken, den der König ausschickte, damit er die Durchführung königlicher Anordnungen überwache und Abgaben für den König in Empfang nehme. Er ist also ein kommissarischer Beamter zur Kontrollierung, ob die Rechte des Königtums überall gewahrt würden. Daraus erklärt sich, daß er uns gerade in der Übergangszeit, in der sich die königlichen Ansprüche erst bildeten und nur nach und nach zur Geltung gebracht werden konnten, entgegentritt. Sacebaro und Graf konkurrierten dann eine Zeitlang, insofern sie beide auf die Wahrung der königlichen Rechte zu achten hatten, und nachher machte der Graf den sacebaro überflüssig und so verschwindet er mit dem Vordringen des Grafschaftssystems.

Als Kontrollbeamter ist er im gewissen Sinne ein Vorläufer des missus dominicus.

3. Der praefectus.

An den Grenzen und in noch nicht beruhigten oder gefährdeten Bezirken und in neuerworbenem Gebiete wird oft ein praefectus erwähnt. Er ist ein militärischer Kommandant, der in erster Linie den Schutz dieser Gegend zu gewährleisten hatte.[3]) Solche Präfekturbezirke sind von ganz verschiedener Größe und von verschiedener

1) Die bisherigen nicht befriedigenden Erklärungsversuche siehe Brunner, Rg. 2. S. 149. Anm. 4.

2) Auf die Ableitung von thunc hat zuerst hingewiesen: v. Amira, Grundriß S. 73, thunginus = Abhalter des thunc, aber in der Bedeutung von thunc = placitum. Es muß hinzugefügt werden, daß gerade im fränkischen Sprachgebiet, das uns allein die Bezeichnung thungin überliefert hat, Ortsnamen mit thunc oder donk gebildet, sehr häufig sind, so in Südholland, Brabant, Limburg und am Niederrhein. Vgl. Gallée, Nomina geographica Neerlandica. 1893. Jellinghaus, Die westfälischen Ortsnamen nach ihren Grundwörtern. 1896. I. Leithaeuser, Bergische Ortsnamen. 1901. S. 21 f.

3) C. Rübel will in seinem Buche „die Franken" in den Präfekten Markscheider sehen; die praefectura soll mit der Markensetzung und Ausscheidung des Königsgutes ihr Ende erreicht haben (S. 302). Vgl. dagegen meinen Aufsatz über die Präfektur im HJb. 1906, S. 253 ff. Selbstverständlich wurde ein Präfekt, wenn in seinem oder dem Nachbargebiete große Gutskomplexe ausgeschieden und etwa einem Kloster zugesprochen wurden, wie in der vesticio von Fulda, als Zeuge zugezogen, ebenso wie die daselbst amtierenden presbyteri. Nur das kann man aus den Worten der vesticio vom 7. März 747: in vesticione ipsius loci affuere herauslesen, nicht, daß die drei genannten Präfekten die Markscheider waren (Rübel, S. 54).

Dauer. Der römische praefectus castrorum lieferte das Vorbild und ist in dem Kommandanten einer Befestigung, im castellanus und praefectus einer Burg wieder zu erkennen. Aber gerade an der Grenze sind es auch größere Bezirke, die ihm unterstellt sind. Solche Präfekturbezirke der Übergangszeit werden später oft Grafschaften und Markgrafschaften. Der Militärgouverneur wird, wenn die Beruhigung erfolgt ist, durch den Zivilgouverneur abgelöst.

Davon zu unterscheiden sind die praefecti auf früher römischem Boden, wie in der Provence. Hier ist die Präfektur die alte römische Gewalt des praefectus praetorio über die gallo-römische Bevölkerung, und da diese Römer vom Heere ausgeschlossen sind, so ist sie eine Zivilgewalt im Gegensatz zu der Militärgewalt z. B. der comites über die Goten[1]) und später der fränkischen comites. Diese Art der Präfektur hörte auf, als die Trennung zwischen Römern und Franken fortfiel und die Römer dem Heerbann unterstellt wurden.

Wenn wir von diesen Beamten der Übergangszeit absehen, finden wir in der fränkischen Zeit folgende Beamten der Provinzialverwaltung.

4. Der dux.

W. SICKEL, Das Wesen des Volksherzogtums. HZ. NF. S. 16, 407; Derselbe, GGA. vom 1. Juni 1888. S. 441. WITTMANN, Die Stellung der agilolfingischen Herzöge. Abh. der bayer. Ak. VIII, I. C. BORNHAK, Das Stammesherzogtum im fränkischen Reiche. In FDG. B. 23. WAITZ 3^2 S. 356f.

Die Bedeutung des dux hat sich in der fränkischen Periode dreimal geändert. Zunächst haben wir den merowingischen Amtsherzog, dann in der Zeit des Verfalls der merowingischen Zentralgewalt den Stammesherzog und schließlich unter Karl d. Gr. und seinen Nachfolgern den Titularherzog.

a) Die Merowinger haben da, wo die Landesverteidigung es nötig erscheinen ließ, einen dux aufgestellt, der König setzte ihn ein und ab nach Bedürfnis. Daß dabei hier und da noch in früher römischem Gebiete das alte römische Provinzialamt der duces wieder auflebte, ist wahrscheinlich.[2]) Jedenfalls war von den Merowingern nicht das ganze Reich in Dukate aufgeteilt worden; in kriegerischen Zeiten gab es mehr[3]) als in friedlichen, in gefährdeten Gegenden mehr als in ungefährdeten und auf altrömischem Boden wohl auch mehr als auf altgermanischem. Die erste und vornehmste Aufgabe dieses dux ist demnach die militärische und entsprach insofern derjenigen des altgermanischen dux. Der König war nicht verpflichtet, einen erledigten Dukat wieder zu besetzen. Der dux konnte mehrere Grafschaften unter sich haben, aber seine Stellung zu den unter ihm stehenden Grafen ist nicht ganz klar. Der dux hat nämlich auch Gerichtsbarkeit in seinem Bezirk und es scheint eine mit dem Grafengericht konkurrierende Gerichtsbarkeit gewesen zu sein, so daß das Grafengericht schweigen mußte, wenn der dux anwesend war. Aber der Graf wird nicht vom dux eingesetzt und erhält seinen Bann vom König; er ist also, obwohl dem dux unterstellt, ein „selbständiger Vertreter der Regierung". Jedenfalls ist der dux im Kriege der Oberbefehlshaber über die Grafen seines Dukats.

b) Als das merowingische Königtum Autorität und Macht verlor, gelang es einigen duces, ihre Stellung über die Beamtenqualität hinaus zu stärken zu selbständiger Macht. Das geschah besonders da, wo der dux über einen Volksstamm ge-

---

1) F. KIENER, Verfassungsgeschichte der Provence. S. 50.

2) F. DAHN erklärt so die ost- und westgotischen, die langobardischen und fränkischen duces in Gallien als Fortführung des römischen Provinzialamtes. Vgl. F. DAHN, Könige der Germanen. VII, 2, S. 155; Derselbe, Deutsche Geschichte, I, 2, S. 609, 611, 642.

3) Zehn duces kann König Dagobert gegen die Waskonier aufbieten, zwanzig sogar Childebert II. gegen die Langobarden. BRUNNER, Rg. 2, 155.

setzt war, der nach Unabhängigkeit strebte. Das war am meisten der Fall bei den deutschen Stämmen, und deshalb sehen wir auch dort besonders, daß die herzogliche Macht aus einem Amte zu einem Stammesherzogtum sich auswächst. In der romanischen Reichshälfte ist es nur das Herzogtum Aquitanien, das diese unabhängige Macht erlangt, die sich nur noch zur Tributpflichtigkeit bekennt.[1]) In den germanischen Teilen ist es zuerst der thüringische dux Radulf, der den König Sigebert II. 641 besiegte und seitdem nur noch die nominelle Oberhoheit des merowingischen Königtums duldet, im übrigen aber ein selbständiges Stammesherzogtum entfaltet, das in seinem Hause erblich wird. Damals wird auch der bayerische dux, der an der Erhebung Radulfs teilgenommen hatte, unabhängiger, das Herzogtum wird erblich in der Familie der Agilolfinger. Ähnlich entsteht auch ein Stammesherzogtum in Schwaben und eines in Austrasien, nämlich das der Arnulfinger.

Die selbständige Stellung dieses Stammesdux gleicht sehr einem Unterkönigtum. Die Abhängigkeit von der Krone war bei dem rapiden Rückgang der merowingischen Königsmacht immer geringer geworden. Der Stammesherzog übt zuletzt in seinem Herzogtum die Rechte aus, die sonst der König besitzt. Er kann selbständig Krieg führen, er hat ein oberstes Hofgericht, er hält Stammesversammlungen ab mit dem Recht der Gesetzgebung, er hat Domänen und kann daraus Landschenkungen vornehmen, kurz er ist in die meisten königlichen Rechte eingetreten.

c) Das arnulfingische Herzogtum in Austrasien fand sein Ende, als die Arnulfinger eine neue Zentralgewalt gründeten und ihr Herzogtum dem neuen Königtum einbrachten. Unter Karl Martell gingen das thüringische und alamannische Herzogtum unter; das aquitanische Herzogtum wurde 768 nach wiederholten Angriffen niedergeworfen und das bayerische 788 durch Karl d. Gr. mit der Absetzung Tassilos III. aufgehoben. Wenn seitdem unter den Karolingern noch duces vorkommen, so sind es nur Titularherzöge. Befehlshaber des Heeres führen diesen Titel, und erzählende Schriftsteller legen ihn besonders ausgezeichneten Markgrafen bei.

5. Der Patricius.

R. Weyl, Bemerkungen über das fränkische Patrizieramt. Z. f. Rg. der Savigny-Stiftung. GA. 17. F. Kiener, Verfassungsgesch. der Provence. 1900. S. 52f. und Beilage 3 u. 4.

Ähnlich der Stellung des merowingischen Amtsherzogs ist die des patricius, der in Südgallien, in der Provence vorkommt. Er unterscheidet sich von dem dux nur dadurch, daß unter ihm keine comites stehen, die ihre Bannleihe vom König haben, sondern vicedomini, wahrscheinlich für jeden Gau einer, die der patricius ernennt und die seine Beamten sind. Die Regierungsgewalt ist also straffer und einheitlicher in der Hand des patricius und seiner Untergebenen konzentriert als beim Herzogtum.

Die Bezeichnung patricius ist ein Ehrentitel, der in der Römerzeit höheren Beamten verliehen werden konnte. So hat der praefectus praetorio Galliarum diesen Titel geführt, und als nun bei Verschmelzung der Römer mit den Franken die Präfektur für die römischen Untertanen überflüssig wurde, da hat der neue fränkische Statthalter die Bezeichnung patricius als Amtstitel behalten. Die Residenz dieses Statthalters der Provence war Arles, später Marseille; in der Zeit, in der die Provence politisch geteilt war in die provincia Arelatensis und provincia Massiliensis gab es zwei patricii, einen in Arles und einen in Marseille.

Noch in einem anderen Falle scheint sich der römische Ehrentitel des patricius in einen merowingischen Amtstitel verwandelt zu haben, nämlich in Burgund. Hier ist er vielleicht eine Bezeichnung für ein militärisches Kommando ganz nach Art des merowingischen dux. Dieser patricius Burgundiae scheint aber doch nicht bloß ein

1) Perroud, Les origines du duché d'Aquitaine. 1882.

Titel für einen Herzog gewesen zu sein, sondern anderen Charakter gehabt zu haben. Es ist vermutet worden, daß es „eine Fortbildung der römischen Heermeisterwürde der altburgundischen Könige sein könnte, die sich magistri militum und patricii der Imperatoren nennen durften“.[1])

6. Der Graf.

ALFR. PERNICE, Artikel: Graf in Ersch u. Gruber Encyklopädie IV, 412 f. K. F. v. SAVIGNY, Gesch. des röm. Rechts I, 267 f. R. SOHM, Reichs- und Gerichtsverfassung I, 74, 146 f. BEAUCHET, Histoire de l'organisation judicaire en France 1886. S. 9, 160 f. FUSTEL DE COULANGES, Monarchie franque. S. 196. WAITZ, Vfg. 2, S. 21 f. 3, S. 378 f. SCHRÖDER, Rg.[4] 128 f. 5. Aufl. 130. BRUNNER, Rg. 2, 161. — *Markgrafen:* WAITZ, Vfg. 3[2]. 369 f. — *Vicecomes:* WAITZ, Vfg. 3[2]. 376 f. 7, 34. EICHHORN, Z. f. Rechtswissenschaft, 8, 315.

Der lateinische Ausdruck comes, der den Einrichtungen des römischen Reiches entnommen ist und daran erinnerte in Bezeichnungen der fränkischen Zeit, wie comes stabuli (connétable) und comes palatii, hat ursprünglich eine andere Bedeutung als der germanische Ausdruck grafio[2]), der Befehlshaber bedeutete; später aber sind beide Bezeichnungen einander gleichbedeutend.

Der comes, ein Offizier, war schon nach römischem Recht nicht nur Anführer sondern auch Richter seiner Soldaten. Die ostgotische Herrschaft in der Provence ging insofern einen Schritt weiter, als sie den gotischen comes nicht nur über seine Goten (die Soldaten) sondern auch in Prozessen zwischen Goten und Römern entscheiden ließ.[3]) Die ausgehende Römerzeit kannte schon einen comes civitatis, der militärischer Befehlshaber eines Civitas-Bezirkes war, und die richterlichen Befugnisse eines Provinzialstatthalters hatte.[4]) An diesen knüpfte die Einrichtung des fränkischen comes in Gallien an. Nun aber sehen wir zu gleicher Zeit noch germanische Grafen, die nicht Richter sind, die mehr als militärische Befehlshaber auftreten, während der thunginus noch der Richter ist. Diese Grafionen führen also zunächst nicht die lateinische Bezeichnung comites, weil der Begriff des comes sich nicht damit deckte, sie entsprachen eher der Benennung praefecti. Wir haben demnach eine Zeitlang zwei verschiedenartige Beamte nebeneinander, den römischen comes und den deutschen Grafen. Der comes stand in dieser Zeit dem Rang nach höher als der Graf. Nun erhielt aber der deutsche Graf Befugnisse des gallischen comes, besonders die richterlichen, und indem er so allmählich den thunginus überflüssig macht und dessen richterlichen Funktionen übernimmt, wurden Amt und Namen des grafio und des comes einheitlich.

Das Grafenamt in seiner fertigen Ausbildung zeigt uns seinen Träger vor allem als einen richterlichen und militärischen Beamten.

Der Graf ist der ordentliche Richter im Gau, er gebietet im Gau unter Grafenbann; er ist Vorsitzender des echten Dings, er sorgt für Vollstreckung des Urteils. Die Strafen sind nicht in das Ermessen des Grafen gestellt, sondern sie sind bestimmt durch das Stammesrecht. Der König gibt dem Grafen aber für bestimmte Fälle das Recht unter Königsbann zu gebieten, wodurch die erhöhte Bannbuße von 60 Schillingen eintritt. Die sächsischen Grafen haben schon in der Capitulatio de partibus Saxoniae dieses Recht für alle causae majores erhalten.[5])

---

1) KIENER a. a. O. S. 270.

2) Von got. grêfja (von gagrêfts Befehl). SCHRÖDER, Rg.[4] S. 127, Anm. 10. 5. Aufl. S. 130 Anm. 10. Dagegen denken H. BRUNNER, Rg. 2, S. 161 und HEUSLER, Vfg. 46 an garôfjo, garêfjo = Führer des rôf-numerus.

3) KIENER, Verfassungsgeschichte der Provence. S. 16. Um 460 sind in Trier und Marseille comites civitatis nachweisbar.

4) Vgl. über den römischen comes civitatis W. SICKEL, Gött. Gel. Anz. 1886. S. 569 f. Westd. Zeitschrift 9, 252.

5) Cap. 31, MG. Leg. Sectio II Capitularia I 70.

Als militärischer Beamter leitete er im Auftrag des Königs die für einen Kriegszug auf seinen Gau entfallene Aushebung der Heerespflichtigen und war gleichzeitig ihr Befehlshaber. Er zog die verwirkten Heerbannbußen ein, und bestimmte in der Karolingerzeit die Beisteuer zum Heer für den Dispens von der Heerfahrt.

Der Graf führte die Polizeiaufsicht und sorgte für Ruhe und Ordnung. Er mußte den Gauinsassen, wenn der König nicht selbst kam, den Untertaneneid abnehmen; oder wenn der König dazu einen besonderen Kommissar im königlichen missus schickte, so mußte der Graf die Gauleute, die noch nicht Treue geschworen hatten, einberufen. Er mußte Verbrecher verfolgen und darauf sehen, daß die Acht vollzogen wurde. Er hatte die Verkehrspolizei; er mußte darauf achten, daß Brücken und Wege durch Fronarbeit im Stande gehalten wurden und er mußte wachen über die Aufrechterhaltung von Verkehrs- und Marktabgaben. Er mußte die Kirchen beschützen und überhaupt denjenigen, denen der König Schutz gewährte, diesen Schutz leisten.

Als finanzieller Beamter trieb er die etwaigen Abgaben und Steuern ein, empfing die Bannbußen und die Friedensgelder.

Als Amtsgehalt behielt er einen Teil dieser fiskalischen Einkünfte seiner Grafschaft, das übrige lieferte er dem königlichen Schatz ab. Ihm stand zu ein Drittel der Bannbußen und der Friedensgelder. Außerdem wurde ihm aus dem königlichen Besitz ein Amtsgut zur Nutzung überwiesen. Im übrigen hatte der Graf das Recht, auf Dienstreisen Herberge und Beförderung zu verlangen.

Der Graf war geschützt durch das dreifache Wergeld des königlichen Beamten. Der König setzte ihn ein und ab nach seinem Belieben. Anfangs ist er oft auf eine bestimmte Zeit ernannt und er ging ab „officio completo“.[1]) Es stand dem König frei zum Grafen zu ernennen, wen er wollte, und so wurden Franken, Romanen, Freie, Liten und selbst Unfreie zu Grafen ernannt. Der königliche Hofstaat wurde die Pflanzschule für die Grafen; der König entnahm sie aus seiner Umgebung ohne Rücksicht auf den Gau, dem sie vorstehen sollten. Doch schon Chlotar II. mußte 614[2]) der Aristokratie die Konzession machen, daß in Zukunft kein iudex (= Graf) de aliis provinciis aut regionibus ernannt würde. Es sollte dadurch den Bedrückungen seitens des Grafen vorgebeugt werden, man wollte sich an seinen Besitzungen gegen Mißbrauch schadlos halten. Da somit der König bei der Ernennung der Grafen auf die Grundbesitzer des betreffenden Gaues beschränkt wurde und er nicht mehr die Grafen von einer Grafschaft in die andere versetzten konnte, so begann bereits damals die Erblichkeit sich anzubahnen. Karl d. Gr. brach jedoch wieder mit dieser Bestimmung und wahrte sich das unumschränkte Einsetzungsrecht. Unter seinen schwächeren Nachfolgern aber gab die Krone wieder nach, worauf bald die Erblichkeit der Grafenwürde vom Vater auf den Sohn eintrat.

Von Karl d. Gr. war die Grafengewalt durch das Institut der missi dominici in Schranken gehalten worden. Nach seinem Tode wuchs sie noch bedeutend, da diese Kontrolle erlahmte, die Herzogsmacht über ihr fortgefallen und auch das Amtsgericht zu einem erblichen Lehen geworden ist. Der Zentenar wurde ein Unterbeamter des Grafen.

Ein durch Macht noch besonders ausgezeichneter Graf war der *Markgraf* comes marcae, marchio, marchisus u. a. Ihm untersteht ein größeres Gebiet an der Grenze; oft hat er an der Grenze eine Grafschaft und außerdem noch ein dem Feinde abgenommenes Vorland, die marca. Der ihm übertragene Grenzschutz bedeutet für ihn besonders weitgehende militärische Vollmachten.

---

1) Gregor v. Tours, Hist. francorum V, 36. 2) Chlotharii II ed. c. 12. MG. Cap. I, 22.

Eine Besonderheit Westfranziens und Italiens ist es, daß dort ein *vicecomes* auftritt. Der öffentliche Vertreter des patricius, des Statthalters, in der Provence hieß vicedominus[1]), und auch in Septimanien und der späteren spanischen Mark finden wir diesen vicedominus, im 9. Jh. auch in Italien. Er ist ein Vertreter des Grafen für die ganze Grafschaft und er wurde nötig da, wo mehrere Grafschaften in einer Hand vereinigt wurden. In Deutschland bürgerte sich dieses Amt nicht ein.

Das Grafenamt hat von allen fränkischen Einrichtungen die zäheste Dauer. Nicht nur, daß heute noch die Titel Graf, marquis (ital. marchese), vicomte, darauf zurückgehen; die Grafen gelangen vielfach in direktem Aufsteigen zum Fürstenrang, dann zum Besitz der Landeshoheit unter möglichster Ausschaltung des Königtums.

7. Die Hilfsbeamten des Grafen.

A. WEBER, Der Zentenar nach den karolingischen Kapitularien. Leipzig Diss. 1894. SOHM, Fränkische Reichs- und Gerichtsverfassung I, 213f. W. SICKEL, MIÖG. 4, 623f. WAITZ, Vfg. 2³. S. 391f. BRUNNER, Rg. 2, § 82, 83.

a) Der Zentenar.

Der centenarius kommt schon in der Lex Salica neben dem thungin als Richter im gebotenen Ding vor.[2]) Das Vorkommen eines centenarius setzt die Existenz einer centena voraus. Der Zentenar ist der Vorsteher der Zentene. Er ist Volksbeamter und wird vom Dingvolk gewählt. Vom Grafen ist er zunächst ganz unabhängig, denn er war eher da als der Graf der Grafschaft. Deshalb kann er auch nicht den Grafen im echten Ding, Grafengericht, vertreten.[3]) Aber wie der thungin statt des Zentenars den Vorsitz im gebotenen Ding übernehmen konnte, so konnte nach dem Verschwinden des thungin der Graf jederzeit anstelle des Zentenars im gebotenen Ding ebenfalls den Vorsitz einnehmen. Bei den Alamannen wird in diesem Falle der Zentenar Beisitzer. Dadurch kommt er unter den Grafen und wird im Laufe der Zeit aus einem Volksbeamten zu einem Unterbeamten des Grafen.

Aber auch dann noch erfolgt seine Ernennung comite *et populo*, also unter Mitwirkung des Volkes. Auch als gräflicher Beamter behält er seine leitende Stellung für den Bezirk der Zentene.

b) Der Vikar.

In den romanischen Reichsteilen begegnen wir als Unterbeamten des Grafen dem Vikar. Er wird vom Grafen ernannt, und zwar meist nur für einen Unterbezirk der Grafschaft. Dort tritt er uns besonders als Richter entgegen. In karolingischer Zeit ist die Einrichtung von Vikarien in Westfranzien so allgemein durchgeführt, daß jede Grafschaft in mehrere Vikarien eingeteilt ist. Seitdem ist die Stellung des Vikars in Westfranzien analog der Stellung des Zentenars in den germanischen Teilen.

Zentenar oder Vikar ist demnach Hilfsbeamter des Grafen für den Bereich einer Zentene beziehungsweise einer Vikarie; er hilft dem Grafen bei Aushebung der Heerespflichtigen, beim Eintreiben der Bannbußen, Friedensgelder und sonstiger Abgaben und Einkünfte, bei der Verfolgung von Verbrechern. Er unterstützt und entlastet den Grafen insbesondere im Gericht. Hält der Graf in der Vikarie Gericht ab, so ist der Vikar sein Beisitzer. Aber auch eine eigene Gerichtsbarkeit ist dem Vikar überlassen, nämlich über causae minores. Dabei läßt sich noch erkennen, daß in Westfranzien die gerichtliche Kompetenz des Volkes anfangs größer war, so z. B. Freiheitsprozesse und Grundbesitzstreitigkeiten einschloß, während später allgemein dem Grafen das Gericht über Leben und Tod, Freiheit und Grundbesitz vorbehalten ist.

---

1) W. SICKEL, Zur deutschen Verfassungsgesch. MIÖG. Ergbd. 3. S. 561f. Anm. 1. J. FICKER, Forsch. z. Reichs- u. Rechtsgesch. Italiens 2, 29f. § 225. KIENER a. a. O. S. 65f.

2) S. o. S. 51. Vgl. Lex Salica c. 46, ed. GEFFKEN p. 46f.

3) SCHRÖDER⁵, S. 171.

c) **Der Schultheiß.**

Er ist der Schuldenheischer, er treibt die Schuldigkeit ein, ist also ein Exekutivbeamter. Er erhebt die öffentlichen Gefälle und er vollstreckt Urteile. Nun aber gibt es nicht nur einen Schultheiß des Grafen, sondern bei jeder Art Obrigkeit kann sich das Bedürfnis nach einem solchen Vollzugsbeamten ergeben. Deshalb finden wir ganz verschiedenartige Schultheiße, z. B. auch herzogliche Schultheiße und Immunitätsschultheiße. Bei den Langobarden gab es feste Schultheißenbezirke, sculdasiae, als Unterabteilungen des Herzogtums.[1]) Bei der Einverleibung des Langobardenreiches in die fränkische Herrschaft wurden sie den fränkischen Unterbezirken, Vikarien oder Zentenen gleichgestellt, der langobardische Schultheiß wird dem Zentenar und dem Vikar gleich. Auch sonst wird in Deutschland im Laufe der Zeit, je mehr es dem Grafen gelingt, den Zentenar aus einem Volksbeamten zu einem von ihm abhängigen Beamten zu machen, der Unterschied zwischen Zentenar und Schultheiß verwischt. Unter den Karolingern ist diese Verschmelzung eingetreten: Zentenar, Vikar, Schultheiß und Tribun werden vielfach geradezu gleichbedeutende Bezeichnungen.

d) **Der Tribun.**

Der Titel Tribun kommt von dem gleichnamigen römischen Titel, der Offizier bedeutete. Auch der tribunus im fränkischen Reich kommt in der Bedeutung Offizier vor, als Befehlshaber einer Truppenabteilung. Daneben aber hat er in Friedenszeit einen Polizeioffizier bezeichnet. Als solcher befehligt er eine Polizeitruppe und hat die Aufsicht über die Gefängnisse. Auch hierin ist an das römische Vorbild angeknüpft, indem auch der römische Kerkermeister den Titel Tribun führte. In den westfränkischen Gebieten hat der Tribun die Vollstreckung des Todesurteils, was sich aus der Stellung des Kerkermeisters entwickelt haben mag.

Seine Stellung, über die noch manches unklar ist, war offenbar nicht überall genau die gleiche, so wird z. B. in alamannischen und rhätischen Gebieten tribunus und Schultheiß als gleichbedeutend erwähnt.

e) **Der missus comitis**

ist ein Bevollmächtigter des Grafen für den ganzen Gau. Es ist nicht nötig, daß dies ein ständiger Beamter ist; der Graf kann jeden seiner Beamten zu seinem missus ernennen, so daß dieser lokal eine bestimmte Beamtenqualität, etwa die des Schultheiß oder die des Zentenar haben kann, während er im Auftrag des Grafen als missus erweiterte Funktionen hat. Nach Wahlafried Strabo hat es aber auch besondere missi comites gegeben, die er mit den Chorbischöfen vergleicht, die etwa einem größeren Untergau vorstehen oder für die ganze Grafschaft bestellt sind, jedenfalls über den Zentenaren rangieren. Es hat aber nicht jeder Graf einen solchen missus gehabt.

8. Die missi dominici.

Dobbert, Über das Wesen und den Geschäftskreis der missi dominici. 1861. V. Krause, Geschichte des Instituts der m. d. 1890. Auch im MIÖG 11. J. Ficker, Forschungen zur Reichs- und Rechtsgesch. Italiens. 2, S. 1f., 118f. Waitz, Vfg. 2^3, S. 114f. H. Brunner, Rg. 2, § 85.

Unter missus dominicus oder missus regis (regalis, fiscalis) versteht man einen königlichen Machtboten, den der König mit besonderen Vollmachten ausstattet und durch dreifaches Wergeld schützt. Unter den Merowingern gab es nur außerordentliche Königsboten, missi ad hoc, die Vollmachten für einen Einzelfall erhielten oder bestimmte Aufträge zu erledigen hatten. Schon seit Karl Martell beginnen die missi dominici regelmäßiger verwandt zu werden, aber erst Karl d. Gr. schuf sogleich in seiner ersten Regierungszeit ihre Einrichtung um in eine großartige Organisation, die

1) Paulus Diakonus sagt von ihm aus: scultheizo rectorem loci dicunt. Tacian (Evangelien, althochdeutsche Übersetzung um 830) 108, 1 verwendet den Ausdruck scultheizo auch für einen wirtschaftlichen Beamten gleich dem Meier, villicus.

es ihm ermöglichte, in die ganze Reichsverwaltung einzugreifen und die Regierungszentrale beständig von allen Vorgängen im Reich unterrichtet zu halten. Er verwandte an Stelle der außerordentlichen missi ordentliche missi, die regelmäßig das Reich bereisten. Statt einer beschränkten Vollmacht für den Einzelfall stattete er sie mit allgemeiner Vollmacht und mit dem Königsbann aus. Er benutzte als missi nicht mehr minder angesehene Hofleute, sondern die angesehensten Beamten und Großen des Reichs, die er jedes Jahr neu auswählte. Wiederernennung war nicht ausgeschlossen und wurde besonders bei den geistlichen missi, den Erzbischöfen des betreffenden Distriktes, öfters angewandt. Schließlich teilte Karl das ganze Reich in Missatsprengel (missatica, legationes) und wies jedem Sprengel jährlich mehrere missi an. Meist waren es zwei, die zusammen reisten, ein Geistlicher (Erzbischof, Bischof oder Abt) und ein Laie (Graf oder königlicher Vasall). Die Zahl und der Umfang dieser Missatsprengel unter Karl ist nicht bekannt, unter Ludwig d. Fr. waren es zehn, die sich dem Umfang der Erzbistümer anlehnten.

Bei der Abreise vom Hofe wurden die missi schriftlich (capitula missorum) und mündlich instruiert über die besonderen Verhältnisse des ihnen angewiesenen Sprengels. In ihren Missatsprengeln sollten sie nach einer Verfügung Ludwigs I. Mitte Mai eine Versammlung abhalten, in der etwaige Mißbräuche zu ihrer Kenntnis gebracht werden konnten. Die weltlichen Beamten: Grafen, Zentenare und andere Unterbeamte, die Bischöfe und Äbte mußten in dieser Versammlung erscheinen und sich eventuell eine Untersuchung ihrer Amtsführung gefallen lassen. Den niederen Beamten gegenüber hatten die missi das Absetzungsrecht, gegen höhere Beamte führten sie nur die Voruntersuchung; die eigentliche Aburteilung dieser stand nur dem König zu. Man hatte diese Versammlungen zur Kontrolle der Verwaltung Landtage der Missatsprengel genannt, zum Unterschied von den Gerichtsversammlungen, zu denen die missi ebenfalls befugt waren.

Das Gericht der missi dominici trat ein vor allem bei Rechtsverweigerung und bei Justizverzögerung, sowie in den Fällen, in denen das ordentliche Gericht des Grafen nicht zuständig war. Es konnte sich in diesen Fällen zwar jeder an das Königsgericht werden, aber bei den schlechten Verkehrsverhältnissen war es dem geringen Manne geradezu unmöglich, an den Hof zu reisen und dort Beschwerde über Justizverweigerung oder Urteilsschelte einzulegen. So wäre er dem Druck des Grafen ganz ausgeliefert gewesen, wenn nicht das Gericht der missi dominici segensreich dazwischen eingeschoben worden wäre. Im übrigen konnten die missi in Konkurrenz mit dem Grafengerichte jede Streitsache vor ihr forum ziehen. Damit ihr Auftreten aber nicht dem Ansehen des ordentlichen Gerichtes schadete, sollten sie nur dort in die Gerichtspflege eingreifen, wo Mißstände sich zeigten und die ordentliche Rechtsprechung mangelhaft war; wo ein tüchtiger Richter existierte, da sollten sie nicht lange bleiben. Aus Rücksicht auf die Gerichtsbarkeit des Grafen hatte Karl d. Gr. ferner die Bestimmung getroffen, daß die missi nur an vier Monaten, Januar, April, Juli, Oktober Gerichtstage abhalten dürften, während die übrigen Monate für die Gerichtsversammlung der Grafen offen bleiben sollten. In jedem dieser vier Amtsmonate sollten sie an vier Dingstätten Gericht halten, so daß sie im ganzen sechzehnmal im Jahre Missatgericht abhielten.

Im übrigen sollten die missi auf alle Schäden der Verwaltung achten und Verbesserungsvorschläge machen. Sie sollten die Domänen kontrollieren, die Einnahmen prüfen, Witwen und Waisen verteidigen, die Kirchen schützen, dem Nachwuchs den Treueid abnehmen und die königlichen Erlasse der Bevölkerung kund tun.

Neben diesen ordentlichen missi gab es auch noch *außerordentliche* zu bestimmten Aufträgen, selbst als Führer von Truppenteilen. Außerordentliche missi sind auch die haribanatores, die bisweilen eigens entsandt werden, um Heerbannbuße einzutreiben.

Schon Ludwig I. verstand nicht das Institut der ordentlichen missi dominici in gleicher Weise zum Nutzen der Zentralverwaltung zu handhaben; so verlor es unter den späteren Karolingern seine Bedeutung. Während Karl d. Gr. darauf geachtet hatte, daß die missi in ihren Sprengeln landfremd waren, hat Ludwig I. den Großen die Konzession gemacht, nur Eingesessene des Missatsprengels zu missi zu ernennen; bei der Ernennung selbst war der König nicht mehr frei, sondern der Reichstag beteiligte sich daran. Es kam vielfach so weit, daß der missus in seinem Missatbezirk ständig wurde, ja in Italien hat Karl II. 876[1]) sogar generell eingeräumt, daß jeder Bischof in seinem Bistum die Missatgewalt haben sollte.

4. Die soziale Gliederung.

Wergeld: Gaupp, Über das Wergeld- u. Bußensystem der alten Lex Frisionum in G's. Abhandlungen. 1853. Ph. Heck, Ständeproblem, Wergelder und Münzrechnung der Karolingerzeit in VSchr. f. Sozial- u. Wirtschaftsg. 2. B. Hilliger, Der Schilling der Volksrechte u. das Wergeld. HVSchr. 1903. Vinogradoff, Wergeld und Stand. ZRG. der Savigny-Stiftung. NF. 23; Derselbe zur Wergeldfrage. VSchr. f. Soz.- u. Wirtschaftsg. 3. 1905.

Adel und Freie: H. Brunner, Nobiles und Gemeinfreie der karolingischen Volksrechte. ZRG. der Savigny-Stiftun 32. Ph. Heck, Altfriesische Gerichtsverfassung. S. 223—308; Derselbe, Die Gemeinfreien der karoling. Volksrechte. 1900. W. Wittich, Die Frage der Freibauern. ZRG. der Savigny-Stiftung. 35. H. Brunner, Ständerechtliche Probleme. ZRG. der Savigny-Stiftung. NF. 23. R. Schröder, Der altsächs. Volksadel. ZRG. NF. 24. Rhamm, Die Großhufen der Nordgermanen. 1905.

Liten und Liberti: Boos, Liten und Aldionen nach den Volksrechten. 1874. Fustel de Coulanges, L'alleu et le demaine rural. 273—360. Guérard, Polyptique de l'abbé Irminon I, 225 (ed. Longnon 32f.). Vinogradoff, Die Freilassung zu voller Unabhängigkeit in den deutschen Volksrechten. FDG. 16. Zeumer, Über die Beerbung der Freigelassenen. FDG. 26. H. Brunner, Die Freilassung durch Schatzwurf in d. Hist. Aufsätzen für G. Waitz. 1886. Tamassia, La manumissione „ante regem" (nozze Polacco-Luzzatto). 1902. M. Fournier, Essai sur les formes et les effets de l'affranchissement 1885; Derselbe, Les affranchissements du 5e au 13e siècle. Rev. hist. 22. J. Vormoor, Soziale Gliederung im Frankenreich 1907 (dazu die Kritik von Heldmann, HZ. Bd. 108. S. 326ff.).

Knechte: Jastrow, Über das Eigentum an u. von Sklaven nach den deutschen Volksrechten. FDG. 19; Derselbe, Die strafrechtliche Stellung der Sklaven bei Deutschen und Angelsachsen in Gierke, Untersuchungen, 2.

Das Wergeld. Der Gradmesser für die soziale Schätzung ist für uns das Wergeld. Durch das Wergeld unterscheiden sich sowohl die Nationen und Stämme, wie die einzelnen Stände. Das Wergeld ist demnach eine ziffernmäßige Abschätzung nach Nationen, Stämmen und Ständen. Indem es angibt, wie hoch der Wert des rechtlichen Schutzes für den einzelnen ist, zeigt es uns gleichzeitig die ganze Verschiedenheit in der Wertung der Persönlichkeit. Der Germane hat ein höheres Wergeld als der Römer. Bei den Germanen selbst ist der Freie ganz verschiedenartig gewertet, je nach dem Stamme, dem er angehört; das höchste Wergeld 200 solidi haben die Freien bei den Saliern, Ribuariern, Chamaven, Angeln, Warnen und Thüringern; 160 solidi betrug ihr Wergeld bei den Friesen, Sachsen, Bayern und Alamannen; 150 solidi jedoch ohne Einrechnung des Friedensgeldes, das bei den vorgenannten Völkern schon in der Wergeldsumme einbegriffen ist, wurde das Wergeld für den freien Burgunder, Langobarden und Westgoten geschätzt. Das Wergeld des Römers betrug 100 solidi.

A. Die Germanen.

Die Germanen des Frankenreiches waren durchaus nicht eine einheitliche Masse; die Stämme schieden sich scharf voneinander. Das kam zum Ausdruck nicht nur durch verschiedenes Wergeld, sondern auch durch verschiedenes Recht.

1) Karoli II Cap. Pap. v. J. 876. c. 12, MG. Capitularia Bd. II, S. 103.

Der allmähliche Prozeß der Assimilierung führt dann langsam zu einer Ausgleichung teils auf gewohnheitsrechtlichem Wege, teils auf dem Wege der Gesetzgebung. Schon bei der Auszeichnung der Volksrechte wurden Entlehnungen aus dem Nachbarrechte, ja aus dem römischen Rechte und den christlichen Satzungen vorgenommen. Noch mehr hat dann die Kapitularien-Gesetzgebung Karls d. Fr. in diesem Sinne gewirkt, indem sie dem fränkischen Recht das Übergewicht über die Stammesrechte gab. Der wichtigste Faktor zur einheitlichen Verschmelzung der Stämme ist schließlich in der allmählichen Durchführung fränkischer Einrichtungen zu suchen, insbesondere in der Ausbreitung des Grafschaftssystems, in der Wirksamkeit der missi dominici, in den Folgen des Königsschutzes und des Lehnswesens.

Karl d. Gr. hatte sich schon nach seiner Kaiserkrönung mit dem Plan getragen, die Verschiedenheit zwischen salischem und ribuarischem Volksrecht durch ein einheitliches fränkisches Recht auszugleichen. Unter Ludwig d. Fr. ist es die höhere Geistlichkeit, die die Einheitsidee vertrat; der Bischof Agobart von Lyon äußerte sich dahin, daß das fränkische Recht zum allgemeinen Reichsrecht erhoben werden möge.[1])

Anderseits hat das Ständewesen der fränkischen Zeit sich mit den römischen Ständebegriffen auseinander zu setzen. Die römische Ständegliederung ist nicht einfach durch die germanische beseitigt worden, sie ist mit der germanischen verbunden, sie ist in sie eingeglichen worden. Das Ständeproblem der fränkischen Zeit besteht daher großenteils in der Verarbeitung der römischen sozialen Elemente.

Dann kommt noch ein anderes hinzu. Die wirtschaftlichen Verhältnisse, die sich in der fränkischen Zeit herausstellen, haben auch die gesellschaftliche Ordnung stark beeinflußt. Es springt nicht mehr so sehr der Gegensatz von Freiheit und Unfreiheit in die Augen als vielmehr eine Vielgestaltigkeit von Beziehungen persönlicher und dinglicher Art. Dadurch wird das einfache soziale Bild der Vorzeit stark differenziert und verschoben. Wir sehen auf der einen Seite reich gewordene Grundherrn, die eine Menge abhängiger Leute unter sich haben; sie heben sich ab von den gewöhnlichen Freien. Wir sehen Freie in Abhängigkeit und Zinsverhältnis zu ihren früheren Standesgenossen treten. Und anderseits ist ein ganz bedeutsamer Einschlag in den ständischen Verhältnissen entstanden durch die Freilassungen, die sehr zahlreich werden und die im sozialen Bilde der Frankenzeit eine Hauptrolle spielen.

a) Der Adel.

Nach Beendigung der Stammesbildung sind die Ergebnisse des Wandelungsprozesses für den Adel bei den verschiedenen Stämmen verschieden. Am höchsten über die Gemeinfreien erhob sich der Adel bei den Sachsen. Ehen zwischen Adeligen und Freien waren hier verboten, und der sächsische Adel hatte das sechsfache Wergeld der Freien, während der thüringische Adel das dreifache, der langobardische und friesische Adel das zweifache Wergeld der Freien besaß. Bei den Alamannen und Burgundern finden wir zwei Adelsschichten vor, von denen wohl die höhere aus den Mitgliedern des Herzogsgeschlechtes bestand. Beide Adelsschichten unterschieden sich durch das Wergeld. Bei den Bayern sind uns neben dem Herzogsgeschlecht der Agilolfinger noch fünf Familien mit einem höheren Wergeld genannt: die Huosi, Drazza, Fagana, Hatrilinga und Anniona; sie werden als quasi primi post Agilolfinger bezeichnet. Wir haben in ihnen sozusagen eine Art mediatisierten Adel zu erkennen, der in der Zeit der Einwanderung und Stammbildung durch die Herzogsfamilie, der stirps regia, überflügelt wurde.

Je weniger noch fränkische Einrichtungen und fränkischer Königsdienst bei den einzelnen Stämmen eingedrungen sind, desto mehr hat der alte Geschlechtsadel dieser

1) Agobardi opera ed. Baluzius I 113f. adversus legem Gundobardi liber c. 14.

Stämme sein Ansehen beibehalten. So konnte Karl d. Gr. aus dem angesehenen sächsischen Adel Grafen ernennen. Je mehr aber die Eingliederung unter ein überragendes Königtum erfolgt ist, desto mehr verlor der alte Adel seine Ausnahmestellung, während der Dienst des Königs zu neuem Ansehen auszeichnet.

Deshalb ist auch bei den Franken selbst, Ribuariern sowohl wie Saliern, vom alten Geburtsadel wenig mehr zu spüren. Seine sozialen Vorrechte waren hier im Glanze des Königtums erblaßt. Dagegen kommt eine neue Aristokratie auf gerade durch die Auszeichnung seitens des Königs. Die vom König mit Großgrundbesitz, Kronschenkungen ausgestatteten und die zum Königsdienst als königliche Beamte herangezogenen Personen bildeten den neuen Adel, den Dienstadel. Dazu rechnete auch die bischöfliche Stellung. Die alten römischen Senatorengeschlechter konnten sich ihr Ansehen nur wahren, wenn sie ebenfalls in den Königsdienst eintraten. Ehe aber Erblichkeit eingetreten ist, war der Stand des neuen Adels nach unten nicht abgeschlossen, der König konnte, wenn er wollte, selbst Unfreie durch seine Gunst so auszeichnen, daß sie in den Dienstadel aufstiegen. Doch schon in der Merowingerzeit wurden wenigstens die höheren Reichsämter, wie das Herzogsamt erblich; es entstanden erbliche Herzogsgeschlechter, erbliche Hausmeierfamilien u. a. Zwar hat Karl d. Gr. wieder den erblichen Dukat zertrümmert, aber unter seinen Nachfolgern wurde selbst das Grafenamt erblich.

b) Die Freien.

Der Stand der Freien, franci, liberi, ingenui, hat eine doppelte Einbuße erlitten. Nach oben hin hat er viele zum Königsdienst und mithin zum Dienstadel abgegeben, nach unten hin bildete sich eine Klasse von Minderfreien. Zunächst haben die Franken die Römer, die einer Kopfsteuer unterstanden, nicht als vollfrei angesehen. Sodann galten diejenigen, die nicht persönlich zum Kriegsdienst und zu Gericht erschienen, als nicht im Besitze der Vollfreiheit.

Dagegen hat der Besitz von Leihegut die Freiheit an sich nicht gemindert. Der freie Hintersasse, der Zins zahlte, aber sonst von den Rechten und Pflichten seiner Freiheit Gebrauch machte, galt als vollfrei.

c) Die Halbfreien, Liten.

Halbfreie sind zunächst die von der Römerzeit in Gallien, Alamannien und Bayern noch vorhandenen Kolonen. In Bayern sind daneben Barschalke erwähnt, die eine gleiche Stellung hatten wie die Kolonen und zuweilen auch Kolonen genannt wurden. Etwas niedriger als die Kolonen standen in Bayern und bei den Langobarden die Aldien. Wir haben wohl in den Aldien die strenger gebundene germanische Form der Halbfreiheit zu erkennen; in den Kolonen und Barschalken dagegen die sich darüber schiebende Schicht der römischen Einwirkung. Bei den Saliern, Ribuariern, Chamaven, Friesen und Sachsen wurden die Halbfreien einheitlich Liten genannt; aber ihre Stellung war deshalb nicht einheitlich. Bei den Franken hatten sie ein Wergeld von 100 solidi, bei den Mittelfriesen zwei Drittel des Freienwergeldes, bei den Sachsen 80 solidi. Trotz dieses geringeren Wergeldes müssen die Liten bei den Sachsen, wo sie zahlreich vorhanden waren, in gewisser Wertschätzung gestanden haben, da sie dort auch heerpflichtig waren, während sie bei anderen Stämmen nur als bewaffnete Begleiter von ihrem Herrn mit in den Krieg genommen werden konnten. Wie der Franke den vollfreien Römer im Wergeld niedriger ansetzte als den freien Franken, so gab er auch dem römischen Kolonen, tributarius, homo tributalis, ein geringeres Wergeld als dem Liten.

Die fränkische Gesetzgebung suchte jedoch einerseits den Unterschied zwischen Liten und Aldien, anderseits zwischen Liten und Kolonen auszugleichen und billigte dem Kolonen ebenfalls ein Wergeld von 100 solidi zu.

d) Die Freigelassenen, Liberti.

Man unterschied eine Freilassung höherer und eine niederer Ordnung. Die Freilassung höheren Rechtes ist die Freilassung des Liten, so daß er ein freier Mann wurde; nur ausnahmsweise findet diese Freilassung auch bei Unfreien statt. Die Freilassung niederen Rechtes ist diejenige des Unfreien zum Stande des Liten oder zur besonderen Stellung des Libertus wie bei den Thüringern, wo der Freigelassene das halbe Wergeld des Freien hatte.

Die Kirche hat die Freilassung als ein verdienstliches Werk empfohlen und gefördert und hat den Freigelassenen sodann unter ihren Schutz gestellt. Schon Kaiser Konstantin hat die *kirchliche* Freilassung, bei der in der Kirche vor dem Bischof der Sklave durch Urkunde freigelassen wurde, gesetzlich anerkannt. Die germanischen Volksrechte[1]) übernahmen dies aus dem römischen und kirchlichen Gebrauch. Wir erfahren zuerst durch das Edikt Chlothars II. von 614, daß das Königtum hinsichtlich des Schutzrechtes über den Freigelassenen mit der Kirche in Konkurrenz trat. Das Edikt gestattete der Kirche den Schutz nur dann auszuüben, wenn dies in der Freilassungsurkunde ausdrücklich bestimmt worden war; gleichzeitig wurde ausgesprochen, daß der Freigelassene dem öffentlichen Gerichte unterstellt sei, aber der Bischof oder Propst an der Gerichtsverhandlung über einen Freigelassenen teilnehmen solle.

Des weiteren wurde dann durch ein königliches Gesetz, das schon in der Lex Ribuaria verwertet ist, eine weltliche Freilassung neben der kirchlichen eingeführt. Die *weltliche* Freilassung geschah per cartam manumissionis, manumissio per cartam. Die so Freigelassenen hießen cartularii; starben sie kinderlos, so fiel ihr Erbe und Wergeld dem Fiskus anheim. Dem cartularius konnte die Wahl des Schutzherrn freigestellt sein, er konnte auch bei der Freilassung einem Schutzherrn überwiesen werden. Wurden sie dem Schutz des Königs unterstellt, wie vor allem die früheren Königsknechte, so hießen sie homines regii. Die kirchlich Freigelassenen, die in der Kirche in eine tabula eingeschrieben wurden, hießen tabularii, sie blieben der Kirche zinspflichtig und gerichtspflichtig. Zum Unterschied zu den homines regii heißen sie auch homines ecclesiastici oder weil sie Wachs zinsen, auch W a c h s z i n s i g e, cerarii, cerocensuales.[2]) Wenn ein Königsknecht in der Kirche freigelassen wurde, hieß er homo regius tabularius. Auch der cartularius ließ sich immer häufiger dem Schutz der Kirche unterstellen, da er sich bei einem geringen Wachszins am günstigsten stand. Auf diese Weise ist die Zahl der Wachszinsigen rasch gestiegen. Man spricht geradezu von einer manumissio ceraria als einer besonderen Freilassungsart. War der Freigelassene keinem Schutzherrn unterstellt, so galt er als homo Romanus; als solcher konnte er Freizügigkeit erhalten, während sonst die Freigelassenen wie die Liten keine Freizügigkeit besaßen. Für die Freilassung wurde im allgemeinen ein Zins bezahlt. Die Bedingungen konnten also ganz verschieden sein und wurden durch die Freilassungsurkunde festgesetzt. Vielfach werden litus et libertus als gleichwertig angesehen, wobei die homines regii und homines ecclesiastici einen höheren Rang einnehmen. In der Karolingerzeit wurden die Unterschiede unter den verschiedenen Graden

1) Vgl. Lex Ribuaria 58, 1.

2) Die Wachszinsigen der Kirche setzen sich jedoch nicht allein aus Freigelassenen zusammen; schon in der Karolingerzeit haben wir Nachrichten, daß auch Freie sich zu Wachszins an eine Kirche verpflichteten.

der Freigelassenen mehr und mehr verwischt, und Freigelassene und Liten wurden ein und derselben Klasse beigezählt.

Verschieden davon ist die Freilassung *höherer* Ordnung, wodurch ein litus, ein colonus oder ein libertus zum ingenuus wurden und die volle Freiheit erlangen konnten. Es war dies die manumissio per denarium, durch Schatzwurf. Sie wurde vor dem König vorgenommen und bestand in einer symbolischen Handlung, indem der Lite dem bisherigen Herrn einen Denar als Zins anbot, den dieser ihm aus der Hand über den Kopf schlug, so daß er zu Boden fiel. Nachdem der Herr in dieser Weise auf den Kopfzins des Liten verzichtet hatte, befahl der König, daß er frei sei, worüber eine carta denarialis ausgestellt wurde. Diese Freilassung führte auch die Bezeichnung denariatio; der so Freigelassene hieß homo denarialis. Seit ungefähr der Mitte des 9. Jhs. ist in der Form insofern eine Änderung eingetreten, als der Herr den Freigelassenen dem König abtrat, der Freigelassene dann dem König den Denar anbot und nunmehr der König selbst den Schatzwurf vornahm.[1])

Von den Formen der Freilassung stammt die Freilassung per tabulam und per cartam aus dem römischen Gebrauch, die Freilassung per denarium hat neben dem römischen Element, daß sie in praesentia principis geschehen soll, auch einen germanischen Kern in dem symbolischen Vorgang des Schatzwurfes. Dieser germanische Akt mußte vielleicht deshalb hinzutreten, weil die römische Freilassung zur Freiheit im römischen Sinne befähigte; das war aber noch nicht die Vollfreiheit im germanischen Sinne. In spätrömischer Zeit war nämlich der freie civis Romanus frei vom Militärdienst, was nicht dem germanischen Begriff des freien Mannes entsprach. Ferner galt bei den Römern auch der colonus, der an der Scholle haftete und Zins bezahlte, als frei, während dies bei den Germanen etwa der Stellung eines Liten gleichkam. Deshalb mußte noch eine Ergänzung zur Vollfreiheit hinzutreten und dies geschah eben durch den der germanischen Anschauung entnommenen Schatzwurf.

e) Die Unfreien.

Die soziale Lage und die rechtliche Stellung der Unfreien ist eine bessere geworden im Vergleich zu der germanischen Vorzeit; der Einfluß von Christentum und Kirche kam ihnen sehr zustatten. In der Bewertung des Knechtes ist ein Fortschritt vom Sachenwert zum Personenwert angebahnt. Noch haben die Unfreien kein eigentliches Wergeld, aber die Taxierung ihres Wertes auf 12 solidi nähert sich dem Begriff des Wergeldes. Das Recht der Tötung des Knechtes verlor allmählich seine praktische Wirkung, zumal da die Kirche die willkürliche Tötung des Unfreien unter Exkommunikation stellte. Ebenfalls unter dem Einfluß der Kirche verbot der Staat den Verkauf des Knechtes außer Landes, damit ein christlicher Unfreier nicht unter die Heiden falle.

Ein Zeichen gehobener sozialer Stellung der Unfreien ist es, daß sich unter ihnen bereits Rangstufen ausbildeten. Den höchsten gesellschaftlichen Rang nahmen unter ihnen die Knechte des Königs ein, die pueri regis, die zu persönlichen Dienstleistungen des Königs herangezogen wurden. Sie konnten in die trustis aufgenommen werden, ja sie konnten ausnahmsweise die Stellung eines Grafen oder eines sacebaro erlangen. Sie wurden den Liten gleich geachtet; sie hatten ein Wergeld und zwar das Wergeld der Liten.

Eine andere Kategorie der Königsknechte wurde gebildet durch diejenigen, die auf den Domänen angesiedelt waren. Sie hießen servi fisci oder servi fiscales. Ihre Stellung näherte sich so sehr derjenigen der hörigen Kolonen, daß beide Klassen zusammen in karolingischer Zeit unter der Bezeichnung fiscalini vereinigt sind.

Nächst den Königsknechten waren die Unfreien der Kirche durch Vorrechte ausgezeichnet. Ihre Leistungen sind vielfach nicht mehr ungemessen, sondern fixiert. Sie sind wie die Königsknechte durch eine hohe Buße geschützt.

---

1) In Bayern trat der Herzog an Stelle des Königs und nahm persönlich die Freilassung zur Vollfreiheit vor. Die Chamaven kannten eine Freilassung zur Vollfreiheit per hantradam, die Langobarden eine solche per gairethink. BRUNNER, Rg. I², S. 367.

Im übrigen hoben sich aus der Masse der Knechte diejenigen, die der Herr dauernd auf einem Stück Land ansiedelte, die servi casati, auch nach dem mansus, den sie bebauen, servi mansuarii, mansionarii oder hobarii, Hufner, Hübner, Häuslinge genannt. Ihre Dienste und Abgaben an den Herrn waren fixiert. Der servus casatus galt bald als mit der Hufe verwachsen und konnte nicht mehr ohne die Hufe, die Hufe nicht mehr ohne ihn veräußert werden.

Ebenfalls die Stellung angesehener Unfreien haben diejenigen erlangt, die nur zu Dienstleistungen für die Person des Herrn da sind, die famuli, pueri oder vassi. Insofern als sie zu einem bestimmten Dienst verwandt wurden, hießen sie auch vassi ad ministerium oder ministeriales; besonders rechneten hierzu die Inhaber gewisser Hausämter, der Marschall für den Stall, der Schenk für den Keller, der Kämmerer für Hausgerät und Schatz, der Truchseß für die Tafel.

Am angesehensten war der maior oder Seneschalk, der Altknecht, der die Aufsicht führte. Am Königshofe sind diese Hausämter durch Freie und Vornehme ausgeübt worden, in privaten Haushaltungen aber durch Unfreie.

Schon in der Merowingerzeit begann man damit, Unfreie, Ministerialen, militärisch auszubilden und mit Waffen — aber nicht mit der Lanze — auszurüsten. Sie begleiteten den Herrn als Waffenknechte (exercitalis) auf Heerfahrt, Fehde und Jagd. Mit beginnender Ausbreitung des Reiterdienstes wurden sogar Ministerialen auf das Roß gehoben und mit dem Speer des freien Mannes ausgerüstet.

Die unterste Stufe der Unfreien bilden die in Haus und Hof zu allen Arbeiten und Diensten verwandten Haussklaven, die mancipia; sie konnten noch innerhalb des Reiches wie Sachen veräußert werden.

Die Zahl der Unfreien war im fränkischen Reiche nicht zurückgegangen. Es waren im Gegenteil bei der gallischen Eroberung und sonstigen Kriegen viele Gefangene zu Knechten gemacht worden. In Neustrien ferner gab es noch Sklavenhandel und Import fremder Sklaven. In der Karolingerzeit gaben zahlreich kleine verschuldete Bauern selbst ihre Freiheit auf, auch freiwillige Selbstverknechtung aus anderen Gründen kam noch vor, zuweilen in der Weise, daß die Verknechtung nur eine bestimmte Zeit dauerte. Im übrigen rekrutierten sich die Unfreien durch Geburt. Wer von Knechten abstammte, wurde wieder Knecht, dabei ist aber zu bemerken, daß wenn ein Freier eine Unfreie seines eigenen Besitzes heiratete, die Kinder frei wurden; heiratete er aber eine fremde Unfreie oder heiratete eine Freie einen Unfreien, so wurden die Kinder Knechte.

B. Die Römer.

In den Gebieten, die vor Chlodweg von den Franken in Besitz genommen waren also bis zur Somme, waren die Römer größtenteils verdrängt worden; in den Gegenden, die Chlodweg und seine Nachfolger eroberten, blieben jedoch die römischen Provinzialen in großer Menge erhalten. Nach Beendigung des Eroberungskrieges ließ man den Römern ihren Grundbesitz und ihr Recht. Der Frankenkönig wollte möglichst an die Stelle des letzten römischen patricius treten. Es sollte also nur ein Personenwechsel, kein Systemwechsel hier in Gallien vollzogen werden. Bei Streitigkeiten der Römer untereinander entschied, wie im burgundischen und westgotischen Reiche, das römische Recht, und es hielt sich auch im südlichen Gallien, wo die römische Bevölkerung am dichtesten saß, lange in Anwendung. Selbst Reste der römischen Staatseinrichtungen blieben für die Römer teilweise in Kraft, besonders hinsichtlich des römischen Steuerwesens und in den Nachwirkungen der römischen Munizipalverfassung. In den Römern gewann das fränkische Reich Untertanen, die an die Befehlsgewalt des Imperiums gewöhnt waren, was auf die Dauer auch auf die germanische

Bevölkerung einwirken mußte. Anfangs wurde der Römer aus senatorischem Geschlecht gleich geachtet dem freien Römer der Plebs. Das Wergeld beider betrug 100 solidi, aber durch Eintritt in den fränkischen Königsdienst und in die Stellungen der höheren Geistlichkeit stieg das Ansehen der senatorischen Abkömmlinge wieder.

C. Die Juden.

O. Stobbe, Die Juden in Deutschland während des MA. 1866. J. E. Scherer, Die Rechtsverhältnisse der Juden in den deutsch-österreichischen Ländern. 1901. Brunner, Rg. I^2, § 36.

Die Juden wurden zunächst von den Franken in derjenigen sozialen Stellung belassen, wie sie das römische Reich ihnen eingeräumt hatte. Sie waren schachernde Händler, die aber noch nicht den Großhandel an sich bringen konnten, solange dieser dem Abendlande durch die Syrer[1]) vermittelt wurde. Die Juden lebten wie zur Römerzeit nach eigenem Recht, jedoch waren sie in Kriminalfällen und in Streitigkeiten mit Christen dem Rechte des Stammes der Gegend, in der sie wohnten, unterworfen. Durch Judenschutzbriefe ließen sich einzelne Juden eximieren und dem Schutze des Königs unterstellen. Sie zahlten dafür eine Abgabe an die königliche Kammer. Ein besonderes Wergeld der Juden ist nicht zur Anerkennung gekommen.

5. Die Untertanenpflichten.

Die fidelitas, die man im Untertaneneid dem Könige schwur, begründete im allgemeinen die Untertänigkeit, ohne daß ausdrücklich die Erfüllung bestimmter Untertanenpflichten beeidet wurde. Bei der Krönung empfing der König von den anwesenden Großen den Huldigungseid, im übrigen nahmen ihn königliche missi für den König den Untertanen ab. Unter den letzten Merowingern fiel der Huldigungseid fort, weil es der Politik der Hausmeier nicht entsprach, die Untertanen für den Schattenkönig eidlich zu verpflichten. Erst Karl d. Gr. führte den Untertaneneid wieder ein, nicht etwa gleich zu Beginn seiner Regierung, sondern erst 789, und es folgte nach der Kaiserkrönung eine nochmalige Wiederholung des Eides im Jahre 802, dann 806 nach der beabsichtigten Reichsteilung und 812 (813?) nach dem Tod seiner Söhne Pippin und Karl. Die zahlreichen Teilungspläne und Reichsteilungen, die immer wieder neue Veranlassungen zur Eidabnahme wurden, schwächten die Bedeutung des Huldigungseides. Der Treueid wurde abgenommen von allen Freien vom 12. Lebensjahr an, sowie auch von Halbfreien und Unfreien, soweit sie Ämter oder Benefizien besaßen. Von Zeit zu Zeit wurde die inzwischen herangewachsene Jugend vereidigt. Die so beschworene Treue gab nun aber dem Königtume die Handhabe, jedes vermeintliche Abweichen von dieser Untertanentreue als Majestätsverletzung aufzufassen und zu ahnden. Die ideale Treue hatte deshalb zur Ergänzung ein System von Pflichten notwendig, deren Vernachlässigung den Tatbestand der Treuverletzung ergab. Die hauptsächlichsten dieser Untertanenpflichten sind die allgemeine Wehrpflicht, Dingpflicht, Polizeipflicht und öffentliche Abgabenpflicht.

1. Wehrpflicht und Heerwesen.

H. Brunner, Der Reiterdienst und die Anfänge des Lehnswesens in ZRG. der Savigny-Stiftung. GA. 8; Derselbe, Rechtsgeschichte. II, § 87. P. Roth, Benefizialwesen. S. 169f., 302f.; Derselbe, Feudalität. S. 232f., 313f. Waitz, Vfg. 2^3, 2, S. 205f.; 4^2, S. 531f. Baldamus, Das Heerwesen unter den späteren Karolingern. In Gierkes Untersuchungen 4, 1879. Prenzel, Beiträge zur Geschichte der Kriegsverfassung unter den Karolingern. I, 1887. Wippermann, Aufgebotsbrief an Abt Fulrad. Progr. Attendorn. 1886. Post, Das Fodrum. 1880. Boutaric, Institutions militaires de la France. 1863. v. Sybel, Königtum. S. 396f. Kaufmann, Deutsche Gesch. II, S. 212f. F. Dahn, Könige. 7, 2, S. 251f.; 8, 3, S. 212f. Arnold, Deutsche Gesch. 2, 2, S. 94f. Heusler, Vfg. S. 40f.

a) Das Heer.

Der Frankenstaat wurde gegründet durch das Volk in Waffen. Vor Chlodweg war es das gesamte Volk, das *Volksheer*, das die neuen Wohnsitze eroberte und besiedelte,

1) Vgl. Scheffer-Boichorst, Zur Geschichte der Syrer im Abendlande. MIÖG. Bd. 6.

Chlodweg selbst und seine Nachfolger haben nicht mehr alle Volksgenossen zu den Waffen rufen können, da das Reich zu groß wurde, aber die Heere, die sie aufstellten, kamen zustande auf der altgermanischen Grundlage der allgemeinen Wehrpflicht, nur mit dem Unterschiede, daß des Königs Ruf nicht an alle Stämme gleichmäßig erging. In der Zeit der fränkischen Eroberung, wo die Belohnung aus Königsgut lockte, brauchte der König vielfach gar nicht erst zu den Waffen zu rufen; da strömte ihm der kriegerische Nachwuchs zu, der unter dem König Kriegsdienste leisten wollte, um dann von ihm mit Land beschenkt zu werden. Daß dieses Volksheer noch nicht immer und unbedingt dem Befehle des Königs gehorchte[1]), sondern zuweilen der Volkswille sich gegen den Königswillen Geltung verschaffte und den König in der freien Verfügung über das Heer einschränkte, das ist schon berührt worden. Gregor von Tours erwähnt mehrere Fälle, wo der König sich dem Willen des Heeres fügen mußte. Den Feldzug konnte der König nicht einfach befehlen, er mußte vielmehr sein Heer dazu überreden, er mußte die Notwendigkeit begründen, das Heer begeistern und mit sich fortreißen. Das tat Chlodweg vor dem Westgotenkrieg, das tat Theuderich vor dem Krieg gegen die Thüringer. Das Heer konnte sogar den Rückzug verweigern und die Fortsetzung eines Krieges gegen die Absicht des Königs durchsetzen. Das taten die Truppen unter Chlothar I., als sie ihn zwangen, den Sachsenkrieg fortzusetzen. Als Theuderich im Burgunderkrieg neutral bleiben wollte, da konnte er die Kriegslust seines Heeres nur dadurch bändigen, daß er ihnen einen Krieg in die Auvergne versprach, der viel größere Beute verhieß. Selbst die Beute konnte der König nicht frei verteilen; das Heer teilte selbst. Und in der Freilassung der Kriegsgefangenen war der König nicht frei, denn auf das Lösegeld hatten die Truppen Anspruch. Die Offiziere hat noch nicht der König ernannt, sie wurden vielmehr vom Heere gewählt. Durch alle diese Momente kennzeichnet sich das merowingische Heer noch als eine Fortsetzung des alten Volksheeres. Es waren deshalb auch in der Hauptsache Fußtruppen. In der ersten Zeit des fränkischen Reiches werden es nur Salier und Ribuarier, also die wehrfähige Mannschaft aus dem austrasischen Gebiet gewesen sein, die in der Tat die allgemeine Wehrpflicht erfüllten. Erst mit dem Vordringen der fränkischen Einrichtungen ließ sich auch bei den anderen unterworfenen germanischen Stämmen wieder an deren allgemeine Wehrpflicht anknüpfen. In Gallien wird die allgemeine Wehrpflicht nach germanischer Art nicht sofort eingedrungen sein, hier wird zunächst das römische Militärsystem, wonach der Großgrundbesitzer seine Kolonen, die Stadt ihre Bürger als Soldaten zum Heer entsandten, auch dem fränkischen Könige Krieger, wenn er sie aus den dortigen Gegenden bedurfte, zugeführt haben.[2])

Soweit dieses Heer sich nicht nur aus dem Volksaufgebot einer bestimmten Gegend zusammensetzte[3]), sondern auch zahlreich zuströmende freiwillige Krieger enthielt, die auf Landschenkung und Ansiedelung hofften, benutzte sie der König zur militärischen Kolonisation, um die eroberten Länder auf diese Weise dauernd militärisch zu besetzen und gleichzeitig Stützpunkte für das Frankentum und die

1) Aber man darf auch umgekehrt nicht verallgemeinern und so weit gehen, daß man dem König nur ein Vorschlagsrecht zubilligt. Heusler, Vfg. S. 50.

2) So sind die von Gregor v. Tours erwähnten Bituricenses und Pictavienses als Heeresteile zu verstehen. Vgl. auch Schiller u. Voigt, Die römischen Staats-, Kriegs- und Privataltertümer. S. 720. Heusler, Vfg. S. 38.

3) Heusler, Vfg., S. 42f., läßt die merowingischen Könige ihre Kriege hauptsächlich mit einer trustis dominica führen. Unter trustis versteht er ein stehendes Heer von Freiwilligen. Er stützt sich, soviel ich sehe, nur auf ein Edikt Chlothars I. und Childeberts, der Söhne Chlodwegs. Indessen der fortdauernde Zufluß kriegstüchtiger Mannschaft schließt, da er immer unbestimmt ist, die Notwendigkeit eines auf allgemeiner Wehrpflicht beruhenden Volksaufgebotes nicht aus, besonders bei zahlreichem Feind.

fränkischen Einrichtungen zu erwerben. Vornehme und hervorragend tüchtige Männer bekamen große Ländereien, so daß sich allenthalben eine dem Frankentume zugetane Aristokratie mit Großgrundbesitz entwickelte. Nicht nur Franken, sondern auch einheimische Große, wie wir das besonders bei den Sachsen wissen, wurden auf diese Weise aus dem eroberten Gute mit einer königlichen curtis oder villa ausgestattet.[1]) Wenn dies planmäßig geschah, so konnte darauf Bedacht genommen werden, daß in jedem Bezirke jemand angesetzt wurde, der gleichzeitig der Befehlshaber der Truppen dieses Bezirkes werden wollte, es ist der garôfjo, der Graf.

Auch wurden zuweilen eine Anzahl Krieger zusammen angesiedelt, etwa eine Zeltgenossenschaft oder eine Zehntschaft unter einem decanus. Dabei erhielt jeder Krieger eine Hufe und so entstanden kleine *Militärkolonien.* Das Ansiedelungsgebiet hat ihnen der König dann hier und da aus dem Ödland herausschneiden lassen, oder er wählte dazu entvölkertes Land, durch Krieg frei gewordenes Gebiet. Es galt als Königsland und sie bezahlten dafür den Königszins. Vielfach hieß dieser Medem oder, wie in Churrhätien, geradezu fiscus. Außer zu Königszins waren diese Militärkolonien verpflichtet, jederzeit kriegsbereit zu sein und militärische Hilfe zu leisten.

Auch die Verpflanzung der Bewohner eroberter Gebiete in andere Gegenden des Reiches, wie später die Deportationen der Sachsen und die Einführung von Franken in die auf diese Weise entvölkerten Landstriche, geschah nach diesem System. Besonders in Alamannien, Thüringen, Bayern sind derartige fränkische Militäransiedelungen erfolgt, woran noch im Mittelalter die vielen fränkischen Namen der Fluren und Dörfer erinnerten und neben ihnen noch die Spuren und Nachweisungen von fränkischen Königshöfen für einzelne Große.

Diese Ansetzung von Großgrundbesitzern und von Militärkolonien geschah im Sinne der Landesverteidigung. Besonders Karl d. Gr. hat in den eroberten Gebieten eine sorgsame Befestigungspolitik getrieben. Er hat dabei vielfach gerade da, wo er ein feindliches Bollwerk gebrochen hatte, eine fränkische feste Hofstadt angelegt. Die „Wissenschaft vom Spaten" hat neuerdings vielfach neben einer altsächsischen Burg, am Fuße des Burgberges, oder in die germanische Feste hineingebaut, die fränkische Befestigung nachgewiesen.[2]) Die Reichshöfe, die Karl hier und da auf Königsgut anlegte, müssen wir uns als solche befestigte Höfe denken.

Der Charakter der Feldtruppen hatte seit Karl Martell und seinen Söhnen eine völlige Wandlung erfahren; an Stelle des Fußvolkes traten *Reiterheere.* Diese folgenreiche Reorganisation des Heerwesens hatte ihren Grund in den Einfällen der gut berittenen Araber in Südgallien. Man mußte ihnen eine starke Reitertruppe entgegenstellen, die Karl Martell und seine Söhne durch Inanspruchnahme des Kirchengutes zu begründen verstanden haben. Vom Südwesten drang dann diese Umwandlung des

---

1) Rübel, Reichshöfe im Lippe-, Ruhr- und Diemelgebiete und am Hellwege (Beitr. z. Gesch. Dortmunds u. d. Grafschaft Mark. H. 10). 1901; Derselbe, Die Dortmunder Reichsleute (ebd. H. 15). 1907; Derselbe, Die Franken, ihr Eroberungs- und Siedelungssystem im deutschen Volkslande. 1904. Die systematisch über das ganze Reich sich ausbreitende Markensetzung, die Rübel vertritt, kann ich nicht annehmen. Nur wo aus bisherigem Ödland ein Königsgut neu errichtet wurde, etwa zum Zwecke einer Dotierung, oder an der Grenze in ungemarktem Boden, da fand wohl eine genauere Grenzabmessung statt, als das früher der Fall war. Dabei kann es leicht sein, daß beide Arten der Grenzsetzung, die Rübel schildert, nebeneinander vorkamen, etwa die eine mehr an der Grenze, die andere mehr im Innenlande. Im übrigen aber, von solchen Fällen abgesehen, brauchte der König keine komplizierte Markscheiderarbeit vornehmen zu lassen vermittels duces als Generalkommissaren und praefecti als Spezialkommissaren, sondern er nahm als Königsgut die Güter der unterworfenen Stammesherzöge, die Höfe der getöteten und vertriebenen Gegner usw.

2) Rübel war schon in seinem Buche über die Reichshöfe auf der richtigen Spur. Inzwischen hat besonders Schuchhardt den Nachweis geliefert, zuerst bei seiner Untersuchung der curtis Schieder. Vgl. auch Schuchhardt, Atlas vorgeschichtlicher Befestigungen in Niedersachsen. Derselbe, Römisch-germanische Forschungen im nordwestlichen Deutschland im N. Jbb. f. d. klass. Altertum 5 und Hannoversche Gbll. 1899.

Kriegsdienstes in Reiterdienst nach dem Norden und zuletzt nach dem Osten. Gefördert wurde seine Ausbreitung durch die Kriege Karls d. Gr., die oft in weite Ferne gingen und raschere Beweglichkeit verlangten, als dies bei Fußtruppen möglich war. Da schon unter Pippin im Jahre 755 an die Stelle des Märzfeldes aus Rücksicht der leichteren Beschaffung des Futters das Maifeld getreten ist, so dürfen wir annehmen, daß schon damals die Ersetzung der Fußheere durch Reiterheere große Fortschritte gemacht hatte.

Das berittene Heer trug aber seinerseits zu einer weiteren Beschränkung des allgemeinen Kriegsdienstes bei, — ein bemerkenswerter Schritt zur späteren Feudalisierung des Heerwesens. Die allgemeine Wehrpflicht ist nicht ausdrücklich aufgehoben worden; rechtlich bestand sie somit weiter, aber praktisch wurde sie nicht mehr gehandhabt. Der Heerbann wurde jetzt maßgebend; nur dasjenige Aufgebot, das durch den Heerbann des Königs zu einem Feldzug besonders gebannt wurde, war kriegspflichtig. Die Belehrung, die Karl d. Gr. im Jahre 802 über den Inhalt des Untertaneneides bekanntgab, schärfte besonders die Pflicht ein, dem Heerbanne Folge zu leisten.

Für jeden Krieg bestimmte der König die Größe des *Aufgebots*. Maßgebend dafür war die Lage des Kriegsschauplatzes, indem die entfernter gelegenen Landesteile weniger als die näheren herangezogen wurden; ferner wurde die Aushebung bemessen nach der wirtschaftlichen Kraft oder umgekehrt nach Notlage der Untertanen, wobei auf die eigene Gefahr beunruhigter und gefährdeter Gebiete, auf Mißwachs und Verwüstung Rücksicht genommen wurde; und endlich die voraussichtliche Macht des Gegners, die eine größere oder geringere Aushebung bedingte.

Kriegsdienstfähig waren ursprünglich nur die freien Germanen; seit den Söhnen Chlodwegs auch die Römer. Da aber der unentgeltliche Kriegsdienst große Anforderungen an den Einzelnen stellte, weil er für Ausrüstung und den Unterhalt bis zur Reichsgrenze selbst aufkommen mußte, so ergab sich von selbst, daß ein gewisses Vermögensmaß sich als Grundlage der Heerespflicht geltend machte. Anfangs mag unter Kontrolle der königlichen Beamten die Auswahl der Dienstpflichtigen vorgenommen worden sein. Die Beamten, Graf, missus, beurteilten bei jedem Kriegsfall, ob der Einzelne für diesen Krieg wirtschaftlich und körperlich leistungsfähig war. Um der eventuellen Willkür der Beamten vorzubauen und eine bessere Norm wegen der öfteren und größeren Mobilmachungen für seine vielen Kriege zu erhalten, hat dann Karl d. Gr. einen Maßstab für die Aushebung festgesetzt durch Bestimmung des Vermögens, das als Grundlage für die Dienstpflicht angenommen werden sollte. Diese Vermögenseinheit sollte aber nicht für alle Kriege dieselbe sein, sondern sie sollte dem Bedürfnis angepaßt werden. Einmal 807 war es der Besitz von drei Hufen Landes oder entsprechend in beweglichem Vermögen 600 solidi, der zu persönlichem Kriegsdienst verpflichtete. Diejenigen, die weniger besaßen, sollten in einer Anzahl zusammentreten, bis sie dasselbe Vermögen repräsentierten, und sollten dann einen aus ihrer Mitte zum Kriegsdienst stellen und ausrüsten. Ein andermal wurde der Besitz eines Streitrosses als maßgebend für den persönlichen Kriegsdienst verlangt, diejenigen, die kein Kriegspferd hatten, sollten zu sechs zusammentreten und einen Reiter ausrüsten. Öfters wurde von den Minderbemittelten nur eine Beisteuer verlangt, deren Höhe der Graf festsetzen konnte. Es war also keine ein für allemal und für alle Fälle geltende Aushebungsordnung geschaffen, sondern eine variable Mobilmachungseinrichtung, deren einheitlicher Grundsatz der war, daß die Vermögenderen zu persönlichem Kriegsdienst, die Unvermögenden zu genossenschaftlichem Kriegsdienst oder später immer mehr zu einer Beisteuer, einem adjutorium, herangezogen wurden.

Unbemittelte Freie konnten kriegsdienstfähig gemacht werden, dadurch, daß der König oder ein Großer ihnen Grundbesitz in freien Leiheformen übertrug. Insbesondere die Übertragung großer Benefizien an solche, die ein Vasallenverhältnis eingingen, geschah vielfach mit der Absicht, diese Vasallen zum Reiterdienst kriegsfähig zu machen. Der Vasall wurde auf diese Weise Privatsoldat seines Herrn, des Seniors. Gleichzeitig wird er aber auch in den Kapitularien Karls d. Gr. und in den Aufgeboten, die den persönlichen Kriegsdienst vom Besitz eines Pferdes abhängig machen, zu denjenigen gezählt, die dem Reich zu persönlichem Heeresdienst verpflichtet waren. Es konnte also vorkommen, daß die Reichswehrpflicht mit der vasallischen Dienstpflicht in Widerspruch geriet.[1])

Das Aufgebot ging vom König aus, es wurde auf einer Reichsversammlung verkündet oder durch missi im Reiche bekanntgegeben. Es richtete sich an die königlichen Beamten, vornehmlich Herzöge und Grafen, aber auch schon an einzelne Große direkt. Die königlichen Beamten bannten die Wehrpflichtigen in ihren Bezirk, die Großen als Senioren bannten ihre freien Hintersassen. Die Senioren sorgten auch für Ausrüstung und Verpflegung ihrer Hintersassen, also auch der König hinsichtlich der Domänenvasallen. Fiskus und private Senioren sind daher auch berechtigt gewesen, eine Abgabe von ihren Hintersassen zu den Kriegszwecken zu erheben; war es eine Naturallieferung, so hieß sie meist hostilitium, auch carnaticum, war sie hier und da eine Geldabgabe, so wurde sie als heribannus bezeichnet.

Der König bestimmte den Oberfeldherrn und die höheren Befehlshaber, der Graf befehligte die ausgehobene Mannschaft des Grafschaftsgaues, unter ihm führte der Zentenar seine Bezirksmannschaft, der Dekan die Zehntschaft. Der Senior war der Führer seiner Leute; war das Kontingent, das er führte, sehr zahlreich, so führte er sie selbständig, Senioren kleinerer Kontingente führten die Ihrigen unter der Oberleitung des Grafen. Zog aber der Senior nicht selbst mit in den Krieg, so trat sein Aufgebot unter den Befehl des Grafen.

Für unberechtigtes Fernbleiben von der Heerfahrt war eine Heerbannbuße von 60 Schillingen zu zahlen; Graf und Senior hafteten mit derselben Buße für jeden, den sie unrechtmäßig von der Heerespflicht befreit hatten. Der Senior war überhaupt für das Verhalten seiner Leute verantwortlich und hatte deshalb zur Aufrechterhaltung der Ordnung über sie eine Disziplinargewalt gehabt.

Befreit vom Kriegsdienst waren die niederen Geistlichen; nur bei feindlichen Einfällen, wenn das Gesamtaufgebot des lantwêri erging, waren sie einbegriffen und mußten die allgemeine „Landfolge" leisten. Bei einem solchen feindlichen Einfall wurde „Landesgeschrei" erhoben, und darauf hin mußte jeder, der Waffen führen konnte, an der Verteidigung teilnehmen, das war Untertanenpflicht. Auch die Beteiligung am Burgwerk, nämlich am Befestigungsbau und an Arbeiten zur Unterhaltung der Burg, war allgemeine Pflicht. Aber in Wirklichkeit wurde nur insofern davon Gebrauch gemacht, daß durch Burgbann die Anwohner besonders dazu gebannt wurden.

Die Fahnenflucht, herisliz, konnte mit dem Tode und mit Vermögenskonfiskation bestraft werden.

b) Die Vasallität.

Die Notwendigkeit, gegen die gut berittenen Araber ein größeres Reiterheer aufzustellen, bewog Karl Martell, wie oben erwähnt, eine Heeresreform einzuleiten, die auch von seinen Söhnen erfolgreich durchgeführt wurde. Als Reitertruppe stand ihm zunächst nur die kgl. Trustis zur Verfügung. Es galt, die Zahl der berittenen Krieger erheblich zu vermehren.

---

1) S. u. unter b.

Als Mittel dazu benutzte er eine „Zwangsanleihe"[1]) bei der Kirche, zumal ja diese ein erhebliches Interesse daran haben mußte, daß der Andrang des Islam zurückgeworfen wurde. Aus diesem Kirchengut machte er Benefizien, durch die er Vasallen in den Stand setzte, Reiterdienste zu tun.

Vassus[2]) bedeutete einen Mann (homo, fidelis, vassus), der sich in ein Treu- und Dienstverhältnis zu einem Herrn (senior) begeben hat. Es ist ein privatrechtliches Verhältnis, das zuerst in Gallien entstanden ist und uns schon durch Cäsar überliefert ist.[3]) Diese clientes begegnen uns in Urkunden des 6. und 7. Jhs. als iuniores, gasindi, suscepti, amici und im 8. Jh. als vassi und vasalli. Vasallität ist ein gegenseitiges, verpflichtendes Verhältnis: der Schutzherr war seinem Schutzbefohlenen gegenüber verpflichtet, ihn zu schützen, ein ihm widerfahrenes Unrecht zu verfolgen und seine Tötung zu rächen, anderseits mußte er für das durch seinen vassus begangene Unrecht aufkommen oder ihn dem Gerichte ausliefern. Der schutzbefohlene vassus hatte seinem Herrn kriegerische Dienste zu leisten. Das Vasallitätsverhältnis wurde eingegangen durch Kommendation, und zwar seit dem 8. Jh. nur auf Lebenszeit.

In den unruhigen Zeiten des Niederganges des Merowingerreiches, in den vielen inneren Fehden mußten die Großen ganz besonders dieses Institut der Vasallität bevorzugen, da es ihnen ein kriegerisches Gefolge zu ihrem Schutze liefert. So werden die großen Grundherren Senioren einer kriegerischen Schutztruppe von Vasallen. Das Vorbild der germanischen Gefolgschaft fließt hier zusammen mit der gallischen Herkunft der Klientel.[4])

Die Reform Karl Martells lenkte das private Vasallitätsverhältnis mehr in den öffentlichen Charakter der germanischen Gefolgschaft zurück. Die Vasallen waren bisher von ihren Herren zu privaten Zwecken verwandt worden; die Benefizien Karl Martells verpflichteten dagegen zur Reichsheerfahrt. Dadurch wird der privatrechtliche Charakter der Vasallität durch einen staatsrechtlichen abgelöst. Künftig heißen nur noch diejenigen Vasallen, die diese staatlichen Verpflichtungen, Heerfahrt und dazu auch die Hoffahrt zu übernehmen haben.

Das sind aber auch die Pflichten der Trustis, und auch die Kommendation zur Vasallität hat dieselben symbolischen Formen: Treueid des Mannes und Waffenreichung des Herrn angenommen wie bei der Trustis. So kommt es, daß die Trustis von der Vasallität aufgesogen wird und verschwindet, während der entwickelungsfähigeren Vasallität in der Ehe mit dem Benefizialwesen eine größere Zukunft beschieden war.

2. Dingpflicht und Gerichtsverfassung.

R. Sohm, Fränkische Reichs- und Gerichtsverfassung. 1871, unver. Neudruck 1911. Hermann, Über die Entwickelung des altdeutschen Schöffengerichtes. 1881 in Gierke, Untersuchungen H. 10. W. Sickel, Die Entstehung des Schöffengerichtes. ZRG. der Savigny-Stiftung. NF. 6.

---

1) Ein auch von Brunner und Schröder gebrauchter Ausdruck.

2) Das Wort ist gallischer Herkunft und hatte eine ähnliche Grundbedeutung wie mansionarius, auf dem Gut des Herrn angesiedelter Knecht. Im Französischen valet (vaslet) hat es sich erhalten.

3) Bell. Gall. 6 c. 15: ut quisque est genere copiisque amplissimus, ita plurimos circum se ambactos, clientesque habet.

4) Früher herrschte lebhafte Diskussion über den Ursprung der Vasallität und des Benefizialwesens insbesondere zwischen Paul Roth und Gg. Waitz. P. Roth, Gesch. des Benefizialwesens. 1850; Derselbe, Feudalität und Untertanenverband. 1863; Derselbe, Säkularisation des Kirchengutes unter den Karolingern, Münchener HJb. Bd. 1. Gg. Waitz, Über den Ursprung der Vasallität. 1856 (in den Abh. der Gött. Ges. d. W. 7 und in den von Zeumer herausg. Abhandlungen zur Verfg. Bd. 1); Derselbe, Die Anfänge des Lehnswesens (in HZ. Bd. 13 und in den genannten Abh. Bd. I). Vgl. auch H. Brunner, Der Reiterdienst und die Anfänge des Lehnswesens (in ZSavStRg. 8); V. Ehrenberg, Commendation u. Huldigung nach fränk. Recht. 1877. Roth hatte die Vasallität aus der Trustis hergeleitet, während Waitz für ihren selbständigen Ursprung eingetreten war.

H. Brunner, Die Herkunft der Schöffen. MIÖG. 8. L. Beauchet, Histoire de l'organisation judiciaire en France. 1886. v. Schenk zu Schweinsberg, Die Grafschaftsgerichtsstätten Maden und Rucheslo. Ein Beitrag zur Frage, ob die drei generalia placita Gau- oder Hundertschaftsversammlungen waren. Z. f. Hessische Gesch. NF. 5, S. 210. R. Schröder, Rg.[5] § 25. H. Brunner, Rg. 2 § 88. Heusler, Vfg. S. 60f., 68f., 110f.

Wir haben für die germanische Zeit die Siedelungsbezirke mit ihren für diese mehr oder minder unbestimmten Bezirke geltenden Gerichten kennen gelernt; die Siedelungsgemeinde — auch wenn sie sich allmählich erweiterte — war Gerichtsgemeinde an der eigenen Malstätte. Nun kam die fränkische Organisation und legte das Grafschaftssystem darüber. Es wurden größere Bezirke als Grafschaften bezeichnet und für sie wurde der Graf der Richter. Die Grenzen solcher Grafschaften konnten so laufen, daß sie eine Anzahl altgermanischer Gerichtsbezirke genau umschloß, sie konnten aber hier und da aus Zweckmäßigkeitsgründen einen alten Gerichtsbezirk durchschneiden und Teile davon einer anderen Grafschaft zuweisen.[1]) Das fränkische Grafschaftsgericht hat nun da, wo die fränkischen Einrichtungen ganz durchgeführt wurden, die altgermanischen Richter an den Bezirksmalstätten verdrängt und der Graf hat ihre Funktionen übernommen, die alten Gerichtsbezirke sind Unterbezirke der Grafschaft geworden. In Sachsen aber hat das fränkische Grafengericht die altsächsischen Gogerichte nicht zu beseitigen vermocht. Hier blieben die alten Gogerichte bestehen[2]) und daneben, getrennt von ihnen, sind die fränkischen Grafschaftsgerichte, die späteren Freigerichte eingerichtet worden.

Im Gerichtsverfahren lassen sich seit der Völkerwanderung und den Stammesbildungen kleine Unterschiede erkennen. Die Urteilsfrage richtet der vorsitzende Richter bei einzelnen Völkern an eine Mehrheit von Dingleuten, bei anderen an einen besonders angesehenen und rechtskundigen Dingmann. Bei den Franken hieß der Ausschuß der befragten Rachineburgen, Ratgeber. Sie wurden — es waren jedesmal 7 — bei jeder Gerichtsversammlung aus den Erfahrensten ausgewählt, sie erteilen auf Befragen den Urteilsvorschlag.

Bei den Bayern ist es nur ein Mann, der um den Urteilsvorschlag gefragt wurde; er hieß urteilo, êteilo oder êsago und wird lateinisch als iudex bezeichnet.[3]) Neben ihm, der immer vornehmer Herkunft war, erscheinen dann noch andere Angesehene, die nach ihm dem Vorschlag zustimmten. Auch bei den Alamannen hat es nach der lex Alamannorum einen urteilenden iudex gegeben, der wohl dem bayerischen iudex ähnlich war. Der âsega, iudex, der Friesen ist ebenfalls damit verwandt, aber er ist nicht bloß der erste Urteilsfinder, sondern der einzige, der vom Richter aufgefordert wird. Auch jüngere ostfälische und holsteinische Quellen kennen einen êsago, der dem bayerischen verwandt ist; vielfach fungierte dort der Unterrichter, der Schultheiß, als êsago im Gericht des Oberrichters.[4]) Ob die im sächsischen Heliand vorkommenden êosagon ebenso zu deuten sind, ist dagegen fraglich. — Wahrscheinlich ist die Stellung der êsagon, wie in Norwegen noch verfolgbar, hervorgegangen aus einem früheren Stadium, in dem ein Ältester oder Erfahrenster gefragt wurde, was Rechtens sei, dessen Tätigkeit sich dann auf die Erteilung des Weistumes beschränkt hatte. So tritt

1) So ist es zuweilen bei den westfälischen Gogerichten der Fall, deren Grenzen nicht immer mit den Grafschaftsgrenzen zusammenfallen. Vgl. Westfälische Landrechte I. Hrg. von F. Philippi. S. VII. Anm. 1.

2) Daraus wäre an sich für sie eine größere Kompetenz erklärbar. Siehe Westf. Landrechte I. S. Xf. Dagegen Fehr in der Renzension von Molitors Schrift über die Stände der Freien usw. in der Z. f. Rg. 1911, S. 489. Vgl. auch Schröder, Gerichtsverfassung 65ff.; Fehr, Fürst und Graf 81f.

3) Vgl. Merkel, Der iudex im bairischen Volksrechte, in Z. f. Rg. der Savigny-Stiftung. GA. 1, S. 131; Beseler, Der iudex im bairischen Volksrechte, ebd. 9, S. 244.

4) Ähnlich sind in den westfälischen Gogerichten die Bauerrichter (Gemeindevorsteher) in der älteren Zeit als bevorzugte Urteilsfinder erwiesen.

er uns noch im ausländischen Gesetzsprecher entgegen. Daraus hat sich dann die Stellung eines Urteilsfinders entwickelt.[1])

Bei den Langobarden ist der Richter auch gleichzeitig der Urteilsfinder.

Die Einführung des fränkischen Grafengerichts hatte hinsichtlich der Verschiedenheit des Gerichtswesens eine nivellierende Tendenz; das hat aber auch manche Mißstände im Gefolge gehabt. Das fränkische Gericht wird von den anderen Stämmen als ein fremdes Gericht wohl auch nicht immer das größte Entgegenkommen seitens der Bevölkerung gefunden haben. Die Grafen hatten das Bestreben, die altgermanische allgemeine Dingpflicht, die früher für das Volksgericht gegolten hatte, jetzt auch für das Grafengericht verpflichtend zu machen. Diese allgemeine Dingpflicht war nun aber durch den Mißbrauch der Grafen nicht minder drückend geworden wie die allgemeine Wehrpflicht. Das veranlaßte Karl d. Gr. zu einer Reorganisation des Gerichtswesens.

a) Die tria placita generalia.

Wie in der Vorzeit der Siedelungsbezirk der *Gerichtssprengel* einer germanischen Gerichtsstätte war, so ist es auch noch in der lex Salica und ihrem Geltungsbereich der Fall, die einzelne Dingstätte am Malberg ist zuständig für diejenigen, die zu ihr gehören. Mit der Gründung des fränkischen Reichs und der Verdrängung des Thungins durch den Grafen wurde es insofern anders, als jetzt jede Dingstätte einer Grafschaft für das ganze Gebiet der Grafschaft kompetent wird. Gerichtssprengel ist demnach jetzt die ganze Grafschaft, die nunmehr eine Mehrheit von Gerichtsstätten umfaßt.[2])

Aber *dingpflichtig* bleibt der Einzelne nach wie vor an dem „malberg, ubi ille est gamallus", wie die Lex Salica sich ausdrückt[3]), das heißt da, wo er seinen persönlichen Gerichtsstand hat, wo er Gerichtsgenosse ist. Der Wohnsitz und der Grundbesitz sind maßgebend für die Dingpflicht, der Einzelne ist an der Dingstätte dingpflichtig, in deren Bereich sein Wohnsitz oder sein Grundbesitz liegt. Da jetzt in Aufnahme des fränkisch-römischen Vorbildes mehr und mehr diese kleineren Bezirke Zentenen genannt werden, so ergibt sich: an der einzelnen Malstätte der Grafschaft sind dingpflichtig alle Freien einschließlich der freien Hintersassen, die in der Zentene dieses mallus wohnen oder begütert sind.[4])

Die Franken unterschieden aber noch zwischen *echtem* und *gebotenem* Ding. Das echte trat ungefähr[5]) alle sechs Wochen (es lagen je 40 Nächte dazwischen) bei Vollmond oder Neumond zusammen, wobei es an den einzelnen Malstätten der Grafschaft wechselte. Es kamen also im Jahre acht bis neun solcher ordentlicher Gerichtsversammlungen auf den Grafschaftsgau. Hatte der Gau nur wenige Unterbezirke und Gerichtsstätten, so traf das echte Ding die einzelne Zentene öfter, also bei nur zwei Zentenen 4—5mal im Jahr, bei drei ungefähr 3mal. Dazu kam das gebotene Ding, das ursprünglich auch Vollgericht ist und von dem Grafen beliebig angesagt werden konnte, wodurch die Möglichkeit zu Willkür und Rücksichtslosigkeit gegeben war. Durch Ansetzen gebotener Dinge in die Erntezeit wurde der Bauer oft schwer geschädigt. Soziale Rücksichtnahme, die Absicht, die Bedrückung der Ärmeren zu ver-

1) Vgl. Konr. Maurer, Das Alter des Gesetzsprecheramtes in Norwegen, in Festgabe für Arndts, 1875; Derselbe, Das angebliche Vorkommen des Gesetzsprecheramtes in Dänemark. München. SB. d. Ak., 1887, S. 363f.; K. Lehmann, Zur Frage nach dem Ursprung des Gesetzsprecheramtes. Z. f. Rg. d. Savigny-Stiftung. GA. 6, S. 193; Brunner, Rg. I², S. 205f., 209 (Pfänderspiel).

2) Vgl. Sohm, Fränk. Reichs- und Gerichtsverfassung 1911. S. 332f.

3) Lex Salica c. 47.

4) Sohm a. a. O. S. 337.

5) Brunner, Rg. 2, S. 217, Anm. 2.

eiteln, veranlaßten deshalb Karl d. Gr. zu einer Reform des Gerichtswesens, die uns nicht mehr im Wortlaut erhalten ist, auf die er aber in einem Diedenhofener Kapitulare von 805 Bezug nimmt und die ein Kapitulare Ludwigs d. Fr. 819 erwähnt.[1])

Danach hat Karl d. Gr. die allgemeine Dingpflicht auf drei Vollgerichte tria placita generalia beschränkt. Es sind darunter bei den Franken drei echte Dinge gemeint.[2]) Da die Unterscheidung von echten und gebotenen Dingen nicht übers ganze Reich (z. B. nicht in Bayern) verbreitet war, so sind in den anderen Stammesgebieten drei der dortigen Gerichte als alleinige Vollgerichte beibehalten worden.

Die Folge davon war, daß die gebotenen Dinge in der Folgezeit nur noch aus wenigen Geladenen bestanden. Der Graf leitete diese kleinen Gerichtssitzungen nicht mehr, sondern überließ sie dem Zentenar oder Schultheiß, während er sich mit dem Vorsitz in den Vollgerichten begnügte. Infolgedessen schied sich bald auch die Materie nach Vollgericht des Grafen und gebotenem Gericht des Schultheißen, indem Kriminalsachen und Streit über Leben und Eigentum dem Grafengerichte, Frevel, Schuldsachen und fahrende Habe dem Schultheißgerichte zufielen. Daraus ergibt sich die dem MA. geläufige Trennung von hoher und niederer Gerichtsbarkeit.

b) Das Schöffentum.

Im Zusammenhang mit der Einschränkung der allgemeinen Dingpflicht stand die Einführung von ständigen Urteilfindern an Stelle der stets nur für eine Gerichtssitzung ausgewählten Urteilweisern, der Rachineburgen. Es mochte vielleicht schon vorher hier und da eine gewisse Stetigkeit in den Personen der Urteilweiser eingetreten sein; da, wo nur wenige erfahrene Leute zur Verfügung standen, wird die Auswahl der Rachineburgen immer zu denselben Personen zurückgekehrt sein. Oder es ist eine Beschränkung in der Auswahl dadurch entstanden, daß man gewohnheitsmäßig die Gemeindevorsteher, die Bauerrichter, zu Rachineburgen bestimmte.[3]) Jedenfalls ist da, wo die gebotenen Dinge der Reform Karls d. Gr. eingeführt wurden, wegen ihrer schwachen Frequenz von vornherein die Notwendigkeit entstanden, für eine genügende Anzahl Urteilfinder zu sorgen. Aus der Beobachtung, daß wir dann die ständigen Urteilfinder auch bei den ungebotenen, echten Dingen auftreten sehen, läßt sich vielleicht schließen, daß bei ihrer Einführung auch die Einsicht maßgebend wurde, daß dadurch die Rechtsprechung von dem veränderlichen Urteil wechselnder Rachineburgen in eine stetigere Praxis und größere Gleichförmigkeit hinübergeführt werden konnte.

Diese ständigen Urteilfinder erhielten den Namen Schöffen von scapjan, schaffen, ordnen; sie bedeuten also die Recht Schaffenden, die Ordnenden.[4]) Die Konstitution, in der Karl d. Gr. das Schöffentum ins Leben gerufen hat, ist uns nicht erhalten; wir können aber aus späteren Kapitularien, besonders aus einem Kapitulare von 803[5]) erschließen, daß die Schöffen auf Lebenszeit gewählt werden sollten, und zwar durch den Richter (den Grafen oder missus) und das Volk. Ihre Stellung wurde als Amt, ministerium, aufgefaßt und deshalb leisteten sie dem König einen Amtseid. Die Schöffen sind demnach königliche Beamte im Gegensatz zu den Rachineburgen des älteren

---

1) Cap. 14. MG. Leg. Sect. II. Bd. 1, S. 290: de placitis, quos liberi homines observare debent, constitutio genitoris nostri penitus observanda est, ut videlicet in anno tria solummodo generalia placita observent. Auch das Kap. Ital. Pippini von 801—810 c. 14 weist darauf hin. (Ebd. S. 210.)

2) Etwas abweichend Heusler, Vg. S. 111.

3) Vgl. Westfälische Landrechte I. S. XXII, XXVII u. S. 180.

4) Wo das Volksgericht bestehen blieb, wie in den westfälischen Gogerichten, hat das Vorbild der daneben eingerichteten Grafengerichte auch beim Volksgericht zu einer Anzahl ständiger Urteilfinder geführt. Die Inhaber der alten ursprünglichen Höfe, der Sattelhöfe, haben hier das Vorrecht erlangt, als vereidigte Sattelmänner allein das Urteilerrecht zu besitzen. Westfälische Landrechte I. S. XXVf.

5) Waitz, Vfg. 4², S. 394.

fränkischen Rechts. Das Amt hatte für eine ganze Grafschaft, nicht etwa bloß für einen Malbergbezirk (Zentene, Siedelungsgebiet, Go) Geltung. Bei jedem gräflichen Schöffengericht sollten sieben Schöffen mitwirken; es sind aber stets einige mehr als sieben in der Grafschaft, etwa zwölf, vorhanden, damit im Notfalle eine Ergänzung vorgenommen werden konnte. Das Schöffenamt wird später erblich.

Nur sehr langsam drang das Schöffentum über das fränkische Rechtsgebiet hinaus zu den anderen Stämmen. Im echten Ding trat zur Urteilfindung der Schöffen noch die Genehmigung des Urteils durch die Gerichtsgemeinde hinzu. Mithin haben die Schöffen im echten Ding genau die Stellung, wie sie die Rachineburgen im altfränkischen Rechte gehabt haben; sie sind hier nur Ratgeber der Gerichtsgemeinde und haben das Urteil nur vorzuschlagen. Sie sind also für das echte Ding ein ständiges Rachineburgenkolleg. Im gebotenen Ding waren die Schöffen die alleinigen Urteiler. Der Richter erließ in beiden Gerichten, wie es altgermanischer Brauch war, das Rechtsgebot.

3. Die Polizeipflicht.

W. Sickel, Zum Ursprung des mittelalterlichen Staates. MIÖG. Ergbd. 2. Brunner, Rg. 2, § 89.

Schon in den germanischen Stammesrechten war die Pflicht der Volksgenossen ausgesprochen, den Verbrecher zu verfolgen und den friedlosen Missetäter zu töten; die fränkische Zeit hat diese altgermanische Pflicht der Untertanen beibehalten. Jeder, der einen Verbrecher bemerkte, war verpflichtet, das „Gerüfte" zu schreien, tat er das nicht, so verfiel er der Buße. Jeder, der das Gerüfte hörte, war seinerseits verpflichtet, dem Gerüfte zu folgen und zur Bestrafung des Verbrechers beizutragen. Wer nicht herbeieilte, verfiel ebenfalls der Buße.

Es trat neu hinzu die Befugnis des Grafen, die Insassen seiner Grafschaft zur Verfolgung des Verbrechers zu bannen; wer dieser Aufforderung nicht Folge leistete, verletzte die Pflicht der sogenannten Landfolge und verwirkte in der karolingischen Zeit den Königsbann. Der Graf konnte auch weiterhin die Gauleute zum Wachtdienst und zum Geleitsdienst bei Übeltätern oder Angeschuldigten bannen. Es war Pflicht, auf diese Aufforderung hin den Beschuldigten zu bewachen und bei Gefangenentransport Geleitsdienste zu tun.

In der Merowingerzeit kannte man schon die Haftung einer ganzen Zentene für einen Diebstahl. Sie brauchte jedoch keinen Ersatz zu leisten, wenn sie den Dieb fing oder wenn sie nachweisen konnte, daß seine Spur in eine andere Zentene führte. In diesem Falle war die andere Zentene verfolgungs- und haftpflichtig geworden.

4. Öffentliche Fronden und Abgabenpflicht.

Hudemann, Gesch. des römischen Postwesens während der Kaiserzeit. 1875. Hirschfeld, Untersuchungen auf dem Gebiete der römischen Verwaltungsgesch. I, 1877. F. Dahn, Zum Merowingischen Finanzrecht in germanistischen Abhandlungen K. v. Maurer dargebracht. 1893. L. F. Ilse, Gesch. des deutschen Steuerwesens I. 1844. R. Kötzschke, Zur Gesch. der Heeressteuern in karolingischer Zeit. HVSchr. 2. Brunner, Rg. 2, 228f. u. § 90.

a) Dienstpflicht.

Die Untertanen waren verpflichtet, den König zu beherbergen; naturgemäß betraf aber diese Pflicht nur die Großen, weltliche und geistliche Großgrundbesitzer. Es beruhte dies auf altgermanischem Königsrechte, es war aber hinzugekommen aus römischer Wurzel auch die Pflicht, die königlichen Beamten und Beauftragten des Königs zu verpflegen und zu befördern. Einrichtungen des römischen Gastwesens, das die Franken in Gallien kennen gelernt hatten, gaben hier das Vorbild. Auch fremde Gesandte genossen denselben Vorzug. Die Pflichten bestanden in Beherbergung, mansionaticum, Bewirtung, humanitas, Lieferung von Pferden, veredi und paraveredi (Beipferd), Spanndiensten bei Wagenbeförderung, angariae et parangariae. Der Graf konnte in seiner Grafschaft ohne weiteres diese Leistungen für sich beanspruchen, andere königliche Beamte mußten einen Traktierbrief, tractoria, vorzeigen, in dem die Ansprüche, die sie stellen durften, verzeichnet waren.

Später scheinen die Beherbergung, Verpflegung und Beförderung des Grafen an bestimmte Grundstücke gebunden gewesen zu sein, vielleicht als Gegenleistung für die Verleihung, was auch bei einigen Hofbesitzern bezüglich der missi bestanden hat.

Dazu kamen noch andere Staatsfronden wie Mitwirken am Brücken- und Wegebau u. dgl.

b) Steuerpflicht.

Allgemeine Steuerpflicht kannte die fränkische Zeit nicht. Das von der Römerzeit in Gallien vorgefundene Steuersystem — Grundsteuer von den Grundbesitzern, Kopfsteuer von den Besitzlosen — suchten die merowingischen Könige beizubehalten. Es gelang aber nicht, diese Steuern weiter auszudehnen, ebensowenig sie der wechselnden Leistungsfähigkeit und dem wechselnden Bedürfnis anzupassen. Sie bleiben beschränkt auf die Gegenden, wo sie einmal bestanden hatten und sie erstarrten dort zu einer unveränderlichen Rente von Grundstücken und zu einem unveränderlichen erblichen Kopfzins bestimmter Familien.

Außer diesen Resten römischer Steuer haben sich im Laufe der Zeit in manchen Gegenden freiwillige Geschenke germanischen Ursprungs zu regelmäßigen Abgaben verändert. So ist wohl zu erklären die Osterstuopha oder Steora in den Maingegenden, wo sie in Naturallieferung von Honig und Kleidern bestand, anderswo als Ostergeld oder als Abgabe von Hühnern, Ferkeln oder Holz, bei Worms als Stuofkorn eine Getreidelieferung, als Stofa im Elsaß, in Lothringen, den Vogesen, in Speiergau ohne nähere Angabe der Art der Lieferung.

Davon verschieden ist eine Abgabe, die von gewissen Grundstücken entrichtet werden mußte und die unter der Bezeichnung Medem oder Meidem in Hessen, Nassau und den Moselgegenden auftritt.[1] Es scheint derselbe Hufenzins zu sein, der ohne diesen Namen sich auch bei den Alamannen findet und der in Churrhätien „fiscus" bezeichnet wird. Es ist wohl eine pflichtmäßige Abgabe an den König für die Benutzung von herrenlosem Land oder von Rottland. In manchen Gegenden wird eine solche Abgabe „Landrecht" genannt.

Von der Unterwerfung her ruhte auf einzelnen Stämmen noch eine besondere Tributpflicht, die dann später verschwindet; so waren die Alamannen und die Thüringer zu einem Schweinezins und zu Weidegeldern verpflichtet.

c) Zollpflicht.

Auch die Zollpflicht entstammt römischen Einrichtungen, hat sich aber im Frankenreiche lebendiger erhalten und ausbaufähiger erwiesen als das Steuerwesen. Man unterschied Durchgangszölle und Marktzölle, beide Arten aber waren nur Handelszölle, die von Handelswaren, nicht von Waren vom eigenen Bedarf erhoben wurden. Die Marktzölle wurden an den Märkten als Wertzoll der umgesetzten Ware entrichtet, also als Umsatzsteuer. Die Passierzölle dagegen wurden bezahlt für die Benutzung einer Verkehrseinrichtung, so als Brückengeld für die Abnutzung einer Brücke, als Wasserzoll für die Benutzung einer Fähre, als Streckengeld, Leinpfadgeld, Saumtiergeld usw. für den Gebrauch der dargebotenen Verkehrs- oder Transportmittelerleichterung. Deshalb waren auch durch königliche Privilegien diejenigen von der Zollpflicht befreit, die zum Bau und zur Instandhaltung der Verkehrseinrichtungen

1) Brunner, Rg. 2, S. 236 macht darauf aufmerksam, daß in Siebenbürgen heute noch die Bezeichnung Medemländer gebräuchlich ist.

beitrugen. Damit soll nicht gesagt sein, daß königliche Zollbefreiungen in der Befreiung vom Zoll nicht auch noch weiter gehen konnten. Auch wurde die Einnahme aus einem Durchgangszoll an Privatpersonen durch königliches Privileg abgetreten, wenn diese aus eigenen Mitteln das Verkehrsmittel geschaffen, etwa eine Brücke gebaut hatten. Schon in der Merowingerzeit hat sich eine Opposition seitens der Aristokratie gegen die Errichtung neuer Zollstätten und gegen die Erhöhung von Zöllen geltend gemacht.[1]) In der Karolingerzeit haben die königlichen Beamten und die Immunitätsherren schon mißbräuchliche Zollerhebungen vorgenommen, gegen die das Königtum selbst einschreiten mußte.

6. Besondere Abhängigkeitsverhältnisse innerhalb des Untertanenverbandes.

G. Seeliger, Die soziale und politische Bedeutung der Grundherrschaft in Abh. d. sächs. Ges. d. W. 1903 (dazu v. Below, MIÖG. 25, S. 464f.; Dopsch, ebenda 26, S. 344f.). E. Stengel, Grundherrschaft u. Immunität, ZSavSt, Rg. GA. 25, S. 286ff. (dazu Seeliger in HVSchr. 1905, S. 129ff. u. Stengel in ZSavSt. Rg. GA. 26, S. 418ff.). Seeliger, Forschungen z. Gesch. der Grundherrschaft im frühen MA. in HVSchr. 1905, S. 305—361. A. Heusler, Institutionen des deutschen Privatrechts. 2 Bde. 1885f. Brunner, Rg. 2, § 93. G. Meyer, Gerichtsbarkeit über Unfreie und Hintersassen nach ältestem Recht, ZSavSt, Rg. GA. 2, 90. Stengel, Diplomatik der deutschen Immunitätsprivilegien ... 1910. Kroell, l'immunité franque. A. Pisckek, Die Vogtgerichtsbarkeit süddeutscher Klöster ... 1907, dazu Stengel in ZSocWg. 1912. S. 120f.

a) Grundherrschaft und Schutzherrschaft.

Die Grundherrschaft kommt für uns hier nur insofern in Betracht, als wir uns fragen müssen, ob sie auf Verfassungseinrichtungen einen Einfluß ausgeübt, ob sie am politischen Leben teilgenommen hat. Lange Zeit hat man geglaubt, daß sie alles, was in ihren Bereich gehörte, nicht nur wirtschaftlich, sondern auch sozial und politisch sich straff untergeordnet habe. Man sah, daß sie in der Karolingerzeit auf ihre Nachbarschaft eine Anziehungskraft ausübte, daß sie ihr Gebiet ausdehnte, und man nahm an, daß sie alles gleichmäßig unter sich beugte und am Ende des 9. Jhs. freie und unfreie Hintersassen zu einer einheitlichen Masse der grundholden Bauern umgeschmolzen habe. Das Mittel, wodurch dies erreicht worden sei, soll das private, unfreie Hofgericht gewesen sein, auf dem nach dem Hofrecht der Unfreien gerichtet wurde. So hätte in der Karolingerzeit der Prozeß begonnen, durch den der Grundherrschaft im weiteren Verlauf des MA. eine überragende Stellung zugefallen und ein vielverzweigter, weitreichender Einfluß gesichert worden sei, besonders dadurch, daß noch die Immunität zur grundherrlichen Macht hinzukam.

Demgegenüber steht jetzt fest[2]), daß das Hofrecht nicht ein einheitliches Recht der Unfreien war, daß es auch nicht freie und unfreie Hintersassen in einen Stand zusammengeschmolzen hat; es erfaßte gar nicht die ganze Person desjenigen, der ein grundherrliches Gut erhalten hatte, sondern nur dinglich das grundherrliche Gut.[3]) Es war kein Standesrecht und veränderte daher auch nicht den Stand dessen, der ein hofhöriges Gut erwarb, sondern es betraf nur die wirtschaftlichen Beziehungen zum Herrenhof, in die er eingetreten war.

Die grundherrliche Herrschaft begreift in sich die Gewalt über die Unfreien, insofern als die Unfreien ursprünglich als Sache galten und diese Auffassung auch nachwirkte. Somit ist die grundherrliche Gewalt über Unfreie ihrer Entstehung nach sachenrechtlicher Natur, sie hat eine „besitzrechtliche Wurzel".

---

1) Vgl. d. Edikt Chlothars II. von 614, c. 9 MG. Capitularia I, 22.

2) Früher schon war vereinzelt abweichend von der herrschenden Ansicht von Heusler (Institutionen des deutschen Privatrechtes) das Richtige getroffen worden, ohne daß er damit durchdrang. Neuerdings haben Seeliger und Stengel mit der alten Ansicht aufgeräumt. Ähnlich Doeberl in Forschungen z. bayr. Gesch. 12, 151, v. Below, MIÖG. 25, 464.

3) Vgl. K. Lohmeyer, Das Hofrecht u. Hofgericht des Hofes zu Lohn. Münstersche Beiträge 11. 1906.

Ferner ist die Grundherrschaft eine Herrschaft über Grund und Boden. Daher ist der Herrschaftscharakter, der einen Anspruch auf Zins und Dienst begründet, ein grundherrschaftlicher.

Die Grundherrschaft über Unfreie hatte die Wirkung, daß der Grundherr Streitigkeiten seiner unfreien Leute untereinander selbst schlichtete und ebenso ihre Verbrechen gegeneinander oder gegen ihn, den Herrn, selbst ahndete. Kamen dabei Dritte in Frage, die außerhalb der Grundherrschaft standen, so haftete der Grundherr anfangs uneingeschränkt für Vergehen seiner Leute gegen Dritte; später war es ihm freigestellt, ob er die Verantwortung tragen oder die schuldigen Unfreien ausliefern wollte. Kam aber ein öffentliches Interesse in Frage, oder war von ihnen der öffentliche Friede verletzt, dann mußte der Herr die Unfreien dem öffentlichen Gerichte ausliefern.

Grundherrschaft über Freie bestand nicht hinsichtlich ihrer Person, sondern nur hinsichtlich ihres grundherrlichen Gutes. Diese dingliche Gewalt über die Grundstücke gab dem Grundherrn das Recht, alle Rechtssachen, die sich auf diese Güter, auf Zins und Dienste bezog, selbst zu erledigen.

Vielfach ist Grundherrschaft entstanden durch Empfang königlicher Lehen. Den königlichen Lehnsleuten wird nämlich in der Karolingerzeit[1]) eingeschärft, daß sie die öffentlichen Beamten bei Anwendung der Zwangsgewalt gegen die Hintersassen der Lehnsleute unterstützen sollten. Daraus entsteht eine Distriktionsgewalt der Benefiziare, und als sie dann ihr Lehen zu eigen beanspruchen, ist diese Gewalt für sie Quelle der Grundherrlichkeit geworden.

Davon verschieden ist die *Schutzherrschaft*. Grundherren gewannen oft eine Schutzgewalt, und zwar über Freie, Hörige und Freigelassene. Freie haben sich durch Kommendation in die Schutzherrschaft eines anderen Freien begeben, sie sind in dessen Munt eingetreten. Hörige und Freigelassene haben einen solchen Schutzherrn, der sie zu schützen und zu vertreten hatte. Der Schutzherr führte die Klagen seiner Schutzbefohlenen vor Gericht und Klagen Dritter gegen seine Schutzbefohlenen waren an den Schutzherrn zu richten. Er mußte dann die Verantwortung für sie übernehmen oder sie dem Gerichte ausliefern. Die Schutzherrschaft begründete also keine besondere schutzherrliche Gerichtsbarkeit, sondern höchstens ein Untersuchungsrecht und eine Sühneinstanz.

Kirchliche Grundherrschaften haben in der fränkischen Zeit zuweilen noch weitgehendere Vorrechte[2]) über ihre Schutzhörigen; so sollte beispielsweise nach dem Edikt Chlothars II. 614[3]) bei Streitsachen der Kirchenhintersassen mit Dritten der Kirchenbeamte (Vogt) im öffentlichen Gerichte mitwirken. Überhaupt beanspruchte die Kirche die Unterwerfung ihrer Freigelassenen unter die Gerichtsbarkeit des Bischofs, und ein in der Lex Ribuaria enthaltenes Königsgesetz machte wenigstens das Zugeständnis, daß die tabularii bei Rechtshändeln untereinander dem geistlichen Gericht unterworfen sein sollten und nur bei Streitigkeiten mit Dritten dem öffentlichen Richter unterstehen sollten.

b) Die Immunität.[4])

Schon die Römer hatten die Immunität, lat. emunitas, gekannt; man verstand darunter die Befreiung von Abgaben und von Fronen, den munera sordida. Diesen Vorzug genossen im Römerreich die kaiserlichen Domänen, aber auch schon die Kirchengüter. Valentinian III. hat die emunitas der Kirchengüter aufgehoben[5]), aber Justinian hat sie wieder erneuert.

1) MG. Capitularia II 16 c. 8 (829). Vgl. auch Brunner, Rg. 2, 281f. und Dopsch, a. a. O. S. 171f.
2) W. Sickel, MIÖG. Ergbd. 2, 207f.
3) Cap. 5. MG. Capitularia I, 21: pariter ab utraque parte praepositi ecclesiarum et iudex publicus in audientia publica positi eos debeant iudicare.
4) S. auch im „Grundriß“ den Abschnitt Werminghoff[2] S. 15f.
5) I. J. 441. Nov. Valent. III, 10.

Im fränkischen Reich wurde analog dem römischen Vorbild die Immunität zunächst dem merowingischen Krongut gewährt und hier wird sie sich anfangs nicht von der römischen emunitas unterschieden haben. Nächst dem Krongut erlangten auch hier zuerst die Kirchen Immunität, zumal da, wo sie Krongut zum Geschenk erhielten und mit diesem ihnen die bisher daran haftende Immunität verliehen wurde.[1]) Doch war ein Unterschied gegen die römische Handhabung der kirchlichen Immunität darin eingetreten, daß im Frankenreich nicht den Kirchen generell durch allgemeinen Erlaß die Immunität zuerkannt wurde, sondern jede einzelne Kirche sie durch Einzelprivileg erhalten konnte. Auch weltliche[2]) Grundherren erlangten schon in der fränkischen Zeit die Immunität.

Der wesentlichste Inhalt der Immunitätsbriefe ist das Verbot des Introitus des öffentlichen Beamten auf privilegiertem Gebiet; in amtlicher Eigenschaft durfte der öffentliche Beamte das Immunitätsgebiet nicht betreten. Er durfte dort kein Gericht abhalten und keine fiskalischen Abgaben erheben. Damit ist nicht gesagt, daß unter allen Umständen die Immunitätsinsassen vom öffentlichen Richter befreit waren, auch nicht, daß das Immunitätsgebiet von allen öffentlichen Leistungen frei war.[3]) Nur die direkte Zwangsgewalt des öffentlichen Beamten war ausgeschaltet, der Immunitätsherr war dazwischengetreten.

Neben dieser negativen Wirkung der Immunität hinsichtlich des öffentlichen Beamten hatte sie auch noch eine positive Seite für den Immunitätsherrn. Er erwarb die Friedensgelder und sonstige Gefälle, auf die der Staat verzichtete.[4])

Seit Karl dem Großen, erst allmählich auftauchend, dann durch ein Kapitulare vom Jahre 803[5]) gesetzlich ausgesprochen, wird mit der Immunität auch der Begriff eines besonderen durch den König geschützten Friedens bei kirchlichen Immunitäten verbunden, nicht bei solchen weltlicher Herren.

Da die richterliche Tätigkeit des Grafen auf dem Immunitätsgebiet ausgeschlossen war, mußte eine besondere Gerichtsverfassung für die Immunitäten geschaffen und ihre Beziehung zum öffentlichen Gericht geregelt werden. Eine gewisse grundherrliche Gerichtsgewalt war, wie wir oben sahen, schon vorhanden; an sie konnte angeknüpft und weitergebaut werden. Da in gallisch-römischen Gebieten die Grundherrengewalt[6]) nach Art des assertor pacis eine andere war als in deutschrechtlichen Teilen des Reiches, so mußte auch ihr Verhältnis zur Immunität und der Prozeß ihres Aufgehens in die Immunität in beiden Gegenden verschieden sein. Die Immuni-

1) In den Schenkungsurkunden über Krongut heißt es: cum emunitate nostra, sub immunitatis nomine u. ä. Brunner, Rg. 2, S. 290, Anm. 19. Vgl. auch W. Sickel, Zum Ursprung des mittelalterl. Staates. MIÖG. Ergbd. 2, S. 19.

2) Das geht aus dem Edikt Chlothars von 614 hervor, cap. 14: salva emunitate, quod ecclesiae aut potentum vel cuicunque visi sunt indulsisse. Erhalten sind uns dagegen nur Immunitätsprivilegien für Kirchen.

3) Es war nicht frei von der Verpflichtung zum Brücken- und Wegebau, was auch bei den munera sordida der römischen emunitas ausgeschlossen war; auch die allgemeinen Untertanenpflichten wie Heeresdienst, Wachtdienst, Zollpflicht außerhalb des Immunitätsgebietes u. a. hatten die Insassen zu leisten. Der Immunitätsherr ist auch hier der Vermittler.

4) Waitz, Vfg. 2[3], S. 336f., 345. Brunner, Rg. 2, S. 289. Schröder, Rg.[4], S. 200, 5. Aufl. S. 208 halten die Zuweisung finanzieller Abgaben zugunsten des Immunitätsherrn als das hauptsächlichste Moment der Immunität und deshalb auch als das primäre; die Übertragung der Gerichtsbarkeit erfolgte nur, „insofern sie finanziellen Charakter" hatte. Gegen Waitz hat Bedenken geltend gemacht: B. G. Meyer in ZSavSt. Rg. GA. 3, S. 104f. Heusler, Ursprung der Stadtverfassung, S. 21f., 25 u. ders. Vfg., S. 96. Hegel, Entstehung des deutschen Städtewesens, S. 46f. Neuerdings kehrt Seeliger das Verhältnis um und betont in erster Linie die Übertragung der Gerichtsgewalt und folgert daraus die Überweisung von Gerichtsgefällen. Dagegen wieder Stengel in ZSavSt. Rg. GA. NF. 25, S. 297.

5) MG. Capitularia I, 113. Cap. legibus add. von 803. c. 2.

6) Der römische Großgrundbesitzer war assertor pacis, Friedensrichter, für causae minores. Vgl. Brunner, Rg. 2, 285, Anm. 45.

tät hat zur Grundherrschaft eine doppelte Beziehung gehabt[1]), sie hat äußerlich deren Bezirk in der älteren Zeit beibehalten und sie hat inhaltlich deren dingliche Gewalt über ihre Unfreien und über ihre Grundstücke in sich aufgenommen. In der Karolingerzeit hat die Immunitätsgerichtsbarkeit im allgemeinen folgende Ausbildung erhalten: Ihre Kompetenz ist eine verschiedene, je nachdem es sich um unfreie oder freie Immunitätsinsassen handelt; sie unterscheidet des weiteren Streit- und Strafsachen der Immunitätsleute untereinander (interna) und Streitsachen mit dritten, außerhalb der Immunität stehenden Personen (externa). Die Interna auf diesem Gebiete erledigte der Immunitätsherr bei Unfreien selbständig, er hatte in diesen Fällen über sie eine unbeschränkte Gerichtsbarkeit. Für Externa der Unfreien, Klagen Auswärtiger gegen einen Knecht, hatte der Immunitätsherr nur in leichteren Fällen die Entscheidung; in Kriminalfällen war das Landgericht des Grafen zuständig, der Immunitätsherr oder dessen Vogt mußten dort den Knecht vorführen, er hatte das Recht der Vermittelung. Freien Immunitätsleuten gegenüber hatte der Herr bei interna sowie bei externa nur in leichten Fällen eine gerichtliche Kompetenz, während er keinerlei Kriminaljustiz über sie besaß. Bei Klagen Auswärtiger haben demnach Unfreie und Freie denselben Gerichtsstand, in geringeren Sachen vor dem Immunitätsgericht, in schweren Fällen vor dem Grafengericht. In Klagen der Immunitätsgenossen untereinander war ihre Beurteilung verschieden, indem Unfreie in leichten und in Kriminalsachen vom Immunitätsherrn oder dessen Vogt abgeurteilt wurden, während über Freie nur für causae minores ihnen eine Kompetenz zustand.

Der wesentliche Fortschritt[2]), den die Immunität im 9. Jh. gemacht hat, besteht darin, daß der private Rechtskreis der Grundherrschaft durch die Verbindung mit der Immunität Einfluß über ihr engeres Gebiet hinaus erhielt, indem Klagen Auswärtiger an die Instanz des Immunitätsherrn gehen mußten. Die tiefgehende Bedeutung dieser Kompetenzerweiterung liegt darin, daß die private Rechtsprechung des Immunitätsherrn eine Verknüpfung mit der staatlichen Gerichtsorganisation erhielt.[3]) Die Gerichtsbarkeit des Immunitätsherrn beginnt somit ihren Charakter zu ändern und staatliche Bedeutung zu gewinnen. Und dadurch ist die Verstaatlichung der Immunität angebahnt.

III. Der mittelalterliche Lehnsstaat bis zum Interregnum.

1. Deutsches Reich und Kaisertum.

Deutsches Reich: C. F. Meyer, Die Teilungen im Reiche der Karolinger. T. 1. 1877. Progr. Stettin. G. Waitz, Über die Gründung des Deutschen Reiches durch den Vertrag von Verdun. Univ.-Progr. Kiel 1843. E. Dümmler, Geschichte des Ostfränkischen Reiches. 2 Bde. (Jahrb. d. deutschen Gesch.). 2. Aufl. 3 Bde. 1887/88. E. Mühlbacher, Deutsche Geschichte unter den Karolingern. 1896. M. Krammer, Der Reichsgedanke des staufischen Kaiserhauses (Gierkes Unters. 95).

Kaisertum: G. v. Döllinger, Das Kaisertum Karls d. Gr. und seiner Nachfolger. 1864. W. Sickel, Die Kaiserwahl Karls d. Gr. MIÖG. 20; Derselbe, Die Kaiserkrönungen von Karl bis Berengar. HZ. 82. W. Ohr, Die Kaiserkrönung Karls d. Gr. 1904. B. Niehues, Geschichte des Verhältnisses zwischen Kaisertum und Papsttum im MA. 2. Bde. 1863. 1887 (reicht bis Otto I.).

Aus dem romanische und germanische Völker umschließenden fränkischen Reiche schält sich allmählich ein deutsches Reich heraus.

---

1) Stengel, a. a. O. S. 295.

2) Also nicht eine Erweiterung der Kompetenz von der niederen zur höheren Gerichtsbarkeit, wie man früher meinte.

3) Es ist das Verdienst G. Seeligers, diese Momente klar und scharf herausgehoben zu haben. Vgl. Seeliger, Grundherrschaft, S. 93. Vorher schon von Brunner, Rg. 2, S. 301. v. Wickede, Die Vogtei in den geistlichen Stiftern des fränkischen Reiches von ihrem Entstehen bis zum Aussterben der Karolinger. Leipzig. Diss. 1886.

In den Straßburger Eiden vom 14. Februar 842, in deutscher und französischer Sprache von Lothars I. jüngeren Brüdern beschworen, zeigt sich schon deutlich der Beginn eines Auseinanderfallens des Universalreiches in eine französische und eine germanische Nation. Aber die im folgenden Jahre vorgenommene Teilung des Reiches durch den Vertrag von Verdun 843 hat wohl ein ostfränkisches Reich mit vorwiegend germanischem Inhalt, aber noch kein rein deutsches Reich geschaffen. Nationale Trennungstendenz hat diesen Vertrag noch nicht diktiert. Das Reich Ludwigs des Deutschen umfaßte einerseits nicht alle germanischen Stämme — es fehlten die Friesen, die Hälfte der Franken und die elsässischen Alamannen —, und andererseits umschloß es in Churrätien auch Romanen. Es fehlte auch die einheitliche Sprache, die immer ein Kriterium einer geschlossenen Nationalität bildet; das Lateinische war Schriftsprache in allen drei Reichen und die aufkommende Bezeichnung thiudisk bedeutete zunächst nur Volkssprache im Gegensatz zur Gelehrtensprache, und nicht allein die Volkssprache im späteren Deutschland, sondern auch die Volkssprache der Franken im Westreiche.

Der Einheitsgedanke des fränkischen Gesamtreiches war auch nach der Entstehung dieser Teilreiche, also auch im Ostreiche nicht geschwunden. Die Grenzen der Reiche waren so willkürlich gezogen, daß sie keinen dauernden Bestand zu begründen schienen; es war klar: durch jede neue Teilung hätte das Gesamtreich wieder anders zerlegt und unter die Erben ausgeteilt werden können. Nur durch die Tatkraft und die Konsequenz Ludwigs des Deutschen und Ludwigs des Jüngeren ist der Vertrag von Verdun schließlich doch die Geburtsstunde des deutschen Reiches geworden.

Die Aufgabe, die das ostfränkische Reich sich vorgezeichnet sah, nämlich das Lotharreich zu erwerben und dadurch die Hauptmasse der fehlenden Franken und die Friesen zu gewinnen, ist von Ludwig dem Deutschen und seinen Nachfolgern klar erkannt und zähe festgehalten worden. Schon der denkwürdige Vertrag zu Mersen 870 hat die östliche Hälfte von Lothars II. Reich dem deutschen Reiche eingebracht: die ribuarischen Franken, die Alamannen im Elsaß waren hinzugekommen. Die historische Bedeutung dieses Vertrages lag darin, daß jetzt die Grenzen des Ostreiches sich im wesentlichen mit der Sprachgrenze deckten. Damit war das deutsche Reich begründet.

Der Ausbildung nationaler Reiche stand das *Kaisertum* mit seinen alten universalen Ansprüchen anfangs hindernd im Wege. Kaisertum einerseits und Königtum andererseits hatten Aufgaben und Tendenzen, die einander widerstrebten; das Kaisertum sollte universell sein und einheitlich, das Königtum erfüllte sich mit den Sonderinteressen des Deutschtums und des Romanentums und nahm privatrechtliche Familienrücksichten in der Beibehaltung der Teilbarkeit. Das Kaisertum, getragen vom Prinzip der Einheit, vertrat diese Einheit selbst bei Reichsteilungen, gerade wie es in der römischen Kaiserzeit der Fall war. Diese Teilungsart, bei der die Einheit des Reiches bestehen blieb, hatten schon die Merowinger geübt. Als aber das abendländische Kaisertum errichtet war, kam zu diesem Festhalten an der Einheit hinzu die Unterordnung der Teilkönige unter den Träger der Kaiserkrone. Die von Ludwig dem Frommen auf Verlangen der Großen auf dem Reichstage zu Aachen 817 vollzogene Reichsteilung zeigte diese Auffassung durch Stärkung der Kaiserwürde bei Wahrung der Selbständigkeit der Teilreiche. Da aber im Bruderkriege der Inhaber des Kaisertums besiegt wurde, so konnte der Besiegte keinen Anspruch mehr auf Oberherrlichkeit über seine Sieger behaupten. Der Vertrag von Verdun ist deshalb der Bankerott der alten Kaiseridee; jedes Teilreich war unabhängig geworden vom Kaiser, die Teilkönige waren jetzt völlig Souveräne geworden. Nur das Bewußtsein gemeinsamer Blutsverwandtschaft der Herrscher war das noch einigende

Band.[1]) Es war ein Mißgriff, daß das Kaisertum mit dem mittleren Reiche verbunden worden war, das aus allen Nationalitäten des Karolingerreiches zusammengesetzt keine natürliche innere Festigkeit besaß und schon deshalb den Keim der Zersetzung in sich trug, außerdem aber zwischen den beiden einheitlichen Nachbarreichen eingekeilt, zerrieben werden mußte.

Die weitere Teilung von Lothars Reich unter seine Söhne hatte den Kaiser Ludwig II. nur auf Italien beschränkt; sein Kaisertum war somit nur noch ein Schatten vom Glanze des alten kaiserlichen Imperiums und eine Karikatur der christlichen Kaiseridee vom Kaisertum als dem universalen Gottesstaat auf Erden. Die Zusammengehörigkeit sämtlicher Reiche war nicht mehr im Kaisertum begründet, sondern in der erbrechtlichen Anwartschaft eines Geschlechtes in allen Einzelreichen. Eine einzige Familie, die karolingische, trug alle Kronen, und man wagte lange nicht, bei Neuwahl eines Herrschers von dieser Familie abzusehen. Die Nachwirkung der Auffassung, daß die fränkischen Reiche ein erbberechtigter Besitz des karolingischen Hauses seien, war so stark, daß Karl III. (der Dicke) noch einmal — es war ein letztes Aufflackern des Reichsgedankens — alle Reiche in einer Hand vereinigen konnte.

Erst als man in den einzelnen Reichen zu Herrschern aus anderen Häusern überging und auch die Idee des alleinberechtigten Gesamtbesitzes aller Kronen in einer Familie verblaßt war, da war die Trennung der Reiche eine definitive.

Auch die *Kaiseridee* war unter dem Einfluß dieser Entwicklung ganz verblichen. Dadurch, daß die Kaiserkrone auf das dem Untergang geweihte Teilreich Lothars gefallen war, blieb sie schließlich nur noch an einem Teile dieses Teilreiches, an Italien haften. Der tatsächliche Verlauf führte dahin, daß der Papst die Kaiserkrone verleihen konnte nach seinem Ermessen, und er tat dies, ohne sich an das Kaisertum im fränkischen Stamm, ohne sich an die Glieder des karolingischen Kaisergeschlechtes zu binden. Indem er die kaiserliche Würde an die kleine emporstrebende Familie der Markgrafen von Spoleto vergab und sogar zwei Kaiser einmal gleichzeitig im Besitz der kaiserlichen Krone waren — und alles dies noch, ehe die karolingische Dynastie ausgestorben war —, hatte das Kaisertum seine Bedeutung völlig verloren. Der alte Kaisergedanke war somit ganz zu Grabe getragen, und es änderte daran nichts mehr, daß Karl III., auch von den Westfranken als ihr Herr und König anerkannt, die Kaiserkrone empfing, und 896 noch einmal ein Karolinger in der Person Arnulfs von Kärnten Kaiser wurde. Diese Kaiser hatten keine Zentralregierung mehr über die Teilreiche. Wenn auch Odo von Paris sich sein Königtum von Arnulf bestätigen ließ, so war Arnulf doch nichts anderes als ein provinzialer Herrscher, dem man gestattet hatte, sich Kaiser zu nennen.[2]) Ganz ähnlich ist auch weiterhin das kaiserliche Diadem, als ein Wido, Lambert, Ludwig III. der Blinde, Berengar und Hugo Kaiser wurden, nur als eine besondere Dekoration des Königtums in Italien aufzufassen.

Erst Otto I. knüpfte wieder an die verloren gegangenen Fäden universalerKaiserpolitik an, seine süditalienische und byzantinische Politik läuft in dieser Bahn. Im übrigen faßte er das Kaisertum nüchterner auf. Otto stützte sich auf seine deutsche Macht und bezog unter realer Beschränkung auf das Erreichbare nur noch Burgund,

1) Ranke, Weltgeschichte 6, S. 111 bezeichnet die drei Reiche nur als „Absonderungen zu dem Zwecke der Administration und des Krieges, Teilgewalten auf das Erbreich begründet, die aber ihre Zusammengehörigkeit keinen Augenblick vergaßen".

2) Ranke, Weltgeschichte 6, S. 309: „Arnulfs Regierung trägt die Farbe eines Provinzialfürstentums, dem er das Kaisertum durch die Beistimmung der vornehmsten Fürsten annektiert hat." Heusler, Vfg., S. 119: „es war kein Reich, das von einem Zentralpunkte aus geleitet worden wäre, es war eine Vereinigung der Stämme, die sich auf einen Herrscher geeinigt hatten, ohne doch ihre Privatexistenz als besondere Staatswesen aufzugeben."

Ober- und Mittelitalien in das Kaisertum ein.[1]) Er betonte dann vor allem die kirchliche Pflicht des Kaisertums. Sie setzte ihn in die Lage, durch Ausnutzung der kaiserlichen Aufgabe, die dem Inhaber der Kaiserkrone den Schutz der Kirche zur Pflicht machte, eine Autorität über die einzelnen Päpste geltend zu machen, die im Reiche eine Stärkung der Herrschergewalt über die Kirche bedeutete; er ordnete die Kirche politisch dem Kaisertum unter. Die so umschriebene Machtstellung war das „heilige römische Reich deutscher Nation".

Otto hatte ein Recht auf das Kaisertum, denn durch seine glücklichen Kämpfe gegen die Slawen und Böhmen, besonders durch seinen Sieg über die Ungarn war er bereits Vorkämpfer der Christenheit; durch sein Eingreifen in Frankreich, Burgund und Italien hatte er das Übergewicht ausschlaggebender Autorität im Westen erworben. Damit war sein Kaiserberuf gegeben und innerlich begründet. Der dringende Hilferuf des Papstes kam nur als äußerer Anlaß, wie einst bei Karl d. Gr. hinzu; ihm durfte sich der König nicht entziehen, wollte er seinen bisherigen Erfolg nicht wieder untergraben.[2])

Die Erneuerung des Kaisertums war für den Herrscher des deutschen Volkes eine politische Notwendigkeit.[3]) Es wurde dadurch der Gefahr begegnet, daß das Kaisertum an das Westreich oder dauernd an Italien kam, was bei der Erstarkung dieser Nationen ihre Einmischung in die deutschen Verhältnisse zur Folge gehabt und ihnen ein Übergewicht über Deutschland verliehen hätte. Es wurde ferner erst durch die so geschaffenen Beziehungen zum Papsttum die Möglichkeit einer auf die Kirche sich stützenden monarchischen Zentralgewalt, wie sie Otto nötig hatte, auf lange Zeit gesichert. Dieses zentrale Kaisertum hat erst Deutschland „aus einer Vereinigung der Stämme zu einem nationalen Reiche umgestaltet".[4])

Für die weitere Entwickelung des Kaisertums ist sein wechselndes Verhältnis zum Papsttume maßgebend; es wird darüber eingehend von Werminghoff in diesem Grundriß gehandelt.[5])

Die Basis, die Otto I. für das Kaisertum geschaffen hatte, begann im Investiturstreit zu wanken. Das Verhältnis von Kaisertum und Papsttum war ein anderes geworden. Den Ansprüchen des Papsttums gegenüber versuchte dann Friedrich I. das Kaisertum auf eine andere Grundlage zu stellen durch stärkere Betonung der Fortsetzung des römischen Imperiums und durch Geltendmachung von Forderungen und

1) In Süditalien behauptet er Capua und Benevent und bereitet so wenigstens die Ausdehnung des Kaisertums auch über die südliche Halbinsel vor.

2) Heusler, Vfg., S. 125: „In solchen Momenten gilt kein Zaudern, kein Überlegen, denn es gibt keine Wahl; ein Zurückweichen vor diesem letzten Schritte wäre eine das mühsam Errungene wieder in Frage stellende und dem hochgemuten Sinne Ottos fremde Schwäche gewesen. Der König selbst faßte es als göttlichen Befehl auf, ganz in dem Sinne eines religiösen Werkes zur Verwirklichung des Ideals . . . jenes so erhaben gedachten und doch so unmöglichen Gottesreiches auf Erden durch das Zusammenwirken der zwei Schwerter, der weltlichen und der geistlichen Gewalt."

3) Früher bestand eine lebhafte Kontroverse, ob Ottos I. italienische Politik für unsere deutsche Entwickelung von Vorteil oder Nachteil war. Besonders der mehr unter politischem Gesichtswinkel urteilende Historiker H. v. Sybel hat die italienischen Beziehungen unserer mittelalterlichen Kaiser hart verurteilt. Vgl. v. Sybel, Die deutsche Nation und das Kaiserreich. 1861. Wo politische Tendenzen dem Geschichtsschreiber die Hand führen, da sind die Perspektiven leicht verschoben; die ganze Fragestellung war schief, sie war nicht objektiv gestellt, sondern subjektiv nach den damaligen Tagesinteressen gerichtet. Für die mittelalterliche Kaiserpolitik erwärmte sich damals am lebhaftesten Jul. v. Ficker, Das deutsche Kaiserreich in seinen universalen und nationalen Beziehungen, 1861, und Derselbe, Deutsches Königtum und Kaisertum. 1862. Vgl. auch Maurenbrecher, Die Kaiserpolitik Ottos I. HZ. 5. O. v. Wydenbruck, Die deutsche Nation und das Kaiserreich. 1862. C. Höfler, Kaisertum und Papsttum. 1862. Die wissenschaftliche Frage kann nur die sein: War es für Otto eine Notwendigkeit, nach Italien zu ziehen und infolge davon die Kaiserkrone zu erwerben? Diese Frage muß bejaht werden. Den Nachteilen, die im späteren Gefolge eintraten, standen übrigens große Vorteile gegenüber.

4) Heusler, Vfg., S. 126.

5) S. u. im Grundriß: Werminghoff, Kirchenverfassung im MA. Abschn. III, § 20. 21, 22, 2. Aufl. S. 39, 40, 44ff.

Konsequenzen, die aus der römisch-rechtlichen. Auffassung des Imperiums herflossen. Die Folge ist, daß der staufische Kaiseradler wieder den universalen Flug unternimmt, gekennzeichnet durch intensivere Verfolgung der Reichsinteressen in Italien, durch Hinzuerwerben der Herrschaft über Sizilien und ihrer Vereinigung mit dem Kaisertum in Personalunion. Heinrich VI., der glänzendste Vertreter kaiserlicher Universalmonarchie, läßt sich von England den Lehnseid leisten, und Friedrich II. gewinnt sogar die Krone von Jerusalem.

Doch diese letzte Erwerbung konnte nicht täuschen über den Fall des Kaisertums, der schon bei dem frühen Tode Heinrichs VI. eingesetzt hatte. Die Niederlage Friedrichs I. in Italien und die Rebellion Heinrichs des Löwen hatten der inneren Kraft des Kaisertums noch keinen Eintrag getan. Friedrich hat es bewiesen, daß die Reichsgewalt noch einen tatsächlichen Inhalt hatte und imstande war, das Reichsgefüge zusammenzuhalten. „Die Verfassung des Reiches war noch der Art, daß der Kaiser nicht nur in der Theorie, sondern tatsächlich den Fürsten gebot."[1]) Der deutsche Thronstreit dagegen balanciert wieder das Papsttum über das Kaisertum, und im Ringen mit Friedrich II. bleibt der Papst Herr der geschaffenen Lage. Gleichzeitig hat das Kaisertum seine natürlichen Machtmittel verloren durch Verschleuderung des Krongutes, durch Verlegung des Schwerpunktes nach Italien und durch Vernachlässigung der Reichsinteressen in Deutschland. Der staufische Kaisergedanke zerschellt im Interregnum.

Im Innern vollzieht sich die Umwandlung des Beamtenstaates, den Karl d. Gr. zu schaffen begonnen hatte, in den *Feudalstaat.* Nicht nur das Ämterwesen wird feudalisiert, indem die Ämter zu Lehen werden, sondern auch alle öffentlichen Gewalten, alle hoheitlichen Rechte werden als Lehen behandelt. Solange noch die Lehen bei Herren- und Mannfall neu gewonnen werden mußten, machte sich der Unterschied noch nicht stark geltend. Als aber immer allgemeiner und weitergehend die Erblichkeit im Lehnswesen einzog, da hat das Königtum viel verloren. Es verlor das Amtsgut, das den Charakter des erblichen Lehnsgutes angenommen hatte, es verlor aber noch mehr dadurch, daß an Stelle des Amtsauftrags der kündbare Lehnsvertrag getreten war.

Die öffentliche Gewalt des Königs versagte. An die Stelle der öffentlichen Beziehungen zwischen König und Volk treten Sonderverpflichtungen durch Lehen, an die Stelle des Untertanenverbandes tritt der Lehnsverband.

Das führte zur Zersetzung der Staatsgewalt. Der König ist zuletzt nur noch Lehnsherr der Reichsstände, seine Macht reicht nur noch so weit, als seine Lehnsherrlichkeit reicht, sie bewegt sich in dem Rahmen des Lehnsrechts. Das ist die Feudalisierung des mittelalterlichen Staatswesens.

2. Das Königtum.

a) Erbkönigtum und Wahlprinzip.

J. J. Rospatt, Die deutsche Königswahl bis auf ihre Feststellung durch die goldene Bulle. 1839. G. Phillips, Die deutsche Königswahl bis zur goldenen Bulle. SB. Wiener Ak. 1857. Separatausg. 1858 (vgl. Besprechung von G. Waitz in Gött. Gel.-Anz. 1859 Nr. 980). Usinger, Die Erhebung Heinrichs II. zum deutschen König (Exkurs zu Hirsch Jahrbücher Heinrichs II. Bd. I. 1862). Harttung, Die Thronfolge im Deutschen Reiche bis zur Mitte des 11. Jhs. in FDG. Bd. 18. 1878. L. Weiland, Über die deutschen Königswahlen im 12. und 13. Jh. FDG. Bd. 20. 1880. W. Maurenbrecher, Geschichte der deutschen Königswahlen vom 10. bis zur Mitte des 13. Jhs. 1889. Brunner, Grundzüge 5, § 16, S. 56f. Heusler, Vfg., S. 188f. Schröder, Rg.^{4} S. 471f., 5. Aufl. S. 480.

Das alte Wahlrecht der Germanen, das sie ermächtigte, sich Führer, Fürsten und Könige selbst zu erwählen, war schon frühe eingeschränkt dadurch, daß man eine

1) L. Weiland, FDG. 7, S. 159.

stirps regia anerkannte, ein Königsgeschlecht, dessen Glieder ein Vorzugsrecht hatten auf die höchste Staatsstelle. Man wählte im königlichen Geschlecht und man wählte den Nächstberechtigten, wenn er tüchtig und regierungsfähig war. Man hat diese Form, in der Erbrecht und Volkswahl einen Bund eingingen, Erbwahl genannt. Unter den Merowingern hatte das Erbprinzip über das Wahlprinzip gesiegt, zur Zeit der Karolinger war das Erbrecht ebenfalls im Übergewicht, aber die unter Pippin wieder aufgekommene Wahl hatte sich im Bewußtsein der Großen erhalten und war zuzeiten, besonders bei zweifelhaftem Erbfall, wie bei Arnulf, und auch sonst als Anerkennung oder ausdrückliche Zustimmung, wie bei Ludwig dem Kind, wieder aufgelebt.

Der Umstand, daß unsere mittelalterlichen Königsdynastien so früh, in der dritten oder vierten Generation, keine direkten Erben mehr hatten, hat stets das sich bildende Erbrecht an der Krone wieder beseitigt. Kräftige Könige haben immer auf die erbliche Befestigung ihrer Familie im Besitz des Thrones hingearbeitet, und je länger eine Dynastie bestand, die sich der Gunst der ausschlaggebenden Fürsten erfreute, desto näher war sie der tatsächlichen Ausbildung eines Erbrechtes. Die formelle reichsgesetzliche Anerkennung der Erblichkeit der Krone hat jedoch erst Heinrich VI. versucht. Der Wechsel des Herrscherhauses verschaffte stets wieder dem Volke oder seinen Vertretern, den Großen und Fürsten, einen bestimmenden Einfluß auf die Thronfolge durch die Wahl. Auch in Zeiten der Schwäche des Königtums und des Gegensatzes der Reichsfürsten gegen den König betonten die Fürsten wieder stärker ihr Wahlrecht. Otto v. Freising hat das Wahlrecht eine singularia praerogativa der Deutschen genannt. Aber wie wenig schließlich die Erbfolge durch den geringen Einschlag des Wahlmoments beeinflußt wurde, das beweist allein der Umstand, daß die drei großen Königsdynastien des ersten Mittelalters wenigstens in weiblicher Linie miteinander verwandt waren.

Beim Aussterben der Karolinger war zunächst eine Wahl nötig. Aber auch jetzt noch wirkte die Idee der karolingischen Erbberechtigung so mächtig nach, daß man den in weiblicher Linie verwandten Vetter der beiden letzten Könige, Konrad I., 911 wählte.[1]) Nach seinem Tode wäre eine freie Wahl möglich gewesen, da der sterbende König das Erbrecht ausdrücklich ausgeschlossen wissen wollte. Aber die vom Erbrecht befreite Wahl hatte gleich wieder eine neue Beschränkung erhalten durch die Empfehlung, designatio, des Nachfolgers, der sich die maßgebenden Fürsten fügten. Durch dieses Mittel der Designation wird von den nun folgenden Herrschern die Wahlfreiheit wieder in den Bann des Erbganges zurückgeführt. Das Königtum der Ottonen ist ein Erbkönigtum[2]) mit formeller Wahl des vom Vater designierten Sohnes.

So hat Heinrich I. unter Übergehung Thankmars Otto I. designiert, Otto hat erst Ludolf und nach dessen Tode Otto II., den letzten überlebenden Sohn zum Nachfolger bestimmt und sogar erreicht, daß er schon zu Lebzeiten des Vaters zum König gesalbt wurde, ja selbst zum Kaiser ließ er ihn noch neben sich vom Papste krönen. In diesen beiden Handlungen war Otto I. in der Sicherung der Nachfolge über die bloße designatio hinausgegangen. Die nochmalige Huldigung, die Otto II. nach seines Vaters Tode empfing, konnte ihm nichts Neues geben; sie hat daher nur den Charakter der Wiederholung der Huldigung und keine staatsrechtliche Wirkung. Wahl und Krönung zur Regierungszeit des Vaters — die Wahl auf einem Reichstag zu Verona, die Krönung in Aachen — haben auch den Rechtsgrund für das Königtum Ottos III. abgegeben, stark genug, um auch einem unmündigen Knaben die Krone zu erhalten. Als Otto III., ohne vermählt gewesen zu sein und daher ohne direkten Erben, auch ohne eine Designation vorgenommen zu haben, plötzlich gestorben war, war es fraglich, ob die bisher formelle Wahl der Fürsten, die im Grunde nur den vom Könige zum Nachfolger bestimmten Kandidaten anerkannte, sich zu einer wirklich freien Wahl entfalten würde, oder ob das Ottonische Erbrecht auch dem nächsten indirekten Verwandten zugebilligt würde. Da

1) Vgl. F. Stein, Geschichte des Kaisers Konrads I. und seines Hauses, 1872; dort auch die ältere Literatur über diese Wahl. G. Waitz, Jahrbücher des Deutschen Reiches unter König Heinrich I. 1863. 3. Aufl. 1885. Exkurs 2 „Über die Erhebung Konrads I.".

2) So faßten es auch die Zeitgenossen auf; vgl. Hrotsuit, De gestis Oddonis I, v. 25—32. Liudprand, Hist. Ottonis c. 2. Thietmar, Chronicon I, 10; Annales Quedlinburgenses a. 936.

Otto von Kärnten, der den nächsten Verwandtschaftsgrad aufweisen konnte, zugunsten Heinrichs von Bayern Verzicht leistete, trat dieser als Vertreter der Königsfamilie mit dem Erbanspruch auf. Und obgleich eine Partei einer freien Wahl zuneigend Hermann von Schwaben die Stimme geben wollte, wußte er durch Ansichbringen der Kroninsignien und Gewinnung des zur Krönung berechtigten Erzbischofs Willigis von Mainz sein Königtum ohne voraufgegangene allgemeine Wahl durchzusetzen. Herkommen und Recht des Erbanspruchs hatte so über die freie Wahl gesiegt. Freilich hatte die rasche Tat zur Folge, daß der König nachträglich auf dreimonatlicher Rundreise die Anerkennung der nicht vorher gewonnenen Stämme erhandeln mußte. Der nächste König wurde wieder designiert und gewählt: Heinrich II. hat, da er selbst kinderlos war, den nächsten Verwandten Konrad von Kärnten, obgleich ihm dieser unsympathisch war, in konsequentem Festhalten am Erbrecht zum Nachfolger bestimmt. Die Wahl der Fürsten in Kamba[1]) hat diesen Rechtsanspruch sanktioniert, nachdem zunächst bei einer Art Vorwahl[2]) streitig war, ob dieser Konrad der Ältere oder sein Vetter Konrad der Jüngere, der ebenfalls Erbrecht geltend machte, obsiegen würde, Konrad der Ältere dann aber durch gütliche Verhandlung den Anspruch seines jüngeren Vetters beseitigt hatte. Die Designation seines achtjährigen Sohnes Heinrich auf einem Reichstage zu Augsburg wurde schon 1026 von Konrad II. als das Mittel gewählt, die Erbfolge des salischen Geschlechtes zu sichern; eine nochmalige Wahl und Krönung auf einem Reichstage zu Aachen 1028 vollendete die erbliche Befestigung des neuen Geschlechtes auf dem Throne. Auf dieselbe Weise ließ auch Heinrich III. seinen einzigen dreijährigen Sohn 1053 förmlich wählen und 1054 zum König krönen.

Bisher hatte das Erbrecht in steigender Kraft das Wahlrecht niedergedrückt. Die Wahl war zur Form geworden; sie war eigentlich nur ein Anerkennungs- und Huldigungsakt. Das Reich war eine Erbmonarchie, in der auch bei kinderlosem Tode des Herrschers, so 1002 und 1024, die „innere Triebkraft des Erbrechts“ die notwendige Wahl auf den verwandtschaftlich nächstberechtigten und designierten Erben lenkte. Unterstützt wurde der Erbanspruch durch den Besitz oder die Überreichung der Kroninsignien. Es war daher für den Nachfolger sehr wichtig, sie in die Hände zu bekommen. Sie konnten, besonders wenn zwei Brüder oder Vettern gleichzeitig Erbanspruch hatten, den Ausschlag geben.[3])

In der Regierungszeit Heinrichs IV. erfolgte jedoch der Umschwung. Der Gegensatz zwischen Heinrich IV. und Gregor VII. hatte dazu geführt, daß eine deutsche Synode den Papst für abgesetzt erklärte, worauf Gregor mit dem Bann über den König und dem Verbote zu regieren sowie mit der Entbindung der Untertanen von dem Treueide antwortete. Die deutsche Fürstenopposition sah in dem Bann ein willkommenes Hilfsmittel, und obwohl sich Heinrich davon absolvieren ließ, schritt sie zu einer revolutionären Wahl, die an kein Erbrecht gebunden war. Die Wahl zu Forchheim 1077 und diejenige zu Goslar 1081, durch die nacheinander zwei Gegenkönige, erst Rudolf und dann Hermann, erhoben wurden, waren freie Wahlen, die im Gegensatz zu dem Erbrecht der Thronfolge standen. Bisher existierte ein solcher Gegensatz nicht, denn Wahl und Erbfolge waren miteinander verbündet gewesen und dienten einander zur Ergänzung. Es war eine faktische Änderung, wenn man hier die volle Freiheit der Königswahl proklamierte. Formell war sie ja nie aufgehoben worden. Aber in der damaligen Zeit entschied mehr das Herkommen, die Gewohnheit gab die Richtschnur, ohne daß eine gesetzliche Regelung erfolgt war. Die Gefahr, die dem Erbwahl-Königtum drohte, wußte jedoch Heinrich IV. noch einmal zu beseitigen, indem er zuerst den schon vorher zum König bestimmten ältesten Sohn Konrad krönen ließ, und dann nach dessen Rebellion die Wahl und Krönung seines zweiten Sohnes Heinrichs V. 1099 durchsetzte. Der Akt in Mainz 1106 nach der erzwungenen Abdankung des Vaters war keine Neuwahl Heinrichs V., sondern allgemeine Huldigung und Treueid der geistlichen und weltlichen Fürsten, mit Überreichung der Reichsinsignien, wozu jetzt auch zum erstenmal die Bestätigung durch Legaten des Papstes hinzukam.

1) Wipo, Gesta Chuonradi, cap. 1 u. 2 liefert uns zwar einen eingehenden Bericht über diese Wahl, der uns aber keineswegs in allen Fragen Klarheit verschafft.

2) Bresslau, Jahrbücher Konrads II., Bd. 1 (1879), S. 17 tritt für eine Vorwahl ein.

3) Die Bedeutung der Kroninsignien für die Nachfolge ist bei der Erhebung Heinrichs I., Heinrichs II., Konrads II., Lothars, Friedrichs I. besonders bezeugt. Waitz, Vfg. 6^2, S. 177.

Die Forderung der päpstlichen Approbation war schon vor der Forchheimer Wahl von Gregor erhoben worden.[1]) Das Königtum Heinrichs V. war auf das Erbrecht gegründet, aber es war gleichzeitig gesichert worden durch die Bestätigung des Papstes; hierin lag eine Konzession gegen eine neue Idee, die bei der Begründung des Königtums sich Geltung verschaffen wollte. Die Prüfung der Würdigkeit des Thronkandidaten und die Zustimmung des Papstes zur Wahl konnte andererseits, wenn das Erbrecht als Regulativ der Wahl fortfiel, einen Ersatz bilden, indem es nunmehr der uneingeschränkten Wahl eine andere Grenze zog. Und das Erbrecht unterlag in der Tat bei der nächsten Thronerledigung dem freien Wahlrecht. Friedrich v. Staufen, der Sohn der Schwester Heinrichs V., wäre nach Herkommen und Recht der befugte Nachfolger gewesen; aber die Frage des Erzbischofs von Mainz an die beiden anderen Kandidaten Lothar und Leopold, ob jeder von ihnen dem zu Wählenden ohne Widerspruch Gehorsam leisten wollte, und die Zuspitzung dieser Frage bei Friedrich, ob er durch Beitritt zu der Antwort dieser beiden „zur dauernden Sicherung der Wahlfreiheit" beitragen wolle, zeigt die bewußte Absicht der Fürsten, vom Erbrecht abzugehen. Was 1077 Aufruhr war, das ist 1125 rechtsgültig und ordnungsgemäß durchgeführt worden[2]); die päpstliche Bestätigung wurde erbeten und erteilt.

Nach diesem Sieg der Wahlfreiheit kehrte die Wahl der Fürsten wieder zu einem Erbkandidaten zurück. Friedrich v. Staufen verzichtete, und nunmehr war sein Bruder Konrad, als Neffe Heinrichs V., der unanfechtbare Vertreter des erbberechtigten Geschlechtes. Mit Hilfe der Kirche kam eine etwas eilige Wahl zustande; die nicht dabei vertretenen Fürsten mußten nachträglich, wie bei Heinrich II., zur Zustimmung gewonnen werden. Konrad trat sogleich in die Bahnen der früheren Erbdynastien ein und ließ seinen zehnjährigen Sohn Heinrich neben sich 1147 wählen und krönen. Aber Heinrich starb vor dem Vater, und als 1152 Konrad III. ins Grab sank, da war das Reich nicht bestellt, der zweite Sohn erst sieben Jahre alt. Da trat der Bruderssohn Konrads, Friedrich, der Sohn jenes Friedrich, der 1125 in Frage gekommen war, mit der Aussage auf, daß Konrad ihn designiert habe. Die Möglichkeit ist nicht abzuweisen, da Konrad seinem Bruder Friedrich für dessen einstigen Rücktritt verpflichtet war.[3]) Friedrich I. selbst ließ, als er in zweiter Ehe Söhne bekam[4]), sogleich 1169 den vierjährigen Sohn Heinrich zum Könige wählen und krönen. Dieser Heinrich VI. ist es dann, der die Erbmonarchie gesetzlich durch Reichstagsbeschluß festzulegen suchte; ohne Wahl sollte nach dem Tode eines Königs sofortige Erbfolge des nächstberechtigten Erben eintreten. Heinrich mußte Großes dagegen bieten: für die weltlichen Fürsten und Großen Erblichkeit von Lehen und Eigengut sowohl bei männlichen

1) Engelmann, Anspruch der Päpste auf Konfirmation und Approbation bei den deutschen Königswahlen (1077—1379). 1886.

2) Über diese Wahl besitzen wir den Bericht eines Augenzeugen, die Narratio de electione Lotharii (MG. SS. XII). Vgl. auch Niemann, Die Wahl Lothars von Sachsen zum deutschen König. Göttingen. Diss. 1871; Bernhardi, Lothar von Sachsen (in den Jahrbüchern). 1879; Wichert, Die Wahl Lothars III. FDG. 12, vgl. daselbst 61; Schneiderreit, Die Wahl Lothars III. Halle. Diss. 1892.

3) Über Friedrichs I. Wahl vgl. außer Prutz, Kaiser Friedrich I., Bd. 1 und Giesebrecht, Kaiserzeit, Bd. 4, besonders Wetzold, Wahl Friedrichs I. Göttingen. Diss. 1872; Peters, Wahl Kaiser Friedrichs I. FDG. 20; Hasse, Erhebung König Friedrichs I. (in histor. Untersuchungen Arnold Schaefer gewidmet), 1882; Simonsfeld, Wahl Friedrichs I. in SB. der Münchener Ak., 1894; R. Holtzmann, Wahl Friedrichs I. zum deutschen König, in HVSchr. 1 (ebd. 2 Simonsfeld).

4) Vorher, ehe er einen Erben hatte, stand auch er mehr unter dem Banne des nunmehr schon wiederholt zur Geltung gekommenen Wahlrechtes, denn er hatte 1160 vor Mailand den Fürsten empfohlen, wenn er fallen würde, seinen Vetter Friedrich, Konrads III. Sohn, zu wählen und nach diesem eventuell seinen welfischen Vetter Heinrich (den Löwen). Der berechtigte Erbe wäre aber Friedrichs I. Halbbruder Konrad, Sohn seines Vaters aus dessen zweiter Ehe, gewesen. Jedenfalls ist die eventuelle Aufstellung Heinrichs ein Abweichen vom Erbrecht zugunsten freierer Wahl. Die freie Wahl 1125, das Abgehen vom älteren Bruder auf den jüngeren 1138, und schließlich die Rückkehr zur älteren Linie 1152 hatten zu dieser Erstarkung des Wahlprinzips geführt.

als weiblichen Nachkommen; für die geistlichen Fürsten Verzicht auf das Spolienrecht. Trotzdem ist er gescheitert; es gelang nur, daß der zweijährige Sohn Friedrich tatsächlich zu Lebzeiten des Vaters zum König gewählt wurde. Schon im folgenden Jahre ist Heinrich VI. gestorben, und das war ein Verhängnis für die Erbmonarchie; sie hatte nicht mehr die Kraft, dem unmündigen Kinde die Krone zu erhalten. Zwar versuchte Heinrichs VI. jüngster Bruder, Philipp von Schwaben, anfangs für den schon gewählten kleinen Friedrich einzutreten und so dem direkten Erbgang zum Erfolg zu verhelfen, aber die staufischen Anhänger selbst rieten ihm, die eigene Kandidatur aufzustellen, weil gegen eine starke, für die Neuwahl eintretende Opposition ein dreijähriges Kind als König nicht durchzusetzen war. So schritt auch die staufische Partei zu einer Neuwahl und verließ ebenso wie die Oppositionspartei den gegebenen Rechtsboden. Immerhin aber bedeutete Philipps Wahl ein Festhalten am erbberechtigten Geschlechte. Die drei Monate später getätigte Wahl Ottos IV. — seine Wähler hatten anfangs Unglück mit ihren Kandidaten, Bernhard von Sachsen und Berthold von Zähringen hatten abgesagt — hatte keinen anderen Rechtsgrund als das fragliche freie Wahlrecht.[1])

Im weiteren Verlaufe des Wahlstreites treten Momente zutage, die bereits Vorstadien des Kurfürstenkollegs sind und daher zweckmäßig später mit diesen zusammen behandelt werden. Daß Deutschland im Jahre 1212 zu dem schon 1196 gewählten staufischen Erben Friedrich zurückkehrte, bedeutete keine Stärkung des alten Erbgedankens, Friedrich mußte sich sogar eine zweite Wahl gefallen lassen. Aber es gelang Friedrich seinerseits, die Wahl seines Sohnes Heinrich (VII.) 1220 durchzusetzen, was wiederum ein bewußtes Einlenken in die Erbmonarchie darstellte. Und als er selbst diesen Sohn wieder abgesetzt hatte, verstand er es noch ein zweites Mal, die Fürsten zur Wahl seines Sohnes, Konrads, zu bewegen. Vor der Unsicherheit der freien Königswahl hatte sich nochmals das größere Sicherheit bietende Erbprinzip behauptet; — es war das letzte Mal.

b) Wahlakt und Königskrönung.

Maurenbrecher, s. o. unter a). Lindner, Die deutschen Königswahlen und die Entstehung des Kurfürstenkollegs. 1893. Lindner, Der Hergang bei den deutschen Königswahlen. 1899.

Bis zur Mitte des 13. Jhs. war der Vorgang der Wahl manchen Schwankungen unterworfen gewesen. Eine gesetzliche Regelung war nicht erfolgt, nur das Herkommen gab die Richtschnur, aber es genügte vollkommen, um gewisse Grundzüge festzulegen und so eine Regelmäßigkeit zu begründen, die für den gewöhnlichen Fall, wo nicht besondere Umstände vorlagen, ausreichte.

Ein solcher allgemeiner Grundsatz hatte herkömmlich den *Wahlort* auf die fränkische Erde beschränkt. Nicht etwa eine einzige bestimmte Stadt war Wahlort, wie etwa in einer späteren Periode Frankfurt a. M., aber beinahe alle Wahlstätten dieser Zeit waren fränkische Orte: Forchheim für Konrad I., Fritzlar für Heinrich I., Aachen für Otto I., Worms für Otto II., Mainz oder Umgegend vielleicht für Heinrich II., Kamba für Konrad II., Aachen für Heinrich III., Tribur für Heinrich IV., Mainz für Heinrich V., ebenso für Lothar, Koblenz für Konrad III., Frankfurt für Friedrich I., Bamberg für Heinrich VI., Köln für Otto IV. Nur Otto III. war in ganz ungewöhnlicher Weise in Verona gewählt worden, und gegen Philipps von Schwaben Wahl in Mülhausen war gerade als besonders erheblich ins Feld geführt worden, daß sie nicht

1) O. Abel, König Philipp der Hohenstaufe. 1852. E. Winkelmann, Philipp von Schwaben und Otto IV. 2 Bde. 1873. 1878. Langerfeld, Kaiser Otto IV. 1872. Über die Beziehungen des Papsttums zur Doppelwahl vgl. E. Engelmann, Philipp von Schwaben und Papst Innocenz III. Berlin. Progr. 1896; F. Hurter, Geschichte Innocenz' III. 4 Bde. 1834—1872; R. Schmemer, Innocenz III. und die deutsche Kirche während des Thronstreites. 1882; W. Lindemann, Kritische Darstellung der Verhandlungen Papst Innocenz' III. mit den deutschen Gegenkönigen. I. Magdeburg. Progr. 1885; H. Krabbo, Ottos IV. erste Versprechungen an Innocenz IV. NA. Bd. 27. Über den Königsmacher Adolf von Köln: V. Röhrich, Adolf I., Erzbischof von Köln. I. Königsberg. Diss. 1886; Wolfschläger, Erzbischof Adolf I. als Fürst und Politiker, in Münstersche Beiträge von A. Meister. NF. H. 6.

auf fränkischer, sondern sächsischer Erde erfolgt war. Für die beiden Wahlen Friedrichs II. war Frankfurt a. M. der Wahlort, während allerdings der letzte staufische König Konrad in der Notlage Friedrichs II. in Wien gewählt wurde.

Die Einberufung zur Wahl stand dem Erzbischof von Mainz zu; im 12. Jh. wird dies schon als sein „altes" Recht bezeichnet.[1]) Im 13. Jh. taucht ein Mitberufungsrecht des Pfalzgrafen auf. In der Rechtsdarlegung „Qui coelum" bezüglich der Wahl des Richard von Cornwallis ist dem Pfalzgrafen dieses Recht zugeschrieben[2]), wahrscheinlich, weil er an Stelle des in Gefangenschaft befindlichen Mainzer Erzbischofs die Wahl tatsächlich ausgeschrieben hatte. Dann hätte man durch die Rechtsdarlegung diesen von der Norm abweichenden Vorgang nachträglich unanfechtbar machen wollen. In der Folgezeit ist dann dieser Anspruch des Pfalzgrafen in die Rechtsbücher[3]) übergegangen. Schon 1291 siegt aber das alte Mainzer Vorrecht und in der Goldenen Bulle ist von einem ähnlichen Rechte des Pfalzgrafen nicht mehr die Rede.

Berechtigt zur Wahl war in der Theorie noch immer wie im altgermanischen Volksstaat das ganze Volk. Aber das Volk kam nur noch zur Äußerung in einem äußerlichen und nebensächlichen Akte; es begrüßte den Gewählten mit Jubel. In diesem Beifallsrufen ist der letzte Ausläufer der selbständigen Teilnahme des Volkes an der Wahl zu erkennen.

Im übrigen waren als *Wähler* an die Stelle des Volkes getreten die Fürsten, principes in dem weiteren Sinne des Wortes, wie ihn das frühere Mittelalter kannte, bis zu den Grafen einschließlich. Geistliche und weltliche principes waren die Wähler des Königs. Wieviel ihrer bei der Wahl zugegen sein mußten, darüber existierte keine Bestimmung. Man unterschied mehrere Stadien der Wahl: zunächst eine Verständigung über den Kandidaten, dann eine formelle Abstimmung und schließlich die Verkündigung des Gewählten. Die Verständigung konnte ganz überflüssig werden bei einer starken Erbdynastie, wo zu Lebzeiten des Vaters gewählt wurde und der Sohn, der gewählt werden sollte, vom Vater bezeichnet, designiert war. Sie konnte aber auch in mehr oder weniger langen Vorverhandlungen die Aufgabe haben, Erbansprüche zu prüfen, Meinungsverschiedenheiten auszugleichen, Vereinbarungen mit dem Prätendenten zu treffen[4]) und, wenn nicht Übereinstimmung über die Person des Kandidaten erzielt wurde, die Gegner zu veranlassen, von der Wahl fernzubleiben. Denn die eigentliche Wahl, die Kur, sollte einhellig sein. Bei diesen Vorverhandlungen konnten Ansehen, Macht und Beredsamkeit des einzelnen den Ausschlag geben. Eingehendere Besprechungen unter den Wählern sind uns in den Jahren[5]) 1002, 1024, 1125 und 1138 besonders bekannt. 1024 und 1125 war sogar die nötige Einigkeit in den Vorverhandlungen der Wähler nicht erzielt worden. Da haben denn die beiden rivalisierenden Konrade 1024 sich untereinander selbst geeinigt und nur einen als Kandidaten den Wählern präsentiert; und die Wahl von 1125 hatte wegen des Zwiespaltes unter den Fürsten ihr eigenes Gepräge erhalten.

1) Vgl. Rahewins Forts. der Gesta Friderici ed. Waitz. S. 150.

2) Ad archiepiscopum Moguntinum et comitem palatinum Rheni vel ipsorum alterum altero nequente vel forsitan non volente pertinet ad electionem ipsam celebrandam diem prefigere ac ceteros principes convocare.

3) Vgl. d. Schwabenspiegel Landrecht c. 130 (Zeumer, Quellensammlung S. 98).

4) Wahlkapitulationen gab es noch nicht. Nur Lothar III. hatte vor seiner Wahl der Kirche Zusicherungen gemacht. Vgl. Ulich, Deutsche Kirche unter Lothar 1885; Voges, Das Pactum in der Narratio de elect. Lotharii. Diss. 1885. Heinrich II. hatte nach der Wahl den Sachsen gegenüber vor ihrer Anerkennung Verpflichtungen eingehen müssen.

5) Auch vor Ottos I. Wahl scheint eine Verständigung der Sachsen und Franken an ungenanntem Ort stattgefunden zu haben. Maurenbrecher, a. a. O. S. 54 und Waitz haben sich dagegen ausgesprochen; für eine Vorwahl: Köpke, Otto I., S. 3; Derselbe, Widukind, S. 131; Phillipps, Königswahl, S. 21; Giesebrecht, Kaiserzeit I^5, S. 243; Ottenthal, Reg. Imp. 55 g; Seeliger, in Waitz, Vfg. 6^2, S. 179, Anm. 2.

Es war damals ein Wahlausschuß eingesetzt worden von 40 Mitgliedern, 10 Fürsten aus jedem der vier Hauptstämme der Franken, Schwaben, Bayern und Sachsen. Dieser Wahlausschuß sollte eine Vorwahl abhalten, und die übrigen Wahlfürsten sollten dem Ergebnis dieser Vorwahl beipflichten. Nun gingen bekanntlich aus dieser Vorwahl drei Kandidaten hervor, und die offizielle Wahl hatte unter ihnen zu entscheiden. Die Antwort, die Friedrich der Staufe auf die diplomatische Frage des Erzbischofs von Mainz gab, verdarb ihm die Sympathien. Eine übereilte tumultuarische Schilderhebung Lothars hätte auch diesen beinahe um den Erfolg gebracht; aber in einer letzten Versammlung waren die Bayern, die zu Friedrich gehalten hatten, für ihn gewonnen worden, und so wurde er einhellig gewählt; wer nicht für ihn war, blieb dem Wahlakte fern.[1])

Bei der eigentlichen Erwählung gab es eine gewisse Regelung der *Abstimmung.*[2]) Die geistlichen Fürsten stimmten zuerst, dann die weltlichen. Von den geistlichen gab die erste Stimme ab der Erzbischof von Mainz, die zweite der von Köln, besonders als seine Berechtigung zur Krönung feststand, darauf in weiterer Abstufung Erzbischöfe, Bischöfe, Äbte, Pröpste. Die weltlichen Fürsten stimmten nach Stämmen ab, innerhalb des Stammes wiederum in Rangordnung Herzöge, Markgrafen, Grafen. Dabei scheint der fränkische Stamm zuerst gestimmt zu haben[3]), denn später, als kein fränkischer Stammesherzog mehr existierte, hat der Pfalzgraf bei Rhein als Führer des fränkischen Stammes unter den weltlichen Fürsten die erste Stimme. Dies bedeutete keinen Unterschied in dem Wert der Stimmen, rechtlich waren sich alle gleich.

Den Gewählten verkündete der Erzbischof von Mainz als elector; es ist wahrscheinlich, daß hier eine Anlehnung vorliegt an das ähnliche Verfahren bei der Papstwahl und den Bischofswahlen.[4]) Der Erzbischof von Mainz hatte überhaupt bei der ganzen Wahlangelegenheit großen Einfluß. Wie er meist das Ausschreiben zur Wahl erließ, so hat er auch die Wahl formell geleitet.

Auch die *Päpste* haben wiederholt versucht, bei den deutschen Königswahlen Einfluß zu gewinnen; päpstliche Legaten sind daher bei vielen Königswahlen zugegen. Der Papst hatte ein Interesse daran, bei der Wahl vertreten zu sein, weil der Gewählte dazu bestimmt sein sollte, aus seiner Hand die Kaiserkrone zu empfangen und mit dem Kaisertum auch Pflichten im Interesse der Gesamtkirche zu übernehmen. Bis zur Zeit Heinrichs IV. war die Beteiligung des Papstes an der Wahl oder seiner Beauftragten für diese rechtlich bedeutungslos, erst der Konflikt Heinrichs IV. mit Gregor VII. steigerte die Ansprüche des Papsttums.[5]) Gregor VII. verlangte, daß ihm über die Eigenschaften des Gewählten Auskunft erteilt werde, damit er seine Bestätigung geben könne; er beanspruchte also Prüfung der Würdigkeit des Kandidaten und Bestätigung. Als Rudolf von Schwaben gewählt und nunmehr zwei Könige vorhanden waren, forderte er für sich die Entscheidung, wem das bessere Recht zustehe. Vor der Wahl des Gegenkönigs Hermann wird sogar von diesem verlangt, daß er sich als Vasallen des Hl. Petrus und des Papstes erkläre. Bei Lothars und Konrads III. Wahl sind päpstliche Legaten zugegen, Lothar bittet in besonderer Gesandtschaft nach Rom

1) Der Erzbischof Adalbert von Mainz, der den Verlauf dieser Wahl leitete, hat vor allem, um die Wahl beeinflussen zu können, die Kroninsignien durch List in seinen Besitz gebracht.

2) Vgl. Maurenbrecher, a. a. O. S. 93; Weiland, Deutsche Königswahlen im 12. und 13. Jh., FDG. 20; Tannert, Entwicklung des Vorstimmrechts unter den Staufen 1884.

3) Bei der Wahl Konrads II. stimmte der Franke Konrad unter den Weltlichen zuerst.

4) Siehe Näheres unten Abschn. IV, Entstehung des Kurfürstentums.

5) Vgl. W. Deussen, Die päpstliche Approbation der deutschen Königswahl. Münster. Diss. 1879; E. Engelmann, Der Anspruch der Päpste auf Konfirmation und Approbation der deutschen Königswahlen 1077—1379. 1886; P. Dönitz, Über Ursprung und Bedeutung des Anspruchs der Päpste auf Approbation der deutschen Königswahlen. Halle. Diss. 1891. Es ist unverständlich, wie Engelmann S. 7 den Zusammenhang dieser päpstlichen Ansprüche mit der Stellung des Papstes zum Kaisertum bestreiten kann. Waitz 6², S. 239, Anm. 6 (Seeliger).

um die päpstliche Bestätigung, und bei Konrads III. Wahl ist die Zustimmung des Papstes gleich im voraus bekanntgegeben worden. Die Doppelwahl von 1198 und die Umdeutung der Königswahl zur Kaiserwahl (siehe unter c) gaben dem Papste neue Handhaben für seinen Approbationsanspruch.

Auf die Wahl folgte unmittelbar die *Huldigung* der anwesenden Großen des Reiches. Diejenigen, die nicht persönlich bei der Wahl zugegen waren, huldigten beim Krönungsfeste. Im übrigen machte der König nach der Krönung eine Umfahrt durchs Reich, bei den einzelnen Stämmen, um sich huldigen zu lassen, nötigenfalls Anerkennung und Huldigung durch Kampf zu erzwingen.

Die Wahl allein berechtigte im allgemeinen noch nicht zur Vornahme königlicher Handlungen; es gehörte notwendig hinzu die *Investitur* oder Einführung in das Königtum und die *Krönung*. Beides wurde meist in Aachen im alten Kaiserdome miteinander verbunden. Der Erwählte wurde zuerst gesalbt, dann empfing er das Schwert als Zeichen seiner Macht, ferner die Armspangen, darauf wurde ihm der königliche Mantel um die Schultern gelegt, und dann erhielt er den Siegelring, Zepter und Stab und schließlich aufs Haupt die königliche Krone. Alsdann wurde er feierlichst zum Stuhle Karls d. Gr. geleitet, und, indem er ihn einnahm, vollzog er die Inthronisation. Alle diese Akte wurden eingeleitet und begleitet durch Gebete und Segnungen und beschlossen durch ein Tedeum. Bei dem anschließenden Festmahl taten die angesehensten Fürsten zum erstenmal beim neuen König Hofdienst. Salbung und Krönung sind durch Heinrich I. abgelehnt worden; seit Otto I. aber gehören sie, wie sie auch meist schon bei den Karolingern angewandt waren, notwendig zum Regierungsantritt hinzu. In den Thronstreitigkeiten Philipps von Schwaben und Friedrichs II. mit Otto IV., sowie Ludwigs d. B. mit Friedrich d. Sch. ist dann gerade der Krönung ausschlag gebende Bedeutung beigemessen worden.

Krönungsort war Aachen, nur sind in dieser Periode Konrad I. in Forchheim, Heinrich II. und Konrad II., sowie der Gegenkönig Rudolf von Schwaben in Mainz, der Gegenkönig Hermann in Goslar gekrönt worden. Berechtigt zur Vornahme der Krönung war anfangs der Erzbischof von Mainz, als vornehmster deutscher Bischof und Reichsbeamter. Bei der Krönung Ottos I. in Aachen erhob der Kölner Erzbischof Anspruch, weil Aachen in seiner Diözese lag, und auch der Trierer wegen des größeren Alters seiner Kirche; indessen gab das hohe Ansehen Hildiberts von Mainz für diesen den Ausschlag. Bei Otto II. waren alle drei Erzbischöfe an der Krönung beteiligt, jedoch der Kölner in bevorzugter Weise. Bei Otto III. nahm der Erzbischof von Ravenna, der ihn aus Italien geleitet hatte, die Krönung unter Assistenz des Mainzer Erzbischofs vor. Die nächsten Krönungen haben nicht in Aachen stattgefunden, vielleicht gerade deshalb vom Mainzer Rivalen verhindert, damit der mit der Lage Aachens begründete Anspruch nicht aufkommen konnte. Heinrich II. und Konrad II. wurden von den Mainzer Erzbischöfen in Mainz gekrönt, und ein Mainzer Erzbischof war es auch, der den Gegenkönigen Rudolf und Hermann die Krone aufgesetzt hat. Von diesen Fällen abgesehen, ist aber der Kölner Erzbischof jetzt der krönende Bischof, besonders seit Papst Leo IX. die Entscheidung getroffen, daß ihm innerhalb seiner Diözese die Krönung zustehe.

Die deutsche Königswahl und Krönung galt ursprünglich auch für Italien und Burgund. Doch haben Heinrich II., vielleicht Konrad II., Konrad Heinrichs IV. Sohn, Konrad der Staufer als Gegenkönig gegen Lothar, dann Friedrich I. und seine Nachfolger sich in Italien nochmals krönen lassen. Als Krönungsstädte waren Pavia, Monza und Mailand gewählt worden.[1] — In Burgund ist vielleicht Konrad II., sicher Friedrich I. in Arles besonders gekrönt worden.

1) Über die italienische Krönung: P. Meinhold, Forschungen zur Geschichte der Lombardischen Krönung der deutschen Kaiser und Könige. Halle. Diss. 1883; K. Haase, Die Königskrönungen in Oberitalien und die eiserne Krone. Straßburg. Diss. 1901; A. Kröner, Wahl, Krönung

Je nachdem die Könige ihrer Wahl oder Krönung entscheidende Bedeutung für ihr Königtum beigelegt haben, rechneten sie ihre anni regni von der Wahl oder von der Krönung an. Ein einheitliches Prinzip hat nicht bestanden, während beim Kaisertum die anni imperii gleichmäßig von der Kaiserkrönung gezählt wurden. Am auffallendsten ist die Rechnung der Königsjahre unter Otto II., der sie von 961 an zählte, also auch bei seinem Regierungsantritt 973 keine neue Zählung beginnt. Andere wie Heinrich III. machen in dieser Beziehung einen Unterschied, indem sie die Jahre zu Lebzeiten des Vaters als anni ordinationis, und erst von der Alleinregierung an die anni regni zählen.

c) Kaiserwahlen und Kaiserkrönung.

M. Krammer, Der Reichsgedanke des staufischen Kaiserhauses 1908; H. Bloch, Die Kaiserwahlen der Stauferzeit in HVSchr. 1909 und als Buch: Die staufischen Kaiserwahlen und die Entstehung des Kurfürstentums 1909; s. auch GGA. 1909, S. 363ff.

Es war der früheren Forschung schon aufgefallen, daß Friedrich II. zu Nürnberg 1211 gleich zum Kaiser gewählt wurde, ohne daß er vorher König war. Neuerdings haben wir die tiefere Bedeutung dieses Vorgangs verstehen und seine Voraussetzungen kennen gelernt.

Schon seit Friedrich I. ist das Problem der Kaiserwahl theoretisch behandelt und in der Stauferzeit sind auch faktisch wiederholt Kaiserwahlen beabsichtigt und getätigt worden.[1]) Die Erklärung dafür liegt in den auf das Recht der Kaiserkrönung sich gründenden Ansprüchen der Päpste auf Approbation[2]) und in dem seit Friedrich I. verschärften Gegensatz des Kaisertums zum Papsttum und seiner Forderung der Unabhängigkeit des Kaisertums von der Kurie.

Friedrich I. ernannte seinen Sohn König Heinrich zum Caesar; er knüpfte damit an das römische Vorbild an und wollte zum Ausdruck bringen, daß dem erwählten König das Kaisertum zustehe, daß die Wahl Kaiserrechte verleihe. In der Tat hat der friedliebende Papst Gregor VIII. dann Heinrich VI. als erwählten Kaiser der Römer angeredet (Henrico illustri regi electo Romanorum imperatori) und damit anerkannt, daß die deutschen Fürsten in dem Könige gleich den Kaiser erwählten. Sehen wir dann von der Wahl Friedrichs II. i. J. 1196 ab (s. Anm. 1), so ist die Wahl Philipps von Schwaben durch die besten Quellen als Kaiserwahl bezeugt, die Ottos IV. ebenfalls als eine solche wahrscheinlich gemacht. Eine Proklamation der staufischen Fürsten zu Speier 1199 erklärt ausdrücklich die Unabhängigkeit der deutschen Kaiserwahl. Der Papst, der in seinen ersten Antwortschreiben nur von Königswahlen spricht, tritt 1200 und 1201 der Auffassung, daß diese Wahlen Kaiserwahlen gewesen seien, bei, um damit sein Approbationsrecht besser zu begründen. Innocenz schreibt an Otto: illustri regi Ottoni in Romanorum imperatorem electo, eine wohl absichtlich von der durch Gregor VIII. gewählten abweichenden Form, wodurch er zugibt, daß der gewählte König der designierte Kaiser sei, mit dem Vorbehalt, daß erst die päpstliche Krönung ihm die volle kaiserliche Gewalt verleiht. Somit kehrte sich die Waffe, die die Staufer für die deutsche Wahl geschmiedet hatten, umgekehrt gegen sie, und die

---

der deutschen Kaiser und Könige in Italien. 1901. Die Bezeichnung „eiserne" Krone kommt nicht vor dem 13. Jh. vor (vgl. Muratori, Anecd. 2, 309), die archäologische Untersuchung ergab aber, daß die noch vorhandene italienische Krone aus dem 9. Jh. stammt. Vgl. Barbier de Montault, La couronne de fer au trésor de Monza in Revue de l'art chrétien. S. 377—392.

1) Wahrscheinlich war auch die Wahl 1196 schon eine Kaiserwahl, wie es die Chronik von Hennegau und Ausländer schildern; es ist allerdings möglich, daß bei ihnen der Begriff rex und imperator ineinander übergeht.

2) Bloch, a. a. O., verfolgt die Voraussetzungen noch weiter zurück; jedenfalls meint er, daß schon die Wahl Lothars dem Kaiser gegolten habe, wenn sie auch noch von den deutschen Quellen als Königswahl bezeichnet werde. Er macht darauf aufmerksam, daß schon seit Heinrich IV. die Bezeichnung Romanorum rex, seit Lothar und Konrad III. der Ausdruck augustus, der bisher nur Ehrentitel des Kaisers war, und von Friedrich I. und Heinrich VI. in der Form et semper augustus aufgenommen worden. Damit sollte das Anrecht des Gewählten auf die kaiserliche Verwaltung zum Ausdruck kommen.

electio imperatoris wird eine Forderung des Papsttums. Das rief den Protest der staufischen Wähler zu Halle 1208 hervor.

Aber die folgende Wahl Friedrichs II. 1211 ist doch wieder eine Kaiserwahl und somit eine Konzession der Fürsten gegenüber der päpstlichen Auffassung. Das erklärt sich aus der zwingenden Zeitlage, und daran wird auch nichts dadurch geändert, daß im folgenden Jahre 1212 zu Frankfurt noch eine Königswahl hinterher folgt, die die Grundlage für die Königskrönung schaffen mußte.[1])

Die Wahlen der Söhne Friedrichs II. Heinrich und Konrad sollten die Gewählten als deutsche Könige unter den Kaiser stellen. Es sind also nach dem Willen Friedrichs II. selbst nicht Kaiserwahlen gewesen, sondern nur Königswahlen. Friedrich hat seine Söhne für das Kaisertum nur designieren lassen. Durch diese Abgrenzung des Königtums hat Friedrich der jetzt vom Papste vertretenen Forderung der Kaiserwahl den Weg gewiesen. Innocenz IV. geht aus von der Umschreibung der kaiserlichen Stellung in ihrem Verhältnis zur Kirche. Der Kaiser ist der Vogt der Kirche und deshalb ist das Kaisertum auch ein Amt, das die Kirche besetzt. Deshalb muß aber die Wahl den Wünschen der Kirche entsprechen. Innocenz verlangt, daß die Wahl des Vogts der Kirche kanonisch vollzogen werde und daß sie wie jede kanonische Wahl der Bestätigung des Papstes unterliege. Mithin war die Wahl selbst nur eine designatio. Somit erkannte Innocenz IV. eine deutsche Kaiserwahl an, er unterwarf aber gleichzeitig diese Kaiserwahl dem kanonischen Rechte. Sie gewährte dem Gewählten nur das Anrecht, vom Papste das Kaisertum zu erhalten. Bei der Wahl Heinrich Raspes 1246 ist diese päpstliche Auffassung in die Wirklichkeit umgesetzt worden, er ist in regem Alamanniae et Romanorum principem gewählt worden, worin die Teilung der Gewalten zum Ausdruck kam. Auf Betreiben der Städte hat dann das Braunschweiger Reichsweistum von 1252[3]) den Grundsatz ausgestellt: Kaiser im Reich ist der König der Römer, sobald er in Eintracht gewählt ist; ihm fügt kaiserliche Salbung nur den Namen hinzu. Das ist eine Rückkehr zum staufischen Gedanken, daß die Wahl schon kaiserliche Herrschaft begründe. Allerdings hat schon der Frankfurter Reichstag 1252 statt der Wahl die Krönung in Aachen als entscheidend für den Antritt der Herrschaft hingestellt.

Aus alledem geht hervor, daß seit den Zeiten Friedrichs I. eine tatsächliche Umwertung des deutschen Königtums in ein deutsches Kaisertum im Gange war, die durch die Vorgänge bei der Doppelwahl und durch die Stellungnahme des Papsttums stark beeinflußt wurde. Gleichzeitig aber zeigte es sich auch, daß es sehr schwierig war, kaiserliche Rechte von den königlichen zu trennen. Sie waren längst infolge der jahrhundertelangen Verbindung zwischen deutschem Königtum und Kaisertum ineinander übergegangen. Das Reichsweistum vom Jahre 1252 und das Gesetz Ludwigs d. B. „Licet iuris" vom Jahre 1338 haben nichts anderes getan, als dieser Vermischung der Rechtsauffassung Rechnung zu tragen, indem sie dem deutschen König die Befugnis zulegten, von der Kaiserkrönung Kaiserrechte auszuüben.

Je nach der Auffassung, die man mit der Wahl verband, richtete sich auch die Auffassung von der *Kaiserkrönung*. Die Beurteilung der Kaiserkrönung schwankte

---

1) Insofern haben die „Kaiserwahlen" schon eine Vorgeschichte. Krammer dagegen will die Kaiserwahl aus der Staatsauffassung der Staufer allein erklären, die an Stelle des deutschen Königtums ein universales Kaisertum setzen wollten. Die staufischen Kaiserwahlen erklärt er demnach als im Widerspruch stehend mit der Idee des deutschen Königtums. Indessen nicht der staufische Imperialismus ist verantwortlich zu machen für die Veränderung der Auffassung vom Reich, sondern das schon vorher begonnene Ringen mit den päpstlichen Ansprüchen hat zum Imperialismus geführt, er ist eine historische Notwendigkeit gewesen.

2) Bloch interpretiert in diese Wahl zu viel hinein, wenn er sie als Befreiung von der päpstlichen Vormundschaft hinstellen möchte.

3) Zeumer, Ein Reichsweistum 1252 im NA. 30, S. 405f.

zwischen den beiden Gegensätzen, ob sie nur eine kirchliche Zeremonie sei, die das Kaisertum ergänzte und vollendete, oder ob sie erst die kaiserliche Gewalt schaffe und begründete. Jedenfalls galt sie als notwendig bis Maximilian.

Vor der Kaiserkrönung leisteten die zu Krönenden den Päpsten Eide, die sich auf die Sicherheit des Papsttums bezogen und ein Treugelöbnis enthielten. Auch den Römern wurde zuweilen von den künftigen Kaisern das Versprechen gegeben, daß ihnen ihre Privilegien und Gewohnheiten erhalten bleiben sollten. Besondere Feierlichkeiten[1]) waren mit dem Einzug in die Stadt Rom, mit dem Eintritt in die Peterskirche und der eigentlichen Krönung verbunden. Lothar ist in dieser Periode der einzige Kaiser, der nicht in der Peterskirche, sondern, da diese vom Gegenpapst Anaclet besetzt gehalten wurde, in der Laterankirche gekrönt ist.

Zu unterscheiden von der Kaiserkrönung ist die Ernennung und Krönung zum Patrizius der Stadt Rom. Den fränkischen Königen war diese Würde besonders verliehen worden; unter den späteren Karolingern hören wir nichts mehr davon, ebensowenig von einer besonderen Verleihung bei den Ottonen. Sie begegnen uns jedoch mit dem Titel imperator et patricius; demnach scheint die Patriziuswürde als eine mit dem Kaisertum übertragene Stellung aufgefaßt zu sein. Nun aber hat Otto III. einen kaiserlichen Beamten als patricius ernannt, und seitdem erscheint der Titel öfters getrennt vom Kaiser, römische Adelsgeschlechter sind im Besitz dieses Titels und benutzen ihn, um auf die Papstwahl einen Druck auszuüben; auch Gottfried, der Gemahl der Beatrix von Tuscien führt ihn; kurz neben dem Kaiser als summus patricius kommt nun ein besonderer patricius vor. Heinrich III., Heinrich IV., Heinrich V. haben teils vor, teils nach der Kaiserkrönung den Titel erhalten. Verliehen wurde er von den Römern, denn er bezog sich in erster Linie auf die Stadt Rom.

3. Der König und die königliche Gewalt.

R. Scholz, Beiträge z. Gesch. der Hoheitsrechte des deutschen Königs z. Z. der ersten Staufer, in Leipziger Studien II, 4. 1896. Seeliger, Königswahl und Huldigung, in HVSchr. 4, S. 511. Schröder, Rg.[5], § 43.

Einen Unterschied zwischen der Machtstellung des Königs in Deutschland und der des Kaisers gab es nicht; Königsgewalt und Kaisergewalt galten als gleichwertig. Durch Gewinnung des Kaisertums erweiterte sich nur der Umfang des Bereichs, nicht mehr das Wesen der Gewalt selbst. Ja der König hatte sogar ein Vorrecht vor dem Kaiser voraus: er durfte schon zu seinen Lebzeiten sich einen König als Mitregenten und designierten Nachfolger zur Seite wählen und krönen lassen.[2]) Nur Otto I. hat dasselbe hinsichtlich der Kaiserkrönung für seinen Sohn Otto II. erreicht; seitdem geschah es nicht wieder. Und als Friedrich I. den Versuch machte, antwortete ihm der Papst, daß nicht gleichzeitig zwei Kaiser sein könnten.[3])

Als hauptsächlichste *Pflichten des Königs* werden von den Schriftstellern hervorgehoben, daß er Gerechtigkeit übe, Gnade walten lasse, Frieden und Eintracht bewahre und die Schwachen und Armen (Witwen und Waisen) sowie die Kirche und die Geistlichkeit beschütze. Für sein Verhältnis zur Kirche ist in der zweiten Hälfte des 11. Jhs. der bildliche Vergleich geprägt worden von den zwei Schwertern, dem weltlichen und dem geistlichen Schwert, die Christus auf Erden gestiftet habe. Bei der Salbung und Krönung legt der König auf die Rechte und Pflichten, die ihm der Erzbischof nennt, und zu denen auch das Versprechen gehörte, den rechten Glauben zu bewahren, zwar nicht einen förmlichen Eid, aber ein Gelöbnis ab.

---

1) J. Schwarzer, Die Ordines der Kaiserkrönung. FDG. Bd. 22. A. Diemand, Das Zeremoniell der Kaiserkrönung von Otto I. bis Friedrich II. 1894. Vgl. auch Waitz, Die Formeln der deutschen Königs- und römischen Kaiser-Krönung. Abh. d. Gött. Ges. d. W. 1873. 18. Werminghoff, Zur handschriftlichen Überlieferung von Krönungsordnungen. NA. 26.

2) Schröder, Rechtsgeschichte [4], S. 485, [5], S. 495, hält es irrtümlich für einen Vorzug des Kaisers, „daß er einen römischen König als Gehilfen und gekrönten Nachfolger neben sich haben konnte, was dem bloßen König wohl versagt war". Die Salbung Ottos II. zum König erfolgte vor Ottos I. Kaisertum.

3) Chron. regia Col. 1185. MG. SS. 10. Arnold von Lübeck III, 11. MG. SS. 21, 156.

Dem Könige wird umgekehrt von den Fürsten und Großen der Eid der Treue geleistet. Jedoch ist dieser *Treueid* nicht von allen, die ein bestimmtes Lebensalter erreichten, verlangt worden, wie einst unter Karl d. Gr., auch nahm ihn nicht notwendig der König persönlich ab, sondern er konnte auch zur Entgegennahme Abgeordnete schicken. Der Eid ist das Band, das König und Volk miteinander verbindet. Wer die Treue gegen den König bricht, gilt als Eidbrecher; er macht sich eines Majestätsverbrechens schuldig. Andererseits kommt im 11. Jh. die Auffassung auf, daß ein König, der nicht Gerechtigkeit übe und seine Versprechungen nicht halte, sein dem Volk gegebenes Versprechen verletzt habe. Es gilt als Vertragsbruch, der die königliche Gewalt lahmlegt. Es wird nämlich die weitere Folgerung daraus gezogen, daß in diesem Falle auch das Volk nicht mehr zur Treue gegen den König verpflichtet sei.[1]) Hier setzt dann wiederum das Papsttum ein, indem Gregor VII. sich das Recht zuschreibt, das Volk von dem Eide zu entbinden, wenn er den König für unwürdig und regierungsunfähig hält. Beide Auffassungen, die der Fürstenopposition und die des Papstes, sind nicht ganz dieselben, aber sie begegnen sich und führen zu demselben Ziele; beide haben von der kaiserlichen Partei heftigen Widerspruch erfahren. Denn die Möglichkeit, daß die Eide unverbindlich werden können, führt direkt zu der Forderung, den König abzusetzen[2]), — ohne verbrecherische Empörung, sondern auf dem Wege des Rechtes. Erst unter Heinrich IV. sind diese Fragen wiederholt erwogen worden; aber es ist nicht völlig klar aus den Quellen ersichtlich, ob die Fürsten zu Forchheim zu einer förmlichen Absetzung Heinrichs IV. geschritten sind.[3]) Jedenfalls erfolgte eine Absetzung durch den Papst i. J. 1180. Auch Alexander III. hat Friedrich I. gebannt und die Untertanen des Eides entbunden, aber das hatte nicht die Folge gehabt wie bei Heinrich IV., offenbar weil hier die Fürsten nicht gegen den König Stellung nahmen.[4])

---

1) Lampert von Hersfeld a. 1073; Manegold, liber ad Gebehardum c. 30 in Lib. de lite I, 365. Vgl. Bezold, Lehre von der Volkssouveränität des MA. HZ. 36, S. 322f.; Waitz, Rg. 6², S. 498f. — Es machen sich jedoch auch entschiedene Stimmen gegen diese Auffassung von der Aufhebung der Eide gegenüber einem ungerechten König geltend, so Wenrich c. 4 in Lib. de lite I, 289. Näheres bei Mirbt, Publizistik, S. 550.

2) Als Pippin König wurde, bestritt ihm niemand das Recht, den schwachen Merowinger zu beseitigen; als Arnulf zum König erhoben wurde im Gegensatz zu Karl III., hat man letzteren nicht besonders entsetzt; eine Absetzung schien wohl bei seiner Bedeutungslosigkeit als unnötig. Die bayerische Opposition gegen Heinrich III., die den Herzog Konrad erheben wollte, war eine Empörung.

3) Der Chronist Berthold spricht von einer Absetzung. MG. SS. 5, 292 ad a. 1077: et quia papa, ne ut regi oboedirent aut servirent, ipsis tam [besser iam] interdixerit, regni dignitate privabant, neque regis saltem nomine dignum ob inaudita ipsius millefaria flagitia adiudicabant. Dem wird die Stelle bei Bruno c. 108, MG. SS. 5, 371 entgegengehalten: cum iam ultra anni terminum sine rectorem essemus, in locum, de quo praevaricatus est ille, alius principum nostrorum, electione subrogatus est. Heinrich IV. selbst hat später, als er durch die Fürsten seinen Sohn, König Konrad, absetzen ließ, offenbar die Ansicht gehabt, daß den Fürsten ein Absetzungsrecht zustehe. Gegen eine Absetzung seitens der Fürsten zu Forchheim haben sich ausgesprochen: Floto, Heinrich IV., 1, 144f., Giesebrecht, Kaiserzeit 3, 432. Für eine Absetzung: Guba, Reichstag S. 96, Ohly, Königtum Heinrichs IV. Lemgo Progr. S. 33. Die Auffassung, daß keine Absetzung 1077 durch die Fürsten erfolgt sei, basiert auf der Vorstellung, daß eine solche Absetzung schon im Jahre vorher 1076 der Papst ausgesprochen habe. Dieser Ansicht ist Maurenbrecher, Königswahlen S. 111; Dehnicke, Maßnahmen Gregors gegen Heinrich, S. 17; Doeberl, Rechtfertigungsschreiben Gregors, im Festgruß an die Philologenversammlung zu München, S. 58f.; auch mit einer Einschränkung Seeliger in Waitz, Vfg. 6², S. 499 Anm. 1. Dagegen halten andere den Ausspruch Gregors 1076 nur für eine Aufforderung, daß Heinrich sich der Regierung zu enthalten habe, da er unwürdig sei. Der Papst wollte damit einen Druck auf Heinrich ausüben, der ihn zum Nachgeben und zur Unterwerfung zwingen sollte. Ähnlich urteilten schon Ranke und Döllinger, ferner Goldschmidt, Die Tage von Tribur und Canossa, S. 13f.; Martens, Z. f. Kirchenrecht 17, 211f.; Martens, Gregor VII, 1, 98f.; Sander, Heinrich IV. und Gregor VII, S. 155; Mirbt, Absetzung Heinrichs IV., in kirchengesch. Studien f. Reuter, S. 122f.; F. Redlich, Absetzung der Könige durch den Papst, S. 19f.

4) Die Erklärung des Papstes an sich hatte also nicht die Wirkung einer Absetzung.

Eine andere Schranke fand die königliche Gewalt in dem Recht. Der König darf nur gebieten, was Recht und Herkommen ist und sich im Rahmen der Gesetze hält. Der Satz: princeps legibus solutus est findet auf den mittelalterlichen König keine Anwendung.

Eine gewisse Beschränkung liegt auch darin, daß der König als Franke gilt; Wahl und Krönung ist deshalb auf fränkische Orte beschränkt. Der König lebt nach fränkischer Sitte, und er wird beurteilt nach fränkischem Recht.

Und schließlich ist der König in allen wichtigen Angelegenheiten auf die Mitwirkung der Fürsten angewiesen. Er ist zwar nicht verfassungsmäßig an die Zustimmung der Fürsten gebunden, aber es bürgerte sich als zweckmäßig die Gepflogenheit ein, in allen großen Reichsfragen die Fürsten zu befragen.[1])

Unmündigkeit schloß die Möglichkeit, die Regierung anzutreten, nicht aus. Als Mündigkeitstermin galt nach dem ribuarischen Recht das 15. Lebensjahr. Bis dahin war Vormundschaft nötig und Regentschaft; beides mußte nicht notwendig in derselben Hand vereinigt sein. Darüber, wer Vormund oder Regent sein sollte, gab es keine festen Bestimmungen; die überlebende Mutter und der nächste männliche Anverwandte machten Anspruch darauf. Bei Heinrich IV. wußte Anno von Köln beides an sich zu bringen mit der Behauptung, daß derjenige Bischof sich der Regierung annehmen müsse, in dessen Diözese der König verweile; er sorgte dafür, daß der junge König in seiner Nähe blieb. Später ist dann Anno von Köln durch Adalbert von Bremen verdrängt worden, der mit der Kaiserin Vormundschaft und Regentschaft teilte.

Es ist das Recht des Königs, Gebote und Verbote unter Königsbann zu erlassen, das heißt: er kann ihnen größeren Nachdruck gebieten, dadurch, daß auf der Verletzung des königlichen Befehls als Strafe die höhere Königsbuße steht. Die Banngewalt des Königs ist jetzt in viel weitere Verhältnisse eingedrungen als in der fränkischen Zeit; sie ist wirksam auf dem Gebiete des Heerwesens, Gerichtswesens, des Landfriedens und Polizeiwesens, des Regalienwesens und der Reichsfinanzen, des Lehnswesens und anderer öffentlicher Dinge.

Die hauptsächlichsten, im Wesen des Königtums beruhenden *Rechte des Königs* sind folgende:

1. Der König ist oberster Kriegsherr; er ernennt die Anführer und erläßt das Aufgebot; er eröffnet den Feldzug und beendigt ihn durch Friedensschluß;
2. der König ist jetzt oberster Gerichtsherr; er hat konkurrierende Gerichtsbarkeit mit allen weltlichen Gerichten und höhere Instanz; er hat arbiträre Urteilsentscheidung;
3. der König ist der Schutzherr des Landfriedens; er hat das Recht überall eingreifender Polizeimaßregeln im Interesse des Landfriedens;
4. der König ist Eigentümer des Krongutes, das seinem direkten Befehl untersteht, sowie Herr der Regalien;
5. der König ist oberster Lehnsherr.

Mit diesen Hoheitsrechten des Königs hängen gleichzeitig seine Einnahmen zusammen; er bezieht seinen Anteil an den Eroberungen und der Kriegsbeute, an den Gerichtsgefällen, Friedensgeldern u. dgl. Die hauptsächlichsten Einnahmen bringen ihm in unserer Periode das Reichsgut und Hausgut und die nutzbaren Regalien (s. u. unter Finanzwesen). Das Recht des Königs daran bedarf noch besonderer Erörterung:

a) Reichsgut und Hausgut.

A. Eggers, Der kgl. Grundbesitz im 10. u. beginnenden 11. Jh. (in Zeumers Quellen und Studien III, 2) 1909. H. Niese, Die Verwaltung des Reichsgutes im 13. Jh. 1905; ferner A. Meister, Die Hohenstaufen im Elsaß mit besonderer Berücksichtigung des Reichsbesitzes und des Familiengutes,

1) J. Ficker, Fürstliche Willebriefe und Mitbesiegelungen in MIÖG. 1882. Bd. 3. S. 7ff.

1079—1255. 1890; SCHEFFER-BOICHORST, Friedrichs I. letzter Streit mit der Kurie. S. 6f.; FREY, Die Schicksale des kgl. Gutes in Deutschland unter den letzten Staufern seit König Philipp. 1881; FICKER, Über das Eigentum des Reichs am Reichskirchengute. 1872.

In merowingischer Zeit war eine Unterscheidung zwischen Staatsgut und Privatgut des königlichen Geschlechts kaum gemacht worden. Unter den Karolingern zeigte sich schon eine verschiedenartige Behandlung des Hausgutes einerseits und des Reichsguts anderseits.[1]) Bei dem Wechsel der Dynastien mußte sich eine solche Unterscheidung noch viel mehr geltend machen, da die Privaterben auf das Familiengut Anspruch erhoben. Das trat am klarsten hervor, als die staufischen Herzöge Friedrich und Konrad unter Lothar das Erbgut der salischen Familie beanspruchten. In der Tat findet sich schon seit Konrad I. eine stärkere Hervorhebung von Erbgut neben dem Reichsgut, aber das hinderte nicht, daß man auch weiterhin Reichsgut für Privatzwecke und Familiengut für Reichszwecke verwandte. Ja, das Erbgut der Salier wurde sogar 1125 durch die Fürsten den Privaterben, den Staufern, abgesprochen und zu dem Reichsgut geschlagen. Als dann die Staufer zur Krone gelangten und ein reiches Familiengut mitbrachten, war man sich seines Unterschiedes vom Staatsgute rechtlich wohl bewußt. Aber wenn auch die staufischen Könige vielfach den staufischen Privatbesitz an die Herzöge aus der staufischen Familie vergeben haben, so ist doch diese Trennung nicht konsequent durchgeführt und vor allem dem König die Verfügung über die dem Herzog zugewiesenen Hausgüter nicht entzogen. In der Praxis ist demnach auch unter den Staufern die Grenze zwischen Hausgut und Reichsgut verwischt, wenn man auch den rechtlichen Unterschied kannte. Der König hat zwar bei der Krönung gelobt: iura regni et imperii, bona eiusdem ... fideliter in usus regni et imperii dispensare, tatsächlich aber übte er unwidersprochen das Recht, Reichsgut zur Ausstattung von Töchtern, und zur Wittumsetzung und anderen Privatzwecken zu benutzen und umgekehrt Privatgut dem Reiche nutzbar zu machen.

Über das Recht des Königs am Reichskirchengut siehe WERMINGHOFF, im Grundriß. Bd. 2 Abschn. VI, § 23. 2. Aufl. 1913.

b) Die Hoheits- oder Regalienrechte.

1. Die Rechte an den *Reichskirchen.*[2]) Die Reichskirchen waren Eigenkirchen des Reichs; alle Rechte des Königs an diesen Reichskirchen entsprangen daher aus dieser germanischen Wurzel des Eigenkirchenwesens. Die Könige spendeten den Reichskirchen auch ihrerseits mit voller Hand Rechte und Güter, weil diese damit dem Reiche nicht verloren gingen, sondern nutzbar blieben. Diese Nutzbarkeit für den König erwies sich in folgendem:

a) Der König hatte ein Recht auf das *Servitium regis.* Dieses konnte ganz verschieden gehandhabt werden. Es bestand in der Heranziehung des Reichskirchengutes zum Königsdienst. Es konnten den Hofgeistlichen Pfründen auf dieses Gut angewiesen werden. Es waren die Inhaber des Reichskirchengutes (Erzbischöfe, Bischöfe, Äbte) verpflichtet, auf Kosten dieses Gutes für den König Reisen, Gesandtschaftsdienste zu übernehmen. Sie mußten auf Grund dieses Besitzes Kontingente und Vasallen ausrüsten und zum Reichsheere stellen. Sie mußten den König beherbergen und verloren während der Anwesenheit des Königs ihre nutzbaren Hoheitsrechte, d. h. ihre Einnahmen aus Gericht, Zoll, Münze, Geleite zugunsten der königlichen Kasse.

---

1) S. o. S. 43.

2) Vgl. auch in diesem Grundriß den Abschnitt von WERMINGHOFF[2], 1913 § 24, bes. S. 57f.; SCHRÖDER, Rechtsgeschichte[4], S. 418f.[5], 427; E. SUHLE, Barbarossas constitutio de regalibus vom November 1158 und ihre Durchführung. Berlin. Progr. 1893; G. BLONDEL, Études sur les droits régaliens et la constitution de Roncaglia (Mélanges J. Fabre 1902); P. ARRAS, Die Roncalischen Beschlüsse vom Jahre 1158 und ihre Durchführung. Leipzig. Diss. 1882.

b) Dem Könige steht das *Regalienrecht* zu. Er beansprucht die frei verfügbaren Rechte und Einkünfte während der Vakanz einer Reichskirche. Zuzeiten kam es vor, daß die Investitur eines Nachfolgers absichtlich lange verzögert wurde, damit das Gut der betreffenden Kirche länger diese Regaleinnahmen dem Könige einbrachte. Deshalb hat Friedrich I. — der sich übrigens darauf berief, daß es ein altes Recht sei: ex antiquo iure regum et imperatorum atque ex cotidiana consuetudine — die Dauer der königlichen Nutznießung auf ein Jahr beschränkt, einerlei ob der Stuhl inzwischen wieder besetzt war oder nicht. Otto IV. und Friedrich II. haben auf das Regalienrecht verzichtet.

Den Rechten des Königs auf das Reichskirchengut entsprach auch das Recht der Regaliensperre bei Ungehorsam und Untreue des geistlichen Fürsten.

c) Das *Spolienrecht*[1]): Außer den Vakanzgeldern erhob der König auch Anspruch auf den gesamten Mobiliarnachlaß der geistlichen Fürsten, soweit er aus dem der Kirche überwiesenen Gute stammte. Dies führte sofort zu Unzuträglichkeiten, weil nicht immer festzustellen war ob die bewegliche Habe aus dem Ertrag des Lehnsgutes angeschafft war.

Heinrich VI. war bereit, auf das Spolienrecht zu verzichten, wenn die Fürsten ihm die Erblichkeit der Krone zugestanden. Otto IV. hat bei seiner Krönung 1198 darauf Verzicht geleistet als auf eine consuetudo detestabilis, und hat 1209 das Spolien- und Regalienrecht als einen abusus nochmals preisgegeben. Philipp von Schwaben verzichtete 1205 Innozenz III. gegenüber ebenfalls auf beide Rechte und auch Friedrich II. hat 1213 und 1219 dem Papste dasselbe Versprechen gegeben und 1216 auch die Aufhebung dieser Rechte dekretiert; trotzdem ist nur das Spolienrecht ganz in Wegfall gekommen.

2. Das Recht des Königs an *Zöllen*[2]), Wegegeldern, Brückengeld, Ungeld u. ä. hat dadurch eine Einbuße erlitten, daß zahlreiche Zollbefreiungen und Zollverleihungen aufgekommen waren. Das Zollrecht des Königs beginnt in den Fürstentümern durch Verleihung des Zollrechts an die Fürsten lahmgelegt zu werden, ein Prozeß, der in den großen Fürstenprivilegien Friedrichs II. zum Abschluß kommt. Das Zollrecht des Königs schrumpft zusammen auf den Reichsbesitz.

3. Für das königliche *Münzrecht* gilt ganz dasselbe. Die Hallische Münze stand jedoch noch im Anfang des 14. Jhs. im Selbstbetrieb des Reiches.[3]) Das königliche Münzrecht entstammte der Pflicht des Königs, für geordneten und sicheren Handelsverkehr die Unterlage zu schaffen. Die Aufsicht über das Münzwesen hatte denselben Zweck wie die Aufsicht des Königs oder seiner Beauftragten über Maß und Gewicht. Aber auch diese Rechte gingen durch Verleihungen und wohl auch durch Usurpation vielfach an die Städte und Landesherren über. In den Reichsstädten hat sich die direkte Regelung durch den König und daher auch die Einnahme aus der Übung dieser Regalrechte länger erhalten, wie Pfandgeld für den königlichen Eicheimer, Pacht für die Stadtwage u. dgl.

---

1) R. Eisenberg, Das Spolienrecht am Nachlaß der Geistlichen in seiner geschichtlichen Entwicklung bis Friedrich II. Marburg. Diss. 1896.

2) E. Wetzel, Das Zollrecht der deutschen Könige von den ältesten Zeiten bis zur Goldenen Bulle in Gierke, Untersuchungen 43; C. W. Zöllner, Das Zollregal der deutschen Könige bis 1235 mit besonderer Berücksichtigung der Mark Meißen. Chemnitz. Progr. 1889; H. C. Kallisch, Über das Verhältnis des Geleitsregals zum Zollregal. Berlin. Diss. 1902; A. Braunholz, Das deutsche Reichszollwesen während der Regierung der Hohenstaufen und des Interregnums. 1890; E. Wetzel, Das Zollrecht der Deutschen; s. a. unten die Literatur zu Kap. 9, S. 129.

3) Vgl. Näheres über Münzwesen, Maß-und Gewicht, Marktwesen, Zölle in den einschlägigen Kapiteln bei Kötzschke, Wirtschaftsgeschichte in diesem Grundriß.

4. Das *Marktregal* gibt dem König allein das Recht, einen Markt ins Leben zu rufen. Jahrmärkte und Wochenmärkte, später auch Tagesmarkt, können nur dadurch, daß der König ein Privileg dazu erteilt, errichtet werden.

5. Das *Bodenregal* des Königs unterwirft alles herrenlose Land dem Eigentum des Reiches. Der König nimmt es bei Eroberungen für das Reich in Besitz. Aber frühe schon haben Markgrafen und Grenzgrafen selbständig in ihren Gebieten und dem von ihnen eroberten Feindesland dieses Bodenregal geltend gemacht und so ein territoriales Bodenregal entwickelt. Auch das Recht des Königs, aus dem herrenlosen Urwald und Sumpfland zur Rodung Stücke auszuschneiden, besteht noch, ist jedoch später an die landesherrlichen Gewalten übergegangen. An Stelle des Königszinses für solches Rodeland tritt dann ein Herzogskorn u. dgl.

Mit dem Bodenregal als Recht des Königs am herrenlosen Gute hängen zusammen das Wildbannrecht, das Fischereirecht und das Recht auf die unterirdischen Bodenschätze, also Salz- und Bergregal.

6. Das *Wildbannrecht.* Ursprünglich konnte ein jeder nach seinem Belieben und Bedürfnis Tiere jagen und Fische fangen. Der König hatte nun aber in Konsequenz des Bodenregals das Recht erlangt, Wildbänne abzugrenzen, das heißt: einen Bannwald (Bannforst) oder ein Banngewässer von dem freien Tierfang auszuscheiden und sie entweder selbst zu nutzen oder anderen die alleinige Nutzung durch Privileg zu erteilen. Anfangs war dieses Wildbannrecht ein unbeschränktes, das nicht von den Grenzen königlichen oder privaten Grundbesitzes abhängig war; im Laufe der Zeit erlangten die privaten Grundbesitzer, deren Gebiet innerhalb eines Wildbannes lag, ein Zustimmungsrecht, und seit Heinrich IV. wird den von den Wildbanngrenzen eingeschlossenen Grundbesitzern auch ein Mitnutzungsrecht an diesem Wildbann eingeräumt. Der Wildbann betraf sowohl Jagdrecht wie Fischereirecht; es gab besondere Banngewässer. (Vgl. auch u. Nr. 9.)

7. Das *Salz-* und *Bergregal* steht dem König zu, weil die unterirdischen mineralischen Schätze als herrenlos und daher als des Königs Eigentum galten. Dieses Regal scheint anfangs weniger allgemein als in den späteren Jahrhunderten des MA. geltend gemacht worden zu sein. Seit dem Anfang des 11. Jhs. liegen jedoch schon zahlreiche Zeugnisse vor, daß der König als oberster Bergherr aufgefaßt wurde, der die Erlaubnis zum Bergbau gibt und Abgaben dafür empfängt. Die Regalität der Salzquellen läßt sich teilweise zurückverfolgen bis in die Karolingerzeit. Die constitutio de regalibus von 1158 hebt neben ihnen das Regal des Königs auf die Silbergruben hervor. Weiterhin wird die Regalität von Gold, Zinn, Kupfer, Blei, Eisen vom Könige dann in Anspruch genommen, wenn solche Erze durch bergmännische Anlagen von Stollen und Schächten aus dem Inneren der Erde hervorgeholt werden sollten. Wo sie aber offen zutage traten und aufgelesen werden konnten, gehörten diese Erze den Grundeigentümern oder in der Mark den Markgenossen. Der König nutzte diese Regale durch Verleihung des Ausbeuterechtes an andere und hat nur auf Reichsgut selbst königliche Betriebe zur direkten Nutzung durch das Reich einrichten lassen.

8. Der König ist *Strandherr.* Schiffbrüchige und ihr Strandgut verfielen dem Reiche, was bis in den Anfang des 12. Jhs. nachweisbar ist. Eingeschränkt wurde dieses Recht durch Verträge mit anderen Staaten, die deren Schiffbrüchige sicherstellten.

9. Der König ist Herr der *Wasserstraßen* und der *Landstraßen.* Private und nicht schiffbare Gewässer waren davon ausgeschlossen; nur die schiffbaren Flüsse galten als öffentlich und wurden bezeichnet als „des Reiches Straße“. Der König besaß darauf die Stromhoheit, er hatte die Gerichtsbarkeit auf dem Wasser, das Geleiterecht und das Leinpfadrecht. Ihm gehörten die vom Wasser umschlossenen und die sich bildenden Inseln, und ihm stand die Ausnutzung der Wasserkraft zu Mühlenanlagen,

Wasserbauten, Fähren u. dgl. zu. Das Stromregal gab dem König auch ein Recht an den Fischen in den öffentlichen Flüssen, über die er Stromherr war.

10. Der König gewährleistet *Schutz*, er hat das Schutzrecht über Fremde und solche, die den königlichen Schutz nachsuchen, und er hat das Geleiterecht, das bei zunehmender Unsicherheit im Reiche an Bedeutung wuchs.

11. Das Recht der *Konfiskation* bei Untreue und Majestätsverbrechen und das Recht auf erbloses Gut ist ebenfalls dem König vorbehalten.

12. Königliches Recht (siehe weiter unten unter Finanzwesen) ist das Recht der Bede, das Recht auf den Judenschatz, auf Jahresgeschenke und Tributzahlungen.

13. Der König hat das Recht der *Gnade;* er kann Privilegien erteilen. Er hat aber auch umgekehrt das Recht der Ungnade und die Befugnis, die Reichsacht auszusprechen. Aber bei den meisten dieser Rechte haben die Großen am königlichen Hof und die Reichsversammlung das Recht gehört zu werden, woraus sich ein Zustimmungsrecht entwickelt.

4. Der königliche Hof und die Zentralverwaltung.

Waitz, Vfg. 6² (Seeliger), S. 323—456. Hädicke, Kurrecht und Erzamt der Laienfürsten. (Pforta Progr.) 1872. J. Ficker, Die Reichshofbeamten der staufischen Periode. SB. der Wiener Ak. 1862. F. Philippi, Zur Geschichte der Reichskanzlei unter den letzten Staufern. 1885. G. Seeliger, Erzkanzler und Reichskanzleien. 1889. A. Richel, Der Übergang des Arelatischen Erzkanzleramtes auf das Erzbistum Trier. Halle. Diss. 1891.

Der König war stets umgeben von einer Anzahl von angesehenen Großen und Beamten, teils von wechselndem Bestande — sie kamen und gingen —, teils auch in dauernder Stellung. Besonders erwartete man von den Bischöfen und Äbten, daß sie auch außerhalb der größeren Versammlungen zuweilen beim König erschienen und in längerem Aufenthalt an den Geschäften als Ratgeber (consiliarii), als heimliche Gehilfen (secretales, secretarii), als besondere Vertraute (auricularii, conlaterales, intimi) teilnahmen. Sie waren es, die gemeint sind unter den Ersten des Hofes (primi, primores, primates), den Vornehmen (proceres, optimates, principes). Sie alle zusammen, aulici palatini, domestici, curiales genannt, bildeten den königlichen Hof.

1. Von ihnen ragen noch immer hervor die Inhaber der alten Hofämter, die besonders bei der Krönung hervortraten. Von der Tätigkeit des Schenken und des Marschalks wird nicht viel berichtet, der Truchseß wird wohl für die Beschaffung des Unterhalts für den Hof zu sorgen gehabt haben, der Kämmerer war für das Quartier des Königs und die Unterkunft der zu den Hoftagen erschienenen Großen verantwortlich. Otto I. hat zuerst die vier Herzöge von Lothringen, Franken, Schwaben und Bayern bei seinem Krönungsfestmahl die Dienste eines Kämmerers, Truchseß, Schenken und Marschalks tun lassen. Seitdem finden wir bei Krönungen, Königshochzeiten und besonders feierlichen Gelegenheiten zuweilen[1]) Herzöge in der Ausübung dieser Dienste. Wenn aber Fürsten gelegentlich solche Verrichtungen übernehmen, so sind es für sie keine Ämter. Erst allmählich sind Ämter für weltliche Fürsten daraus geworden. 1114 wird zum erstenmal ein Herzog summus pincerna genannt und das von einem Reichsfürsten ausgeübte „Amt“ officium eines dapifer, pincerna, camerarius und marescalcus ist, wie es scheint, erst 1184 erwähnt; doch sind die Ämter noch nicht dauernd mit bestimmten Herzogtümern verbunden.

Zuweilen ist noch ein besonderer Ehrendienst eines Schwertträgers und das eines Schildträgers erwähnt.

Ein Vorsteher des königlichen Hauses, maior domus im alten Sinne, scheint sich bis Konrad II. nachweisen zu lassen, später werden mit diesem Titel oder mit vicedominus, provisor regiae domus zuweilen der Erste unter den Ratgebern des Königs bezeichnet, der einen ausschlaggebenden Einfluß auf den König und auf die Reichsregierung gewonnen hatte, wie der Erzbischof Adalbert unter Heinrich IV., Erzbischof Bruno von Trier für den jungen Heinrich V.

---

1) 936, 986, 1114, 1184. Vgl. Buchner, Entstehung der Erzämter . . . 1911.

2. Außer diesen Laien und den meist jüdischen Ärzten bestand der Hof hauptsächlich aus Geistlichen, die in der königlichen Kapelle[1]) vereinigt waren. Diese Kapelle der Hofgeistlichkeit war jetzt eine Pflanzschule für den höheren Staatsdienst. Die Kapellane wurden herangezogen für den Dienst in der Kanzlei, für Gesandtschaften, ja auch zu militärischen Aufträgen. Kapelle und Kanzlei wurden dadurch in noch engere Verbindung miteinander gebracht, daß der Vorsteher der Kapelle, archicapellanus, gleichzeitig Leiter der Kanzlei war. Beide Ämter blieben dauernd bei den Erzbischöfen von Mainz.

3. Je mehr der Königshof das Bestreben hatte, eine wirkliche Zentrale der Verwaltung zu werden, je mehr Geschäfte am Hofe zusammenliefen und von hier aus Weisungen und Anordnungen hinausgingen ins Reich, desto mehr mußte sich die Notwendigkeit herausstellen nach einer organisierten Kanzlei[2]) für den schriftlichen Verkehr, für die redaktionelle Tätigkeit an Gesetzesentwürfen, Erlassen und Instruktionen.

Die Einrichtung der Kanzlei knüpfte an das römische Vorbild an. Bei den Merowingern unterscheiden wir als Beamte der Kanzlei einerseits Referendare, anderseits die eigentlichen Schreiber. Wir sehen aber hier von der Darstellung der eigentlichen Kanzleitätigkeit und der Verteilung der Kanzleigeschäfte ab und verweisen auf den einschlägigen Abschnitt in diesem Grundriß von R. Thommen. Den Verfassungshistoriker interessiert, daß das Referendariat, das übrigens ein von Laien bekleidetes Hofamt ist, seine Tätigkeit allem Anscheine nach nicht in der Kanzleisphäre erschöpfte, sondern einen weiteren Wirkungskreis hatte. Wir sehen Referendare mit militärischen und finanziellen Aufgaben betraut.

Unter den Karolingern bekommt die Kanzlei allmählich ein geistliches Gepräge; die Laien verschwinden daraus; feste Amtstitel bürgern sich ein; die Kanzlei hat jetzt einen Vorsteher, der zuerst Notar, dann Kanzler, Erzkanzler bzw. Erzkaplan hieß. Der Vorsteher der königlichen Hofkapelle, der Erzkapellan, hat schon unter Pippin und Karl d. Gr. zeitweise sich an der Leitung der Kanzlei beteiligt; diese Einrichtung ist seit Ludwig d. D. eine dauernde, so daß jetzt der Erzkaplan sowohl Vorsteher der Kapelle als Vorsteher der Kanzlei ist. Als nun gar i. J. 870 der Erzbischof von Mainz zum Erzkaplan ernannt wurde, begründete er die Personalunion dieser drei Ämter, die seitdem von geringen Schwankungen abgesehen dauernd blieb. Otto I. hat für die Italien betreffenden Urkunden einen besonderen Erzkanzler und einen besonderen Kanzler eingesetzt. Wenn auch diese Stellen zuweilen nicht besetzt waren und besonders im unteren Kanzleipersonal keine scharfe Scheidung durchgeführt wurde, so bestand doch seitdem mit einigen Schwankungen eine italienische Kanzlei, die besonders bei den Römerzügen der Kaiser hervortrat. Der Bischof Burchard von Münster † 1018 ist der letzte Kanzler für Italien. Dagegen hat sich die Stelle des italienischen Erzkanzlers erhalten, die seit 1031 dauernd dem Kölner Erzbischof zukam. — Die italienische Kanzlei versah auch, als Burgund ans Reich kam, die burgundischen Geschäfte. Dann aber ist ein burgundisches Erzkanzleramt in Händen des Erzbischofs von Besançon unter Heinrich III. und in Besitz des Erzbischofs von Vienne unter Friedrich I. erwähnt. Seit 1308 behauptet der Erzbischof von Trier den Anspruch, diesen Titel zu führen. Auch besondere burgundische Kanzler — immer sind es einheimische Bischöfe — hat es gegeben, aber fest organisiert ist die burgundische Kanzlei nicht gewesen. —

1) Über die Kapelle vgl. auch in diesem Grundriß den Abschnitt Thommen[2] S. 47 und Werminghoff 2. Aufl. S. 13 u. 53; ferner W. Lüders, Capella, im A. f. Urkundenforschung Bd. 2, S. 1 ff.

2) Näheres im Grundriß Abschnitt Thommen 2. Aufl. S. 44 und Werminghoff 2. Aufl. S. 52 f.; besonders Waitz, Vfg. 6[2] (Seeliger), S. 346 f.

4. An den großen Festtagen, Ostern, Pfingsten und Weihnachten, erweiterte sich der Zuzug der Großen aus der Provinz, in der der König sich aufhält, schon von selbst zu größeren Hoftagen[1]) (colloquium, concilium, conventus, curia). Der König erläßt aber auch Einladungen zu solchen Versammlungen. Dabei ist eine solche Reichsversammlung sowohl zur Beratung kirchlicher Fragen als zur Erledigung weltlicher Dinge tätig, auch die Benennung war ein und dieselbe; aber zu den Verhandlungen rein kirchlicher Angelegenheiten traten die Geistlichen zu besonderen Beratungen zusammen. Jedenfalls waren die Synoden der Bischöfe gleichzeitig auch Reichsversammlungen zur Erledigung staatlicher Aufgaben.

An bestimmte Zeiten und Orte war der König zur Abhaltung der Reichsversammlungen nicht gebunden. Auch war es ihm überlassen, den Gegenstand der Beratung zu bestimmen. Zweckmäßig war es, daß nach dem Überschreiten der Alpen sogleich in Italien eine Reichsversammlung abgehalten wurde, was gewöhnlich auf den Ronkalischen Feldern bei Piacenza geschah, wozu dann auch die italienischen Großen eingeladen wurden.

Der König hatte das Recht zu berufen und vom Besuch zu befreien; nur der Herzog von Österreich und der König von Böhmen erhielten ein dauerndes Privileg, daß sie nur bestimmte Reichsversammlungen zu besuchen brauchten. Das Fernbleiben wurde als Ungehorsam aufgefaßt, der Ungnade nach sich ziehen konnte, aber es wurde nicht besonders bestraft.

Seit der Zeit Heinrichs IV. haben die opponierenden Fürsten auch eigenmächtig Reichsversammlungen abgehalten.

5. Das Lehnswesen.

HOHMEYER, System des Lehnrechts der sächsischen Rechtsbücher (in: Sachsenspiegel, 2. Teil, Bd. 2). J. FICKER, Vom Heerschilde. 1862. CICCAGLIONE, La féodalita. 1890. R. BÖRGER, Die Belehnungen der geistlichen Fürsten. Leipzig. Diss. 1900. J. BRUCKAUF, Fahnlehn und Fahnenbelehnung im alten deutschen Reiche. Leipzig. Diss. 1907. WAITZ, Vfg. 6^2, S. 1—138. SCHRÖDER, Rg.^{4}, S. 397f.^{5}, S. 406ff.

Den Beamten und Ratgebern am Hofe entsprachen Beamte im Reiche. Ihre Stellung ist mehr und mehr von dem Feudalwesen[2]) beeinflußt worden, das alle Verhältnisse durchdringt und den Beamtenstaat in einen Lehnsstaat verwandelt.

Diese Feudalisierung des Beamtenstaates ist in gewissem Sinne eine Reaktion des germanischen Prinzips der Selbstverwaltung gegen die aus der antiken Staatsidee stammende imperiale Befehlsgewalt. Der Lehnsstaat beruht auf der Lehnstreue, wie das altgermanische Gefolgswesen auf der Gefolgstreue beruht hatte. Dieser Treuverband trat aber jetzt an die Stelle des auf antiker Basis versuchten Untertanenverbands, die Lehnstreue ersetzte den Untertanengehorsam.

Je mehr das Lehnsverhältnis sich ausdehnte und alle öffentlichen Einrichtungen zu durchdringen suchte, desto mehr schwand der amtsrechtliche Charakter des Staates dahin.

Amt und *Lehen* waren anfangs ganz verschiedene Dinge. Zunächst war nur das Amtsgut ein Lehen, nicht das Amt selbst. Es war aber natürlich, daß der Sohn eines Beamten sich das väterliche Lehnsgut zu erhalten strebte; es mußten sich auch Lagen herausstellen, wo es hart und schwierig gewesen wäre, Erbansprüche an das

---

1) Man sollte in der Stauferzeit und überhaupt vor der Zuziehung der Städte noch nicht von Reichstagen sprechen; das erweckt nur falsche Vorstellungen. So ist der Titel des Buches von C. WACKER, Der Reichstag unter den Hohenstaufen 1882 schon irreführend, natürlich auch die darin vertretene Ansicht, der Reichstag sei unter den Staufern ein „Verband der Reichsstände" gewesen, die verfassungsmäßig Rechte der Mitregierung gehabt hätten. Dagegen J. FICKER, Fürstl. Willebriefe S. 6ff.

2) Über die Anfänge des Lehnswesens s. o. S. 71.

Lehnsgut zurückzuweisen. Wo aber einmal Erbfolge im Lehen eingetreten war, da hätte der König, wollte er das Amt frei mit einem anderen als dem Lehnserben besetzen, auch ein anderes Lehen als Amtsgut schaffen müssen. Aus Mangel an neuen Lehen wird er dann dem Sohne oder Erben des früheren Beamten, den er nicht aus dem Lehen vertreiben wollte, auch das Amt des Vaters gegeben haben. Und wenn nun mehrmals hintereinander der Nachfolger im Lehen auch der Nachfolger im Amte geworden, Amt und Lehen beieinander geblieben waren, gewöhnte man sich daran, dieses Lehnsgut mit dem Amte als innig verbunden zu betrachten und mit der symbolischen Übertragung des Lehens auch die Übergabe des Amtes einzubegreifen. So zogen die Erbansprüche an das Dienstgut Erbfolge im Amt nach sich. Amt und Lehen fließen zusammen und man faßte zuletzt das Amt selbst als Lehen auf.

Noch eher als das Ämterwesen ist das Militärwesen von der allgemeinen Feudalisierung erfaßt worden. Wie die Dienste, die für ein beneficium gefordert wurden, schon bei den Ministerialen vorwiegend zu Pferde zu leisten waren, wie Geleitedienst und Kriegsdienst, so trat immer mehr dasjenige beneficium in den Vordergrund, für das kriegerischer Dienst zu Roß die Gegenverpflichtung bildete. Es scheidet sich eine besondere Art von Lehen vom Zinslehen ab: das *Kriegslehen*, beneficium militare. Das Kriegslehen erlangte eine solche Bedeutung und Verbreitung, daß schließlich nur derjenige Kriegsdienst leistete, der ein Kriegslehen hatte. Das Kriegslehen hatte dann die Bedeutung eines Soldgutes (bonum stipendiarium), es war der Sold für den Kriegsdienst entsprechend dem naturalwirtschaftlichen Zeitalter.

Noch bis in den Anfang des 12. Jhs. hat es viele beneficia gegeben, bei deren Verleihung keine Hulde oder Mannschaft geleistet wurde, der Empfänger nicht notwendig Vasall wurde, auch nicht etwa schon Vasall war. Umgekehrt konnte auch noch ein Vasallitätsverhältnis begründet werden ohne Erlangung eines beneficium. Nicht bloß Benefizienempfänger haben Mannschaft, hominium, des Vasallen gelobt, auch andere Leihen konnten mit der Mannschaft verbunden werden. Immerhin haben aber die Benefizien, die an Vasallen gegeben wurden, eine große und wichtige Klasse gebildet. Seit dem 12. Jh. leisteten auch die Ministerialen, die ein Lehen empfingen, Mannschaft und traten dadurch allmählich in die Vasallität ein, besonders wenn mit dem Lehen ritterliche Dienste verknüpft waren. Im 12. Jh. ist man jedoch dazu gelangt, daß mit der Vasallität notwendig der Empfang eines beneficium verbunden galt. Ein solches Lehen mit Vasallenverhältnis, *Ritterlehen*, ist besonders durch die Kreuzzüge und die Bevorzugung des Reiterdienstes in der Hohenstaufenzeit allgemein in Aufnahme gekommen. Man unterschied es zuletzt als rechtes Lehen von den übrigen Benefizialleihen.

Zu den Formalien bei Eingehung der Vasallität: Handreichung, Kuß und Treueid, trat jetzt hinzu die Bitte um ein Lehen, oder aber in den Eid ward eine Bezugnahme auf das Lehen aufgenommen, etwa in der Weise, daß der Treueid den Mann binden solle, solange er das Lehnsgut besitze oder daß er das Lehen verwirke, wenn er seine Vasallenpflicht nicht erfülle. Die Erteilung des beneficium, die Investitur wurde ebenfalls durch einen symbolischen Akt vorgenommen, Darreichung eines Gegenstandes (Handschuh, Ring, Schwert, Speer), der nach Charakter des Lehens und Stand des Herrn verschieden ist. Die Belehnung mit einem weltlichen Fürstenlehen geschah durch die Fahnenlanze (Fahnenlehen), die Belehnung der geistlichen Fürsten war früher durch die kirchlichen Symbole Ring und Stab erfolgt, nach dem Wormser Konkordat sollte jedoch ihre Investitur mit den Regalien durch ein Zepter vorgenommen werden (Zepterlehen).

Bei einer Änderung des Herrn (Herrenfall) und beim Wechsel des Mannes (Mannfall, Lehnsfall) wurde neue Huldigung geleistet und gleichzeitig um neue Investitur gebeten; manchmal bedarf es nur einer neuen Huldigung, die als selbstverständliche Folge die Fortdauer des beneficium nach sich zieht.

An Stelle des beneficium auf Lebenszeit tritt frühe schon das Streben nach Erblichkeit des Lehens. Im 11. Jh. sind die nicht-fürstlichen Lehen schon erblich, im 12. Jh. ist jedes Lehen, auch das Fürstenlehen, ein Erblehen, wenn nicht besonders bei der Übertragung ausbedungen ist, daß andere Bestimmungen gelten sollten. Für Italien hatte schon Konrad II. die Erblichkeit der Lehen gesetzlich festgelegt. Es war anfangs schwankend, wer erbberechtigt am Lehen war; im 12. Jh. ist in Deutschland im allgemeinen die direkte männliche Deszendenz erbberechtigt, doch ist auch schon vielfach eine weitere Ausdehnung der Erblichkeit zu beobachten. So hat Friedrich I. im privilegium minus dem neuen österreichischen Herzogtum weibliche Erbfolge zugestanden.

Der Lehnsmann hatte ein beschränktes Verfügungsrecht über das Lehen, er konnte es nutzen, wie er wollte, auch weiterverleihen, nur durfte er es nicht verkaufen und vertauschen ohne Zustimmung des Herrn. Anderseits durfte aber auch der Herr nicht in die Nutzung eingreifen und einseitig anderweitig darüber verfügen. Der Herr konnte Lehnsgut in Eigentum des Inhabers umwandeln; meist geschah dies mit der Beschränkung, daß es nur lebenslängliches Eigen sein sollte, — und das war kein Vorzug mehr, seit sich die Erblichkeit der Lehen eingebürgert hatte. Deshalb kam es auch seitdem seltener vor.

Der Herr durfte das Lehen nur dann einziehen, wenn der Mann die Treue verletzt oder die eingegangenen Verpflichtungen nicht gehalten hat. An der Untersuchung und Entscheidung eines solchen Falles beanspruchten die Lehnsgenossen Anteil zu haben. Es entsteht eine Lehnsgerichtsbarkeit.[1]) Für Zepterlehen und Fahnlehen tritt das königliche Lehnsgericht ein, für die niederen Lehen ein Lehnsgericht am Hofe des Lehnsherrn. Aber die Übergriffe und Eigenmächtigkeiten der Lehnsmannen, besonders in den geistlichen Stiftern, die sich bald häufen, sind trotz Lehnsgerichtsbarkeit eine große Gefahr für den Güterbestand der Gutseigentümer geworden. Auch die Häufung vieler und großer Lehen in der Hand eines einzigen Lehnsmannes hat die Macht des Lehnsherrn verringert und die des Lehnsmannes verstärkt.

Der Herr war dem Lehnsmann zu Schutz verpflichtet. Handelte er dagegen oder versagte er den Schutz, so konnte der Mann aus dem Vasallitätsverhältnis ausscheiden, nachdem er es ordnungsgemäß aufgesagt hatte; er mußte wohl dabei auch sein Lehen aufgeben.

Schon frühe kannte man die Möglichkeit, daß zwei und mehr Personen (Mann und Frau, Brüder) mit demselben Lehen belehnt wurden; die ursprüngliche Form war die Belehnung zu gesamter Hand. Die gemeinsam Belehnten ergriffen gleichzeitig das Lehnssymbol, da sie gemeinsam Besitz und Genuß des Lehens antraten. Sie wählten einen aus ihrer Mitte, der dem Herrn gegenüber die Lehnspflichten erfüllte. Dann entstand auch eine andere Art der Gesamtbelehnung, bei der nur der eine den Lehensgenuß hatte, während der andere die Lehensdienste in Vertretung des ersteren leistete. Diese Form wurde gewählt, um besonders Frauen den Besitz eines rechten Lehens zu verschaffen. Starb die Frau oder hörte sonst ihr Recht am Lehen auf, so erlosch auch das Recht des Mitbelehnten. Um dem zu entgehen, wurde im Laufe der Zeit der Mitbelehnte auch zu eigenem Recht belehnt, so daß sein Lehensrecht bei dem vorhergehenden Tode der Frau weiterbestehen blieb.

---

1) S. u. Gerichtswesen Nr. 5.

Immer weiter komplizierten sich die Anwendungsarten des Lehens. Man schuf Lehen „mit Gedinge" oder „mit Unterschied", das heißt: Lehen, die nur unter einer aufschiebenden Bedingung erteilt wurden. Das häufigste Gedinge war das, wobei das Lehnsgut bei der Erteilung des Gedinges noch in Besitz eines anderen Lehensträgers war. Und zwar gab es hierbei wieder zwei Arten: wenn der Gedingsmann den Anspruch erhielt auf das zuerst frei werdende Lehen eines Herrn, so nannte man das „unbenanntes Gedinge" oder „Anwartung", war ihm aber ein ganz bestimmtes Gut in Aussicht gestellt worden, so hieß dies ein „benanntes" oder „geliehenes" Gedinge. Trat der vorgesehene Fall der Vakanz ein, so bedurfte es bei beiden Arten keiner neuen Belehnung. Ein Gedinge wurde hinfällig, wenn der augenblickliche Lehnsinhaber den Gedingsmann oder den Lehnsherrn überlebte, denn das Gedinge war ganz persönlich; es gab keine Erbfolge daran seitens der Kinder des Gedingsmannes und es verpflichtete auch nicht die Erben des Lehnsherrn. Trafen ein benanntes Gedinge und ein unbenanntes auf dasselbe Lehnsgut, so ging das benannte dem unbenannten vor.

Eine besondere Art des Lehens ist das Pfandlehen. Der Herr behielt sich vor, das Lehen gegen eine ausbedungene Summe einzulösen; der Vasall mußte das Lehen sofort zurückgeben, wenn der Herr ihm diese Summe zahlte. Das Pfandlehen wurde später ein beliebtes Mittel, die Veräußerung eines Lehens zu verschleiern, indem die Pfandsumme so hoch gestellt wurde, daß der Lehnsherr das Lehen nie wieder einlösen konnte.

Das rechte Ritterlehen, feudum[1]) militare, konnte nur ein Ritterbürtiger erwerben, unfreie Ritter, Ministerialen, erst seit der Mitte des 12. Jhs., seitdem die Hebung des Ministerialenstandes durch den Eintritt Freier sich vollzog. Geistliche, Frauen, Bürger und Bauern waren davon ausgeschlossen; aber die geistlichen Fürsten, Bischöfe, Reichsäbte und Reichsäbtissinnen machten eine Ausnahme. Sie konnten ein rechtes Lehen erwerben, denn sie konnten einen Heerschild führen und mit ihren Hintersassen in den Krieg ziehen.

Heerschild[2]) im übertragenen Sinne ist gleichbedeutend mit der Fähigkeit ein Ritterlehen zu erwerben. Je schärfer sich der Kreis dieser Lehnsfähigen nach unten abschloß, desto mehr differenzierte sich innerhalb dieses Kreises der Rang der einzelnen Lehnsträger. Es entstand eine Heerschildordnung, die feste Rangklassen der Lehensfähigen dadurch unterscheiden ließ, daß es Prinzip wurde, daß man nur von einem Höherstehenden ein Lehen empfangen konnte.

Der Sachsenspiegel und der Schwabenspiegel haben uns solche Heerschildordnungen aufgezeichnet[3]), wir können im allgemeinen auch schon für das 12. Jh. daraus die Grundzüge gewinnen.

Heerschildordnung

A. des Sachsenspiegels:	B. des Schwabenspiegels:
1. König,	1. König,
2. geistliche Fürsten,	2. geistliche Fürsten,
3. weltliche Fürsten,	3. weltliche Fürsten,
4. freie Herren,	4. die Hochfreien, die nicht Fürsten sind,
5. die schöffenbar Freien und die Ministerialen,	5. die Mittelfreien,
6. die Lehnsmannen der Inhaber des 5. Schildes,	6. die Ministerialen,
7. unbenannt.	7. die übrigen ritterbürtigen Lehnsträger.

1) Die Bezeichnung feodum oder feudum für beneficium ist im Anfang des 10. Jhs. zuerst in Südfrankreich erwiesen. Von da sprang sie nach Lothringen und Italien über und ist von dort im 11. Jh. nach Deutschland gelangt, wo jedoch beneficium noch lange Zeit neben feudum in Anwendung blieb.

2) Vgl. J. Ficker, Vom Heerschilde. 1862.

3) O. Stobbe, Die Stände des Sachsenspiegels. Z. f. deutsches Recht 15. R. Schröder, Zum Ständerecht des Sachsenspiegels. Z. f. Rechtsgesch. 3. Ph. Heck, Stände und Gerichte des Sachsenspiegels. Z. f. Sozial- u. Wirtschaftsgesch. 2.

Wenn jemand von einem Heerschildgenossen ein Lehen annahm, so erniedrigte er seinen Schild um eine Stufe. Deshalb standen auch die weltlichen Fürsten eine Stufe tiefer als die geistlichen, weil sie von diesen Lehen zu empfangen pflegten. Dagegen konnten geistliche Fürsten ein Fahnlehen empfangen, ohne ihren Schild zu erniedrigen, denn diese Fahnlehen erhielten sie unmittelbar vom König. Der letzte Heerschild hatte nur passive, keine aktive Lehnsfähigkeit, deshalb hießen seine Träger auch Einschildige.

Das Lehnswesen hat alle Verhältnisse so sehr durchdrungen und die allgemeinen Anschauungen so sehr beherrscht, daß man selbst allodiales Eigentum als Lehen der Sonne (Sonnenlehen) auffaßte.

6. Die staatliche Gliederung. Fürsten und Beamten im Reich.

Julius Ficker, Vom Reichsfürstenstande. 1861. Ph. Heck, Der Sachsenspiegel und die Stände der Freien. 1905. H. Fehr, Fürst und Graf im Sachsenspiegel. B. der sächs. Gesch. d. Wiss. 1906.

Von der fränkischen Zeit her war das ganze Reich allmählich mit einem Netz von Grafschaften überspannt worden, während an den Grenzen größere und stärkere Markgrafschaften vorgelagert waren. Das war das einfache Bild der staatlichen Gliederung, seit Karl d. Gr. die selbständigen Stammesgewalten der Herzogtümer unterdrückt hatte. Aber in der Zeit des Niederganges der Karolingermonarchie hatte sich das Sonderleben der einzelnen Stämme und ihr Gegensatz zu dem Königtum wieder lebhaft geltend gemacht. Bald stellten sich auch die Führer ein, die an die Spitze solcher Bestrebungen traten und die Wiederaufrichtung selbständiger Stammesherzogtümer herbeiführten.

1. Der Herzog.

Schottmüller, Entstehung des Stammesherzogtums Bayerns. 1868. Th. Heigel und S. Riezler, Das Herzogtum Bayern zur Zeit Heinrichs des Löwen und Ottos I. von Wittelsbach. 1867. K. Wittich, Entstehung des Herzogtums Lothringen. 1862. J. Berchtold, Die Landeshoheit Österreichs nach den echten und unechten Freiheitsbriefen. 1862. Felicetti v. Liebenfels, Steiermark vom 8. bis 12. Jh. 2 Teile. 1872. 1873. U. Wahnschaffe, Das Herzogtum Kärnten und seine Marken im 11. Jh. 1878. L. Weiland, Das sächsische Herzogtum unter Lothar und Heinrich dem Löwen. 1866. Preiss, Das Verhältnis des deutschen Königtums zum sächsischen Herzogtum im 10. Jh. Pillau, Progr. 1878. H. Grauert, Die Herzogsgewalt in Westfalen seit dem Sturz Heinrichs des Löwen. 1877. M. Jansen, Herzogsgewalt der Erzbischöfe von Köln in Westfalen seit 1180. 1895.

In Sachsen war es ein altes sächsisches Führergeschlecht, das der Ludolfinger, dessen Mitglieder schon seit Karl d. Gr. den militärischen Titel dux führten, und das durch sein überragendes Ansehen und seine ererbte Machtstellung leicht zum Träger einer neuen herzoglichen Stammesgewalt werden konnte. — In Bayern hat die immer kampfbereite Abwehr der kriegerischen Nachbarn im Osten die Macht des Markgrafen Luitpold und seines Sohnes Arnulf so sehr erstarken lassen, daß sie unbestritten die Vertreter der Sonderinteressen des bayerischen Stammes wurden. — In Schwaben sind mehrfache Anstrengungen gemacht worden, ein neues Herzogtum aufzurichten, so von dem rätischen Markgrafengeschlecht der Burcharde, so von den Pfalzgrafen Erchanger und Berchtold. Der Bischof Salomo von Konstanz, der diesen Bestrebungen entgegenwirkte, vermochte dort lange Zeit die Entwicklung zum Stammesherzogtum aufzuhalten.[1] — In Lothringen konnten die partikularistischen Neigungen anknüpfen an die Erinnerung an das Sonderkönigtum Zwentibolds. Dem missus dominicus Graf Reginar gelingt es dort, gegen das mit ihm rivalisierende Geschlecht der Konradiner die mächtigste Stellung im Lande zu erringen und den Anspruch auf die Herzogswürde durchzusetzen. — In Franken ringen zwei Familien um das höchste Ansehen, die Babenberger und die Konradiner; es kommt zwischen ihnen zum Kampf, aus dem die Konradiner als Sieger hervorgehen.

1) Mit dem schwäbischen Herzogtum tritt ein elsässisches Herzogtum in Verbindung auf; die Herzöge heißen Alamannorum et Alsaciorum dux oder Sueviae (Alamanniae) et Alsaciae dux. Da das elsässische Herzogtum nie getrennt vom schwäbischen vorkommt, so ist es nur als ein Teil des letzteren anzusehen. Auch mit Burgund ist das alamanische Herzogtum verbunden gewesen: dux Alamanniae et Burgundiae; dux Suevorum et Burgundionum.

Die geschichtliche Entwicklung, auf die in diesem Rahmen nicht näher einzugehen ist, führte dahin, daß aus diesen fünf Herzogtümern noch unter den Ottonen acht wurden. Schon unter Otto I., der das Herzogtum Lothringen an seinen Bruder, Erzbischof Brun, gegeben hatte, scheidet sich, ohne daß Brun es hindern kann, Lothringen in zwei Teile, Oberlothringen und Unterlothringen oder Ribuarien, von denen in der Folge jeder Teil seinen besonderen Herzog erhielt, während anderseits kräftige Herzöge auch zuweilen beide Teile wieder in einer Hand vereinigten. Otto I. hat dann ferner ein neues Herzogtum Kärnten begründet und von Bayern abgetrennt. Und endlich ist das Herzogtum Böhmen, dessen Macht eine ganz andere selbständige Grundlage hat, unter die Oberhoheit des deutschen Königs getreten, der jedoch in den inneren Angelegenheiten dieses Landes keinerlei Einfluß hat.[1])

So oft auch die deutschen Herrscher in erbitterten Kämpfen mit dem Herzogtum gerungen haben, so hat doch keiner mehr seit Karl d. Gr. dessen Politik verfolgt und das Herzogtum als Zwischenglied zwischen König und Grafschaften ganz zu beseitigen gesucht. Nur das Herzogtum Franken ist 939 nicht wieder besetzt, sondern vom König selbst verwaltet worden.[2]) Das Herzogtum Sachsen behielt Heinrich I. als König in seiner Hand, aber unter Otto I. ist an seiner Stelle ein neues sächsisches Herzogtum gegründet worden.[3]) Das Streben der deutschen Könige war nur darauf gerichtet, die Macht des Herzogtums nicht zu gefährlich für die Krone werden zu lassen, und sie suchten das zu erreichen, teils dadurch, daß sie die Herzogtümer an Familienglieder und Getreue vergaben, was besonders Ottos I. Politik war, teils dadurch, daß sie durch Teilungen und Abtrennungen den Bestand der einzelnen Herzogtümer verringerten. Auch suchten sie wohl durch Begünstigung anderer Gewalten dem Herzogtum ein Gegengewicht zu bieten. Freilich hat das Königtum durch seine halben Maßregeln sich nur vorübergehend und teilweise die Sicherheit vom Herzogtum erkauft. Schon Ottos Familienpolitik hatte zum Teil Fiasko gemacht: der Bruder Brun war seiner Aufgabe nicht gewachsen, so daß in seinem Gebiete zwei einheimische Herzöge sich behaupten konnten; der Sohn Ludolf und Schwiegersohn Ottos Konrad hatten sich gar gegen den König empört; und der Bruder Heinrich hatte sich zwar als bayerischer Herzog bewährt, dafür aber war sein Sohn Heinrich ein um so gefährlicherer Rebell gegen Otto II. geworden.

Ein anderes Mittel, das Herzogtum niederzuhalten, fand sich in der Verhinderung der Erblichkeit; das Königtum wollte sich das unbeschränkte Besetzungsrecht der Herzogsstellen wahren. Das gelang den fränkischen Herrschern in Bayern und in Schwaben, während in Sachsen die Billunger und in Lothringen die Ardennengrafen den Anspruch auf Erblichkeit durchsetzten. Auch in den anderen Herzogtümern ist von den Herzogsfamilien Erbrecht geltend gemacht worden, und selbst, wenn sie das Herzogtum nicht erhielten, vererbten sie wenigstens den Herzogstitel, so die Bezeichnung Herzog in der fränkischen Königsfamilie, als das Herzogtum Franken nicht mehr vergeben wurde, so der Herzogstitel der Welfen vor ihrer Einsetzung in Bayern, weil Welf einmal das Herzogtum Kärnten besessen hatte, so die Herzogsqualität der Zähringer ebenfalls, weil ihnen Kärnten gehört hatte.[4])

---

1) Palacky, G. v. Böhmen II, 1, S. 8—50 nennt den Herzog von Böhmen souverän. Vgl. auch Bachmann, G. Böhmens Bd. 1. 1899.

2) Das spätere Herzogtum Ostfranken, das der Bischof von Würzburg erhält, hat andere Grundlage, es ist auf dem Besitz von Grafschaften, die in der Hand des Bischofs waren, errichtet worden. Henner, Die herzogliche Gewalt der Bischöfe von Würzburg. 1874. Bresslau, Die Würzburger Immunitäten und das Herzogtum Ostfranken. FDG. Bd. 13. v. Zallinger, Das Würzburger Herzogtum. MIÖG. Bd. 11. E. Mayer, Das Herzogtum des Bischofs von Würzburg und die fränkischen Landgerichte. D. Z. f. Gw. NF. 1. v. Borch, Verfassungsgeschichtliche Beiträge im Anschluß an die Frage des Würzburger Herzogstitels. Z. f. d. gesamte Staatsw. Bd. 48.

3) Vgl. außer den Dissertationen von Steindorff, Berlin 1863 und E. Wintzer, Bonn 1869, Preiss, Das Verhältnis des deutschen Königtums zum sächsischen Herzogtum im 10. Jh., Pillau Progr. 1878; L. Weiland, Das sächsische Herzogtum unter Lothar und Heinrich dem Löwen. 1866.

4) Daher auch der Titel Herzog von Limburg, weil den Limburgern eine Zeitlang Niederlothringen gehört hatte.

Otto I. hat formell die Erblichkeit in den Herzogtümern nicht anerkannt, als kluger Politiker aber hat er es so eingerichtet, daß die von ihm eingesetzten Herzöge mit dem vorigen Herzogsgeschlechte verwandt waren.

Zu einer Entkräftung des Herzogtums in größerem Maßstabe ist erst Friedrich I. geschritten. Vom Herzogtum Bayern hat er 1156 ein neues Herzogtum, Österreich, abgetrennt, das er aus der bayerischen Ostmark und aus drei Grafschaften bildete. Nach dem Sturze Heinrichs des Löwen 1180 schnitt er abermals aus Bayern ein neues, Steiermark, heraus, so daß damals an die Wittelsbacher nur ein sehr geschwächtes bayerisches Herzogtum kam. Gleichzeitig hat Friedrich das sächsische Herzogtum Heinrichs des Löwen zerschlagen, indem er dessen westfälische Gebiete als neues Herzogtum Westfalen dem Erzbischof von Köln übertrug und die transalbingischen Teile als besonderes Herzogtum an Bernhard von Anhalt vergab. Später, 1235, wurde dann noch aus dem Allodialbesitz des welfischen Hauses in Sachsen ein drittes Herzogtum, Braunschweig, geschaffen.[1])

Bei der Einsetzung eines Herzogs beanspruchten die Fürsten ein Mitwirkungsrecht. Auch eine gewisse Anerkennung durch die Großen und das Volk des betreffenden Herzogtums wurde als notwendig angesehen. Wo sich die Könige über den einen oder den anderen dieser Ansprüche hinwegsetzten, erwuchs ihnen eine heftige Opposition, wie besonders Heinrich IV. Auch als mehr und mehr das Erbrecht des regierenden Herzogshauses durchdrang, wird neben der Bestätigung durch den König stets die Mitwirkung des Volkes bei der Bestellung des Herzogs betont.

Das Wesen des Herzogtums war keineswegs bei allen Herzogtümern und auch nicht für alle Zeit das gleiche. Der Herzog war der Herr des Stammes; seine Stellung ist zur Zeit Heinrichs I. für den Bereich eines Stammes der eines Königs ähnlich gewesen. Jedoch war der Herzog dem König untergeordnet; aber nur unter besonderen Bedingungen haben die Herzöge unter Heinrich I. den König über sich anerkannt. Otto I. suchte dagegen das Herzogtum in ein Amt umzuwandeln und machte daher ein Ein- und Absetzungsrecht geltend, die Herzöge mußten Vasallen des Königs werden und erhielten das Herzogtum als königliches Lehen. Damit war ihre Stellung ganz verändert, aus selbständigen Stammesherren waren sie zu Beauftragten des Königs geworden. Immerhin blieben auch dann Verschiedenheiten in den Rechten der einzelnen Herzöge dem Könige gegenüber bestehen, die auf die ersten Verträge zwischen König und Herzog zurückgingen.

So war der Herzog von Bayern günstiger gestellt hinsichtlich der Bischöfe seines Landes. Heinrich I. hatte ihm das Besetzungsrecht der bayerischen Bistümer eingeräumt, wovon für die späteren bayerischen Herzöge immerhin ein größerer Einfluß auf die Wahl und Einsetzung der dortigen Bischöfe übrigblieb, als dies in anderen Herzogtümern, wo die Herzöge auch zuweilen sich an der Wahl der Bischöfe beteiligten, dauernd gelingen konnte. In Bayern mußten die Bischöfe auch auf den Hoftagen des Herzogs, wenn dieser sie rief, erscheinen, was in anderen Herzogtümern weniger der Fall war. Im übrigen haben die Herzöge — ohne daß ihre Herzogswürde ihnen die Berechtigung gab — ihre Macht auf Kosten der geistlichen Stifter auszudehnen gewußt durch Gewinnung kirchlicher Vogteien und Erlangung von Benefizien aus kirchlichem Gut, oder auch in gewalttätigem Übergriff.

In Bayern war der Herzog den Grafen direkt übergeordnet; sie waren seine Untergebenen, er wachte über ihre Amtsführung und zog sie zur Rechenschaft. Der bayerische Herzog ist ganz in die königlichen Rechte über die Grafen eingerückt. Das

1) L. v. Heinemann, Die welfischen Territorien seit dem Sturze Heinrichs des Löwen. Leipzig. Diss. 1882.

ist in den anderen Herzogtümern nicht der Fall. Dort sind sie wohl dem Herzog zu Treue und Dienst verpflichtet, aber unbeschadet der Rechte des Königs.[1])

Ganz außergewöhnliche Vorzüge hat das Herzogtum Österreich gleich bei seiner Gründung durch das Privileg vom 17. September 1156[2]) erhalten. Der erste Herzog erhielt das Recht, im Falle eines kinderlosen Todes seinen Nachfolger bestimmen zu dürfen. Die Erbfolge am Herzogtum sollte sogar auf die Weiberfolge ausgedehnt sein. Der Herzog brauchte nur die Hoftage in Bayern zu besuchen und war nur verpflichtet, an den Reichskriegen in der Nachbarschaft Österreichs sich zu beteiligen. Vor allem wertvoll war dem österreichischen Herzogtum die Bestimmung, daß der König keine Immunitäten in Österreich erweitern oder neue Immunitäten ohne Zustimmung des Herzogs errichten durfte.

Der Herzog übt in seinem Lande Gerichtsbarkeit aus, er ist Beschützer des Friedens, ihm untersteht das Kriegswesen, indem er für sein Herzogtum das Aufgebot erläßt und im Krieg die Führung über die Truppen seines Stammes in der Hand behält.

2. Der Pfalzgraf.

Pfaff, Geschichte des Pfalzgrafenamtes. 1847. M. Schmitz, Geschichte der Lothringischen Pfalzgrafen bis auf Konrad von Staufen. Bonn. Diss. 1878. P. Wittmann, Die Pfalzgrafen von Bayern. 1877. E. Gervais, Geschichte der Pfalzgrafen von Sachsen (N. Mitt. des Thür. Sächs. Ver. 4—6). F. Kurze, Geschichte der Sächsischen Pfalzgrafschaft bis zu ihrem Übergang in ein Territorialfürstentum (ebd. 17). G. Waitz, Die ersten sächsischen Pfalzgrafen, FDG. 14.

Der Pfalzgraf, comes palatii, ist in der Zeit vom 10. bis 12. Jh. in ganz verschiedenartiger Tätigkeit bezeugt, woraus hervorgeht, daß ein neues Amt unter dieser Bezeichnung in Entwicklung begriffen ist, in dem sich Eigenschaften des karolingischen Hofpfalzgrafenamtes verbinden mit den Aufgaben ständiger Kammerboten. So werden die Pfalzgrafen Erchanger und Berthold Kammerboten, missi dominici, genannt; ihr Kammerbotenamt wird aber in erster Linie das Richteramt gewesen sein, zu dem sie der König delegiert hat, gerade wie seit Otto I. in Italien ständige Kammerboten als Richter des Reiches eingesetzt wurden. Mit Erchanger und Berthold verschwinden die Kammerboten in Deutschland; die letzten Ausläufer dieses karolingischen Amtes gehen in den Pfalzgrafen auf. Die vier Pfalzgrafen von Lothringen, Sachsen, Bayern und Schwaben, die seitdem erscheinen, entsprechen den vier Hauptstämmen, die wohl vorher auch die Sprengel von vier ständigen Kammerboten gewesen waren.

Die andere Wurzel des Pfalzgrafenamtes ist das karolingische Hofpfalzgrafenamt, wo der Hofpfalzgraf Gehilfe des Königs im Hofgericht war. Der in Italien bis Heinrich II. auftretende Pfalzgraf ist dieser alte Hofpfalzgraf; er tritt nur in Tätigkeit als Beisitzer und Stellvertreter des Königs im Hofgericht, solange der König selbst in Italien anwesend ist — er ist also Hofbeamter.

Die deutschen Pfalzgrafen sind gleichzeitig in Besitz einer Grafschaft. Sie stehen in besonderer Beziehung zum Königsgute und werden daher die fiskalischen Interessen des Reiches im Stammesherzogtum zu wahren gehabt haben. Damit hängt zusammen, daß sie für das Königtum in den Herzogtümern zu einer Art Gegengewicht gegen die Herzöge wurden.

Von den vier Pfalzgrafen tritt früh als der vornehmste hervor der lothringische, später Pfalzgraf bei Rhein genannt, der zuerst seine Residenz in Aachen, später in

---

1) Bezeichnend sind die Worte, die Wipo, Vita Cuonradi c. 20 zwei schwäbische Grafen zum Herzog Ernst sagen läßt: nolumus inficiari, quin vobis fidem firmiter promitteremus contra omnes praeter eum qui nos vobis dedit . . . quicquid honesti et iusti a nobis exquiritis, in hoc parere volumus vobis. Si autem contra hoc vultis, illuc revertemur liberaliter, unde ad vos venimus conditionaliter.

2) Vgl. Luschin v. Ebengreuth, Grundriß der österreich. Reichsgeschichte. § 19. S. 86f.

Heidelberg hatte. Sein Vorrang ist wohl einerseits dadurch zu erklären, daß er das Hofpfalzgrafenamt der Aachener Kaiserpfalz fortgesetzt haben dürfte, ferner aus der Bedeutung des fränkischen Stammes überhaupt und aus dem Umtand, daß kein fränkischer Herzog mehr eingesetzt wurde. Der Pfalzgraf bei Rhein wird Richter, wo der König Partei ist, und er wird Richter auch bei Thronerledigung für die Zeit der Reichsvakanz. Von da ist es nur noch ein kleiner Schritt, daß der Pfalzgraf auch Richter über den König, und daß er der berufene Reichsvikar bei Thronvakanz und Reichsverweser bei Abwesenheit des Königs wurde, wenn nicht ein besonderer Fall vorlag und der König einen anderen Reichsverweser ernannte.

3. Graf, Landgraf, Grafentitel, Markgraf.

G. Waitz, Verfassungsgesch. 7, S. 1ff. K. Kretschmer, Historische Geographie von Mitteleuropa, im Handbuch von Below-Meinecke IV, 1904; s. auch im Grundriß Bd. I, Historische Geographie (Kötzschke), S. 445f. — W. Franck, Die Landgrafschaften des h. röm. Reichs. 1873. Schenk zu Schweinsberg, Beiträge zur Frage nach der Bedeutung der Landgrafschaften. FDG. 16. M. Döberl, Die Landgrafschaft der Leuchtenberger. 1893. O. Dobenecker, Ursprung und Bedeutung der thüringischen Landgrafschaft. Z. d. V. f. Thüring. Gesch. NF. 7. — V. Hasenöhrl, Deutschlands südöstliche Marken im 10., 11. und 12. Jh. Arch. f. österr. Gesch. 82. 1895. F. v. Krones, Die Markgrafen von Steier . . . und ihre Kärntener Markgrafschaft vor 1122. Ebenda 84. 1898. Felicetti v. Liebenfels, Steiermark vom 8. bis 12. Jh. 2 T. 1872. 1873. U. Wahnschaffe, Das Herzogtum Kärnten und seine Marken im 11. Jh. 1878. A. Mell, Die historische und territoriale Entwicklung Krains vom 10. bis 13. Jh. 1888. M. Döberl, Die Markgrafschaften und die Markgrafen auf dem bayrischen Nordgau. 1894. Fehr, Fürst und Graf im Sachsenspiegel. 1906.

a) *Der Graf.* War unter den Karolingern die Grafschaft ein Amt, das überall im Reiche eingeführt worden war, wo geordnete und ruhige Verhältnisse erstanden, in denen der Graf als Beauftragter des Königs hauptsächlich gerichtliche, militärische und finanzielle Befugnisse ausübte, so bemerken wir seit Otto I., daß dieses Amt mehr und mehr als ein beneficium aufgefaßt wird. Dadurch wird der Graf aus einem Beamten zu einem Lehnsträger des Königs, er empfängt die Grafschaft durch Belehnung. Seitdem folgt die Grafschaft der Entwicklung des Lehnswesens, sie wird vor allem ein Erblehen.

Nicht nur das Wesen, sondern auch der Umfang der Grafschaft hat sich verändert. Es decken sich nicht mehr die Grenzen von Grafschaft und Gau, sondern durch verschiedene Umstände veranlaßt sind einerseits in einem Gau mehrere Grafschaften eingerichtet worden, anderseits sind auch mehr als ein Gau oder Teile von Gauen in eine Grafschaft vereint worden. Eine weitere Durchkreuzung der alten Gaugrafschaftsverfassung wurde angebahnt durch das Aufstreben selbständiger Bezirke innerhalb der Grafschaft, wie Immunitätsbezirke, Stadtbezirke, die durch erhaltene Exemtionen die Tätigkeit des Grafen mehr und mehr lahmlegten und schließlich selbst gräfliche Rechte erlangten oder auf andere Weise den Graf ganz ausschalteten.

Anderseits aber gab es doch auch Grafschaftsgaue, in denen durch früh eintretende Erblichkeit und günstige Umstände der Umfang der alten Grafschaft gewahrt blieb und so die mächtige territoriale Grafschaft uns entgegentritt wie die der Grafen von Flandern, von Hennegau, von Brabant, von Holland u. a. Oder aber es wahrte sich auch wohl mal ein Graf trotz der Zersplitterung der alten Gaugrafschaft über den ganzen Umfang des alten Gaues die hohe Gerichtsbarkeit, und dies führte zu der besonderen Bezeichnung der Landgrafen.

b) *Der Landgraf.* Das Wesentliche in der Stellung des Landgrafen (comes provincialis, c. provinciae, c. regionarius, c. regionis, c. patriae, c. principalis) ist die Ausübung der gräflichen Gerichtsbarkeit in einem größeren Gebiet, im wesentlichen im Gebiet des alten Gaues zur Zeit, als die Gauverfassung bereits aufgelöst war. Der Landgraf ist der Fortsetzer des Gaugrafen, während ringsherum Kleingrafen und Titulargrafen entstehen. Dies läßt sich nachweisen bei den im 12. Jh. zuerst mit der Benennung Landgrafen auftauchenden beiden Landgrafen im Elsaß vom Nordgau (Unterelsaß) und vom Sundgau (Oberelsaß), bei den Landgrafen in verschiedenen Gegenden Alamanniens und Bayerns wie vom Albgau (Stühlingen), vom Linzgau (Heiligenberg), wo immer der Bezirk der Landgrafschaft mit dem Gebiet eines alten Gaues sich deckte. Etwas abweichend ist vielleicht die Entwicklung in Thüringen, wo wir im 11. Jh. unter dem Titel comes de Thuringia bald diesem, bald jenem Grafen begegnen, bis 1129 zuerst Hermann von Winzenburg mit dem Titel Landgraf auftritt, der aber nach der Ächtung Hermanns an Ludwig den Jüngeren von Thüringen vergeben wird, bei dessen Familie er bis zum Aussterben 1247 verblieb. Es scheint in Thüringen, daß zur Macht gelangte Grafen über andere Grafen das Übergewicht gewonnen und dadurch auch den Vorsitz im Grafengericht weiterer Bezirke erlangt haben, bis diese Vorzugsstellung dauernd beim Hause Ludwigs des Jüngeren blieb. Es ist also eine auf Ansehen, nicht auf Fortsetzung der alten Gaugrafschaft beruhende Stellung, die besonders auch deshalb in Thüringen ein Übergewicht über andere Grafen gewinnen konnte, weil dort kein Herzog existierte.

Von den großen territorialen Grafschaften und den Landgrafschaften abgesehen gibt es jetzt nur Kleingrafen, die einen größeren oder kleineren Gerichtsbezirk als ihr Lehen besitzen. Oft sind diese Grafenlehen so klein, daß ein angesehener Großer sich eine ganze Anzahl solcher Kleingrafschaften übertragen läßt.

Immer mehr wird es Sitte, daß die Grafen sich nach der Burg, in der sie residieren, nennen. So entstehen die Familiennamen zahlreicher Grafengeschlechter. Eine solche Burg ist dann der Mittelpunkt ihres Gerichtsbezirkes.

c) *Der Grafentitel.* Zu unterscheiden davon sind die Burggrafen. Diese Bezeichnung ist nur ein Titel.[1] Sie steht auf gleicher Linie mit anderen aufkommenden Grafentiteln wie Deichgraf, Holzgraf, Waldgraf, Stallgraf. Ein eigentliches Grafenamt liegt diesen Titulaturen nicht zugrunde. Auch der comes auf Reichsgut, der eigentlich ein Vogt des Reiches ist, gehört hierhin.

d) *Der Markgraf.* Eine besondere Art von Grafen waren schon in der Karolingerzeit die Markgrafen; sie waren mit größerer Macht ausgestattet, da ihnen der militärische Schutz eines Grenzgebietes anvertraut war. Mitunter gelangen auf Grund dieser bevorzugten Stellung die Markgrafen auch in dem Stammgebiet, dem ihre Mark vorgelagert ist, zu überragendem Ansehen und so zur Ausbildung eines Stammesherzogtums. So ist die bayerische Markgrafschaft im bayerischen Stammesherzogtum aufgegangen und die rätischen Markgrafen, die Burcharde, haben nach wiederholten Anstrengungen und Zurückweisungen doch zuletzt das schwäbische Stammesherzogtum begründet. Andere karolingische Marken sind in der Zeit des Niederganges der Karolinger wieder eingegangen und an die benachbarten Feinde verloren worden.

Erst mit Heinrich I. und Otto I. setzt eine neue Periode der Gründung starker Markgrafschaften ein und zwar zunächst zum Schutze Sachsens. Heinrich I. hat die dänische Mark errichtet, Otto I. hat an der sächsischen Ostgrenze gegen die Slawen den Markgrafen Gero eingesetzt, nach dessen Tode sein ausgedehntes Markengebiet in mehrere Marken, zeitweise sechs, zerlegt wurde, aus denen schließlich drei übrigblieben: die Mark Meißen, die Lausitzer Mark oder Ostmark und die Nordmark. Dann wurde mit einem Markensystem zum Schutze Bayerns begonnen. Otto I. hat da, wo früher die karolingische Mark Friaul bestanden hatte, eine Mark Aquileia und eine Mark Verona ausgeschieden; unter Otto II. erscheint eine Mark Krain, dann wird östlich

---

1) Vgl. A. Meister, Burggrafenamt oder Burggrafentitel. HJb. 1906. Da die Stellung des „Burggrafen" auf militärischer Grundlage beruht, so kommen wir später unter Kriegswesen eingehend darauf zurück.

vor das Herzogtum Kärnten noch eine kärntnische Mark gelegt, die später Steiermark genannt wurde. Jenseits der Enns wurde das „Osterriche“ als Mark zum Schutz gegen die Ungarn errichtet, und auch gegen die Böhmen wurde zum Schutze Bayerns eine Mark vorgelagert.

War auf diese Weise unter den Ottonen die ganze Ostgrenze des Reiches von der unteren Elbe bis zum Adriatischen Meere durch einen geschlossenen Markengürtel gesichert worden, so ist das nicht in gleicher Weise im Westen geschehen. Hier und da ist zwar die Mark vorhanden, wie die friesische Mark und die Mark Antwerpen, im allgemeinen aber war in dieser Zeit die Bezeichnung Markgraf hier ein Titel, der auf eine früher vorhandene oder früher im Besitz der Familie gewesene Mark zurückging, aber nicht mehr tatsächlichen Markgrafschaften entsprach.

Der Markgraf war gewöhnlich auch Graf in einem Grenzgau. In seiner Markgrafschaft hat er die Grafenrechte, besonders die Gerichtsbarkeit als ein vom König abgeleitetes Recht. Aber er ist selbständiger gestellt. Er hat vor allem eine selbständigere Militärgewalt, er kann Befestigungen, Burgen zum Grenzschutz anlegen. Auch seine Einnahmen sind größer, insofern er aus dem den Feinden abgenommenen und deshalb dem König gehörigen Landbesitz reichlich dotiert wird und einen Teil des Tributs für sich empfängt, den unterworfene Nachbarn zu zahlen haben.

Daß auch die Markgrafschaften zu Lehen und erblich wurden, darin folgten sie nur der allgemeinen Entwicklung des Lehnswesens. Seit die Markgrafschaften aber Erblehen waren, wurden sie noch selbständiger; das lose Band, das sie an den König knüpfte, wurde noch mehr gelockert. Schon im 12. Jh. nahm der Markgraf ein Obereigentum an Grund und Boden in Anspruch.[1]) Das Eigen stand in der Markgrafschaft später nicht mehr unter Königsfrieden, sondern unter einem markgräflichen Frieden. An Stelle des Königsbannes trat ein selbständiger Markgrafenbann[2]), d. h. seine ordentliche Markgrafengewalt. Er bedarf nicht mehr einer Belehnung mit dem Königsbann; durch die einfache Fahnenbelehnung mit der Markgrafschaft erhält er zugleich die Gewalt in Dingen, die sonst, in Grafschaften, Königsbannsachen sind und dort einer besonderen Beleihung bedürfen.

Als kleinere staatliche Glieder bestehen, wie in der vorigen Periode, Unterbezirke mit verschiedenen Namen huntari, go, del u. a. Außerdem müssen wir uns da, wo geistliche Herrschaften im Grafengau erstanden, diese in fortschreitender Entwicklung zur Exemption von der Grafschaft denken. (S. unter Gerichtswesen S. 127f.) Vögte haben hier die weltliche Verwaltung für die geistlichen Herren. Ganze Grafschaften und Grafenrechte haben geistliche Fürsten in dieser Periode erlangt. Und endlich beginnt eine neue Sonderbildung, die Emanzipation der Stadt von der Grafschaft, die wir jedoch erst im Zusammenhang mit dem Städtewesen im vierten Hauptabschnitt behandeln.

7. Die soziale Gliederung.

1. Der Reichsfürstenstand.

J. Ficker, Vom Reichsfürstenstande. Bd. I 1861; II 1911 hrsg. v. P. Puntschart. J. Ficker, Vom Heerschilde. 1862. M. Bendiner, Die Reichsgrafen. 1888. Boerger, Belehnungen der deutschen geistlichen Fürsten (Leipziger Studien Bd. 8). 1901. Ph. Heck, Der Sachsenspiegel und die Stände der Freien. 1905. H. Fehr, Fürst und Graf. 1906. J. Bruckauf, Fahnlehn und Fahnenbelehnung im alten deutschen Reiche. Leipzig. Diss. 1907.

Die Einführung des Lehnswesens in den Beamtenstaat hatte zur Folge eine Rivalität von Lehnsrecht und Amtsrecht; der Lehnsstaat sucht den Beamtenstaat zu ersticken. In der Zeit, in der beide Rechtssysteme miteinander ringen, entsteht naturgemäß der Dualismus des Beamten und Lehnsträgers. Dies kommt am meisten zum

---

1) Vgl. W. v. Sommerfeld, Beiträge zur Verfassungs- und Ständegeschichte der Mark Brandenburg im MA. T. I. 1904. S. 20, 122.

2) So ist der Satz des Sachsenspiegels zu erklären III, 65, § 1: „die marcgreve dinget bi sines selves hulden.“ So auch von Ph. Heck, a. a. O. S. 757 und von Fehr, S. 63 erklärt.

Ausdruck bei den großen Reichsämtern des Herzogs, des Markgrafen und des Grafen. Man muß bei diesen Fürsten unterscheiden ihre Qualität als Lehnsfürsten und ihre Qualität als Amtsfürsten, obwohl beides miteinander zusammenhängt und ineinander übergeht.

1. Das Lehnsrecht brachte die *Lehnsfürsten.* Das Symbol, das bei der Belehnung verwandt wurde, schied sie äußerlich in die weltlichen Fürsten mit Fahnlehen und die geistlichen mit Zepterlehen.[1]) Nur das direkt aus der Hand des Königs empfangene Zepterlehen oder Fahnlehen machte seinen Inhaber zum Reichsfürsten lehnsrechtlichen Charakters. Es gab demnach keinen geistlichen Reichsfürsten ohne Zepterlehen und keinen weltlichen Reichsfürsten ohne Fahnlehen.

Deshalb machte man auch bei Brüdern und Söhnen von weltlichen Reichsfürsten die zutreffende Unterscheidung zwischen Reichsfürsten und schlichten Fürsten und nannte die letzteren Fürstengenossen.[2]) Sie sind demnach geborene Fürsten zum Unterschied von den Fahnlehnsfürsten. Diese jüngere Klasse von Fürsten ist schlechter gestellt als die ersteren, sie haben keine Gerichtsgewalt und keine anderen Hoheitsrechte.

Da der Begriff des weltlichen Fahnlehens im Sachsenspiegel bis auf die Grafschaft herab angewandt wird, so haben wir Herzogtum, Pfalzgrafschaft, Landgrafschaft, Markgrafschaft und gemeine Grafschaft in diesem Sinne als Reichsfürstentümer aufzufassen. Gemeinsam ist allen die Grafengewalt, und deshalb ist das eigentliche Wesen des Fahnlehens das unmittelbare Grafenlehen oder Gerichtslehen[3]), während das Wesen des geistlichen Zepterlehens im Regalienlehen zu gründen scheint. Der weltliche Fürstenstand beruht auf dem Gerichtslehen, der geistliche eher auf der Lehne anderer Hoheitsrechte. Das Fahnlehen kann nun aber entweder nur eine einzige Gerichtseinheit umfassen — so die Grafschaft — oder es kann sich aus mehreren zusammensetzen — so das Herzogtum. Beim zusammengesetzten Fahnlehen behielt der Fürst nur eine Grafschaft in eigener Hand, während er die anderen weiter verleihen mußte, die so in dritte Hand gerieten. Da aber nur die unmittelbare Belehnung durch den König die Fürstenqualität in lehnsrechtlicher Hinsicht erteilte, so sind diejenigen Grafen, die ihre Grafschaft durch Fürstenleihe, also in dritter Hand hatten, nicht Fürsten. So scheiden sich in lehnsrechtlicher Anschauung Grafschaften, die als Fürstentümer anzusprechen sind (Reichsgrafschaften), und solche, die nicht zum Reichsfürstentum gehören.[4])

2. Älter als der lehnsrechtliche Charakter des Fürstenstandes ist die *amtsrechtliche* Grundlage. Sie besteht in der Verwaltung des Grafenamtes; das Amt als solches tritt bei der amtsrechtlichen Beurteilung in den Vordergrund im Gegensatz zur Verleihung bei der lehnsrechtlichen Beurteilung. Während es sich beim Lehnsfürsten um die Frage handelt, ob er unmittelbar vom König belehnt ist oder nicht, ist dies beim Amtsfürsten gleichgültig. Amtsfürst ist also nicht nur der Lehnsfürst mit Fahnlehen, sondern auch der Inhaber einer „sünderlichen" Grafschaft. Auf amtsrechtlicher Grundlage waren alle Grafen Fürsten, während sie auf lehnsrechtlicher Grundlage nicht alle Fürsten sind. Jeder Lehnsfürst war, da er ein Grafenamt verwaltete, auch

1) Im weiteren Sinne nennt der Sachsenspiegel gelegentlich auch die geistlichen Fürstentümer Fahnlehen; aber daraus ist nicht zu schließen, daß das geistliche Fürstentum ein spezifisches Fahnenlehen ist, wie HECK es darstellt a. a. O. S. 623. Bezüglich des geistlichen Fürstentums vgl. WERMINGHOFF in diesem Grundriß² § 26 S. 67ff.

2) Glosse zum Sachsenspiegel, Landrecht III, Art. 58 (Ausgabe von HOHMEYER, 3. Aufl., 1861, II S. 551): wen se [de brodere] delden de it vorstedum behelde, de were des rikes vorste, de andere were en slicht vorste, den hete we vorsten ghenot.

3) HECK will die Heergewalt als Grundlage des Fahnlehens annehmen, hat aber Widerspruch erfahren durch FEHR a. a. O. S. 19f.

4) Der Sachsenspiegel nennt diese selbständigen Gerichtseinheiten innerhalb eines größeren Fahnlehens, die vom Inhaber des Fahnlehens weiter verliehen werden, „sünderliche Grafschaften".

Amtsfürst, aber nicht jeder Amtsfürst war Lehnsfürst.[1]) Die Amtsfürsten bilden den alten weiteren Kreis der principes, und innerhalb dieses Kreises stellt sich die Klasse der Lehnsfürsten dar als eine Verengerung des Fürstenbegriffs.

Das zeigt sich auch nach außen in einer eintretenden Differenzierung der Befugnisse. Die Amtsfürsten, die Grafen, werden von der Königswahl ausgeschlossen. Im Sachsenspiegel sind nur die Reichsfürsten — so nennt er die Lehnsfürsten — berechtigt zur Wahl. Das lehnsrechtliche Fürstentum drängt den amtsrechtlichen Fürsten zurück. Die Auffassung, daß die Grafen nicht Fürsten seien, leiht ihren Maßstab vom Lehnsrecht und sie führt dahin, daß schon im Schwabenspiegel die Fahnlehen der Grafen nicht mehr als fürstliche angesehen werden. Während Fürstenlehen und Fahnlehen im Sachsenspiegel noch zusammenfallen, unterscheidet der Schwabenspiegel schon fürstliche Fahnlehen von nicht fürstlichen. Somit ist der Fürstenbegriff abermals enger geworden, denn wir müssen annehmen, daß der Schwabenspiegel ein Bild der faktischen Rechtslage gibt[2]); der Amtsfürstenstand kommt nicht mehr in die Erscheinung, er ist überwunden.

Das Fahnlehen selbst ist aber im Schwabenspiegel nicht mehr in erster Linie Gerichtslehen, es ist ein lehnbares Territorium daraus geworden, das neben dem Gerichtslehen noch verschiedene andere Regalien in sich begreift.

Nach obigen Ausführungen wird die herrschende, von Ficker begründete Ansicht, daß um 1180 der Reichsfürstenstand durch Ausscheiden der Grafen sich verengerte, etwas zu modifizieren sein. Das schärfere Hervortreten des lehnsrechtlichen Gesichtspunktes gegen Ende des 12. Jhs. hat bei Ficker den amtsrechtlichen Gesichtspunkt zu sehr zurücktreten lassen. Allerdings ist ja die ganze Verschiebung eine siegreiche Ausbreitung des Lehnsgedankens. Friedrich I. hatte es erreicht, daß die Bischöfe in den Reichslehnsverband eingegliedert wurden. Aus Reichsbeamten waren sie Reichsvasallen geworden. Beim Sturz Heinrichs des Löwen waren sodann verschiedene bayerische und sächsische Fürsten, die bisher dem Herzog unterstanden hatten, reichsunmittelbar, Reichslehnsträger geworden. Von diesen reichsunmittelbaren Fürsten schieden sich immer schärfer diejenigen, die ihr Lehen von Bischöfen und weltlichen Fürsten erhielten, die also nach der Lehnsordnung des Heerschildes eine Rangstufe tiefer standen. So war richtig erkannt worden, daß damals die Mehrzahl der Grafen aus dem Reichsfürstenstand verschwand, aber wir müssen hinzufügen: nur aus dem Reichsfürstenstand auf lehnsrechtlicher Basis. Und es blieben einige darin wie der Graf von Anhalt, der ein direktes Fahnlehen hatte. Die Scheidung ist jedoch weder eine plötzliche noch eine reichsgesetzliche, sie ist zunächst fließend und auch nicht konsequent, denn als mit dem Untergang der Staufer das Herzogtum Schwaben erlosch, sind durchaus nicht deren bisherige Aftervasallen, die nunmehr unmittelbar unter das Reich kamen, dadurch Reichsfürsten geworden. Der Begriff Reichsfürst hatte sich nämlich inzwischen wieder verengert, und jetzt waren die Grafen hinausgedrängt.

So blieben in Deutschland nach 1180 nur 16 weltliche Fürstentümer übrig: 9 Herzogtümer (Schwaben, Bayern, Sachsen, Lothringen, Brabant, Kärnten, Böhmen, Österreich, Steier), 2 Pfalzgrafschaften (bei Rhein und Sachsen), 3 Markgrafschaften (Brandenburg, Lausitz, Meißen), 1 Landgrafschaft (Thüringen), 1 Grafschaft (Anhalt). Dazu kamen zwei ausländische Fürsten: der Herzog von Burgund und der Graf von Flandern, die französische Fürstentümer besaßen, aber wegen ihrer deutschen Lehen auch den deutschen Fürsten beigezählt wurden; ferner eine Anzahl Fürsten, deren

1) Es ist das Verdienst Fehrs, a. a. O. S. 30f., diesen Unterschied, den Ficker noch nicht beobachtet hat, hervorgehoben zu haben.

2) Vgl. Fehr S. 86f., Bruckauf S. 9f.

fürstliche Stellung nicht in einem Fürstentum die lehensamtliche Unterlage hatte, sondern eine persönliche, wenn auch von früherem Fürstenamt hergeleitete Auszeichnung darstellte. Hierhin gehören der Herzog Welf, die Herzöge von Rotenburg, Zähringen, Meran, die Pfalzgrafen von Burgund.

Eine Vermehrung des weltlichen Reichsfürstenstandes konnte nur dadurch eintreten, daß der König die Zahl der Fahnlehen vermehrte. Die Erhebung in den weltlichen Fürstenstand geschah also durch Erteilung eines Fahnlehens. So sind 1182 die Markgrafschaft Mähren, 1188 Namur zu Reichslehen und Fürstentümern gemacht worden.

Zu den geistlichen Reichsfürsten gehörten in konsequenter Lehnsauffassung nur diejenigen Bischöfe, die vom Reiche ihr Lehen empfingen, also die Inhaber von Reichs-Zepterlehen, während die Bischöfe, die nicht unmittelbar vom Reich belehnt wurden, keine Reichsfürsten waren. So sind die Bischöfe von Prag und Olmütz, seit sie vom König von Böhmen zu Lehen gingen, nicht mehr Reichsfürsten, die Bischöfe von Gurk, Chiemsee, Seckau und Lavant haben keinen Reichsfürstenrang, weil sie nur vom Erzbischof von Salzburg belehnt waren, und der Bischof von Kamin ist nicht Reichsfürst, weil er unmittelbar dem Papst unterstellt war.

Derselbe Gesichtspunkt galt hinsichtlich der Reichsäbte; die landsässischen von einem Landesherrn dependierenden, sowie die nur dem Papst unterstellten exemten Abteien, abbatiae liberae, zählten nicht zu den Reichsfürstentümern.

Das Resultat dieser Veränderung des Reichsfürstenstandes war ein großes Übergewicht an Zahl der geistlichen Fürsten gegenüber den wenigen weltlichen Fürsten. Praktische Bedeutung hatte die Fürstenstellung, ehe sich eine feste Organisation des Reichstages entwickelte, hauptsächlich im Lehnswesen; im übrigen nur für die Rangordnung am Hofe und bei öffentlichem und festlichem Auftreten.

2. Grafen und Herren.

A. Schulte, Freiherrliche Klöster in Baden. Festschrift der Universität Freiburg. 1896. Kisky, Die Domkapitel der geistlichen Kurfürsten in ihrer persönlichen Zusammensetzung. 1906. v. Dungern, Der Herrenstand im MA. 1908. A. Schulte, Der Adel und die deutsche Kirche im MA. in Kirchenrechtl. Abh. von U. Stutz. H. 63/64. 1910.

Ein sozialer Unterschied zwischen Grafen und freien Herren besteht da, wo der Graf noch Träger des Grafenamtes ist. Bei Grafen mit bloßen Grafentiteln ist ein sozialer Vorrang vor den Freiherren mehr und mehr verwischt. Privatrechtlich hatten sie keinen Vorzug vor ihnen; beide haben beispielsweise die gleichen Rechte auf die reservierten Stellungen in freiherrlichen Klöstern und Domkapiteln. Nur in der Rangordnung bei Hofe, in Zeugenreihen kommt noch eine Unterscheidung zur Geltung, die Grafen rangierten an der Spitze der freien Herren. Der Besitz eines nobilis viri mansus, einer adeligen Grundherrschaft, war das Charakteristische für den Stand. Neben diesem Allod besaßen sie Lehen, deren Ertrag ihnen den Kriegsdienst ermöglichen sollte. Aber der Druck der Kriegspflicht lastete schwer auf ihnen; die italienischen Feldzüge haben ihre Reihen dezimiert oder die dafür gemachten Ausgaben haben meist ihre Einnahmen überschritten. Die durch die Kreuzzüge hervorgerufenen üppigeren Lebensansprüche erhöhten noch das Mißverhältnis zu den Einnahmen. So war der Stand der kleinen Grafen und Freiherren in wenig beneidenswerter Lage.

Der Umstand, daß sie, um eine Versorgung zu erhalten, ihre Söhne in die Domkapitel und freiherrlichen Stifte eintreten ließen, trug sehr zur Dezimierung des Adels bei. Denn mit diesen Stellen war der Zölibat verbunden und das gab nur zu oft zum Erlöschen eines Geschlechtes[1]) Veranlassung.

1) Sehr treffend sagt Schulte a. a. O. S. 293: Die alten ehrwürdigen Kultstätten wurden das Grab des alten deutschen Adels, auf den Friedhöfen der Domstifte, Klöster und Stifter ruhen die, die solch ein Geschlecht hätten fortsetzen können. Von den deutschen Edelgeschlechtern, deren Familienpolitik den Kirchendienst bevorzugte, könnte man sagen: „Deo inserviendo consumebantur".

Neben den Geburtsständen schoben sich Berufsstände ein. Der Beruf, die größere oder geringere Abhängigkeit, bedingt die soziale Scheidung. Dadurch ist besonders der Ministerialenstand in die Höhe gekommen.

3. Ministerialen, Ritter, milites.

v. ZALLINGER, Ministeriales und Milites. 1878; Derselbe, Die ritterlichen Klassen im steyerischen Landrecht. MIÖG. IV; Derselbe, Die Schöffenbarfreien des Sachsenspiegels. 1887. K. HECKMANN, Zur Entwicklungsgeschichte der deutschen Ministerialität. 1895. G. v. BELOW, Ministerialität (Handwb. d. Staatsw., Bd. 5). W. WITTICH, Altfreiheit und Dienstbarkeit des Uradels in Niedersachsen. 1906. R. FRESSEL, Ministerialenrecht der Grafen von Tecklenburg, in Münsterschen Beiträgen z. Geschichtsforschung. H. 12. 1907. KLUCKHOHN, Die Ministerialität in Südostdeutschland in Quellen und Studien z. Vg. von Zeumer IV, 1. 1909. KEUTGEN, Die Entstehung der deutschen Ministerialität in VSocWG. 1910. CARO, Zur Ministerialenfrage in Nova Turicensia. 1911. MOLITOR, Der Stand der Ministerialen in Gierkes Untersuchungen. H. 112. 1912.

Unter minister oder ministerialis verstand man in der fränkischen Zeit unfreie[1]) Dienstleute des Königs oder der Großen, die zum Dienste in den vier Hofämtern und einigen anderen bevorzugten Aufsichtsstellen ausgewählt und ausgebildet waren, oder die man im Waffenhandwerk übte, auf daß sie den Herrn bei Jagd und auf dem Kriegszuge begleiteten und seine Burg bewachten. Nicht zu der untersten Klasse der Hausdiener wurden die ersten Ministerialen gerechnet, sondern zu bevorzugten Unfreien. Das Limburger Ministerialenrecht vom J. 1035 unterscheidet ausdrücklich die niederen Dienste der unfreien Diener und Knechte von den höheren Diensten der Ministerialen. Sie werden verwandt zu Diensten, die als ehrenvoll gelten. Deshalb war es auch nicht ausgeschlossen, daß in einer Gegend, wo Mangel an verwendbaren Unfreien vorhanden war, oder ein Fürst besonders glanzvoll seine Hofhaltung gestaltete, auch Freie[2]) zu den Hofämtern und kriegerischen Begleitern, mithin zu Ministerialendiensten herangezogen werden konnten. Dies war jedoch nicht die Regel, sondern die Ausnahme, im allgemeinen waren die Ministerialen Unfreie.

Die Unfreiheit der Ministerialität kam in folgenden nicht überall in gleicher Weise erkennbaren und nicht überall dauernd beibehaltenen Beschränkungen zum Ausdruck. Am zähesten festgehalten wurde an der Beeinträchtigung der Freizügigkeit; der Ministeriale kann nicht einseitig das Ministerialenverhältnis aufgeben. Dagegen kann er von seinem Herrn mitsamt seinem Ministerialengut veräußert werden. Der ordentliche Gerichtsstand des Ministerialen ist der hofrechtliche, der Ministeriale war verpflichtet, im Hofgerichte zu erscheinen. Und auch das allmählich sich bildende besondere Gericht und besondere Recht für die Ministerialen waren zunächst nur qualifizierte Hofgerichte und Hofrechte. Der Herr des Ministerialen übte das Ehebewilligungsrecht aus bei Ehen seiner Ministerialinnen mit freien oder fremden Ministerialen, sowie seiner männlichen Ministerialen mit fremden Ministerialinnen. Ehen der eigenen Ministerialen untereinander oder mit einer freien Frau waren dagegen gestattet. Auch die Heiratsgebühr und die Todfallabgabe (Heergeräte und Kriegsrüstung des Verstorbenen) ist für die unfreie Herkunft charakteristisch. Dem Herrn stand ferner das Recht zu, Ministerialen mit einem anderen Herrn zu tauschen, und ebenso das Recht der Freilassung. Das Besitzrecht des Ministerialen war zunächst ganz hofrechtlich, sei es, daß es sich um ein Dienstgut, Amtsgut oder später um ein Lehen, ein Dienstlehen, handelte.

1) Unsere Anschauung von der Entwicklung der Ministerialität ist die von ZALLINGER begründete und durch R. SCHRÖDER u. a. erhärtete Auffassung. Neuerdings sind diese Ergebnisse bekämpft worden von PH. HECK, Der Sachsenspiegel und die Stände der Freien. 1905. S. 21f., 33f., 547f. Er bringt die Ministerialen mit seiner schon früher vertretenen Frilingstheorie zusammen (vgl. HECK, Die Gemeinfreien der karolingischen Volksrechte. 1900. Derselbe in VSocWG. 1907).

2) Dies hat CARO (Beiträge z. älteren deutschen Wirtschaftsgesch. S. 94ff.) für St. Gallen, OPPERMANN (WZ. 28 S. 157f. und 30 S. 419) für Utrecht wahrscheinlich gemacht. Deshalb den unfreien Ursprung der Ministerialität an sich leugnen zu wollen, geht zu weit.

Dagegen hatte auch der Herr dem Ministerialen gegenüber Pflichten. Er mußte dem Ministerialen Dienstmannengericht bewilligen und er mußte ihn auch vertreten im öffentlichen Gerichte bei Streit mit Freien.

Von der Zeit Karls d. Gr. bis ins erste Drittel des 11. Jhs. bildeten die Ministerialen noch keinen geschlossenen Stand. Sie waren Beamte in verantwortungsvollem und daher geachtetem Dienst, sie waren kriegerisch[1]) ausgebildete Dienstmannen und sie hatten ein Dienstgut.

Das Dienstgut ist Entgelt für die Dienste, dem ursprünglichen bäuerlichen Zustand entsprechend ist es ein Bauerngut. Umgekehrt wird für das Gut der Dienst verlangt, er wird an das Gut geknüpft. Im Laufe der Zeit wird dieses Dienstgut als Lehen aufgefaßt und in der Form eines Lehens übertragen. Das Lehen wird zur Voraussetzung des Dienstes, ein Herr kann sich nur so viel Ministerialen halten als er Dienstlehen zur Verfügung hat. Dienstgut oder Dienstlehen werden aber dem allgemeinen Zuge der Zeit folgend erblich. Die Erben haben einen Rechtsanspruch auf die Zugehörigkeit zur Ministerialität, die Erblichkeit des Lehens zieht die Erblichkeit der Ministerialenstellung nach sich.[2]) Konrad II. hat die Erblichkeit der vasallitischen Lehen anerkannt; das hat auch Rückwirkung auf die Ministerialenlehen gehabt. Seitdem ist der Stand der Ministerialen geschlossen.

Die Söhne der Ministerialen gelten als ministeriales nati, geborene Ministerialen. Herangewachsen bieten sie dem Herrn ihres Vaters ihre Dienste an; wenn aber kein Lehen für sie frei ist, erhalten sie die Erlaubnis abzuziehen und zu dienen, wem sie wollen.[3]) Man unterscheidet also seitdem dienstpflichtige und daher belehnte[4]) Ministerialen und bloß geborene Ministerialen.

Der Hofdienst, Beamtendienst und Kriegsdienst hat die Ministerialen mehr und mehr vor den anderen Unfreien ausgezeichnet und aus ihnen herausgehoben. Die Ministerialen eines Herren schlossen sich zusammen und in diesem Zusammenschluß gewannen sie an Bedeutung. Ihre Herren gingen dazu über, ihnen Privilegien zu geben, ein Ministerialenrecht zu erteilen.

Dieses Aufsteigen wurde dadurch begünstigt, daß die Ministerialen des Reiches sich unter den Staufern einer besonderen Förderung seitens der Krone zu erfreuen hatten; sie wurden als Beamte in Italien verwandt; ihnen wurden Domänen, in größerem Umfang unter Philipp von Schwaben, als Dienstlehen übergeben. Das Beispiel der Reichsministerialen wirkte auf die landsässischen Ministerialen. Auch ihnen übertrug jetzt der Landherr Dienstlehen, zunächst nur den verdienteren und zur besonderen Auszeichnung, dann immer allgemeiner. Denn die Herren erkannten den Vorteil, den ihnen die Verleihung von Dienstlehen bot an Stelle von erblichen Vasallenlehen. Heimgefallene Vasallenlehen wurden vielfach in Dienstlehen umgewandelt; die Ministerialen boten ein Gegengewicht gegen die Lehnsmannen. Diese Bevorzugung und das Dienstlehen lockte auch freie Edelherren an. Sie waren durch die Kriegszüge nach Italien zum Teil verarmt und auf Vermehrung ihres Einkommens angewiesen,

---

1) Kluckhohn, a. a. O. legt dem Kriegsdienst die entscheidende Bedeutung bei. Das ist zu viel gesagt; er ist ein wesentliches Moment, aber nicht das allein rechtlich entscheidende.

2) Es ist derselbe Prozeß wie beim Grafentum, dessen Erblichkeit durch die Erblichkeit des Grafenlehens bedingt war; s. o. S. 102f.

3) Vgl das Bamberger Ministerialenrecht (1057—64). Ähnlich im Weißenburger Recht, das auf Konrad II. gefälscht ist, aber den Zustand vom Ende des 11. Jahrhunderts wiedergibt. MG Dipl. Konrad II Nr. 140. Nach dem Kölner Recht § 12 erhält der älteste Ministerialensohn das Lehen und das Recht serviendi in suo officio ad quod natus est. Hat er Brüder, so bieten diese ihre Dienste dem Erzbischof an. Wen der Erzbischof zum Dienste auf ein Jahr zuläßt, den muß er nach einem Jahr belehnen. Diejenigen, deren Dienste er nicht annimmt, können hingehen und dienen, wem sie wollen.

4) Darauf macht besonders Keutgen, a. a. O. aufmerksam.

und deshalb ließen sie sich ein Dienstlehen geben, das ja ihrer Standesehre keinen Eintrag tat. So traten freie Herren in den Ministerialenstand ein, ohne an ihrer sozialen Stellung Einbuße zu erleiden. Denn sie behielten das Handgemal[1]) des freien Mannes bei, sie blieben schöffenbar im Gerichte der Freien, ihre Angehörigen betrachteten sie nach wie vor als ebenbürtig. Ja die kleinen Adelshäuser sahen es gern, wenn jüngere Söhne und Brüder durch Erlangung von Ministerialenlehen versorgt wurden, und so mag schließlich da, wo die früheren Ministerialen gering an Zahl waren, der Bestandteil der Standesgenossen, der aus freien Geschlechtern entstammte, quantitativ überwogen haben.[2])

Die bevorrechteten Ministerialen, die aus altfreien Geschlechtern in den Ministerialenstand übergetreten sind und sich dabei ihre Schöffenbarkeit im Grafengericht vorbehalten haben, bilden die Hauptmasse des so sehr umstrittenen Standes der Schöffenbarfreien. Sie sind freie Grundbesitzer, nobiles, die sich das freie Handgemal bewahrt haben, aber in die Dienstmannschaft herabgestiegen sind. Sie unterscheiden sich von den anderen althörigen Ministerialen eben durch diese vorbehaltene Schöffenbarkeit. Ein anderer Bestandteil der Schöffenbarfreien rekrutiert sich aus Reichsministerialen, die vom König die Freiheit erhalten haben; sie haben die Schöffenbarkeit durch diese Freilassung durch den König erhalten. Demnach sind die Schöffenbarfreien keineswegs bäuerlichen Standes[3]), sondern ritterlichen Standes.[4])

Durch den Eintritt der Altfreien ist der Ministerialenstand ein ganz anderer geworden. Die ursprünglich hörigen Ministerialen haben sich der sozialen Stellung der neuen Genossen genähert, sie sind von ihnen emporgehoben worden.

Es konnte der aus altfreiem Geschlecht übergetretene Ministeriale neben dem Ministerialenlehen auch echtes Lehen haben. So kommt es jetzt vor, daß Ministerialen auch vasallitische Lehen empfangen, und zwar auch von anderen, nicht bloß vom eigenen Herrn. Sie trachten naturgemäß danach, auch ihr Dienstlehen als ein freies Lehen aufzufassen und ihre Zwitterstellung zwischen freiem Herrn und unfreiem Dienstmann zu verwischen. In der Tat wird das Ministerialenlehen bald selbst als ein vasallitisches Lehen aufgefaßt.

Sie tun dann später vielfach keinen Hofdienst mehr, ihr Hofamt wird zum Ehrenamt und zum Titel. Damit haben sie sich schon den kleinen freien Vasallen so sehr assimiliert, daß sie mit ihnen vereint bald einheitlich den Ritterstand des niederen Adels bilden.

Nun kommt hinzu, daß in der Stauferzeit der Unterschied von frei und unfrei sich mehr und mehr verwischt und die Stände sich mehr nach ihrer Lebensweise und Beschäftigung, nach ihrer wirtschaftlichen Bedeutung zu scheiden beginnen.

---

1) Hohmeyer, Über die Heimat nach altdeutschem Recht insbesondere über das Handgemal. Abh. d. Berliner Ak. 1852. W. Wittich, Altfreiheit und Dienstbarkeit, S. 35f. Ph. Heck, Die neue Handgemalstheorie Wittichs, in VSchr. f. Soz.- u. Wirtschaftsgesch. 1906, IV S. 356f. A. Meister, Zur Deutung des Handgemal, in Archiv f. Kulturgesch. IV. 1906. S. 393f. Schönkoff, Handgemal und Schwurbrüderschaft. Z. f. deutsches Altertum. Bd. 49. 1908. S. 321ff. Keller, Handmahal und Anthmallus in ZSavRg. GA. 30. 1909. S. 224ff. Sohm, Über das Hantgemal, ebenda 30. 1909. S. 103ff. S. auch unten Gerichtswesen S. 125.

2) Neuerdings hat Wittich, a. a. O., für Niedersachsen den Vergleich angestellt, ob die größere Masse der dortigen Ministerialengeschlechter von Hörigen oder von Altfreien abstammte, und er vertritt mit Entschiedenheit die Auffassung, daß die Zahl der ursprünglichen hörigen Ministerialen gering war gegenüber den zahlreichen von altfreien Geschlechtern in die Ministerialität Eingetretenen. Er führt jedoch die ursprüngliche Ministerialität zu ausschließlich auf die vier Hofämter zurück und kommt so zur Annahme der geringsten Anfangsziffer.

3) Dies nimmt Heck an; auch Molitor, Stände der Freien S. 37ff. hat bäuerliche Schöffenbarfreie neben ritterlichen angenommen.

4) E. Meister, a. a. O. S. 196f.

Wie da zahlreiche Freie, die ein bäuerliches Leben führen, mit ehemaligen Unfreien in dem Stande der Bauern aufgehen, wie anderseits in den Städten aus freien und unfreien Elementen der neue Stand der Bürger entsteht, so finden sich jetzt ebenfalls unfreie und freie „Absplitterungen"[1]) zusammen in dem aus der Ministerialität nun hervorgehenden neuen Stand des niederen Adels. Und dieser Ritter- oder Adelsstand hebt sich als vornehmster über die beiden anderen, der Bürger und Bauern, empor, nachdem er seit dem 13. Jh. mehr und mehr die Spuren der Unfreiheit abgestreift hat.

Sehr zustatten kam ihm dabei seit der Zeit der Kreuzzüge die Ausbildung des Begriffs der Rittermäßigkeit. Lebensführung, Sitten und Gewohnheiten, die die Kreuzfahrer bei auswärtigen Rittern kennen lernten, wirkten dabei mit. Die Ritter nahmen besondere Standeseigentümlichkeiten an, sie führten eine rittermäßige Erziehung ihrer Söhne ein, die erst als Knappen ritterliches Betragen und „höfisches" Wesen erlernen mußten. Erst der Ritterschlag und der Rittergürtel verlieh dann die Würde des Ritters. Eine besondere Standesehre war die Folge.

Durch Privilegien, die sie sich erteilen ließen, erreichten sie das Fernhalten nicht rittermäßiger Elemente von ihrem Stande. So ist in einem Landfriedensgesetz Friedrichs I. vom J. 1156 die Zulassung zum ritterlichen Zweikampf von dem Nachweis der Rittermäßigkeit abhängig gemacht worden. Den Bauern wurde das Tragen ritterlicher Waffen verboten. 1187 wurde den Söhnen von Bauern durch ein königliches Gesetz der Eintritt in den Ritterstand unmöglich gemacht.

Den eigentlichen Hofdienst versahen seitdem niedere milites. Die Bezeichnung milites hat einen Bedeutungswandel durchgemacht. Im 10. und 11. Jh. verstand man darunter noch Vasallen, die eigentlichen Krieger. Jetzt sind Kriegsknechte zu Pferd damit gemeint. Solche milites finden wir auch an Stelle von Ministerialen im Dienste von kleinen Grafen und Prälaten, die keine größere Hofhaltung haben, bei deren Hof die vier Hofämter nicht existierten, die aber doch für nötig fanden, sich einige rittermäßige Reisige zu halten zu Schutz und Geleit auf Reisen und zu sonstigen Diensten. Solche milites als Ritter schlechthin standen an Rang den Ministerialen der Fürsten nach. Grafen und Freiherren sollten nach dem Schwabenspiegel keine Ministerialen haben.[2]) Dies gilt für die Zeit und das Geltungsgebiet des Schwabenspiegels. Mächtigere Grafen haben sich jedoch auch Ministerialen und nicht bloß milites gehalten. Es kam nur darauf an, daß sie Macht und Stellung hatten, die ihnen größerere Hofhaltung gestattete, und reichen Grundbesitz, der die Unterlage für Dienstlehen bot.

4. Der Bauernstand.

E. Molitor, Die Stände der Freien in Westfalen und der Sachsenspiegel. 1910. Heck, Der Sachsenspiegel und die Stände der Freien. Dazu die Rezension von Amira in ZSavStRg. GA. 27. 1907. S. 379ff.

Derselbe Prozeß, der zu dem berufsmäßigen Ritterstand führte, ohne an dem alten Unterschiede von frei und unfrei zu scheitern, hat auch unter Sprengung der alten volksrechtlichen Stände zu den Berufsständen der Bauern und Bürger geführt.

War noch in der karolingischen Zeit die Freiheit das Unterscheidungsmerkmal, das die Bewohner des platten Landes in zwei Klassen schied, so haben schon die verschiedenen Formen besser gestellter Unfreiheit und die Differenzierung der Freiheit selbst die trennende Wirkung dieses Unterschiedes stark beeinträchtigt. Zahlreiche freie Kleingrundbesitzer begaben sich in ein Schutzverhältnis, andere nahmen zinspflichtiges Gut an und erhielten so in der einen oder anderen Weise denselben Herrn, den auch unfreie und hörige Ackerbauer über sich erkennen. Je mehr die Bedingungen der Unfreiheit und Hörigkeit im Laufe der Zeit sich mildern, desto mehr erkennt man in all diesen verschiedenartigen Landbewohnern nur den Bauer mit der ausschließlich ländlichen Beschäftigung, die er auch mit dem abhängigen Freien gemein hat. Seit

---

1) Siehe auch Molitor, a. a. O. S. 200.

2) Schwabenspiegel (Laßb. 70. 158. 308): „Ir sollt wissen, daß niemand Dienstmannen haben mag mit Rechte, wann das Reich und die Fürsten".

dem 11. und 12. Jh. ist dieser zusammenfassende, den Berufsstand bezeichnende, Begriff Bauer vorhanden.

Trotz dieser nivellierenden Berufsbezeichnung Bauer sind aber nach öffentlich rechtlichen Gesichtspunkten noch trennende Standesunterschiede vorhanden. Am wenigsten noch in bezug auf das Kriegswesen. Die im Bauernstand aufgehenden Freien sind zunächst im Prinzip nicht frei vom Kriegsdienst, aber sie werden meist, da kein Bedarf da ist, nicht aufgeboten. So verloren sie allmählich tatsächlich ihr altes Waffenrecht, insbesondere mit dem Aufkommen der Ritterheere. Die unfreien und hörigen Bauern kamen für den Kriegsdienst von vornherein nicht in Betracht.

Hinsichtlich des Steuerwesens ist aber die Scheidung noch deutlich erkennbar. Die Steuerpflicht ist beim Bauernstand nur auf diejenigen beschränkt, die freies Grundeigen besitzen. Es ist also hier sogar eine Unterscheidung selbst bei den aus dem freien Stande stammenden Bauern gemacht, indem die landlosen freien Bauern, die nur fremdes Gut unterhaben, von den steuerzahlenden freien Grundeigentümern geschieden sind. Diese öffentlich rechtliche Unterscheidung hat selbst zu neuen Sonderbezeichnungen geführt, man nannte die Freibauern mit freiem Eigen, auf dem die öffentlichen Grafschaftsabgaben ruhten, Pfleghafte — in manchen Gegenden auch Biergelden[1]) —, die anderen, die kein Eigen hatten, sondern auf fremdem Land saßen: Landsassen. Als sich das Steuerwesen mehr und mehr entwickelte, da sind die Pfleghaften die Hauptträger der Bedepflicht, während andere Stände für ihre Reichsleistungen Privilegien erhielten und oft steuerfrei wurden.[2]) Die Landsassen, freie Erbzinsleute, die nur auf Zinsgut sitzen, die auf Rodeland und Kolonisationsgebiet Wald- oder Marschhufen in freier Leihe erhalten haben, sind nicht zu verwechseln mit den zinsenden Liten, die zu einem Zinsgut geboren sind. Zu den freien Land-

1) Sachsenspiegel III, 45, § 6. Heck, Die Biergelden, 1900; Derselbe, Der Sachsenspiegel und die Stände der Freien, S. 413—489, sucht nachzuweisen, daß die Pfleghaften Stadtbürger seien; ich kann mich dieser Deutung nicht anschließen. Neuerdings dagegen auch Amira, a. a. O. Meister, Ostfälische Gerichtsverfassung im MA. S. 209. Die verschiedenen Theorien über die Pfleghaften siehe bei Molitor, a. a. O. S. 44ff. Molitor und Fehr (ZSavRg. 32. 1911. S. 488) sehen in den Pfleghaften abhängige Zinsleute, die unter Beibehaltung eines Freigutes und Wahrung ihres freien Standes in einen grundherrlichen Verband eingetreten sind. Mir scheint diese grundherrliche Theorie nicht das Richtige zu treffen, noch weniger überzeugend sucht v. Wrochem (Der Schultheiß in der Gerichtsverfassung des Ssp. 1908) die Pfleghaften als Leute, die nur innerhalb der Grundherrschaft Eigen besaßen, hinzustellen.

2) Früher wurde es so dargestellt, als sei die Bedepflicht ein Ersatz für den Kriegsdienst. Diejenigen, nämlich die gemeinfreien Grundeigentümer, die nicht Heeresfolge leisteten, sollten statt dessen eine Heeressteuer gezahlt haben. Die Steuer soll an das karolingische adiutorium angeknüpft haben und zu einer ständigen Einrichtung geworden sein. Diese Auffassung geht schon auf Eichhorn, Deutsche Staats- u. Rechtsgesch., zurück; vgl. III, § 223, 299, 306, 337; IV, § 343a, 368 Anm. a. Der Stand der Pfleghaften wurde nach dieser Ansicht von dem der Schöffenbaren getrennt durch die Ablösung der Wehrpflicht und die dadurch veranlaßte Belastung des Grundeigentums. Die Auffassung der Bede als Heeressteuer ist zuerst von Zeumer und dann durch v. Below erschüttert worden. Zeumer (Die deutschen Städtesteuern im 12. und 13. Jh., in Schmollers staats- u. sozialw. Forschungen I, 2) führte sie auf ursprünglich freiwillige Abgaben zurück, und v. Below (Die landständische Verfassung in Jülich und Berg III, 1, ferner Artikel Bede im Handwb. d. Staatsw. und Artikel Grundsteuer daselbst, ferner HZ. 90, S. 322; Z. f. Sozialw. 6, S. 311 Anm. 8; MIÖG. 25, S. 1f.) weist vor allem den Zusammenhang der Bede mit der Gerichtsgewalt nach. Trotzdem halten an der Entstehung der Bede aus der Heersteuer fest Kogler (Das landesfürstliche Steuerwesen in Tirol bis zum Ausgang des MA., im Arch. f. österr. Gesch. 90, S. 421f.) (vgl. dagegen v. Below, HZ. 90, S. 322); ebenso H. B. Meyer, Hof- und Centralverwaltung der Wettiner, in Leipziger Studien 9, 1902, Schulte, Lehrb. d. Rg. § 83, S. 268f.; Brunner, Grundzüge d. Rg.[5], S. 96 u. 144; Heusler, Institutionen I, S. 164f., II S. 92; v. Amira, Recht, S. 85. Auch Heusler, Vfg., S. 156, spricht von der Heersteuer des Bauernstandes als Ersatz für die Beteiligung am Zug nach Italien. Schröder (Lehrb. d. Rg.[5], S. 627) hat in der neuesten Auflage seines Lehrbuchs diese Auffassung aufgegeben. Unsere Anschauung ist folgende: die Bede ist nicht eine Heersteuer (die Heersteuer existiert neben der Bede, ja sie kommt selbst kumuliert mit der Bede vor), die Gemeinfreien sind also nicht vom Kriegsdienst befreit und deshalb bedepflichtig, sondern umgekehrt, die Ritter sind durch Privilegien von der Bedepflicht meist befreit. S. auch unten S. 131.

sassen gehörten aber nicht nur Leute, die Land gepachtet und kein eigenes Land daneben haben, sondern überhaupt die landlose Bevölkerung auf dem platten Lande, soweit sie frei war, also auch Tagelöhner, Zeitpächter. Wenn also Freibauern und freie Landsassen auch zu demselben Stande gehörten, so erkannte man doch ihren ökonomischen und sozialen Unterschied. In Ostfalen ist nachgewiesen, daß diese Trennung sogar in bezug auf den Gerichtsstand sich verfolgen läßt; das Schultheißengericht ist das Gericht für die Pfleghaften, das Gogericht ist dort das Gericht für „die niedrigsten Freien, die Landlosen."[1])

5. Der Bürgerstand.

Die aufblühenden Städte übten eine große Anziehungskraft auf die ländliche Bevölkerung aus, Freie, Hörige, Unfreie zogen alsbald in die Stadt. Die landrechtlichen Unterschiede zwischen diesen verschiedenen Klassen blieben zunächst unausgeglichen.

Unter diesen ist für das eigentlich städtische Leben die wichtigste Schicht die der Kaufleute und Gewerbetreibenden. Die ältesten lateinischen Nachrichten nennen sie mercatores, negotiatores oder cives forenses = Marktleute. Seit dem 11. und 12. Jh. kommen die Ausdrücke burgenses und cives auf, und die spätere deutsche Bezeichnung ist dann borgere oder burgere.

Die gleichen Interessen und die gleiche Lebensweise bewirkt auch in der Stadt, daß diese noch vielgestaltige Bevölkerung zu einem einheitlichen Berufsstand zusammengefaßt wird. Das ist der Begriff der Bürgerschaft.

Da die ausschlaggebende Oberschicht Freie waren und die ganze Entwicklung des städtischen Wesens eine freiheitliche ist, so werden auch die weniger freien Elemente dieser Bürgerschaft in diese Entwicklung hineinbezogen. Haben wir anfangs alle landrechtlichen Stände nebeneinander in der Stadt, also auch Pfleghafte und vielleicht auch Landsassen und die verschiedenen Arten unfreier Stände, so entwickelt sich dann der Grundsatz „Stadtluft macht frei". Die Hörigen und Unfreien streifen die Merkmale ihrer Gebundenheit ab und werden dann auch frei. Ja im 12. Jh. wird bei Neugründung von Städten, um Ansiedler anzulocken, geradezu das Privilegium erteilt, daß Unfreie, die Jahr und Tag unbeanstandet in der Stadt gewohnt haben, als Freie anzusehen seien.

Das Ergebnis ist zuletzt die freie Bürgerschaft.

Aber diese freie Bürgerschaft ist nur gesellschaftlich und rechtlich ein gemeinsamer Stand gegenüber Adel und Bauernstand. Von den Bauern unterscheidet sie sich noch besonders dadurch, daß sie das Waffenrecht behielt. Innerhalb der Bürgerschaft selbst gab es von Anfang an Gliederungen wirtschaftlicher Natur nach Beschäftigung und Vermögen.

In vielen Städten, besonders den kleineren Landstädten, lebten noch Leute, die einen großen Teil ihrer Betätigung in landwirtschaftlicher Beschäftigung fanden. Der Herkunft nach haben wir in vielen Städten Sondergruppen wie Friesenviertel, Flamen u. a. Dem Vermögen nach schieden sich bald die reichen Kaufherren von den anderen Stadtbewohnern, so zwar, daß in Köln schon im 12. Jh. die Reichen sich zu einer besonderen Genossenschaft, die Richerzeche, zusammenschließen konnten. Und später kam dann noch die Scheidung der ratsfähigen Geschlechter von den Zunftbürgern hinzu.

Nicht alle Stadtbewohner gehörten zur Bürgerschaft. Die Bürgerschaft mußte besonders gewonnen werden; sie war an bestimmte Aufnahmebedingungen geknüpft.

---

1) E. Meister, a. a. O. S. 163. — Der Sachsenspiegel versteht unter Landsasse oder Gast die Freien, die weniger als eine halbe Hufe oder gar kein Eigen besitzen, also auch die Kötter, Häusler, Handwerker.

Außerhalb der Bürgerschaft standen meist die Geistlichen, die Juden und die Ministerialen des Stadtherrn.

6. die Hörigen, 7. die Leibeigenen; siehe den Abschnitt Kötzschke, Wirtschaftsgeschichte.

8. Gerichtsverfassung.

Waitz, Verfassungsgesch. 8, 1—94. Unger, Altdeutsche Gerichtsverfassung. 1842. O. Stobbe, Die Gerichtsverfassung des Sachsenspiegels. Z. f. D. Recht 15. R. Schröder, Die Gerichtsverfassung des Sachsenspiegels. Z. d. Savigny-Stiftung. GA. 5. G. Meyer, Die Verleihung des Königsbannes und das Dingen bei markgräflicher Huld. 1881. v. Zallinger, Über den Königsbann. MIÖG. 3; Derselbe, Z. Gesch. der Bannleihe. MIÖG. 10. O. Franklin, Das Königl. und Reichshofgericht in Deutschland in der Zeit von Heinrich I. bis Lothar von Sachsen. FDG. 4; Derselbe, Das Reichshofgericht im MA. 2 Bde. 1867—1869. J. Brock, Die Entstehung des Fehderechts im Deutschen Reiche des MA. Posen Progr. 1887. A. Kluckhohn, Gesch. des Gottesfriedens. 1857. R. Goeke, Die Anfänge der Landfriedensaufrichtungen in Deutschland. 1875. K. W. Nitzsch, Heinrich IV. u. der Gottes- u. Landfrieden. FDG. 21. S. Herzberg-Fränkel, Die ältesten Land- u. Gottesfrieden in Deutschland. FDG. 23. F. Küch, Die Landfriedensbestrebungen Kaiser Friedrichs I. Marburg. Diss. 1887. U. Eggert, Studien z. Gesch. der Landfrieden. Göttingen. Diss. 1875. v. Zallinger, Der Kampf um den Landfrieden in Deutschland während des MA. MIÖG. Ergb. 4. L. Weiland, Sächsischer Landfriede aus der Zeit Friedrichs II. und die sog. treuga Heinrici regis. Z. d. Savigny-Stiftung. GA. 8. K. Zeumer, Der deutsche Urtext des Landfriedens von 1235. NA. 28. O. Stobbe, Der ostfälische Schultheiß und der holsteinische Overbote. Z. d. Savigny-Stiftung. GA. 7. Ch. Eckert, Der sächsische Fronbote im MA. Gießen. Diss. 1897. C. Stüve, Untersuchungen über die Gogerichte in Westfalen und Niedersachsen. 1870. J. Schmitz, D. Gogerichte im ehemal. Herzogtum Westfalen. Münster. Diss. 1901. Fehr, a. a. O. F. Philippi, Landrechte des Münsterlandes. 1907. E. Meister, Ostfälische Gerichtsverfassung im MA. 1912.

Als Quelle der Gerichtsgewalt galt der König; er gab dem Richter das Recht zur Handhabung der Gerichtsbarkeit; er gab dem Urteil zwingende Kraft und Vollstreckung. Trotzdem ist die Gerichtsbarkeit im Deutschen Reiche keine einheitliche geworden, sie ist vielgestaltig wie das Staatswesen selbst. Es haben sich mannigfache Rechtskreise öffentlichen und privaten Charakters gebildet, die das Bild der karolingischen Gerichtsverfassung in mehr als einer Hinsicht veränderten und vielfältiger gestalteten. Karls d. Gr. Justizgesetzgebung hatte schon bald die Folge gehabt, daß eine niedere Gerichtsbarkeit von einer höheren sich schied. Der Graf verwaltete die hohe, der centenarius, Schultheiß, die niedere Gerichtsbarkeit. Diese Trennung der iurisdictio alta und bassa blieb das ganze Mittelalter hindurch. Vor den Inhaber der hohen Gerichtsbarkeit gehörten die Kriminalfälle, die an Leib und Leben gebüßt wurden, Streit über Grundeigentum und Freiheit; vor den niederen Richter dagegen Vergehen, die mit Geldstrafe geahndet wurden. Der niedere Richter wird zunächst vom Grafen eingesetzt, er ist dessen Beamter. Aber es bleibt nicht so, später werden die Schultheißengerichte auch Lehen und daher erblich, oder sie gelangen in die Hand eines großen Grundherrn, werden zu Patrimonialgerichten und so den Grafen entzogen und schließlich lassen sich die Landesherren das Ernennungsrecht erteilen, als sie in der unmittelbaren Besetzung dieser Niedergerichte ein Mittel zur Ausbildung der Landeshoheit erkannt hatten.

Eine weitere Veranlassung zur Zersplitterung der Gerichtsverfassung war gegeben durch die Exemtionen. Hier kommen besonders die Immunitäten in Betracht, die Hofgerichte, dann aber auch die Sonderstellung des Marktgerichtes und die allmähliche Emanzipation des Stadtgerichtes vom Landgericht. Die städtische Jurisdiktion schiebt sich sogar über die Stadtmauern hinaus in das platte Land.

Und endlich wird das Gerichtswesen erst recht kompliziert durch die fortschreitende Standesgliederung, die wiederum eigene Gerichtskreise schuf; es entstehen, von den geistlichen Gerichten abgesehen, Lehnsgerichte und Dienstmannengerichte.

1. Das königliche Hofgericht.

Am königlichen Hofe existierte keine ständige Gerichtsbehörde mehr, seit der Hofpfalzgraf dort verschwunden war. Die Tätigkeit des früheren Hofgerichtes ist also teils von dem König persönlich übernommen worden, teils ist sie dezentralisiert und übergegangen an das in jedem Herzogtum errichtete Pfalzgrafenamt. Die Pfalzgrafen in Italien bewahren noch einen engeren Zusammenhang mit dem persönlichen Gericht des Königs.[1]) Der König hatte eine doppelte richterliche Befugnis. Einerseits konnte er jeden noch nicht erledigten Rechtsfall vor seine Person ziehen — ius evocandi —, anderseits legte er das ordentliche Gericht an dem Orte, wo er gerade weilte, lahm und übernahm selbst die Rechtsprechung. Von dem Evokationsrecht machte der König jedoch nur selten Gebrauch, gerade weil er keinen ständigen Gerichtshof zur Verfügung hatte, der solche Streitsachen rasch erledigen konnte, und so war die Gefahr der Verschleppung vorhanden. Die Appellationen und Beschwerden über Rechtsverweigerung richtete man lieber an die Pfalzgrafen, die die Entscheidung darüber jedoch nur so lange behielten, bis die entstehende Landeshoheit der Herzöge ihres Amtsbezirkes sie an sich zogen. So verblieb dem König in der Hauptsache nur die Gepflogenheit, im Lande zum Zwecke der Rechtsprechung herumzureisen und auf diese Weise mit dem ordentlichen Gerichte zu konkurrieren und es gleichzeitig zu kontrollieren. Außerdem war der König ordentlicher Richter über die Reichsunmittelbaren, also über die Fürsten, die Reichsministerialen, die Reichsstädte und analog dazu gehörten vor sein persönliches Gericht Klagen über Reichsrechte und über Reichsgut. Der König zog im Königsgericht als Urteilfinder Fürsten und Mitglieder des Herrenstandes heran; seit dem 12. Jh. sind Reichsfürsten nur in einem aus Fürsten bestehenden Hofgericht gerichtet worden. Im übrigen fehlte es an einer festen Organisation des Hofgerichtes.

Da das Hofgericht unmittelbar an die Person des Königs geknüpft war, so war es außer Tätigkeit, wenn der König entsetzt oder gestorben war. Bei der Thronerledigung ist jedoch mit der Ausbildung des Reichsvikariats des Pfalzgrafen bei Rhein dessen Hofgericht an die Stelle getreten.[2])

2. Die Landfriedensgerichte.

Zu allen Zeiten des MA. ist es vorgekommen, daß Fürsten und Große zusammengetreten sind zur gemeinsamen Wahrung des Landfriedens. Das geht zurück bis auf die Versammlungen, die zu Karls d. Gr. Zeit von den missi dominici abgehalten wurden, in denen die Bischöfe und Grafen ihres Missatsprengels zusammenkamen, um über Friedbrecher zu richten. Als das Institut der missi dominici eingegangen war, haben die Herzöge zu diesem Zweck die Großen ihres Herzogtums zusammengerufen. Und auch anderswo, wo keine Herzogtümer existierten, sind solche Landfriedensgerichte für größere Bezirke zusammengetreten, so daß man die eigentümliche Stellung des Thüringer Landgrafen und die Würde des Würzburger Herzogs auf den Vorsitz in größeren Landfriedensgebieten zurückgeführt hat. Zuweilen wurden für das ganze Reich Landfrieden verkündet; so schon einmal 1103 zu Mainz auf vier Jahre. Von Friedrich I. sind uns sogar drei Landfriedensgesetze erhalten, von 1152, die ronkalische constitutio pacis von 1158 und die Nürnberger constitutio contra incendiarios von 1186. Aber erst in der folgenden Periode vom 13. Jh. an beginnt die eigentliche Geschichte der Landfriedensbündnisse und gleichzeitig eine ausgedehntere Landfriedensgesetzgebung.

Verwandt mit dem Landfrieden ist der Gottesfrieden treuga Dei.) Zuerst ist auf deutschem Boden für die Diözese Lüttich 1081 ein Gottesfrieden verkündigt wor-

---

1) S. o. S. 109.

2) Über die weitere Bedeutung des Pfalzgrafen bei Rhein als Richter s. o. S. 110.

3) Vgl. außer A. Kluckhohn (s. o.) noch Huberti, Studien z. Rechtsgesch. des Gottes- und Landfriedens. 1892. Um 1033 ist zuerst eine treuga Dei in Aquitanien, 1041 in Frankreich verkündet

den, dann 1083 für die Diözese Köln, 1085 zu Mainz für das ganze Reich. Die Verkündigung des Gottesfriedens ging von der Kirche aus, und sie hatte den Zweck, die Fehdelust und die Gewalttätigkeiten einzuschränken. Es wurde bestimmt, daß an den kirchlichen Hauptfesten und an bestimmten Tagen der Woche — in Deutschland meist von Freitag Abend bis Montag früh[1]) — jegliche Gewalttat strengstens verpönt sei. Eingeschlossen in den Gottesfrieden waren alle dem Gottesdienst geweihten Personen und Orte.

3. Die Landgerichte (Königsbann, Grafengericht).

Bis ins 13. Jh. haben sich die karolingischen Grafengerichte als die ordentlichen öffentlichen Gerichte erhalten, wenn auch zahlreiche Exemtionen im Laufe der Zeit die Wirkung der öffentlichen Gerichtsbarkeit modifiziert hatten und das Grafenamt selbst den Einfluß des Lehnswesens erfahren hatte, als es ein erbliches Lehen geworden war. Man hielt aber noch daran fest, daß jede Grafschaft mit einem Grafenrichter besetzt sein mußte; wenn also einmal ein Fürst mehrere Grafschaften erworben hatte, so mußte er in den Grafschaften, in denen er nicht selbst das Grafenamt ausübte, einen anderen Grafen, Vizegrafen, einsetzen.

In der fränkischen Zeit war die Hochgerichtsbarkeit des Grafen eine königliche Vollmacht; der Graf richtete unter Königsbann. Im Laufe der Zeit hat man die Hochgerichtsbarkeit als inhärierenden Bestandteil der ordentlichen Grafengewalt aufgefaßt, und ein besonderer Königsbann wurde nur für besondere Fälle nötig. Für diese bestimmten Ausnahmen war der Königsbann ein Annex des Grafenamtes. Der Sachsenspiegel[2]) nennt als solche besondere Königsbannsachen das Eigengut und die Verbrechen Schöffenbarer. Daß das Urteil über Eigen zum Inhalt des Königsbannes gehört, erklärt sich daraus, daß das Eigen im Schutze des Königs, im Königsfrieden stand. Für die Unterstellung der Verbrechen Schöffenbarer unter den Königsbann ist neuerdings[3]) die ansprechende Vermutung als Erklärung aufgestellt worden, daß die Schöffen als Reichsbeamte aufzufassen seien und mit ihren Angehörigen, den Schöffenbaren, deshalb der besonderen königlichen Gerichtsbarkeit unterstanden. Wir haben also beim Grafenamt die Gerichtsleihe der ordentlichen Gerichtsgewalt und die Bannleihe der außerordentlichen Gewalt in Königsbannsachen zu unterscheiden. Aber der Königsbann wird ebenso erblich wie die Grafengewalt. Nur muß der Lehnserbe besonders um die persönliche Beleihung mit dem Königsbann bitten; sie kann ihm aber nur versagt werden, wenn er nicht die ganze Grafschaft geerbt hat. In Markgrafschaften war es anders; dort finden wir keinen besonderen Königsbann. Der Grund ist der, daß in Markgrafschaften das Eigen nicht unter den Königsschutz, sondern unter den Markgrafenschutz gestellt war, und daß es keine Schöffengerichte, mithin keine Schöffen und Schöffenbaren dort gab.

Das Grafengericht war in dem Gebiet des fränkischen Stammes ein Schöffengericht, im Bereich des sächsischen Stammes war nur das Grafengericht bei Königsbann ein Gericht mit Schöffen. Die Schöffen leisteten dem König einen Amtseid und sie wurden vom König mit ihrer Amtsbefugnis ausgestattet. Die Schöffen wurden entnommen aus dem Stande der Freien, einerlei, ob freie Herren oder freie Bauern[4]);

---

worden. Dann auch in Italien, Spanien und England. Die ersten drei Lateransynoden 1123, 1139, 1179 machten den Gottesfrieden verbindlich für die ganze Christenheit. Auch wurden sie in das corpus iuris can. aufgenommen.

1) Die Begrenzung war verschieden; öfters von Mittwoch Abend bis Montag früh, in England von Samstag Abend an.

2) Der Schwabenspiegel kennt diesen Königsbann nicht.

3) Fehr, a. a. O., S. 55.

4) Darauf hat schon Heusler, Institutionen I, S. 165 Anm. 7 aufmerksam gemacht; neuerdings Heck, Sachsenspiegel, S. 340f.

nur in Ostfalen und vielleicht in Holstein und Thüringen waren Bauern, sowohl Pfleghafte wie freie Landsassen vom Schöffenstuhl ausgeschlossen und somit das Schöffentum allein dem Herrenstande vorbehalten. Die Ausdrücke Schöffenbarer und Schöffe verhalten sich zueinander, wie eine Standesbezeichnung zu einer Amtsbezeichnung. Jeder Schöffe ist Schöffenbarer, er gehört zu dem Geburtsstand der Schöffenbaren, aber nicht jeder Schöffenbare konnte Schöffe sein, konnte das Amt des Schöffen ausüben. Unter Schöffenbaren haben wir also die Schöffen und ihre Familienangehörigen zu verstehen. Jedoch war ihre Standesstellung durch ein Anrecht an freies Eigengut, das im Bezirke des betreffenden Schöffengerichtes lag, beschränkt; man nannte dieses Eigen Hantgemal.[1]) Nur wer Hantgemal hatte, wer selbst auf dem Hantgemalsgrundstück saß oder noch einen Anteil daran hatte, konnte Schöffe und Schöffenbarer sein. Mit dem Hantgemal war das Recht auf einen Schöffenstuhl und das Recht auf die Sondervorzüge des Schöffenbaren verbunden.[2]) Das Schöffenamt war ein erbliches Amt, es vererbte vom Vater auf den ältesten Sohn, und wenn kein Sohn vorhanden war, auf den ältesten schöffenbaren Schwertmagen. Wie enge Schöffentum und schöffenbarer Stand mit dem Hantgemalsgut zusammenhängen, das geht daraus hervor, daß F r e i e, die in den Ministerialenstand übertraten, sich aber das Anrecht am Hantgemal bewahrten, auch die Schöffenbarkeit beibehalten. In der Folge sind es geradezu vorwiegend solche Ministerialen, die das Schöffenamt besetzen. Die alte Siebenzahl der Schöffen ist noch vielfach beibehalten, jedoch zeigt sich auch anderwärts eine Vermehrung der Schöffenstühle auf 12 und bis auf 14. Die Aufgabe der Schöffen war, das Urteil zu finden. Der Umstand konnte das vorgeschlagene Urteil schelten. Blieb eine Schelte aus, so galt das Urteil der Schöffen als rechtskräftig und wurde vom Richter verkündigt.

Außer den Schöffen verzeichnete das mittelalterliche Landgericht noch einen notwendigen Beamten für die Exekution. In der karolingischen Verfassung war der Unterrichter gleichzeitig Gerichtsvollzieher; — jetzt waren beide Funktionen voneinander getrennt und ein eigener Beamter, den der Graf ernannte, geschaffen worden für Zwecke des Botendienstes und der Vollstreckung. Er hieß F r o n b o t e, Scherge, Büttel, Weibel, lateinisch praeco und budellus. Bei den Ostfalen und Thüringern kam auch ein Oberfronbote vor unter der Bezeichnung Schultheiß[3]), lateinisch praefectus, in Holstein Overbode genannt. Sein Amt war ein Lehen und deshalb von Mitgliedern des Adels besetzt, der Fronbote war gewissermaßen das Haupt der Aristokratie dem Grafen gegenüber, er war Beisitzer im echten Ding und Vertreter des Grafen. Er war

1) Siehe auch oben S. 118 daselbst Anm. 1 die Literatur über das Hantgemal.

2) Im Archiv für Kulturgeschichte 1906 (Bd. 4), S. 393f. habe ich darzutun versucht, daß die mittelalterlichen Bezeichnungen hantmal, hantgemal u. a. auf zwei verschiedene Wurzeln zurückgehen, von denen die eine Zeichen, signum chirographum bedeutet, die andere (vgl. mallus, mallare) eine Beziehung zur Gerichtsstätte enthalte. Frühe ist bei der Anwendung des Ausdruckes hantgemal eine Begriffsvermischung eingetreten, indem bald die eine, bald die andere Bedeutung hineinspielte. Beim Vorkommen des hantgemal im 13. Jh. in Beziehung zu den Schöffenbaren ist wohl an das rechtserhebliche Grundstück zu denken, dem der mallus-Begriff zugrunde liegt, es ist aber nicht ausgeschlossen, daß man an dem Haus auf dem Handgemalsgrundstück das Handmal = signum, Hausmarke und an dem Schöffenstuhl ebenfalls das Handzeichen angebracht hat. Heck, MIÖG 28, S. 49f. gibt die Bedeutungsverschiedenheit zu, will aber nicht die eine Bedeutung „forum beweisend" anerkennen. Er ist in seinem Buch, Der Sachsenspiegel und die Stände der Freien, S. 500f. und in zwei Aufsätzen: Die neue Hantgemalstheorie Wittichs (Vierteljahrschr. f. Sozial- u. Wirtschaftsgesch. 4, S. 356f.) und Das Hantgemal des Codex Falkensteinensis, in MIÖG. 28, S. 1f. dafür eingetreten, daß hantgemal Heimat bedeutet habe. Etymologisch ist dies nicht zu erweisen, und ursprüngliche Bedeutung kann es deshalb nicht gewesen sein, aber durch das Mittelglied der Bedeutung „den mallus bezeichnendes Grundstück" kann es leicht zu der Bedeutung Ursprung, Heimat gekommen sein. Wo das Hantgemal im obigen Sinne lag, da war die Heimat.

3) Die Namensgleichheit mit dem fränkischen Schultheißen darf nicht zu einer Verwechslung seiner Stellung mit der des fränkischen führen.

ein Grafschaftsfronbote, sein Wirkungskreis war die ganze Grafschaft, nicht etwa bloß ein Unterbezirk.

Die Grafschaft hatte für jede Zentene, Huntari, in Sachsen für jeden Go, eine besondere echte Dingstätte, auch die bayerischen Landgerichtsbezirke, die sogenannten Pflegen, hatten mehrere Dingstätten, die wohl ursprünglichen Siedelungsbezirken entsprachen. Diese Stätten hießen Dingstühle, Königsstühle, in Bayern Schrannen. Der Graf, Landrichter, Pfleger bereiste seine Grafschaft und hielt an den Dingstühlen echtes Ding ab, so daß jährlich an jedem echten Dingstuhl dreimal, also alle 18 Wochen, Gericht gehalten wurde, das aber nicht für den betreffenden Gerichtsbezirk, sondern für die ganze Grafschaft zuständig war. Dieses echte Ding war Gericht unter Königsbann. Wenn es nötig war, konnte einem solchen echten Ding nach 14 Nächten ein Nachding folgen, das dann wie das echte Ding ebenfalls ein Schöffengericht war, dem der Graf bei Königsbann vorsaß. Im Fränkischen war das echte Ding allgemeines Hochgericht, für die causae majores aller Stände, im Sächsischen war es nur zuständig für Königsbannsachen.

Daneben hatte der Graf Grafschaftsgericht zu halten, und zwar nach Bedarf. Das war also gebotenes Ding. Es war zuständig für Nicht-Schöffenbare, also für die Landbevölkerung und für Sachen, die nicht dem Königsbann reserviert waren. Dieses Grafschaftsgericht ohne Königsbann oder gebotene Grafengericht ist nicht an die echte Dingstätte gebunden. Im fränkischen Rechtsgebiet ist das gebotene Ding Schöffengericht, das sächsische Grafengericht ohne Königsbann kennt keine Schöffen. Im gebotenen Ding fränkischen Rechts kann an Stelle des Grafen auch der Zentenar oder Vikar den Vorsitz führen, im sächsischen gebotenen Ding präsidiert nur der Graf allein. Das fränkische gebotene Ding ist Niedergericht, das sächsische Grafengericht ohne Königsbann ist von dem echten Ding nur dadurch unterschieden, daß ihm die Königsbannsachen fehlen und die Dinggemeinde beschränkt ist.

Ferner konnten auch außerordentliche Dinge, Afterdinge, abgehalten werden, neben den ordentlichen Königsbanngerichten außerordentliche Königsgerichte.

In besonderen Fällen konnte der Graf ein Botding befehlen, zu dem dann die Freien aller landrechtlichen Gerichtsgemeinden der Grafschaft dingpflichtig waren; im übrigen waren bei einem echten Ding nur die Schöffen regelmäßig besuchspflichtig, dagegen alle Freien, sowohl freie Herren wie Gemeinfreie des Gerichtsbezirks, in dem das Gericht abgehalten wurde, waren dingpflichtig auf Ladung durch den Richter. Im gebotenen Grafending war natürlich nur dingpflichtig, wer geladen war. Fürsten waren vom Landgericht befreit, da sie ihr eigenes Gericht der Fürstengenossen vor dem König hatten. Ministerialen wurden infolge des Eintretens altfreier Geschlechter in die Ministerialität ebenfalls später am Landgericht dingpflichtig.

Nach alter Sitte konnte bei handhafter Tat jeder Verbrecher nach kurzem Notgericht, zu dem der Graf durch Landgeschrei einladen ließ, verurteilt werden.

4. Exemte Gerichte der Domänen und der Kirchenimmunitäten.

G. Seeliger, Die soziale und politische Bedeutung der Grundherrschaft im frühen MA. 1903. E. Stengel, Grundherrschaft und Immunität, in ZSavRg. Bd. 25. S. 286f. G. Seeliger in Hist. Vierteljahrschr. 1905. S. 129f. Stengel in ZSavRg. 26. S. 418f. und im NA. Bd. 30. E. Stengel, Die Verfasser der deutschen Immunitätsprivilegien des 10. und 11. Jh. 1907. Hirsch, Die Klosterimmunität seit dem Investiturstreit. Pischek, Die Vogtgerichtsbarkeit süddeutscher Klöster. Tübingen Diss. 1907. E. Stengel, Zur Gesch. der Kirchenvogtei u. Immunität ZSocWg. 1912 S. 120f.

a) Domänen.

Vom gewöhnlichen öffentlichen Gerichte der Grafschaft waren von vornherein ausgenommen die Königsgüter, fisci, insofern als dort der Domänenamtmann, iudex, später oft Schultheiß genannt, die niedere Gerichtsbarkeit hatte, während zu Zwecken der hohen Gerichtsbarkeit die jährlich vom Königshofe ausgesandten missi dominici tätig waren. Als die Königsboten als delegierte Richter fortfielen, sind Vögte für die einzelnen Domänen eingesetzt worden, die meist dem Stande der Reichsministerialen entnommen wurden und absetzbar waren. Eine Anzahl dieser Vogteien ist dann die Wege des Lehenswesens gegangen; sie sind lehnbare Vogtämter mit nachfolgender Erblichkeit geworden.[1]) Da, wo das Reich Burgen auf Reichsgut errichtete und Burgkommandanten, praefecti, sogenannte Burggrafen, ansetzte, war dieser Präfekt der Burg meist gleichzeitig Vogt und oberster Richter auf der Domäne. Auch wo solche Reichsburgen (im späteren Sinne)[2]) nicht errichtet wurden, wurde oft der Vogt des Reichsgutes Graf genannt; er war nichts anderes als Vogt des fiscus, Graf der Domänen war nur ein Titel.[3])

Nach Analogie der Vögte des Reiches auf den Domänen haben auch die Immunitätsgebiete der Kirchen ihre Vögte erhalten. Die Stellung des Kirchenvogtes entspricht der anfangs geringeren Bedeutung der Immunität und wächst dann mit dem veränderten Charakter der Immunität.

b) Immunität.

Ende des 9. Jhs. begann die Immunität ihren Charakter zu ändern. Der Immunitätsvogt erhielt, zuerst nachweisbar 871, dann im 10. Jh. immer häufiger „staatliche Bevollmächtigung“, dadurch, daß er mit dem Königsbann beliehen wurde. Die Immunitätsgerichtsbarkeit ist durch solche königliche Vollmacht in den Königsdienst eingetreten, sie beteiligte sich an den öffentlichen Aufgaben. Das äußert sich bei Kriminalfällen[4]) (Königsbannsachen), in denen jetzt der Immunitätsvogt Kompetenzen erhält, die er bisher nicht gehabt hat. Er wird zuständig für causae maiores bei Klagen Externer gegen Zugehörige der Immunität. Nur wird die Einschränkung gemacht, daß der Vogt dem Grafen Rechenschaft schuldig ist, wenn ein Freier der Grafschaft von einem Immunitätsinsassen geschädigt wurde. Der Vogt ist dem Grafen verantwortlich für die richterliche Erledigung des Falles im Vogteigerichte, und er mußte auch dem Grafen die der Grafschaft verwirkten Bußgelder ausbezahlen. Umgekehrt mußte aber auch der Graf, wenn ein Grafschaftsfreier einen Immunitätszugehörigen verletzte, für diesen die Genugtuung leisten. Der Vogt erschien dann im Grafengericht und verlangte Gerechtigkeit.[5]) Von dieser letzten Überordnung des Grafengerichtes über den Vogt abgesehen, sind aber jetzt der Graf und der Vogt einander gleichgestellt; jeder hat die gleichen Befugnisse für sein Gebiet.[6])

---

1) H. Niese, Die Verwaltung des Reichsgutes im 13. Jh. 1905. S. 149f.

2) Nicht in dem Sinne von urbes, ummauerten Orten, wie sie Heinrich I. errichtete, sondern als Burgen in unserem heutigen Sprachgebrauch.

3) Auf dem Reichsgut Dortmund-Brakel hieß der Verwalter der Domäne, der Fortsetzer des karolingischen iudex fisci, schon 1189 comes Tremoniensis, dem später die deutsche Bezeichnung Grave to Dortmunde entspricht. Er war natürlich kein landrechtlicher Graf, sondern Domanialgraf, d. h. ein Reichsministeriale als Verwalter des Reichsgutes. Da keine eigentliche Reichsburg in Dortmund war, hieß er nicht Burggraf. Vgl. A. Meininghaus, Die Grafen von Dortmund. 1905; Derselbe, Burg und Stadt Dortmund. 1907.

4) Vgl. die Urk. Ottos II. für Herzebroch vom J. 976 Stumpff 142 und die Heinrichs III. für die freien Malmannen der Osnabrücker Kirche. Stumpff 2404. Vgl. auch v. Wickede, Klostervogtei, S. 43 Anm. 2. Waitz, Vfg. 4^2, S. 452, Anm. 2.

5) Darin unterschied sich die Stellung des Immunitätsvogtes von der des Grafen: der Vogt mußte, sei es daß er Kläger oder Beklagter war, im Grafengericht erscheinen und seine Sache führen, der Graf dagegen nicht im Immunitätsgericht. Nur darin erkennt E. Stengel eine gewisse Unterordnung des Vogtes unter den Grafen (ZSavRg. 25, S. 305), während G. Seeliger (a. a. O., S. 106) weiter geht und das Immunitätsgebiet ein Gebiet der Grafschaft nennt, weil er ein Erwerben der Hochgerichtsbarkeit über die freien Hintersassen durch die allgemeine Immunität leugnet. Nach seiner Auffassung ist „nicht Austritt aus der Grafschaft zu folgern: nur weite Selbstverwaltung innerhalb der Grafschaft“ (S. 104).

6) Man hat diese Immunitätsvogtei auch grundherrliche Grafschaft genannt. Rietschel, Markt u. Stadt S. 158.

Das Streben der großen geistlichen Stifter ging nun aber weiter im 10. Jh. darauf aus, über den geschlossenen Immunitätsbezirk hinaus überall da, wo sie auch Grundbesitz erworben hatten, dieselben Rechte zu erlangen wie in der unmittelbaren Immunität. Solche Rechte erhalten sie in den Ottonischen Privilegien; es wird ihnen über gewisse Orte, Dörfer, Güter usw. der königliche Gerichtsbann verliehen. Es entstehen also Bannkreise, in denen einem Stift durch ein Privileg der Gerichtsbann verliehen wurde, gerade wie in den Immunitätsprivilegien für den Bezirk der Grundherrschaft. Da die Form dieser Bannprivilegien sich den Bestimmungen der Immunitätsurkunden angleicht, so kann man die neue Bannherrschaft eine „über die Grenzen der Grundherrschaft hinausreichende Immunität" nennen.[1]) Die Bannimmunität verhält sich nun aber zur Grafschaft genau so wie die grundherrliche Immunität sich zur Grafschaft verhalten hat. Die Bannbezirke sind aus der Grafschaft herausgeschnitten, und in ihnen ist der Stiftsvogt an die Stelle des Grafen getreten, jedoch mit derselben Modifikation, die wir schon kennen, daß der Vogt im Grafengericht erscheinen muß. Der Immunitätsherr ist deshalb noch nicht Graf dieses Bannbezirkes, der Gerichtsbann erhebt ihn noch nicht zum Grafen über diesen Bezirk. Aber es ist nur noch ein kleiner Schritt, der schon bald nach den ersten Bannschenkungen vollzogen wird, daß nun auch ganze Grafschaften an geistliche Immunitätsherren verliehen wurden. Das war eine politisch kluge Maßregel der Ottonen, denn dadurch wurden die Einkünfte dieser Grafschaften und die Tätigkeit der Grafschaftsinhaber in den Dienst des Reichs gestellt zu einer Zeit, wo die weltlichen Grafschaften durch das Eintreten der Erblichkeit der Einwirkung des Reiches verloren gingen.

Die Immunität hielt sich in den späteren Jahrhunderten nicht auf der Höhe einer der gräflichen Gewalt ebenbürtigen Machtstellung. Die Immunität des 12. und 13. Jhs. hat geringeren Inhalt, die Kriminalsachen sind ihr häufig wieder entzogen; wenn auch nicht überall in gleicher Weise, so hat sie doch größere oder geringere Einbuße erlitten.[2])

5. Lehns- und Dienstmannengerichte.

Dieses sind Gerichte für private Beziehungen innerhalb eines bestimmten Kreises von Personen wie auch zwischen diesen und ihren Herren.

Das Lehnsgericht erstreckte sich auf das Lehen und das Lehensverhältnis, es betraf Streitigkeiten der Lehnsleute untereinander und zwischen Lehnsherren und Lehensmann. Der Lehnsherr war verpflichtet, seinen Vasallen Lehnsgericht zu gewähren, und die Vasallen waren verpflichtet, ihm „Lehnrechtes zu helfen". Richter war der Lehnsherr; wenn er Partei war, einer seiner Vasallen. Berufung ging an den Oberlehnsherrn, in letzter Instanz an den König. Der König hielt Lehnsgericht mit den Fürsten im Hofgericht; die Fürsten hielten es ab mit ihren Vasallen in ihrem Lehnhofgericht, der sogenannten Lehenkammer.

Das Dienstmannengericht.

Für alle Streitigkeiten der Dienstmannen untereinander und für alle Rechtsfälle zwischen Dienstmannen und Herren gab es ein besonderes Gericht, in dem die Ministerialen die Urteilfinder waren, während der Herr oder der von ihm bestellte Vertreter, Vogt, der Vorsitzende war. Für Streitigkeiten der Ministerialen mit Dritten war das Dienstgericht nicht zuständig; sie gehörten vor das ordentliche Landgericht, vor dem der Herr seinen Ministerialen vertrat.

Die Freien, die um eines Lehens willen in die Ministerialität eintraten, werden, wie sie sich ihre Zuständigkeit im Landgericht offen hielten, so auch, wenn sie neben dem Ministerialenlehen ein vasallitisches Lehen hatten, ihre Zugehörigkeit zum Lehensgericht sich bewahrt haben. Da lag es für sie nahe, daß sie sich auch in Streitsachen

1) Seeliger, a. a. O., S. 113: „beide berühren sich im innersten Wesen ihrer Gewalt".
2) E. Stengel, ZSavRg. 25, S. 320f.

über ihr Ministerialenlehen an das ihnen zugängige Lehensgericht der Freien wandten. Das wird die Folge gehabt haben, daß man Lehenssachen der Ministerialen überhaupt, also auch der Altministerialen, lieber vor das Lehensgericht brachte als vor das Ministerialengericht. Auf diese Weise vollzog sich dann allmählich eine Angleichung der Altministerialen an die Neuministerialen und den Stand der Freien. Das Dienstgericht wurde zu einem Lehnsgericht.

Das Hofgericht.

Alle unter das Hofrecht fallenden Sachen wurden im Hofgericht entschieden. Zuständig waren alle diejenigen Personen, die in wirtschaftlichem Abhängigkeitsverhältnis zu einem Hofe standen. Dingliche Fragen, die sich auf ihr Wirtschaftsgut bezogen, fielen in die Sphäre des Hofrechts und kamen im Hofgericht, das der Hofherr mit seinen abhängigen Leuten abhielt, zum Austrag.

9. Das Finanzwesen.

v. Below, Artikel „Bede" im H. d. Staatsw. II, S. 349—351. Joh. Falke, Bete, Zins und Ungeld im Kurfürstentum Sachsen bis zur Teilung von 1485. M. d. Ver. f. Erforschung . . . vaterl. Gesch. u. Kunstdenkmale 19, 1860. E. Baasch, Die Steuer im Herzogtum Bayern bis zum ersten Freiheitsbrief 1311. Marburg. Diss. 1888. v. Below, Geschichte der direkten Staatssteuern in Jülich und Berg bis zum Geldrischen Erbfolgekrieg. Z. d. Berg. G. Ver. 26. 28. 29 auch als T. III von demselben, Landständische Verfassung von Jülich und Berg. 1885—1891. K. Zeumer, Die deutschen Städtesteuern im 12. und 13. Jh., in Schmollers Forschungen I, Derselbe, Zur Geschichte der Reichssteuern im früheren MA. HZ. 81. J. Schwalm, Unbekanntes Eingangsverzeichnis von Steuern der kgl. Städte aus der Zeit Friedrichs II. NA. 23 und MG. Constitutiones III. B. Post, Über das fodrum, Beitrag zur Geschichte des italienischen und des Reichssteuerwesens. Straßburg. Diss. 1880. A. Schulte, Zu dem neuaufgefundenen Verzeichnis der Steuern des Reichsgutes 1241. ZGORh. NF. 13. Niese, Verwaltung des Reichsguts. 1905.

Joh. Falke, Geschichte des deutschen Zollwesens. 1869. K. Biedermann, Das deutsche Zollwesen im MA. Vierteljahrschr. f. Volksw., Politik u. Kultur 78.

1. Domäneneinkünfte.

Die Einnahmen des Reiches und die Privateinnahmen des Königs sind in dieser Periode zwar als voneinander verschieden erkannt, aber sie sind doch ebensowenig scharf getrennt worden wie Reichsgut vom Hausgut der Dynastien. In mancher Beziehung mag eine verschiedene Behandlung eingetreten sein (so bei Veräußerung), aber eine konsequente Trennung war noch nicht durchgeführt. Die Einnahmen aus Reichsgut sind zu dynastischen Zwecken verwendet worden, ebenso wie die Einnahmen aus Familiengut zu Reichszwecken. Gefördert wird schließlich dieses Zusammenlaufen der Einkünfte noch dadurch, daß das staufische Hausgut, das auch das salische Erbgut in sich schloß, wieder zu Reichsgut ausgewachsen ist.

Soweit das Reichsgut durch Ausstattung der geistlichen Fürsten zu bischöflichem oder abteilichem Reichskirchengut geworden war, bezog das Reich daraus nur noch geringe bare Einkünfte, es sei denn, daß es das nutzbare Spolien- und Regalienrecht[1]) bei Vakanzen daran geltend machte. Eine von Zeit zu Zeit wiederkehrende Belastung war die Abgabe, die sich der König für die Investitur zahlen ließ. Bei niederem, nicht fürstlichem Reichskirchengut übte der König durch einen bestellten Vogt die Vogtei aus und bezog die Einnahmen aus seinem Eigentumsrecht, soweit sie nicht zur Dotierung der betreffenden Kirche preisgegeben waren, vor allem einen Teil der Gerichtsgefälle. Bedeutender waren die indirekten Leistungen des Reichskirchengutes dadurch, daß der König oft dort einkehrte, und währenddessen die Abgaben für Gericht, Münze, Zoll auf diesem Gebiete in die königliche Kasse flossen, oder dadurch, daß die Berufung der Bischöfe und Äbte an den Hof und ihre Verwendung zu Gesandtschaftsreisen den geistlichen Stiften große Ausgaben auferlegten. Auch die Dotierung der

1) S. o. S. 98.

geistlichen Hofbeamten mit Pfründen von Reichskirchen gehört hierher. Man faßt diese Einnahmen aus dem Reichskirchengut als servitium regis zusammen.[1])

Natürlich konnte der König in dringendem Notfalle auch eine außerordentliche Reichssteuer von den Reichskirchen einziehen.

Die Einnahmen des Reiches aus dem nicht verkirchlichten Reichsgut waren teils privatrechtlicher Natur, teils öffentlich rechtlichen Charakters. Die privatrechtlichen waren die aus der Reichsgrundherrschaft fließenden Erträgnisse. Der König war Reichsgrundherr und bezog daher Zinsen in Naturallieferungen oder Geld aus dem Reichsgut, grundherrlichen Zehent, Banngelder, wie Bannwein und Bräuabgabe, in Reichsstädten Häuserzinse u. dgl.

2. Regaliennutzung.

Öffentlich rechtliche Einnahmen sowohl auf Reichsgut als im ganzen Reich überhaupt zog der König aus der Nutzung seiner Regalrechte.[2]) Solange das Strandregal, Stromregal, Bergregal, Salzregal u. a. nicht an Landesherrn und Städte verloren gingen, zog das Reich daraus noch bedeutende Vorteile. Das Stromregal ergab Gefälle aus der Stromgerichtsbarkeit, Brückengelder, Hafen- und Fähreeinnahmen, Leinpfadgelder, Einnahmen aus Mühlen und sonstigen Wasserbauten, aus Inseln u. dgl.; das Berg- und Salzregal brachte auf Reichsboden direkte fiskalische Ausnutzung und von Privatbetrieben den Berg- und Salzzehnten. Abgaben warfen ab das Schutzregal für verliehenen besonderen Schutz, das Geleitsregal für erteiltes sicheres Geleit. Direkte Einnahmen zog der König aus dem Bodenregal und dem damit zusammenhängenden Wildbannrecht und Fischereirecht, oder wenn er sie nicht direkt nutzte, so erhielt er Abgaben für die Verleihung an andere. Das Münzrecht des Königs lieferte den Schlagschatz, soweit er nicht durch Münzverleihung seit dem 10. Jh. an geistliche und weltliche Herren überging. In Reichsstädten konnte das Reich auch länger sich Einnahmen wahren aus der Aufsicht über Maß und Gewicht. Wichtige Einnahmen warfen die Zolleinrichtungen ab, da nur das Reich Zölle errichten durfte. Durch Zollverleihung und Zollbefreiung wurden aber gerade diese Reichseinkünfte scharf beeinträchtigt. Auch das Marktrecht erwies sich als Einnahmequelle, weil es Marktzoll, Marktgerichtsgefälle, Bannbußen und Budengelder einbrachte. Durch Verleihung des Marktrechtes an Grundherren ist auch diese Finanzquelle geschädigt worden. Sie trat aber wieder in Kraft, wenn der König an dem Marktorte anwesend war. Das königliche Heimfallrecht brachte dem Reiche das erblose Gut ein. Nicht geringe Einnahmen boten die mittelalterlichen Strafbestimmungen, besonders die Vermögenseinziehung bei Majestätsverbrechen und Reichsacht und ferner die verwirkten Bannbußen. Von den Gerichtsgefällen empfing ein Drittel der Graf und zwei Drittel der König.

3. Tribute und Geschenke.

Tributzahlungen verschiedener Völker, wie Slawen, Böhmen sind zuzeiten eine wichtige Einnahmequelle des Reiches gewesen. Besonders aus Italien bezogen die Könige zeitweise bedeutende Summen, die nicht bloß aus regelmäßigen Leistungen sich zusammensetzten, sondern auch in außerordentlichen Fällen vermehrt wurden, wie zur Abwendung von Strafen oder als Gegenleistung für die königliche Anerkennung erworbener und angemaßter Rechte der italienischen Landesgewalten und der Städte.

Auch in der Form von Geschenken wurde solche Geldleistung von fremden Fürsten und Gemeinwesen dargebracht. Freiwillige Gaben bieten die Großen des Reiches, wie seit alters, wenn der König durch ihr Gebiet zieht, oder wenn sie selbst an

1) S. im Grundriß Reihe 2 Abt. 6 Werminghoff², S. 57. 2) S. o. S. 97f.

den Königshof kommen. Bei festlichen Gelegenheiten, besonders Hochzeiten, war es üblich. Auch Reste der alten regelmäßigen Jahrgeschenke haben sich erhalten.

4. Die Bede.

Aus einer ursprünglich freiwilligen Leistung, an die noch der Name Bede, petitio = Bitte, erinnert, hat sich eine öffentlich rechtliche Abgabe entwickelt, die zunächst auf Grund der Gerichtsbarkeit vom Grafen oder in Immunitäten vom Vogt erhoben wurde, später in der landesherrlichen Gewalt begründet galt. Die Leistung geschah in Naturalien oder in Geld, seit dem 13. Jh. überwogen Geldzahlungen. Die Bede ist eine Grund- und Gebäudesteuer für das platte Land sowohl wie für die Stadt, aber während sie auf dem platten Lande zum Teil direkt von den einzelnen Grundstücken erhoben wurde, war sie bei den Städten eine Gemeindelast. Der Gemeinde war vom Landesherrn eine Gesamtsumme auferlegt worden, die Verteilung auf die einzelnen Steuerpflichtigen blieb der Stadtgemeinde überlassen. Bedefrei waren die Rittergüter; wenn aber ein Ritter bedepflichtiges Bauernland hinzuerwarb, so wurde ihm dafür die Bedefreiheit bestritten. Auch bäuerliche Lehen und durch Privilegien besonders bevorzugte Besitzungen genossen Bedefreiheit. Zum Teil war auch der geistliche Grundbesitz von der Bede befreit. Die Städte hatten hinsichtlich der Bede oft einige Vergünstigungen dadurch, daß die Abgabe früh zu einem geringen städtischen Satze fixiert worden war, oder dadurch, daß ein Landesherr Befreiung oder Verminderung der Bede für eine Stadt eintreten ließ.

Früher hat man in der Bede eine pflichtmäßige Abgabe von Grundbesitz erblickt, eine Grundsteuer, die wegen des Besitzes von Grundstücken erhoben wurde. In Städten war es der Besitz eines Hauses, der das Steuermotiv lieferte. Jedenfalls faßte man sie nicht als Personensteuer, die auf den Köpfen ruhte, auf. Auch unterschied man sie von einer Vermögenssteuer, weil nicht nach Verhältnis der Größe des Besitzvermögens eine sich ändernde Vermögensabgabe verlangt wurde, sondern eine gleichbleibende Grundabgabe. — Später faßte man die Bede auf als einen Ersatz für nicht geleisteten Heeresdienst. Die Bedefreiheit des Ritterstandes gab den Anlaß zu dieser Erklärung, da man den Grund dieser Bedefreiheit in dem Kriegsdienst des Ritters mit Roß und schwerer Rüstung vermutete. Der Landesherr hätte danach als Entschädigung dafür, daß er mit den Rittern allein den Reichskriegsdienst leistete und die Landesverteidigung übernahm, von den nicht Kriegsdienst Leistenden eine Beihilfe erhoben. Somit hätte die Bede den Charakter einer Heeressteuer gehabt. Indessen die Bede als eine Entschädigung für eine andere Leistung zu erklären, ist nicht angängig; sie wurde von den Landesherren eingeführt, als die wachsenden staatlichen Aufgaben eine öffentliche Beisteuer nötig machten. Aber Befreiungen traten ein, wenn andere Leistungen dem Landesherrn ein Äquivalent boten.[1])

Dadurch, daß die Landesherren das Bederecht für sich in Anspruch nahmen, wurden die Bedeeinnahmen des Königs auf Reichsstädte und den Reichsbesitz in den Reichsvogteien eingeschränkt.

Die Verwendung der Reichseinnahmen richtete sich in erster Linie auf die Bestreitung der Kosten der Hofhaltung. Durch die Reisen des Hofes wurden diese Lasten, besonders das servitium regis auf verschiedene Gegenden verteilt. Seit dem 12. Jh. werden nur noch geistliche Fürsten und Reichsstädte dazu heimgesucht. Außer dem Unterhalt des Hofes mußten die Geschenke, die der König zu gewähren hatte, von den Reichseinkünften bezahlt werden. Geschenke machte der König bei der Königs- und Kaiserkrönung; bei der Reichsheerfahrt beschenkte er vielfach die Reichsministerialen, damit sie die Ausgaben für den Feldzug tragen konnten; er beschenkte Kirchen, Klöster, Reichsfürsten und selbst die Kurie aus den verschiedensten Anlässen. Aus den Reichsfinanzen mußten Befestigungen von Reichsstädten, Burgenbau und sonstige Bauten des Reiches beglichen werden, oder aber diejenigen, die sich an diesen Bauten beteiligten, wurden von anderen Abgaben für das Reich befreit.

1) Es ist das besondere Verdienst v. Belows, wiederholt den öffentlich rechtlichen Charakter der Bede betont und eine richtigere Auffassung von ihr verbreitet zu haben. S. o. S. 120.

10. Das Heerwesen.

Baltzer, Zur Geschichte des deutschen Kriegswesens von den letzten Karolingern bis auf Friedrich II. Straßburg. Diss. 1877. Spannagel, Zur Geschichte des deutschen Heerwesens vom 10.—12. Jh. Leipzig. Diss. 1885. L. Weiland, Die Reichsheerfahrt von Heinrich V. bis Heinrich VI. nach ihrer staatsrechtlichen Seite. FDG. 7, S. 113f. Rosenhagen, Die Reichsheerfahrt von Heinrich VI. bis Rudolf I. 1885. Lindt, Beiträge zur Geschichte des deutschen Kriegswesens in der staufischen Zeit. Tübingen. Diss. 1881. v. Fürth, Ministerialen, S. 215f. Fischer, Teilnahme der Reichsstädte an der Reichsheerfahrt. 1883. Köhler, Entwicklung des Kriegswesens und der Kriegführung in der Ritterzeit. 3 Bde. 1886—1893. M. Jähns, Zur Geschichte der Kriegsverfassung des Deutschen Reichs, in Preuß. Jahrbücher 39; vgl. auch die allgemeinen Werke: Waitz, Vfg. 8, S. 95 bis 215. Eichhorn, Staats- und Rechtsgeschichte, § 294 und 437. H. Brunner, Grundzüge⁵ 143. Barthold, Geschichte der Kriegsverfassung und des Kriegswesens der Deutschen I. 1864. Schröder Rg.⁵, 524ff. Heusler, Vfg. 134ff.

Ein Reiterheer ist zuerst im Südwesten des Fränkischen Reichsgebietes in den Kämpfen mit den Arabern aufgestellt worden. Die Kämpfe mit den gut berittenen Ungarn und später die Römerzüge haben ebenfalls zu einer Bevorzugung der Reiterheere geführt. Die Fußtruppen konnte man nur auf einem weniger entlegenen Kriegsschauplatz rasch und bequem verwenden, dagegen bot ein berittenes Heer entschiedene Vorteile für den Fernkrieg. So wurde notgedrungen das Reichsheer ein Reiterheer; die Reiter wurden gestellt durch die Vasallen des Reiches und durch die Vasallen der Senioren; für den gemeinen Mann war der Kriegsdienst zu Roß viel zu kostspielig. So war das Heer ein Vasallenheer geworden, ein Feudalheer. Aber wenn dies auch der tatsächliche Gang der Entwicklung war, so ist doch im Prinzip der Kriegsdienst derer, die nicht zu Roß dienen konnten, nicht aufgegeben worden. Wiederholt hören wir, daß auch Fußtruppen dabei waren[1]), jedenfalls konnte der Kriegsdienst bäuerlicher Fußtruppen verlangt werden. Wo aber genug Reiterei vorhanden war, verzichtete man auf Fußsoldaten; die Reitertruppen behandelten die bäuerlichen Fußgänger sogar mit Geringschätzung.

Das Recht, das Aufgebot zu erlassen und dessen Größe zu bestimmen, stand anfangs noch unbeschränkt dem König zu, aber es war üblich, daß auf einem Hoftag oder einer Reichsversammlung über eine Heerfahrt beraten und Beschluß gefaßt wurde.[2]) Seit der Zeit Heinrichs V. haben die Reichsversammlungen sich ein Mitwirkungsrecht gesichert. Seitdem mußten sie gehört werden über Festsetzung der aufzustellenden Truppenzahl, über die Verteilung der Gesamtziffer auf die einzelnen Kontingente, über die Zeit und den Ort der Zusammenkunft des Heeres.

Die Personen, an die der König das Aufgebot direkt richtete, haben sich gegenüber der Karolingerzeit durch die Bevorzugung des Reiterdienstes etwas geändert. Der König forderte in erster Linie die Reichsministerialen und die Lehnsmannen des Reiches zum Feldzug auf, die ihm durch ihre Dienstmannenpflicht und durch die Vasallenpflicht zu Kriegsdienst zu Roß besonders verpflichtet waren. Von dem karolingischen Aufgebot an die Grafen und Senioren war dasjenige an die Grafen, soweit es sich auf die in der Grafschaft wohnenden freien Bauern bezog, die nicht einem Lehnsherrn unterstanden, für den persönlichen Kriegsdienst kaum mehr von Bedeutung, da in der Grafschaft nur wenige Allodialbesitzer noch saßen, die aus eigenen Mitteln, ohne Lehen, Rossedienst im Heere leisten konnten. Immer mehr haben solche Allodialherren ein Lehen zu erhalten gesucht, um dadurch materiell in der Lage zu sein, ritterlich zu leben und Reiterdienst zu tun. Ihr Kriegsdienst war dann aber Lehnsdienst und auf diese Weise hat das Lehnswesen das Grafenaufgebot immer mehr verringert.

---

1) Heusler, Verfassungsgesch. S. 134, interpretiert den Bericht Widukinds III, c. 2 über Ottos I. Feldzug nach Frankreich: „32 Legionen, Strohhüte tragender Bauern, ohne Zweifel also Fußvolk.“

2) Waitz, Vfg. 6^2, S. 443; 8, S. 98.

Was aus den Senioren der Karolingerzeit geworden ist, läßt sich nicht bis ins einzelne verfolgen; die meisten werden Reichslehen genommen haben oder Vasallen der Fürsten geworden sein und so den Kriegsdienst fürderhin als Lehns- und Vasallenpflicht geleistet haben. Einzelne große Grundherren haben sich auch von jedem Lehnsverhältnis frei gehalten, und auf sie bezieht sich wohl die Stelle des Schwabenspiegels[1]: „die niht lehen von dem Riche hant, dem gebütet der künig wol die hervart"; das Reich bot sie auf.

Im übrigen richtete sich das Aufgebot jetzt hauptsächlich an die Reichslehensträger, nämlich an die weltlichen und geistlichen Fürsten und die Grafen, soweit sie direkt dem Reich unterstanden. Diese leisteten aber ihren Kriegsdienst nicht bloß auf Grund des Lehens, sondern auch auf Grund ihrer Staatsstellung. Deshalb stellten sie ihr Kontingent an Reitern nicht nur vom Umfang ihres Lehens, sondern von ihrer ganzen Macht, die sich aus Lehen, Allod, Vogteien und anderen Gerechtsamen zusammensetzte.[2])

Dem König fehlte die Kraft, seinem Aufgebot den nötigen Nachdruck zu verleihen. Deshalb ließ er sich noch ein eidliches Versprechen des Kriegsdienstes geben. Unter Heinrich IV. war es allgemein üblich, die einzelnen Krieger eidlich zum Feldzug zu verpflichten, später wurde auf den Reichsversammlungen den Kontingentherren dieses Versprechen abgenommen. Die schwankende Reichstreue der Fürsten machte den Eid unentbehrlich, aber ihre Heerpflicht ist nicht erst durch den Eid geschaffen, sondern nur befestigt worden.

Allgemeine Wehrpflicht galt nach wie vor bei Landesgeschrei im Falle der Landnot, wo jeder Landfolge tun mußte, doch hatte diese Verpflichtung insofern ihre Grenzen, als nur bestimmte Bezirke aufgerufen wurden. Eine örtlich begrenzte allgemeine Pflicht rief auch der Burgbann hervor, der zum Bau und Instandhaltung von Befestigungen und Burgen die Anwohner verpflichtete.

Dem Befestigungswesen hat erst Heinrich I. seine besondere Sorgfalt gewidmet, indem er den Osten durch ummauerte Wohnstätten gegen feindliche Einfälle sicherte. Der König hat also damals noch das uneingeschränkte Recht, Burgen und Ummauerungen anzulegen, das im Laufe der Zeit nur noch auf Reichsgut und das Gebiet geistlicher Fürsten ihm gewahrt blieb, bis im Jahre 1220 durch die confoederatio cum principibus ecclesiasticis der königliche Burgenbau auch im geistlichen Fürstentum fortfiel und sich fortan nur auf Reichsbesitz beschränkte. Die Burghut konnte der König anfangs auf Grund der Wehrpflicht jedem gebieten; später gab es einen besonderen Besatzungsdienst durch Ministerialen, eine Burgmannenverfassung.[3])

Eine Beschränkung des Königs in der freien Verfügung über den Heeresdienst der Untertanen war auch insofern eingetreten, als gewisse Provinzen kraft besonderer Privilegien den Vorzug genossen, nur bei Kriegszügen in bestimmte Gegenden Heeresfolge leisten zu müssen. Besonders die Marken hatten vielfach dieses Vorrecht erhalten, damit die Grenze nicht von militärischer Macht entblößt würde. Derselbe Grund wird maßgebend gewesen sein, als 1156 das aus der bayerischen Mark gegründete Herzogtum Österreich die Konzession erhielt, daß es nur an Kriegen in die Nachbarschaft Österreichs sich zu beteiligen brauche.[4])

---

1) Schwabenspiegel, Lehnrecht 8. Vgl. auch SCHRÖDER, Rg.[5] S. 526, Anm. 10.

2) HEUSLER, Vfg. S. 137; SCHRÖDER, Rg.[5] S. 527.

3) Siehe Näheres unten Abschn. VI Kap. 4, 2.

4) Vgl. das sog. Privilegium minus vom 17. September 1156: nullam quoque expeditionem debeat, nisi forte quam imperator in regna vel provincias Austrie vicinas ordinaverit (Ausgabe bei WATTENBACH, Die österreichischen Freiheitsprivilegien, im österr. Archiv 8, 1852, S. 110f. und ALTMANN-BERNHEIM, Ausgewählte Urkunden zur Verfassungsgeschichte im MA.).

Das Aufgebot des Königs an den Reichslehnsträger hatte die Wirkung, daß dieser seinerseits seine Ministerialen und Vasallen aufbot und diese wiederum die von ihnen abhängigen Mannen. Wieviel Mannen einer aufbieten durfte, das ergab sich aus den Lehnsverträgen mit den Mannen und wurde auch durch eine gewisse Stetigkeit im Herkommen geregelt. Wurde aber von Reichs wegen zu einer Heerfahrt von einem Herrn ein größeres Kontingent verlangt, als er von seinen Lehnsleuten fordern konnte, so mußte er noch Soldritter anwerben. Wenn ein Lehnsmann von zwei und mehr Herren Ritterlehen hatte, so mußte er demjenigen die Heerpflicht leisten, der ihn zuerst aufgeboten hatte; seinen anderen Lehnsherren mußte er aber für den nicht geleisteten Kriegsdienst einen Teil der Lehnsverträge eines Jahres als Heersteuer, hostenditium, entrichten. In ähnlicher Weise wurde eine Heersteuer gezahlt, wenn aus anderen anerkannten Gründen die Kriegspflicht nicht erfüllt werden konnte. Unberechtigtes Fernbleiben von der gebotenen Heerfahrt zog dagegen den Verlust des Lehens nach sich.

Die Kriegspflicht eines Vasallen beschränkte sich nicht etwa darauf, daß er wohl ausgerüstet zu Pferde sich einstellte, er mußte vielmehr außer einem Streitroß auch ein Marschpferd mitbringen und zwei bis drei berittene, leichtbewaffnete Knechte stellen. Ferner mußte er außer für seine Ausrüstung auch auf sechs Wochen für die Verpflegung sorgen. Nach diesen sechs Wochen mußte der Kontingentsherr für die Verpflegung aufkommen. Diese Regelung des Proviantwesens hat zur Folge, daß das Heer einen gewaltigen Troß hinter sich herschleppte, der die Bewegungsfreiheit sehr behinderte. Deshalb wurde seit Heinrich IV. die Änderung getroffen, daß der zur Verpflegung eines Heeres nötige Proviant requiriert werden durfte. Die vom Kriegsdienst befreiten Kirchen und Klöster mußten Naturallieferungen beisteuern. Zuweilen wurden besondere Proviantmärkte für das durchziehende Heer angeordnet; so im Rheinland. Gras, Heu, Holz und Wasser mußten unentgeltlich abgegeben werden. Das Futter, fodrum, für die Pferde wurde requiriert, in Italien gab es dafür besondere Futtermärkte. In Feindesland wurde die Verpflegung durch Plünderung erzwungen.

Die Gliederung des Vasallenheeres geschah nach Kontingenten. Der Reichsfürst führte sein Kontingent oder ernannte einen Führer. Der König oder ein von ihm bestellter Feldherr war der Oberanführer.

IV. Der Übergang in neue Verfassungsformen. Das 13. und 14. Jahrhundert.

Das Lehnswesen mit allen seinen Konsequenzen, insbesondere die Erblichkeit der Amtslehen, hatte die von Karl d. Gr. beabsichtigte, geregelte und überall eingreifende Zentralverwaltung wieder ganz untergraben. Schon die Karolinger haben ja den Beamtenstaat trotz der guten Anfänge unter Karl nicht konsequent durchzuführen verstanden und so schon selbst den Keim zu seinem Untergang gelegt. In den folgenden Jahrhunderten haben die Grafen und Herzöge das direkte Regieren der königlichen Zentrale möglichst auszuschalten gesucht. Von einem Hineinregieren in die Lokalverwaltung seitens des Königs ist wenig zu merken und findet sich nur da eine sichtliche Wirkung und in nennenswerter Umfang, wo der König gerade sein Hoflager aufgeschlagen hatte und mit den ordentlichen lokalen Einrichtungen in Konkurrenz trat. Im übrigen waren die Fürsten in der Hauptsache dazu da, dem König in Friedenszeiten die Einkünfte aus ihren Bezirken zu vermitteln, in Kriegszeiten außerdem ihm Krieger zu liefern und dann im allgemeinen ihm als Ratgeber und zu Ehrendiensten wie Gesandtschaften zur Verfügung zu stehen.

Das brachte zunächst dem Reiche keine Nachteile und tat dem Ansehen des Königtums keinen Abbruch. Denn zu den Aufgaben, die das Königtum vom 10. bis 13. Jh. zu erfüllen hatte, bedurfte es gar keiner bis in alle Details dringender komplizierter Verwaltungsmaschine. Die Hauptaufgabe war, den Frieden zu schützen; der König mußte den Frieden garantieren nach außen, er mußte aber auch im Inneren des Reiches dem einzelnen den Frieden gewährleisten durch Bestrafung der Friedbrecher. Dazu mußte er nur Macht und Ansehen haben, und solange er die besaß, sah es leidlich aus im Reiche. Die gesetzgeberische Tätigkeit des Königtums ergab daher in erster Linie eine Strafgesetzgebung, und die Kirche, auf die sich ja der Staat in dieser Zeit stützte, lieh ihm hierbei ihre Hilfe durch die Betonung des Gottesfriedens und durch eine parallel gehende kirchliche Strafverwaltung. Voraussetzung zur gemeinschaftlich staatlichen Arbeit war allerdings der Friede zwischen Staat und Kirche und die dadurch verbürgte Gemeinsamkeit der Interessen.

Beide Grundlagen des mittelalterlichen Staatswesens waren ins Wanken geraten. Der Friede zwischen Kaiser und Papst hat seit dem 11. Jh. Stoß auf Stoß erhalten, und die reale Macht des Königtums war durch Veräußerung königlicher Rechte und materieller Hilfsquellen untergraben worden.

Das Verhältnis des Königs zu den Reichskirchen ist seit dem Wormser Konkordat ein anderes geworden, die Inhaber dieser Bistümer und Abteien sind nur noch unter dem Gesichtswinkel des Lehnsinhabers vom Königtume abhängig. Die geistlichen Fürsten gelten als Vasallen und werden in das Lehnswesen eingefügt. Etwa seit den Staufern ist der Lehnsstaat fertig, und die Folgen des Lehnswesens stellen sich nunmehr ein bei allen Beamtenkategorien, bei weltlichen und geistlichen Fürsten. Indem sich immer festere Grundsätze für die Behandlung der Reichslehen entwickeln, tritt die privatrechtliche Auffassung des Reiches als eines Besitztums des Königs zurück. Das Reich erscheint jetzt als etwas Alleinbestehendes; es ist getragen von den Fürsten und ist ein Begriff neben dem Königtum. Das Königtum darf diesem Reich nichts entfremden, es darf ihm kein Reichsfürstentum entziehen.

Je mehr das Königtum seinen Schwerpunkt nach Italien verlegt, und je mehr es besonders in der Zeit der Doppelwahl an Besitz und Rechten einbüßt, desto mächtiger wächst neben ihm das Reichsfürstentum empor. Hier liegen die Keime für eine ganze Reihe von Neubildungen, die im Interregnum neue Nahrung erhalten haben. Über den Reichsfürsten heben sich die Kurfürsten als eine besonders bevorrechtete Klasse empor, die Reichsfürsten streben nach Territorialhoheit, neben ihnen kommen die Städte empor. Alle drei suchen Anteil an der Reichsregierung zu gewinnen, und das führt zum regelrechten Reichstag einer ständischen Volksvertretung.

1. Entstehung des Kurfürstentums; die Königswahlen.

Waitz, Vfg. 6², S. 161f., 189f. Olenschlager, Neue Erläuterung der goldenen Bulle. 1766. Gemeiner, Auflösung der bisherigen Zweifel über den Ursprung der kurfürstlichen Würde. 1793. Rospatt, Die deutsche Königswahl bis auf ihre Feststellung durch die goldene Bulle. 1839. G. Phillips, Die deutsche Königswahl bis zur Goldenen Bulle. SB. Wiener Ak. 1857, 1858 etwas abgeändert (auch: Vermischte Schriften III). H. Haedicke, Kurrecht und Erzamt der Laienfürsten. Pforta. Progr. 1872. H. Wilmanns, Die Reorganisation des Kurfürstenkollegiums durch Otto IV. und Innocenz III. 1873. F. Schirrmacher, Entstehung des Kurfürstenkollegiums. 1874. V. Langhans, Die Fabel von der Einsetzung des Kurfürstenkollegiums durch Gregor V. und Otto III. 1875. L. Weiland, Über die deutschen Königswahlen im 12. und 13. Jh. FDG. 20. O. Harnack, Das Kurfürstenkolleg bis zur Mitte des 14. Jhs. 1883. R. Tannert, Die Entwicklung des Vorstimmrechtes unter den Staufern und die Wahltheorie des Sachsenspiegels. 1884. L. Quidde, Die Entstehung des Kurfürstenkollegiums. 1884. W. Maurenbrecher, Geschichte der deutschen Königswahlen vom 10. bis zur Mitte des 13. Jhs. 1889. R. Kirchhöfer, Zur Entstehung des Kurkollegs. 1893. Th. Lindner, Die deutschen Königswahlen und die Entstehung des Kurfürstentums. 1893 (vgl. dazu Seeliger MIÖG. 16, 1895 und Entgegnung von Lindner MIÖG. 17). G. Seeliger, Forschungen über die Entstehung des Kurkollegs. Z. f. Gw. Monatsbl. NF. 2. 1897. Th. Lindner, Der

Elector und die Laudatio bei den Königswahlen in Frankreich im Vergleich mit den deutschen Verhältnissen. MIÖG. 19. G. Seeliger, Königswahl und Huldigung. HVSchr. 1. 1898. Th. Lindner, Der Hergang bei den deutschen Königswahlen. 1899. A. Grillitsch, Die Zusammensetzung des Kurfürstenkollegiums. Klagenfurt. Progr. 1897. H. Bresslau, Z. Gesch. der deutschen Königswahlen von der Mitte des 13. bis zur Mitte des 14. Jhs. DZ. f. Gw. NF. 2. 1897. v. Wretschko, Einfluß der fremden Rechte auf die deutschen Königswahlen bis zur goldenen Bulle. Z. f. Rg. der Savigny-Stiftung 20. 1899. M. Krammer, Rechtsgeschichte des Kurfürstenkollegs. Kap. I, Der Einfluß des Papsttums. Berlin. Diss. 1903. Schröder, Rg.[5], S. 482f. Heusler, Vfg. S. 208. 210. 232. 260. E. Stengel, Den Kaiser macht das Heer. 1910. H. Bloch, Die staufischen Kaiserwahlen u. d. Entstehung des Kurfürstentums. 1911. K. Zeumer, Ein Reichsweistum über die Wirkung der Königswahl NA. 30, S. 406ff. M. Buchner, Die Entstehung der Erzämter u. ihre Beziehung zum Werden des Kurkollegs. 1911. M. Buchner, Die Entstehung und Ausbildung der Kurfürstenfabel. 1912. M. Krammer, Das Kurfürstenkolleg von s. Anfängen bis zum Zusammenschluß im Renser Kurverein 1338, in Zeumers Quellen u. Studien V, 1.

Einzelne Kurstimmen: O. Lorenz, Die siebente Kurstimme bei Rudolfs I. Königswahl. SB. Wiener Ak. 1855. A. Müller, Gesch. der böhmischen Kur von Rudolf I. bis Karl V. 1273—1519. T. 1. Würzburg. Diss. 1891. K. Zeumer, Die böhmische und die bayrische Kur im 13. Jh. HZ. 94. 1908. K. A. Muffat, Gesch. der bayrischen und pfälzischen Kur. Abh. München Ak. 1870. P. Scheffer-Boichorst, Zur Gesch. der bayrischen und pfälzischen Kur. SB. München Ak. 1884 und Gesammelte Schriften II, S. 165f. 1905. U. Stutz, Der Erzb. v. Mainz und die deutsche Königswahl. 1910. A. Hofmeister, Das Krönungsrecht des Mainzer Erzb. HVSchr. 1912. M. Buchner, Die Entstehung des trierischen Erzkanzleramtes. HJb. 32. 1911.

Die Kurfürsten haben anfangs vor den anderen Reichsfürsten nur Vorrechte bei der Königswahl; erst später erlangen sie andere Vorzüge. Deshalb ist ihr Ursprung auch bei der Königswahl zu suchen. Aber wie es gekommen ist, daß sich auf der Basis der Wahlberechtigung aller Fürsten eine besondere Gruppe der Kurfürsten gebildet hat, das hat zu vielen Kontroversen Anlaß gegeben.

Von den verschiedenen Theorien, die über die Entstehung des Kurfürstentums aufgestellt worden sind, heben wir folgende hervor:

1. *Die Erzämtertheorie.*[1]) Diese Theorie leitet das Wahlrecht her aus dem Besitz eines Erzamtes. Sie ist zuerst vom Sachsenspiegel[2]), also mitten in der Zeit des sich bildenden Kurfürstenkollegiums, aufgestellt worden und hat auch bis heute die meisten Anhänger gefunden. Es ist indessen nicht recht ersichtlich, wie im Wesen der Erzämter innerlich das besondere Wahlrecht begründet sein soll.[3]) Eike v. Repgow kennt noch kein alleiniges Wahlrecht der Kurfürsten; wir entnehmen seinen Worten unzweideutig daß alle Fürsten des Reiches kurberechtigt sind. Aber er spricht von sechs Fürsten, die die ersten an der Kur sind. Bei der Nennung der drei rheinischen Erzbischöfe nimmt der Spiegler nicht Bezug auf ein Erzamt[4]); die theoretische Begrün-

1) Hauptvertreter dieser Theorie sind: Waitz, Vfg. 6 und GGA. 1859, S. 641. E. Meyer, Mitt. a. d. hist. Lit. 3, S. 129. Winkelmann, HZ. 32, S. 76f. Seeliger, Forschungen über das Entstehen des Kurkollegs, nennt die Erzämtertheorie die annehmbarste Hypothese.

2) Sachsenspiegel III, 57, § 2: „In des keiseres kore sal die erste sin die bischop von Megenze, die andere die von Trere, die dridde die von Kolne. Under den leien is die erste an 'me kore die palenzgreve von 'me Rine, des rikes druzte; die andere die herthoge van Sassen, die marschalk; die dridde die marcgreve von Brandenburgh, die kemerere. Die schenke des rikes, die koning von Behemen, die ne hevet nenen kore, umme dat he nicht düdesch n'is. Sint kiesen des rikes vorsten alle, papen unde leien. Die to 'me ersten an 'me kore genant sin, die ne solen nicht kiesen na iren mutwillen, wenne sven die vorsten alle to koninge irwelt, den solen sie aller erst bi namen kiesen." Der Sachsenspiegel beeinflußt bald die zeitgenössischen Schriftsteller, z. B. zum Jahre 1240 Albert v. Stade: „ex praetaxatione principum et consensu eligunt imperatorem Treverensis, Moguntinus et Coloniensis . . . Palatinus eligit, quia dapifer est, dux Saxoniae, quia marscalcus, et margravius de Brandenburg, quia camerarius. Rex Boemiae, qui pincerna est, non eligit, quia Teutonicus non est." MG. SS. 16, 367.

3) Die hauptsächlichsten Bedenken gegen die Erzämtertheorie siehe bei Haedicke, ferner bei Lindner passim, so MIÖG. 18, S. 580; „Hergang" usw. S. 62, macht er auch darauf aufmerksam, daß die weltlichen Kurfürsten erst sehr spät das Erzamt in ihren Titel einfügten, und daß es in den Wahldekreten bis zur goldenen Bulle nie erwähnt wird. Neuerdings hat sich auch Buchner (Entstehung der Erzämter, S. 272) gegen die Erklärung des Wahlrechtes aus einem Erzamt ausgesprochen.

4) Er hätte es auch nicht gekonnt, da das Erzkanzleramt Triers erst 1308 begründet wird. Trotzdem tut es Martin v. Troppau, der in seiner Chronik die Erzämtertheorie aufnimmt und für Trier ein solches Amt konstruiert, als dieser Erzbischof es noch nicht hatte.

dung des Vorrechtes der rheinischen Kurfürsten durch ein Erzamt findet sich erst später, als Eikes Theorie schon ihre Wirkung tat und diesen theoretischen Ausbau verlangte. Wohl aber begründet Eike das Vorrecht der weltlichen Fürsten, des Pfälzers, des Brandenburgers und des Sachsen durch deren Erzamt, kommt aber dadurch sogleich in das Dilemma, erklären zu müssen, der Schenke des Reiches, der Böhme, habe kein Kurrecht, weil er kein deutscher Mann sei. Indem er diese Ausnahme feststellt, gibt er zu, daß das Erzamt an sich nicht das Kurrecht nach sich gezogen habe. In der Tat hat der Böhme das Schenkenamt bekleidet, als er noch kein Vorstimmrecht hatte. Im übrigen werden die Erzämter erst im 13. Jh. in den einzelnen Fürstentümern erblich, es könnte also vorher nicht die zufällige Ausübung dieses Amtes, als es noch unter den Fürsten wechseln konnte, die Quelle des besonderen Kurrechtes gewesen sein. Noch bis in den Beginn des 13. Jhs. sind die dem König geleisteten Ehrendienste keine eigentlichen Ämter gewesen. Die Fürsten, die solche Dienste gelegentlich errichtet haben, sind immer von Fall zu Fall damit betraut worden. Darin änderte sich auch nichts, als 1184 zum erstenmal der Ausdruck Amt, officium, dafür verwandt wurde, es war damit auch nur ein einmaliges Amt gemeint. Der Ausdruck Erzämter, archiofficia, kommt vollends erst in dem zweiten Viertel des 14. Jhs. auf, und deshalb sollte er füglich auch heute vor dem Ende des 13. Jhs. nicht verwandt werden.

Das erste Mal, daß ein Reichsfürst nicht nur für einen bestimmten Fall eines der Ehrenämter ausübt, sondern schlechthin als Inhaber eines solchen Amtes bezeichnet wird, ist 1208 überliefert, wo dem Herzog von Sachsen in der Chronik des Erfurter St. Petersklosters der Titel marscalcus beigelegt ist.[1]) Bezüglich Sachsens konnte sich demnach Eike auf eine vorliegende Tatsache stützen, was aber noch nicht beweist, daß für den Sachsen dieses Ehrenamt die Quelle seines Wahlrechtes war.

Jedenfalls erwies sich eine früher vertretene Ansicht als ein Irrtum, daß die Stammesherzöge schon im erblichen Besitz der „Erzämter" gewesen seien[2]), und selbst wenn es der Fall gewesen wäre, daß früher an Bayern das Schenkenamt und an Schwaben das Kämmereramt dauernd gehaftet hätte, dann wäre die Übertragung dieser Ämter von Bayern und Schwaben an Brandenburg und Böhmen zu dauerndem Besitz und das dadurch mit zu diesen Fürstentümern hinübergezogene Wahlrecht unverständlich. Wenn das Erzamt unbestreitbar die Grundlage des Vorstimmrechtes gewesen wäre, dann wäre es auch auffallend, daß 1275 das Kurrecht des bayerischen Herzogs in der Aussage des Pfalzgrafen vor dem Hofgerichte ratione ducatus begründet werden konnte. Die Entstehung der Ämtertheorie im Sachsenspiegel ist ganz durchsichtig. Zum erstenmal sehen wir hier den Markgrafen von Brandenburg ein besonderes Kurrecht zugeschrieben; der sächsische Verfasser, der zwei sächsischen Fürsten dieses Vorrecht zuweist, mußte nach der Erklärung suchen, mit der er das Recht des Brandenburgers begründen konnte, nach dem Merkmal, wodurch der Brandenburger sich von anderen Fürsten unterschied. Und das fand er im Kämmereramt, das damals der Brandenburger innehatte, wobei ihm aber nicht entging, daß er dann den Ausschluß des Böhmen anders motivieren mußte.

Zweifellos hat nun aber die Ämtertheorie Eikes große Wirkung auf die Auffassung vom Entstehen der Kurfürsten schon im 13. Jh. gehabt.

---

1) Darauf hat Buchner, a. a. O., S. 103 hingewiesen. Er will auch das Brandenburger Anrecht auf den Kämmererdienst bis auf 1152 zurückführen (S. 108). Krabbo (Die Urkunden des Markgrafen Otto I. ... vom Jahre 1170 im Jahresber. des HV. zu Brandenburg. H. 41. 42. 1910) ist der Ansicht, daß Albrecht d. Bär „es zuwege gebracht hat", daß die „Kämmererwürde mit der Markgrafenwürde verbunden wurde".

2) Vgl. O. Harnack, a. a. O., S. 42f.

Ein äußeres Moment ist vielleicht geeignet, die Brücke von der Erzämtertheorie zu der tatsächlichen Entwickelung zu schlagen. Die zufälligen Inhaber der Erzämter im Anfang des 13. Jhs. waren die angesehensten Fürsten, die mächtigsten Reichslehnsfürsten und daher tatsächlich die ersten an der Kur; ihr Vorrecht liegt nicht im Erzamt, sondern in ihrer sonstigen Stellung begründet.

2. *Die Krönungstheorie.* Mit der Erzämtertheorie zusammenhängend, gewissermaßen eine Einschränkung dieser Theorie auf nur eine Seite des Erzamtes darstellend, ist die Krönungstheorie. Die Krönung soll rückwirkend auf die Wahl den Einfluß gehabt haben, daß die Beamten, die hauptsächlich an der Krönung beteiligt waren, auch die hauptsächlichsten Wahlfürsten wurden.[1]) Durch die Krönung wird der König erst in sein Amt eingewiesen; es ist einleuchtend, daß man diesen investierenden Fürsten leicht auch ein besonderes Recht auf die Wahl zuschrieb. Indessen ihre Beteiligung an der Krönung ist doch eine recht ungleichwertige. Wäre die Krönung die alleinige Quelle ihres Wahlrechtes, so hätte dies ein Kurkolleg ergeben müssen, in dem der Kölner Erzbischof eine Hauptrolle spielte. Immerhin wird aber die Tätigkeit bei der Krönung mit beigetragen haben, daß gewisse Fürsten vor anderen einen Vorzug erhielten, ihnen ein größeres Ansehen eingeräumt wurde.

3. *Die Einsetzungstheorien*[2]); sie scheiden sich wieder in eine kuriale und in eine national-imperiale.

Zunächst findet sich in der Dekretale „Venerabilem" (1202) die Idee einer translatio imperii durch den Papst auf Karl d. Gr. und das wurde schon vom Stricker so umgedeutet, daß Karl d. Gr. das Kurrecht der deutschen Fürsten begründet habe. Seitdem gab es eine karlische Fassung derart, daß Karl d. Gr. das Kurfürstenkolleg eingesetzt habe.

Im Gegensatz dazu bringt zuerst Martin von Troppau in seiner Chronik (vor 1277 geschrieben) die Version, daß nach der Ottonenzeit das Kurkolleg eingesetzt sei.[3]) Er sagt weder, daß vom Papst, noch daß vom Kaiser diese Einsetzung ausgegangen sei, er bringt vielmehr diese erste Nachricht ohne eine ausgesprochene Tendenz.

a) *Die kuriale Formulierung.* Schon bald nach Martin von Troppau im Tractatus anonymus, dann in den Schriften des Tholomeus von Lucca[4]), bei Landulf von Colonna, Giovanni Villani, Agostino Trionfo u. a. ist diese Erzählung im kurialen Sinne gedeutet. Es wurde daraus die Fassung, auf Betreiben Ottos III. habe Gregor V. das Kurkolleg begründet.

Bis ins 17. Jh. hat diese Auffassung zahlreiche Anhänger gehabt. Unter den neueren Forschern hat O. Lorenz in der Kundgebung Urbans IV.[5]) vom 31. August 1263 „Qui coelum" die Einsetzung des Kurkollegs erblickt, während Wilmanns, der für eine reichsgesetzliche Einsetzung ein-

1) H. Brunner, Grundzüge der deutschen Rechtsgesch.[5] 1912. S. 135.

2) Von Buchner Kurfürstenfabel genannt.

3) Martinus Polonus, Chron. ed. Weiland. MG. SS. 22, S. 466: et licet isti tres Ottones per successionem generis regnaverint, post tamen institutum fuit, ut per officiales imperii imperator eligeretur, qui sunt septem. Von einer Einsetzung durch Gregor V. und Otto III. ist hier nicht die Rede und post deutet auf die Zeit des bestehenden Kurkollegs, in der Martinus schrieb. Buchner, Kurfürstenfabel S. 16f. nimmt hier eine Vorlage Martins an in einem Schriftstück, das schon von Bonizo v. Sutri († 1091) überliefert ist: „Quot sunt genera iudicum". Darin heißt es: In Romano vero imperio et in Romana usque hodie ecclesia septem sunt iudices palatini, qui ordinarii nominantur, qui ordinant imperatorem et cum Romanis clericis eligunt papam. Buchner erklärt daher den Ausdruck post bei Martin v. T. als anschließend an die Ottonenzeit.

4) De regimine principum III c. 19: Et ex hunc, ut historiae tradunt, per Gregorium V genere similiter Teutonicum provisa est electio: ut videlicet per septem principes Alamanniae fiat.

5) Der Wortlaut schließt die Annahme einer Einsetzung durch Urban aus, vgl. Raynald, Annal. eccl. 1263, § 52: Consuetudines circa electionem novi regis Romanorum imperatorem postea promovendi apud principes vocem in huiusmodi electione habentes, qui sunt septem numero, pro iure servari et fuisse hactenus observatas a tempore, cuius memoria non existit, secundum quas infra annum et diem, postquam vacat imperium talis debet electio celebrari quacunque parte ipsorum anni et diei.

tritt, in dieser aber nur ein Zurückgreifen auf eine Verfügung Gregors V. erkennt. WILMANNS hat eine Widerlegung erfahren durch LANGHANS, die Fabel von der Einsetzung des Kurfürstenkollegiums durch Gregor V. und Otto III.

Die Kirche hat zweifellos ein großes Interesse daran gehabt, daß nur wenige Fürsten bei der Königswahl den Ausschlag gaben, aber bezüglich einer Einsetzung des Kurkollegs durch die Päpste ist nichts erwiesen. Dagegen werden wir sehen, wie bewußt und unbewußt kirchliche Vorgänge die Entwicklung des Herganges bei der Königswahl und somit auch die endgültige Festigung des Kurkollegs beeinflußt haben.

b) *Die national-imperiale Formulierung.* Lupold von Bebenburg hat zuerst die Einsetzung des Kurkollegs durch einen weltlichen Gesetzesakt vertreten, und zwar soll Otto III. der Stifter gewesen sein. Seitdem haben wir eine kaiserliche Fassung neben der kurialen.

Zwischen beiden gibt es aber auch vermittelnde Richtungen, die eine Kombination versuchen und etwa dem Kaiser Karl d. Gr. mit Zustimmung des Papstes die Einsetzung zuschreiben. Heinrich von Herford brachte dann in diese Theorien eine neue Note, indem er den Erzbischof Heribert von Köln für den Urheber des Kurkollegs hinstellte.

Auch die kaiserliche Fassung hat bis ins 19. Jh. Vertreter gefunden. Zu Beginn des 18. Jhs. hatte sie durch GOLDAST[1]) die Wandlung erfahren, daß Otto IV. auf einem Reichstag zu Frankfurt diesen Gesetzgebungsakt vollzogen habe, und so hat auch v. OLENSCHLAGER[2]) und LANGERFELD[3]) es aufgefaßt, und auch HÄDIKE[4]) steht dieser Auffassung nahe. Die Unhaltbarkeit ist erst durch G. WAITZ[5]) nachgewiesen worden. Auch die verwandte Aufstellung von SCHIRRMACHER[6]) und WILMANNS[7]), daß die Einsetzung der Kurfürsten auf einem Reichstag zu Würzburg 1209 vollzogen sei, ist unhaltbar. Das Kurfürstenkolleg ist überhaupt nicht „eingesetzt" worden, es ist geschichtlich „erwachsen".

4. *Die Theorie vom Ursprung aus dem Stammesherzogtum.*[8]) Das Wahlrecht der Stämme, ausgeübt durch die Stammesherzöge, soll nach dieser Auffassung die Grundlage für das Kurkolleg gewesen sein. Indessen die Stämme hatten für die Wahl diese Bedeutung nicht mehr, als das Kurkolleg auftrat, und die Institution der Stammesherzöge war gerade durch Friedrich I. zertrümmert worden. Deshalb hat auch L. WEILAND, der noch den Grund des Vorstimmrechtes in den Stammesherzogtümern erkennt, den Ausweg gefunden, daß nach dem Verschwinden des Stammesherzogtums das Erzamt einen „theoretischen Notbehelf" geliefert habe, um nunmehr darauf das Wahlrecht zu gründen.

Nun mag aber doch das Stammesmoment nicht ohne Wirkung auf die Bildung des Kurkollegs geblieben sein. Als die Stämme natürliche Vertreter in ihren Stammesherzögen hatten, da haben naturgemäß diese als Repräsentanten ihrer Stämme die Stimme abgegeben. Jetzt hatten die Stämme zwar diese angestammten Vertreter nicht mehr, aber das Bedürfnis, daß die großen Stämme wenigstens durch ihren mächtigsten Fürsten an der Wahl beteiligt sein mußten, wird doch geblieben sein.

5. *Die Elektortheorie.* THEODOR LINDNER sah die Wurzel des Kurkollegs in dem Elektor. In seinen ersten einschlägigen Schriften[9]) nahm er eine formlose Einigung auf einen Kandidaten an, den dann der Erzbischof von Mainz, in seiner Eigenschaft als Elektor, als den Gewählten verkündigte. Neuerdings gibt er zu, daß es eine wirkliche Erwählung mit Abstimmung gegeben habe, die allmählich entstanden sei, bleibt aber dabei, daß die eigentliche Kur, d. h. die Ausrufung des Königs (electio) mit der anschließenden Gelobung (laudatio) der Anwesenden durch Handschlag und Treueid die Hauptsache gewesen sei. Später soll die Erwählung durch die Fürsten in Vergessen-

1) M. GOLDAST, Imperatorum . . . recessus, constitutiones. Frankfurt 1713. S. 371.
2) OLENSCHLAGER, Neue Erläuterung der Goldenen Bulle. 1766.
3) LANGERFELD, Otto IV., der Welfe. 1872. S. 262.
4) HÄDIKE, Kurrecht und Erzamt. 1872.
5) WAITZ, Die Reichstage zu Frankfurt und Würzburg. FDG. 13. S. 201ff. Vgl. auch E. MEYER, MHL. 3. S. 129. WINKELMANN, HZ. 1874.
6) SCHIRRMACHER, Die Entstehung des Kurfürstenkollegs. 1874. S. 37ff.
7) WILMANNS, Die Reorganisation des Kurfürstenkollegiums durch Otto IV.
8) Hauptvertreter: PHILLIPS, a. a. O. und WEILAND, a. a. O. durch BUCHNER (Entstehung der Erzämter S. 273) mißt neuerdings dem Stammesherzogtum wieder Bedeutung zu.
9) Königswahlen (s. o.); der Elektor (s. o.).

heit geraten und wiederum später auch die laudatio fortgefallen sein, so daß nur ein Teil der Kur, die electio, übrig blieb. Wie aber aus einem elector sechs Elektoren erstanden sind, das weiß LINDNER nicht anzugeben. Er wirft die Frage auf, ob der Spiegler die Auswahl von mehreren Wahlverkündigern schon vorgefunden oder sie erst ersonnen habe. Jedenfalls spreche die Aufnahme des Brandenburgers in die Zahl der Elektoren dafür, daß die Auswahl in Sachsen erfolgt sei. „Das Neuland macht sich hier zum ersten Male geltend."[1])

6. *Die Theorie des Auctor vetus de beneficiis.* Dieses Rechtsbuch führt die Entstehung des Kurkollegs auf die Bürgschaft für die Rechtmäßigkeit der Wahl, die dem Papst durch sechs den zur Kaiserkrönung kommenden König begleitende Fürsten geleistet wird: rex quem eligunt Theutonici, cum Romam vadit ordinari, secum ibunt de iure sex principes, qui primi sunt in eius electione, ut pateat apostolico regis iusta electio.[2]) Eine solche Pflicht der Kurfürsten ist nicht nachzuweisen.

7. *Die Theorie vom Einfluß der Bischofswahlen.* Bei der Beobachtung, daß Bischofs- und Papstwahlen auf die Königswahlen eingewirkt haben, ist zunächst bewußte Nachahmung, dann auch unbewußter Einfluß verteidigt worden. Die Rezeption kanonischer Wahleinrichtungen soll zur Bildung des Kurkollegs geführt haben.[3])

Zweifellos hat Analogie und Einwirkung des fremden kirchlichen Rechtes zur geordneten Ausbildung des Wahlverfahrens bei der deutschen Königswahl nicht unwesentlich beigetragen. Aber es bleibt dann noch zu erklären, warum gerade diese sechs oder sieben und keine anderen Fürsten Kurfürsten wurden, und das erklärt sich nicht aus dem kirchenrechtlichen Einfluß.

A. Die sechs oder sieben Wahlfürsten.

Um die Entstehung des Kollegs der sechs oder sieben Wahlfürsten uns verständlich zu machen, müssen wir scharf die Veränderung ins Auge fassen, die mit dem Wahlmodus des 11. Jhs. sich vollzogen hat. Wir kennen den alten Modus hinsichtlich der Wahl Konrads II. aus WIPO und hinsichtlich der Wahl Rudolfs von Rheinfelden 1077 aus BERTHOLDS Chronik, nämlich: zuerst Abstimmung der geistlichen Fürsten, dann der weltlichen nach regna; ein Vorstimmrecht des Mainzer Erzbischofs vor allen anderen, eine erste Stimmabgabe des fränkischen Herzogs unter den weltlichen Fürsten. Die charakteristische Änderung, die im 13. Jh. vorliegt, ist die, daß die Masse der geistlichen Fürsten von den drei rheinischen Erzbischöfen abgetrennt wird, und vor ihnen einzelne weltliche Wähler eingeschoben werden.[4])

Ein solches Überwiegen einzelner ist nur an der Hand der *faktischen historischen* Vorgänge zu erklären. Zu dem schon zu Konrads II. Zeit bestehenden Vorrechte des Mainzer Erzbischofs kam zuerst ein solches seines Kölner Kollegen hinzu, als dieser das Krönungsrecht und das Erzkanzleramt für Italien erhielt und so nächst dem Wahlleiter alle Fürsten des Reiches an Ansehen überragte. Zu Ende des 12. Jhs. erhält er das Vorrecht, in Abwesenheit des Mainzers den Wahltag zu berufen, aber nicht allein, sondern in Gemeinschaft mit dem Trierer. So tritt der Trierer als dritter bevorrechtigter Fürst auf, und zwar ehe er ein Kanzleramt hatte und ohne bei der Krönung selbst eine besondere Rolle zu spielen[5]); es kam hinzu, daß Albero von Trier 1138 die Wahl Konrads III. geleitet hatte und auch 1152 bei der Wahl Friedrichs I. besonders hervorgetreten war. Gegen Ende des 12. Jhs. wird auch die Bedeutung des Pfalzgrafen für die Wahl betont; er wird wohl an Stelle des nicht mehr existierenden Frankenherzogs getreten sein, der die Vorstimme unter den weltlichen Wählern geführt hatte, und wird als mächtigster Fürst im Frankenstamme, besonders angesehen wegen

---

1) LINDNER, Hergang (s. o.), S. 62. 2) cap. I.

3) E. MEYER (Deutsche und franz. Verfassungsgesch.) will auch die Skrutatoren im deutschen Wahlverfahren finden. Dagegen HUGELMANN, Die deutsche Königswahl im Corpus iuris canonici, bes. S. 159f.

4) O. HARNACK, a. a. O., S. 14f. BLOCH (Staufische Kaiserwahlen, S. 310) nimmt an, daß das Vorwahlrecht weltlicher Fürsten vor geistlichen bei der Halberstädter Wahl 1208 bekannt gewesen und nach 1152 durch ein Reichsgesetz eingeführt sei. BUCHNER (Erzämter, S. 283f. u. 290) erhebt dagegen Bedenken und gibt auch die Möglichkeit der Erklärung TANNERTS (a. a. O., S. 6) zu, „daß das Wesen des Vorstimmrechts in einem Vorrang innerhalb der beiden Fürstenklassen" beruhe.

5) HUGELMANN S. 163 legt der Beteiligung des Trierers an der Krönung 1138 größeren Wert bei.

seiner pfalzgräflichen Regierungsrechte, dieses Vorstimmrecht erhalten haben. Wenn Innozenz III. in dem Wahlstreit zwischen Philipp von Schwaben und Otto IV. sich im Jahre 1200 für Otto IV. entscheidet[1]), weil tot vel plures ex his, ad quos principaliter spectat imperatoris electio, auf dessen Seite getreten seien (in eum consensisse), so wird er unter diesen Hauptwählern in erster Linie Mainz, Köln, Trier und Pfalz gemeint haben.[2])

Die Geschichte dieser Doppelwahl zeigt uns deutlich, daß damals im Prinzip noch alle Fürsten wahlberechtigt waren. Aber der Begriff „Fürsten" hatte sich geändert; die Grafen waren aus dem Fürstenstand der Reichs-Lehnsfürsten hinausgeschoben worden und wurden im Gefolge davon auch bei der Wahl zurückgedrängt. Eine Anzahl großer Fürstengeschlechter war ausgestorben, eigentliche Stammesherzöge gab es nicht mehr, so daß es unter den neuen weltlichen Reichsfürsten zunächst zweifelhaft sein konnte, wer nächst dem Pfalzgrafen zu ausschlaggebender Bedeutung gelangen konnte. Das war in der Tat flüssig und wechselnd; Niederlothringen-Brabant, Bayern[3]), Sachsen, dann Brandenburg und schließlich Böhmen kamen in Frage.

Bei Otto IV. hat Niederlothringen-Brabant Bedeutung gehabt, aber mit dem Untergang Ottos schwindet des Brabanters Ansehen. Friedrich II. hat die Ausbildung einer bevorrechtigten Klasse von Fürsten wieder gehemmt und sich an die gleichberechtigte Gesamtheit gewandt. Bald ist die Bedeutung des sächsischen Herzogs für die Wahl unbestritten, denn er ist ja der mächtigste Fürst im Bereich des sächsischen Stammes. Die alte Triebkraft des Stammesfürstentumes wirkt hier fort. Und im Norden ist der stärkste Fürst der Brandenburger, der außerdem die Kämmererwürde bereits besitzt, deshalb kann ihn Eike unwidersprochen zu den Fürsten rechnen, die die nächsten an der Kur sind. Waren es früher vier, so sind es jetzt sechs. Es ist nicht unmöglich, daß auf dem Braunschweiger Reichstag 1252, auf dem auch das wichtige Reichsweistum über die Wirkung der Königswahl formuliert wurde, auch diese Entwicklung einen Abschluß fand, indem ausgesprochen wurde, wer nun eigentlich das Vorstimmrecht zurzeit besaß. Dann ringt Bayern mit Böhmen um Einfluß und es sind schließlich politische Gründe, die Böhmen obsiegen lassen. Jetzt sind es definitiv sieben, nachdem schon vorher 1257 die Siebenzahl auftauchte und auch theoretische Erwägungen daran geknüpft wurden.[4]) Die Bulle Urbans IV. von 1263 hatte schon aus den ihm zugegangenen Wahlberichten die Auffassung referiert, daß die Siebenzahl undenklich alt sei.[5])

So hat sich durch Macht und Ansehen einerseits, durch politische Konstellation anderseits aus dem jüngeren Reichsfürstenstand noch eine besondere Fürstenaristokratie hervorgehoben. Jedenfalls ist diese Bevorzugung ein historisches Produkt allmählicher Entwicklung, nicht durch einen förmlichen Einsetzungsakt geschaffen. Aber

---

1) Potthast, Reg. pont. Nr. 1183.

2) Der Ausdruck consensisse deutet darauf, daß er an Mainz und Pfalz gedacht hatte; sonst hätte er elegisse gesagt. Mainz und Pfalz waren während der Wahl im Orient und sind erst nach der Rückkehr den Wählern Ottos beigetreten.

3) Daß Bayern 1257 Kurrecht ausgeübt hat, darüber vgl. Scheffer-Boichorst, a. a. O. S. 176/77. Teilweise abweichend Zeumer, Die böhmische u. die bayerische Kur. HZ. 94. 1908; bes. S. 209ff.

4) Hierauf ist wohl zurückzuführen, daß der bayerische Herzog, weil er tatsächlich Kurrecht ausgeübt hat, von einigen Handschriften des Schwabenspiegels als Reichsschenk bezeichnet wird. Wackernagel (Das Landrecht des Schwabenspiegels. 1840. S. 106) hält diese Angabe für den ursprünglichen Text des Schwabenspiegels: „der herzoge von Baiern hât die vierden stimme an den Kür unde ist des riches schenke." Dagegen J. Ficker, Über die Entstehungszeit des Sachsenspiegels und die Ableitung des Schwabenspiegels aus dem Deutschenspiegel. 1859. S. 121f. Über das böhmische Schenkenamt vgl. O. Lorenz, a. a. O.

5) S. o. S. 119 Anm. 4. Die älteste bildnerische Darstellung der Siebenzahl findet sich an dem von Richard v. Cornwallis in Aachen erbauten Rathaus.

auch nicht eine einzige allen gemeinsame, einheitlich treibende Kraft hat zu dem besonderen Kurrecht geführt, wie sie die früheren Erklärer entweder im Erzamt oder im Stammesherzogtum oder in einem anderen Grund gesucht hatten, möchten wir als Ursache annehmen, sondern bei dem einen hat dieser, bei dem anderen jener Faktor mitgewirkt, die zu Beginn des 13. Jhs. tatsächlich einflußreichsten Mitglieder des jüngeren Reichsfürstenstandes vor anderen als die ersten an der Kur hervortreten zu lassen, denen gegenüber die anderen allmählich als die bloß zustimmenden zurückgetreten sind.

Diese Fürstenaristokratie erlangte Ehrenrechte und das Ehrenrecht bei der Wahl bestand zunächst darin, daß sie vor den anderen Fürsten abstimmen durften. Dies ist das Vorstimmrecht der „Ersten an der Kur", das der Sachsenspiegel andeutet.

Aus diesem Ehrenrecht ist dann das alleinige Wahlrecht dieser Wahlfürsten im Laufe des 13. Jhs. entstanden. Zu dieser Weiterentwicklung trug viel das fremde Recht bei und das Bedürfnis nach einem festen Wahlverfahren, das zu unanfechtbaren Wahlen führen sollte.

B. Die Entwicklung des geordneten Wahlverfahrens.

Das 13. Jh. ist die Zeit, in der das deutsche Wahlverfahren sich vollständig verändert. Zunächst hatte es bisher keine allgemein verbindliche Wahlhandlung gegeben. Die zur Wahl Erschienenen, wenn es auch nur eine Minorität der Reichsfürsten war, galten zwar als die Gesamtheit der Wahlfürsten, aber derjenige, der sich von der Wahl fernhielt, war nicht rechtlich verpflichtet, den Ausgang der Wahl anzuerkennen. Die Wahl hatte also keine allgemein verbindliche Autorität. Entweder durch freiwilligen und stillschweigenden Beitritt erfolgte nachträglich die Zustimmung der Ferngebliebenen, oder durch Druck, Verhandlung und Zwang. Diese nachträgliche Anerkennung hat bisweilen sich in der Form einer späteren Unterzeichnung des Wahldekrets vollzogen, bisweilen auch in dem formellen Akte einer Nachwahl.

Hier war der große Fortschritt des 13. Jhs., daß man zu einer *Verbindlichkeit des Wahlaktes* gelangte, und zwar auf dem Wege der genauen Festlegung des Wahlverfahrens.

Schon O. Harnack[1]) hatte nachgewiesen, daß in den Wahldekreten, die uns über die deutschen Königswahlen aus der zweiten Hälfte des 13. Jhs. erhalten sind, die formelhaften Ausdrücke über das Wahlgeschäft mit denjenigen der päpstlichen Wahlverkündigungen übereinstimmten, und daß auch das Zeremoniell bei der eigentlichen Königswahl, besonders seit Rudolf I., mit dem der Papstwahl verwandt sei. Nachdem dann Seeliger[2]) noch besonders darauf hingewiesen, daß die Kurfürstenforschung mehr als bisher den Beziehungen zwischen Königswahl einerseits und Bischofs- bzw. Papstwahl anderseits nachgehen müsse, haben besonders Bresslau, E. Mayer und v. Wretschko diesen Spuren trotz Lindners Einspruch folgend neuerdings unsere Kenntnis der Wahlvorgänge wesentlich gefördert.[3])

Der *Wahlmodus*, d. h. die Aufeinanderfolge der einzelnen Vorgänge bei der Königswahl war folgendermaßen: Zuerst feierlicher Gottesdienst als Einleitung des Wahlaktes; dann Beginn der Wahlhandlung durch einen Protest gegen die Anwesenheit von Exkommunizierten, Suspendierten und Interdizierten und gegen die Teilnahme Unberechtigter, sowie Ungültigkeitserklärung solcher Stimmen im voraus, falls sie abgegeben werden sollten. Darauf erfolgte die Erörterung der Reichslage und der geeignetsten Kandidatur (tractatus), daran anschließend die Abstimmung (vota diri-

---

1) Auch früher war schon auf analoge Momente hingewiesen worden. Harnack, Kurfürstenkolleg S. 107.

2) DZ. f. Gw. Monatsblätter 2, S. 24. Der Gedanke stammt von Bresslau (persönliche Mitteilung).

3) Bresslau und v. Wretschko a. a. O. E. Mayer, Deutsche und französische Verfassungsgesch. vom 9. bis zum 14. Jh. 2. 1899. S. 382f. Auch Mario Krammer (Rechtsgeschichte des Kurfürstenkollegs) bewegt sich auf dieser Bahn.

gere, nominare in Romanorum regem eligendum) und dann die electio = Kur und dazu die laudatio. Diese laudatio ist nicht etwa bloß eine Huldigung[1]), ein Gelöbnis, sondern das Vollwort.[2]) Die altgermanische Wurzel der Wahl durch das Volk macht sich darin geltend, sie ist eine Art Miterwählung durch die anwesenden Großen.

Dieser Hergang, wie er uns seit 1257 nachweisbar[3]) ist, stimmt mit den kirchlichen Wahlvorgängen überein. Die Abstimmenden nennen hier wie dort nur den zu Wählenden, übertragen ihr Wahlrecht auf einen aus ihrem Kreise, der dann als Elektor die Wahl vollzieht, und dann treten sie einzeln der Wahl bei. Der Elektor war also nur der Verkündiger der Wahl, aber er wird wohl auch schon vor der Wahl der Sprecher gewesen sein, der bei Designationen den Wunsch des Vaters des Kandidaten kundgab.[4]) Es ist nicht nötig, diesen Anschluß an die kirchliche Wahlform unbedingt als einen beabsichtigten anzunehmen, den die Kurfürsten vorgenommen hätten, um die Wahl gegen einen Einspruch des Papstes sicherzustellen[5]); er kann auch ganz unbewußt durch die Einwirkung des kirchlichen Vorbildes, durch den starken Einschlag der Geistlichen im Fürstenstande und durch die Bedeutung der rheinischen Erzbischöfe bei der Wahl sich vollzogen haben. Es sind übrigens nicht alle Formen des kirchlichen Wahlwesens übernommen worden, sondern nur solche, die sich mit der deutschen Entwicklung des Wahlverfahrens vertrugen.

Im 13. Jh. galt bei kirchlichen Wahlen der feste Grundsatz, daß nur die bei der Wahl Anwesenden Wahlrecht hatten, daß dagegen diejenigen, die geladen, aber nicht erschienen waren, sowie diejenigen, die sich früher entfernten, für diesen Fall ihres Wahlrechtes darbten; sie hatten dann auch kein Einspruchsrecht gegen die vollzogene Wahl. Diese war also auf jeden Fall einheitlich und verbindlich. Auch dieser Grundsatz dringt jetzt im 13. Jh. in die deutsche Königswahl ein[6]) und ist dann auch in der goldenen Bulle ausgesprochen.

Einhelligkeit war seit jeher Erfordernis der deutschen Königswahl. War eine Majorität für einen Kandidaten erzielt, dann zog sich die Minderheit zurück und das schließliche Wahlurteil war dadurch zu einem einmütigen geworden. Eine Doppelwahl konnte daher aus einer gemeinsamen Wahlhandlung gar nicht hervorgehen, denn zur Abstimmung gelangten gar nicht mehrere Kandidaten, sondern man gab nur die Stimmen ab auf den einen, auf den man sich geeinigt hatte. Bis 1198 ist es zu keiner Doppelwahl gekommen, weil stets nachträglich die ferngebliebene Minderheit den Gewählten anerkannt hat. Die Doppelwahlen seit 1198 sind dagegen aus getrennten Lagern gekommen. — Dem Prinzip der Einhelligkeit gegenüber steht die *Majoritätswahl*, die in der kanonistischen Wissenschaft vertreten wurde. Die Papstwahl war seit der Dekretale Alexanders III. von 1179 eine Majoritätswahl geworden. Es lag daher für Innozenz III. die Analogie sehr nahe, wenn er im Jahre 1203 schon bezüglich der Wahl Philipps von Schwaben an die Majorität der Fürsten dachte.[7]) Für die deutsche Königswahl hat erst Ludwig der Bayer in der Nürnberger und in der Sachsenhäuser Appellation das Majoritätsprinzip[8]) vertreten und seine publizistischen Parteigänger haben die neue, dem fremden Rechte entlehnte Majoritätslehre dadurch in Einklang mit der altgermanischen Auffassung zu bringen gewußt, daß sie den Satz aufstellten, das, was die Majorität beschlossen habe, sei ein einhelliger Beschluß. Wenn auch die

1) So hatte es LINDNER aufgefaßt.

2) Vgl. E. MEYER, ZSavStRg. 23. S. 48. HUGELMANN S. 151. 156 Anm.

3) Über die Wahlvorgänge 1246 und 1247 sind wir zu wenig unterrichtet; da sie aber ganz unter kirchlichem Einfluß standen, werden sie sich auch nach kirchlichem Vorbild vollzogen haben. Die Bürger von Pisa, die 1246 Alfons von Kastilien wählten, waren in Italien um das kirchliche Vorbild von Bischofs- und Papstwahlen nicht verlegen; daher auch dort die ähnliche Form. Der darauf bezügliche Einwand LINDNERS (Hergang S. 6) gegen BRESSLAU scheint mir nicht stichhaltig zu sein. Ebenso v. WRETSCHKO (a. a. O. S. 174).

4) Er ist nämlich bei Heinrich V. der proloquens genannt.

5) Ansicht BRESSLAUS: „Ein Papst konnte nicht wohl eine Wahl aus formellen Gründen für ungültig erklären, wenn sie mit Beobachtung derselben Formalitäten vollzogen war, die bei seiner eigenen Wahl eingehalten worden waren.“ (a. a. O. S. 141.)

6) Im einzelnen an den Wahlen 1246/47 und 1257 durch v. WRETSCHKO (a. a. O. S. 180f.) nachgewiesen.

7) intelleximus quod licet major pars principum in electione ipsius ab initio convenisset, plures tamen ex his, ad quos imperatoris spectat electio convenerunt post modum in . . . Ottonem. POTTHAST, Reg. pont. Nr. 2043.

8) v. WRETSCHKO, a. a. O., S. 201.

Forderung, daß der König einmütig gewählt sein müsse, noch ferner auftritt und besonders von den Städten festgehalten wird, so bekennt sich doch das Kurfürsten-Weistum von Rense vom 16. Juli 1338 und die gleich darauf erfolgte Konstitution „Licet iuris" zur Majoritätswahl, die schließlich durch die Goldene Bulle reichsgesetzlich festgelegt wurde.

Parallel mit diesem Eindringen des fremden Rechtes geht auch der steigende *Einfluß des Papsttums* auf die deutsche Königswahl.[1]) Eine geschehene deutsche Königswahl nachträglich zu bestätigen, war das Papsttum schon früher befugt[2]); diese Befugnis hing damit zusammen, daß der Papst die Kaiserkrönung an dem Gewählten zu vollziehen hatte. Bei der Doppelwahl 1198 konnte diese päpstliche Bestätigung die Entscheidung bringen, und so wandte man sich an Innozenz. Der Papst wird durch die Macht der Tatsachen Schiedsrichter. Er seinerseits leitet aber das Schiedsrichteramt aus der Stellung des Kaisers als Vogt der Kirche ab; der Papst muß sorgen, daß die Kirche ihren Vogt hat, also ist das Schiedsrichteramt sein Recht, es anzurufen der Fürsten Pflicht. Er beansprucht ein Prüfungsrecht, und zwar in erster Linie, wie auch schon früher, über die Tauglichkeit der Person[3]), dann weiter auch — und das ist eine Neuerung — über die Rechtmäßigkeit der Wahl. Für Otto IV. entschied sich der Papst besonders, weil seine Person geeigneter erschien. In der Konsistorialrede Innozenz' III., der sogenannten Deliberatio[4]) vom Herbst 1199, und in seinem gegen Philipp von Schwaben gerichteten Breve[5]) „Venerabilem fratrem nostrum" vom Mai 1202 kommt die prinzipielle Auffassung des Papstes von seinem Verhältnis zum Thronstreit zum Ausdruck. Den Maßstab entnimmt er dem Verfahren bei strittigen Bischofswahlen[6]); wie dort der Metropolit das Recht des examen personae et formae electionis hat, so soll nach der Deliberatio der Papst bei der Doppel-Königswahl die studia eligentium et merita electorum prüfen. Da diese Ansprüche des Papsttums alle durch die vom Papste zu vollziehende Kaiserkrönung gedeckt wurden, so lag die Gefahr nahe, als die deutschen Fürsten ihre Königswahl als Kaiserwahl aufzufassen begannen, daß dann auch der Papst diese neue Handhabe ergriff und nun seinen Anspruch auf die Kaiserwahl stützte. Das trat in der Tat ein und führte dazu, daß die deutschen Fürsten vorübergehend wieder mehr die Königswahl betonten.[7]). — In der Folgezeit ist die Beeinflussung der Königswahl durch die Päpste auf politische Gründe zurückzuführen, sie richtet sich gegen die Staufer; aber der Rechtsgrund ist derselbe: Konradin wird vom Papste als unwählbar erklärt wegen der Defekte der Person.[8]) Erst bei der abermaligen Doppelwahl 1257 werden von beiden Gegnern Alfons

1) Zu vergleichen: DEUSSEN, Die päpstliche Approbation der deutschen Königswahlen 1879. E. ENGELMANN, Die Ansprüche der Päpste auf Konfirmation und Approbation bei den deutschen Königswahlen. 1886. WEIZSÄCKER, Urkunden der Approbation König Ruprechts. Abh. Berl. Ak. 1888. DÖNITZ, Ursprung und Bedeutung des Anspruchs der Päpste auf Approbation der deutschen Königswahlen. Halle. Diss. 1899. DOMEIER, Die Päpste als Richter über die deutschen Könige, in GIERKE, Untersuchungen 53. 1897. MARIO KRAMMER, Rechtsgeschichte des Kurfürstenkollegs. 1903. Jetzt besonders BLOCH, Die staufischen Kaiserwahlen und die Entstehung des Kurfürstentums. 1911.

2) Näheres bei DÖNITZ, a. a. O., S. 34f.; KRAMMER, S. 13 Anm. 2.

3) v. WRETSCHKO, S. 175; KRAMMER, S. 17f.

4) Registrum super negotium imperii (ed. BALUZE) Nr. 29; HUILLART-BREHOLLES, Historia diplomatica Friderici II. I, S. 70f.; MIRBT, Quellen zur Geschichte des Papsttums. S. 73f.

5) Registrum etc. Nr. 62; MG. Constitutiones 2, S. 505.

6) M. KRAMMER, a. a. O., S. 41f. und 45f. hat gezeigt, daß die Wahlbevormundung und Wahlprohibition durch den Papst wesentlich mit dem Verfahren bei den Bischofswahlen übereinstimmt. Nicht nur um das Approbations- und Konfirmationsrecht handelte es sich, sondern auch um angedrohte Provision und um Postulation.

7) Vgl. BLOCH, a. a. O. Abschnitt 5.

8) Die Defekte zählt Alexander IV. auf i. J. 1256, 28. Juli. MG. Epistulae s. XIII 3, S. 397f. Vgl. auch K. HAMPE, Geschichte Konradins. S. 13f.

und Richard dem Papste die Wahlprotokolle vorgelegt[1]), und nunmehr wird neben der Prüfung der Person auch auf den Nachweis der Gesetzmäßigkeit des Wahlaktes größerer Wert gelegt. Die Kurfürsten erkennen diesen wachsenden päpstlichen Einfluß durch einen Willebrief von 1279[2]) an, der freilich in der päpstlichen Kanzlei aufgesetzt worden war; für die Rechtsverbindlichkeit der Wahl haben sie schon vorher die Approbation und Konfirmation durch den Papst als unerläßlich erklärt. Da geht Bonifaz VIII. noch einen Schritt weiter und verkündet: die Wahl berechtigt noch nicht zur Führung des Königstitels und zu keiner Regierungshandlung, sie ist nur ein Anrecht auf die päpstliche Approbation. Als Ludwig der Bayer in Italien Reichsrechte geltend machte und so in Konflikt mit dem Papste geraten war, hat Johann XXII. diese Sätze zu praktischen Konsequenzen geführt und in einer Reihe von Prozessen gegen den Kaiser in Anwendung gebracht. Aber der Bogen war zu straff gespannt, und so entsteht jetzt die Reaktion der Kurfürsten. Jetzt erklären sie in Rense, daß die Wahl der Kurfürsten allein das Recht auf die Regierung gebe.

C. Die Entwicklung des Kurkollegs zu einem Reichsrat.

Die Goldene Bulle.

K. Lamprecht, Die Entstehung der Willebriefe und die Revindikation des Reichsgutes unter Rudolf von Habsburg. Zur Vorgeschichte des Consensrechtes der Kurfürsten. FDG. 21. 23. J. Ficker, Fürstliche Willebriefe und Mitbesiegelungen. MIÖG. 3. K. Fr. Eichhorn, Über den Kurverein. Abh. Berl. Ak. 1844. J. Ficker, Zur Geschichte des Kurvereins zu Rense. NA. 18. K. Höhlbaum, Der Kurverein zu Rense 1338. Abh. Göttingen. Ges. d. Wiss. 1903. Th. Lindner, Der Binger Kurverein. MIÖG. 13. O. Heuer, Der Binger Kurverein. Z. f. Gw. 8. E. Brandenburg, Der Binger Kurverein in seiner verfassungsgeschichtlichen Bedeutung. Z. f. Gw. 11. O. Harnack, Kurfürstenkollegium (s. o.) S. 112f. Heusler, Vfg., S. 208f. 210. 232.

Wie das allgemeine Wahlrecht der Fürsten zu einem alleinigen Wahlrecht der Kurfürsten geführt hat, so ist auch das allgemeine Zustimmungsrecht der Fürsten zu wichtigen Reichshandlungen eingeschränkt worden zu einem Sonderrecht dieser ersten Reichsfürsten. Es ist dies ein oft beobachteter Prozeß mittelalterlicher Entwicklung, genossenschaftliche Einrichtungen verdichten sich zu korporativen Sonderorganisationen und die Körperschaft wächst über die Genossenschaft hinaus. Eine staatsrechtliche Neuerung ist demnach die Einrichtung des Kurfürstenkonsenses nicht, sondern nur die Form ist neu. Früher wurde die Zustimmung der Fürsten in der königlichen Urkunde miterwähnt oder durch ihre Mitbesiegelung zum Ausdruck gebracht; jetzt dagegen stellen die Kurfürsten eigene Konsensurkunden, *Willebriefe*, aus. Es begegnet uns dieser Gebrauch erst unter Rudolf von Habsburg, und er hängt wohl mit der allgemeinen Vermehrung des schriftlichen Geschäftsverkehrs zusammen.

Politische Notwendigkeit war es für Rudolf, in wichtigen Maßregeln die neue Fürstenaristokratie zu befragen. Das Kurfürstentum war gerade in der Zeit erstarkt und von den übrigen Fürsten und dem Papste anerkannt worden, in der die königliche Gewalt am tiefsten daniederlag. Wollte Rudolf das Königtum wieder zu Ansehen bringen, so mußte er in allen wichtigen Fragen sich die Zustimmung der Kurfürsten sichern. Das wurde auch von anderer Seite zur Sicherstellung königlicher Erlasse verlangt, besonders die Kurie forderte für königliche Zusicherungen[3]) den Kollektivkonsens der Kurfürsten. So wird zunächst bei Verfügungen über Reichsgut die Einwilli-

1) Enthalten im Brief Urbans IV. an König Richard: Qui coelum 1263, 27. Aug. MG. Constitutiones 2, S. 522. Die Auffassung der beiden Könige ist ganz verschieden.

2) Lünig, Reichsarchiv VII 3, 7. Faksimile bei Kaltenbrunner, MIÖG. Ergbd. 1 S. 379. M. Krammer, S. 25 Anm. 1.

3) Ficker, a. a. O., S. 22; Harnack, S. 115.

gung der Kurfürsten zur notwendigen Voraussetzung.[1]) Dabei ist schon in dem Reichsweistum von 1281[2]) das Majoritätsprinzip zur Geltung gekommen, das sonst noch der Reichsverfassung fremd ist.

Daran schließen sich Willebriefe über Verleihung von Reichsrechten überhaupt, dann aber auch kurfürstliche Bestätigungen für die verschiedenartigsten königlichen Verfügungen, ohne daß indessen die kurfürstliche Zustimmung immer unbedingte Notwendigkeit für die Gültigkeit war.

Die kurfürstlichen Bestätigungsurkunden beschränken sich nicht auf königliche Erlasse allein, sie nehmen auch Bedacht auf die weitere Ausgestaltung des Kurkollegs und die Wahrung seiner Stellung. So müssen kurfürstliche Konsense zu jeder Veränderung im Kollegium eingeholt werden, also bei Fragen der Stimmführung in einem Kurhause, bei Hausverträgen, bei Übergang eines Kurfürstentums an ein anderes Geschlecht, wie bei Brandenburg u. dgl. In solchen Dingen treffen die Kurfürsten die Entscheidung, ihre Anerkennung wird in erster Linie nachgesucht, während der König erst nach ihnen in Frage kommt und nur ausführt, was sie beschlossen haben.

Das Kurfürstenkollegium treibt selbständige Politik, es tritt zusammen zu *Kurvereinen*, es steht zwischen Kaiser und Papst und ist zuzeiten eine Korporation, die das Reich als solches repräsentiert. Die Vereinigung der Kurfürsten zeitigte eine solche Machtfülle, daß sie 1298 in Mainz gegen Adolf von Nassau ein Absetzungsrecht des Königs in Anspruch nahmen, und am 14. Oktober 1300 abermals einem Könige, Albrecht, den sie selbst erhoben hatten, den königlichen Titel verweigerten.[3]) Von den Kurvereinen ist der von Rense 1338 für die Verfassungsgeschichte der wichtigste gewesen, während der von Boppard 1399 und der von Bingen 1424 weniger Bedeutung hatten. In Lahnstein und Rense, 15. und 16. Juli 1338, haben die Kurfürsten ihre Auffassung von den Reichsrechten kundgegeben und sich als die authentischen Interpreten der Reichsverfassung hingestellt. Obgleich der König anwesend war, tritt er ganz zurück und die Kurfürsten handeln selbständig wie berufene Vertreter des Reichs.[4]) Hier haben sie ihr Wahlrecht vor allem gegen den Papst sichergestellt und von der päpstlichen Bestätigung unabhängig gemacht. Sie haben notariell erklärt, daß ihre einmütig oder mit Stimmenmehrheit getätigte Wahl, ohne irgendwelche päpstliche Zutat, das Recht zur Führung des Königstitels und zur Ausübung der Königsregierung verleihe.

Die reichsgesetzliche Regelung der Stellung der Kurfürsten brachte dann die *Goldene Bulle*.[5]) Die Bestimmungen für die Königswahl beabsichtigten die Unanfechtbarkeit des Wahlergebnisses; deshalb wurde die ungerade Siebenzahl anerkannt, die Majoritätswahl festgesetzt, die Unteilbarkeit der Kurlande bestimmt und die Anordnung getroffen, daß die Kurstimme und alle anderen kurfürstlichen Rechte nur von e i n e m Inhaber des Kurlandes ausgeübt werden dürften. In weltlichen Kurfürstentümern sollte Erbfolge nach dem Rechte der Erstgeburt eintreten unter Ausschluß von solchen, die den geistlichen Stand erwählt hatten. Beim Aussterben eines Kurhauses sollte das Kurland als Reichslehen dem Kaiser anheimfallen und ihm Recht und Pflicht der Neuverleihung wie bei Lehen zustehen. Der Mainzer Kurfürst erhielt

---

1) Selbst rückwirkende Kraft gibt Rudolf dieser Auffassung, indem er 1281, 9. Aug., alle seit 1245 geschehenen Vergabungen von Reichsgut widerrief, wenn sie nicht durch die Mehrzahl der Kurfürsten gutgeheißen waren. MG. LL. 2, S. 435. 2) Ebenda.

3) Vgl. auch die Absetzung Wenzels 1400.

4) Ficker äußert sich darüber (Wiener SB. 11, S. 689): „Nach der Auffassung der Kurfürsten erscheint der König doch nur noch als eine lästige Nebenperson im Reiche."

5) Kritische Ausgabe bei Zeumer, Die goldene Bulle. 2. Teil. Text und Urkunden 1908. Andere Ausgaben vgl. Zeumer, Quellensammlung zur Gesch. der deutschen Reichsverfassung, 1904 und bei Altmann und Bernheim, Ausgewählte Urkunden zur Erläuterung der Verfassungsgeschichte.

das Sonderrecht der Berufung des Wahltages; er wurde jedoch verpflichtet, als Wahlort stets Frankfurt a. M. zu bestimmen, und zwar innerhalb eines Monats nach Bekanntwerden der Thronvakanz. Tat er das nicht, so sollten die Kurfürsten auch ohne seine Einberufung in Frankfurt zur Neuwahl zusammentreten können. Der Mainzer Kurfürst mußte in seinen Ausschreiben einen Tag nennen, bis zu dem die Schreiben voraussichtlich in Händen aller Kurfürsten waren; genau drei Wochen nach diesem Tage sollte die Wahl in Frankfurt in der Bartholomäuskirche mit der Messe de sancto spiritu beginnen. Eine ausführliche Geleitsordnung sorgte für Sicherheit der hinreisenden Kurfürsten, während in Frankfurt selbst für die Dauer des Wahltages die Stadt die nötigen Garantien übernahm. Vor der Abstimmung wurde von den gesamten Kurfürsten ein Eid geschworen, daß sie unbeeinflußt durch Versprechungen, ohne Rücksicht auf Vorteile, nur in Ansehen der Tüchtigkeit des Kandidaten wählen wollten. Der Trierer Kurfürst stimmte zuerst, dann der Kölner; darauf stimmten die weltlichen Kurfürsten in der Reihenfolge Böhmen, Pfalz, Sachsen, Brandenburg und zuletzt Mainz.[1]) Der Mainzer hatte das Recht, die Stimmen abzufragen. Die Stimme durfte auch durch einen Bevollmächtigten abgegeben werden unter genauer Einhaltung eines bestimmten Formulars; Übertragung der Stimme auf einen anderen Kurfürsten war nicht vorgesehen. Es war erlaubt, daß ein Kurfürst sich selbst die Stimme gab. Der durch die Majorität Gewählte hatte als erste Regierungshandlung mit königlichem Siegel sogleich die Privilegien der einzelnen Kurfürsten zu bestätigen, wodurch kundgetan war, daß die Wahl allein, ohne vorherige Krönung, schon zur Ausübung der Regierung befähigte. Der Gewählte galt als rex in imperatorem promovendus, er hatte also durch die Wahl den Anspruch auf die Kaiserwürde.[2])

Bezüglich der Teilnahme der Kurfürsten an der Reichsregierung waren regelmäßige Kurfürstentage angeordnet worden.[3]) Alljährlich vier Wochen nach Ostern sollten die Kurfürsten in einer vom Kaiser jedesmal zu bezeichnenden Stadt zusammentreten, um über das Heil des Reiches zu beratschlagen. Es wäre einem periodisch zusammentretenden Reichsrat gleichgekommen, wenn diese Bestimmung verwirklicht worden wäre. Die Kurfürsten werden des weiteren in der Goldenen Bulle als das Fundament und die Säulen des Reiches bezeichnet, es wird ihnen die Unverletzlichkeit zugebilligt, der erbliche Besitz der Erzämter wird ihnen verbrieft, Ehrenrechte und Rangordnung und Zeremoniell fixiert — kurz sie erscheinen als die ganz besonders bevorrechteten Kronräte, wenn auch von den Willebriefen nicht eigens die Rede ist.

Nach den Kurfürsten müßten die Fürsten als Landesherren und die Entstehung der Landeshoheit von uns zu behandeln sein. Da die landesherrliche Gewalt jedoch erst den Abschluß ihrer Ausbildung zu Beginn der Neuzeit erfährt, so wird sie in dem Teile des Grundrisses: F. Hartung, Verfassungsgeschichte der Neuzeit, zusammenfassend dargestellt.

2. Das Städtewesen.

Die Literatur über das Städtewesen ist so zahlreich, daß hier nur eine kleine Auswahl geboten werden kann. Über die neuere Literatur orientiert vorzüglich Uhlirz in MIÖG. 15, S. 488f., 676f.; 16, S. 523f.; 19, S. 173f.; 20, S. 113f. Ein reiches Verzeichnis, insbesondere auch der Spezialliteratur, über die Verfassung einzelner Städte bietet R. Schröder, Rg.[5], § 51.

Gaupp, Deutsche Städtegründung, Stadtverfassung und Weichbild. 1824. Hüllmann, Städtewesen des MA. 4 Bde. 1826—1829. Barthold, Geschichte der deutschen Städte. 4 Bde. 1850—1853. W. Arnold, Verfassungsgeschichte der deutschen Freistädte. 2 Bde. 1854 (dazu Waitz, Abh. z. deutschen Verfassungsgesch., S. 455f.). G. L. v. Maurer, Geschichte der Städteverfassung

1) Der Kurspruch eines Elektors im Namen der anderen ist in Wegfall gekommen.

2) Die Constitutio „Licet iuris" vom Frankfurter Reichstag 1338 (abgedruckt bei Altmann-Bernheim, a. a. O.) hatte bestimmt, daß die Königswahl schon die plenitudo imperialis potestatis erteile. Diese Bestimmung ist aus der damaligen Opposition gegen den Papst zu erklären, praktische Wirkung hat sie nicht gehabt, und durch obige Erklärung der Goldenen Bulle wird sie grundsätzlich wieder aufgehoben.

3) Goldene Bulle c. 12.

in Deutschland. 4 Bde. 1869—1871. HEUSLER, Ursprung der deutschen Stadtverfassung. 1872. — Die neuere Forschung über das Städtewesen ist besonders durch die Studien G. v. BELOWS angeregt worden: Entstehung der deutschen Stadtverfassung. HZ. Bd. 58, 59; Derselbe, Entstehung der deutschen Stadtgemeinde. 1889; Derselbe, Ursprung der deutschen Stadtverfassung. 1892; Derselbe, Territorium und Stadt. 1900. S. 299f., 303f.; Derselbe, Städtische Verwaltung des MA. HZ. Bd. 75. S. 396f.; Derselbe, Z. f. Gw. Bd. 4, S. 112f.; 5, S. 139f.; Derselbe, im Handwörterbuch der Staatswissenschaften Artikel Bürger, Bürgerrecht. — A. SCHULTE, Über Reichenauer Städtegründungen, in ZGORh. 1890. Bd. 44 (dazu K. SCHAUBE, 1891, Bd. 45; 1893, Bd. 47 und KÜNTZEL, 1893, Bd. 47). R. SOHM, Entstehung des deutschen Städtewesens. 1890. K. HEGEL, Geschichte der Städteverfassung von Italien. Bd. 2. S. 379—465; Derselbe, Städte und Gilden der germanischen Völker im MA. 2 Bde. 1891; Derselbe: Entstehung des deutschen Städtewesens. 1898; Derselbe, HZ. Bd. 24; Derselbe, Vergrößerung und Sondergemeinden der deutschen Städte. (Erlanger Festschrift.) 1901. G. KAUFMANN, Zur Entstehung des Städtewesens. Münster. Progr. 1891. VARGES, Entstehung der deutschen Städte. Z. f. deutsche Kulturgesch. 1892. S. 319f.; Derselbe, Weichbildrecht und Burgrecht. Z. f. Gw. Bd. 6, S. 86f.; Derselbe, Zur Entstehung der deutschen Stadtverfassung. Jb. f. Nat.-Ök. u. Statistik. Bd. 61, S. 161f.; Bd. 63, S. 801f.; Bd. 64, S. 481f.; Bd. 67, S. 481f.; Derselbe, Stadt- und Marktrecht, ebd. Bd. 58, S. 670f. F. KEUTGEN, Untersuchungen über den Ursprung der deutschen Stadtverfassungen. 1895. S. RIETSCHEL, Die civitas auf deutschem Boden bis zum Ausgang der Karolingerzeit. 1894; Derselbe, HVschr. 3, S. 519f.; Derselbe, Markt und Stadt in ihrem rechtl. Verhältnis. 1897. P. SANDER, Feudalstaat und bürgerliche Verfassung 1906..

Einzelgebiete: HEIL, Gründung der norddeutschen Kolonialstädte. Wiesbaden. Progr. 1896. KNIEKE, Einwanderung in den westfälischen Städten bis 1400. Münster. Diss. 1893 (GGA. 1893, S. 539f.). KOEHNE, Ursprung der Stadtverfassung in Worms, Speyer und Mainz. 1890. LIESEGANG, Niederrheinisches Städtewesen im MA., 1897, in GIERKE, Untersuchungen 52. LÖVINSON, Beiträge zur Verfassungsgeschichte der westfälischen Reichsstiftsstädte. 1889. E. MAYER, Zoll, Kaufmannschaft und Markt zwischen Rhein und Loire bis ins 13. Jh. (Abh. f. K. MAURER.) 1893. F. PHILIPPI, Zur Verfassungsgeschichte der westfälischen Bischofsstädte. 1894 (K. SCHAUBE, GGA. 1894. S. 545f.). PRIEBATSCH, Die Hohenzollern und die Städte der Mark im 15. Jh. 1892. K. SCHAUBE, Zur Entstehung der Stadtverfassung von Worms, Speyer und Mainz. Breslau, Gymn. Progr. 1892.

v. AMIRA, Grundriß des germanischen Rechts². S. 75, 85f., 103, 116. BRUNNER, Grundzüge⁵, § 41 S. 164f. WAITZ, Vfg. 5², S. 393f.; Bd. 7 S. 41f., 374f.; Bd. 8 S. 77f., 282f. LUSCHIN V. EBENGREUTH, Grundriß § 31.

War für die nachkarolingische Zeit das Hauptproblem, das die verfassungsgeschichtliche Betrachtung zu erfassen hat, die zunehmende Feudalisierung, so sieht sie sich mit dem Aufkommen von Städten und der Ausbildung der typischen Stadtverfassung vor ein neues Problem von weittragender Bedeutung gestellt. Der Feudalstaat hat eine ganze Reihe privater Bindungen geschaffen, die dem Einzelindividuum seine gesellschaftliche Stellung anwiesen und ihm darin rechtliche Sicherheit verbürgten. Das Staatsganze war nur ein Verband von persönlichen Sonderverpflichtungen und besonderen Abhängigkeitsverhältnissen. Das Neue, das in dem Aufstreben der städtischen Kommunen errungen wurde, bestand in dem Durchbrechen dieses allgemeinen Systems privater Verbände. Der Fortschritt, den die Städte in der verfassungsgeschichtlichen Entwicklung erreichen, liegt in dem Abstreifen aller Abhängigkeitsformen, in der Schaffung einer freien Bürgerschaft und in der Entstehung einer leistungsfähigen Selbstverwaltung. Und das Bedeutungsvolle dieses Momentes wird gesteigert dadurch, daß die organisatorische Leistung, die zu vollbringen war, sich nicht erstreckt auf einen kleinen Kreis, sondern auf eine verhältnismäßig größere Masse von Ansiedlern, deren Zusammensetzung Schwierigkeiten genug bot, die überwunden werden mußten.

Aus ganz verschiedenen Wurzeln sind unsere Städte[1]) erwachsen.

1) Wir haben uns hier nur mit der rechtlichen Stellung der Stadt und ihrer Verfassungsentwickelung zu befassen. Das Aufkommen der Stadt und die Entfaltung ihres eigenartigen Wesens bietet jedoch auch ein wirtschaftsgeschichtliches und soziales Problem; man wolle daher auch die einschlägigen Partien in dem Abschnitt von KÖTZSCHKE heranziehen. Die Rechtsgestaltung in der Stadt ist vielfach durch deren wirtschaftliche Entwicklung beeinflußt, deshalb kann der Verfassungshistoriker die wirtschaftlichen Faktoren zur Erklärung verfassungsrechtlicher Institutionen nicht entbehren. — Die Frage nach dem Ursprung der deutschen Stadtverfassung hat insbesondere eine Reihe rechtsgeschichtlicher Untersuchungen zutage gefördert, bei denen vielfach ein einseitiges Moment zu stark betont wurde. An Theorien von dem Einfluß der Ottonischen Privilegien, von der Tragweite der germanischen Volksfreiheit und von der Weiterwirkung der römischen Munizipalver-

Man kann sie nach ihren Entstehungsbedingungen im allgemeinen in drei Gruppen einteilen: in die Bischofsstädte am Rhein und Donau, wo einst Römerstädte bestanden hatten, in die seit dem 9. Jh. auch im Inneren Deutschlands an Verkehrszentren sich entwickelnden Städte und in die seit Ende des 11. Jhs. hervorgerufenen Gründungen nach dem Vorbild anderer bestehender Städte. Diese letzteren schließen sich in ihrer Verfassung an ein schon vorhandenes Muster an und brauchen daher hier nicht gesondert behandelt zu werden.

Die *alten Römerstädte* hatten ihre städtische Qualität in der Völkerwanderung eingebüßt. Die Germanen kannten die Stadt im Rechtssinne nicht, und auch die fränkischen Einrichtungen ließen kein besonderes Munizipalrecht für diese Orte bestehen. Ihre rechtliche Sonderstellung hörte auf, sie sind in den Landbezirk der Grafschaft wie jede Landgemeinde eingegliedert. Aber sie haben zum Teil noch Mauern, die sich bald wieder mit einer zahlreichen Einwohnerschaft füllen, sie werden bischöfliche Residenzen, sie behalten die Bezeichnung civitas[1]) weiter, so daß sie sich schon wirtschaftlich und sozial von den Dörfern abheben, ohne rechtlich Städte zu sein. Sie haben städteartigen Charakter, insofern sie Niederlassungsstätte einer viel größeren Menschenmenge werden[2]) als die Dörfer, und insofern als das Zusammenleben dieser Menschen Formen des Verkehrs und der Rechtssicherheit zeitigen muß, die einen solchen Ort von einem Dorf schon deutlich unterscheiden. Als die Bischöfe die erweiterte Immunität erlangten, über die Grenzen ihrer Grundherrschaft hinaus Bannbezirke erhielten, in denen ihre Residenz und das Nachbargebiet eingeschlossen war, da wurden diese Bischofsorte von der Grafschaft eximiert. Auch diese Befreiung von der Grafschaft machte sie noch nicht zur Stadt, zumal da keine Trennung der Stadt von dem übrigen Banngebiet dadurch begründet wurde. Immerhin ist damit ein weiterer Schritt zur Sonderstellung vollzogen.

Von einer Stadt können wir erst reden, wenn der betreffende Ort einen Gerichtsbezirk und Verwaltungsbezirk für sich allein bildet, wenn er äußerlich kenntlich durch Mauern vom platten Land abgeschlossen ist und wenn er Marktrecht hat und besondere Vorzüge hinsichtlich der öffentlichen Lasten vor dem flachen Lande erhält und eine eigene, relativ große[3]) Gemeinde umfaßt.

Die *Mauern* waren bei den alten Bischofsorten schon vorhanden, ohne daß diese Städtequalität hatten; sie allein bewirken also nicht die Stadt. Auch die von Heinrich I. erbauten Mauerringe sind keine Städte. Aber sie tragen dazu bei, den Abschluß gegen das Land zu befördern. So unterstützen sie die Entwicklung zur Stadt da, wo die anderen Bedingungen erfüllt sind. Sie haben als befestigte Orte einen besonderen Frieden.

Das Wichtigste ist hier die Bildung eines geschlossenen Gerichtsbezirkes, die Ausscheidung dieses Bezirkes aus dem allgemeinen Gerichtsverband der Grafschaft oder des Bannbezirkes der Immunität. Dieser Schritt wird von den Bischofsstädten, die

fassung schlossen sich andere wie die Markgenossenschaftstheorie (Vertreter v. Maurer), die Landgemeindetheorie (v. Below), die Hofrechtstheorie (Nitzsch), die Marktrechtstheorie (Sohm, Schulte, Keutgen).

1) Die Ausdrücke civitas und urbs haben ihre frühere technische Bedeutung verloren und bedeuten jetzt nur den ummauerten Ort. Erst im späteren MA. erhalten sie wieder die Bedeutung Stadt. Rietschel, Markt und Stadt. S. 150.

2) Sander, a. a. O. S. 129 drückt es so aus: „Die Stadt ist die lokale Siedelungsform des großen sozialen Kreises."

3) Die ma. Städte waren an unseren heutigen gemessen nur sehr klein (vgl. Jastrow, Die Volkszahl deutscher Städte zu Ende des MA. usw. 1886). Aber im Vergleich zu der relativen Kleinheit aller mittelalterlichen Verbände sind sie relativ groß zu nennen. Und der Unterschied zwischen Stadt und Land war, was den Verkehr angeht, gewiß kaum weniger deutlich als heute. Siehe auch Sander, a. a. O. S. 131.

auf römischen Städten entstanden waren, früher vollzogen als von der zweiten Gruppe, den im Inneren Deutschlands entstehenden Marktorten, denn diese alten Römerplätze waren meist von Anfang an im Besitz von Marktrecht. Das Marktrecht gab aber seinerseits den Anstoß zu einer Sonderbehandlung des Marktgebietes in der Handhabung der Gerichtsbarkeit überhaupt.

An den für den Verkehr sehr günstig gelegenen alten Römerstädten hat sich der *Markt* von selbst entwickelt entweder innerhalb der Mauern oder wenn dort kein Platz war, im suburbium vor den Mauern wie in Basel, Bonn, Köln[1]), Konstanz, Regensburg, Straßburg, Zürich[2]); in den Römerstädten lebte er allmählich an derselben Stätte wieder auf, wo schon zur Römerzeit Markt gehalten wurde. Im übrigen ist er meist durch Marktverleihung begründet worden. Der König allein konnte einen Markt gründen; entweder tat er dies auf seinem eigenen Grund und Boden bei einer Pfalz oder er gab einem geistlichen oder weltlichen Grundherrn ein Marktprivileg. Die so entstehenden Märkte waren also alle grundherrlich, sie hatten einen Marktherrn in der Person des Grundherrn, sei es nun der König, ein Stift oder ein weltlicher Großer. Mit dem Marktrecht ist meist gleichzeitig Marktzoll und Münze verliehen worden. Erst seit der selbständigen Territorialhoheit der Landesherren haben diese selbst Marktprivilegien gegeben und Städte gegründet.

Der Marktherr gab in freier Gründerleihe zu erblichem und veräußerlichem Besitz und auch ohne Zins Stücke seines grundherrlichen Areals den zuziehenden Kaufleuten und Gewerbetreibenden. Sie wurden dadurch nicht seine Hörigen, sondern sie bildeten eine von ihm persönlich unabhängige[3]) Ansiedelungsgemeinde auf grundherrlichem Boden. In den alten Römerstädten sind oft mehrere Grundherren am Marktgebiet beteiligt.

Der Markt hatte seinen besonderen Frieden; war der Markt ummauert, so fiel der Marktfriede mit dem Burgfrieden zusammen. Der Markt allein machte einen Ort noch nicht zur Stadt, wir haben Marktorte, die nie Städte geworden sind. Später unterscheiden die Mauern die Stadt von den Marktorten, die Stadt ist dann ein Markt, der zugleich Mauerburg ist. Im 13. Jh. wird die Forderung aufgestellt, daß die Stadt ummauert sein muß.

Das besondere Marktrecht, das an der Marktansiedelung zu handhaben war, mag den Anlaß gegeben haben, daß zunächst für die niedrige Strafgerichtsbarkeit und die Zivilgerichtsbarkeit die Marktgemeinde einen besonderen Richter erhielt. Damit war sie als *eigener Gerichtsbezirk* aus dem Gerichtsgebiet herausgeschnitten, in dem sie bisher eingegliedert war. Sie hatte aber bisher zur Immunitätsgerichtsbarkeit des Marktherrn oder zur Grafengerichtsbarkeit gehört. Bei den zu Bischofssitzen gewordenen Römerstädten sahen wir schon, wie die bischöfliche Immunität sich über sie ausgebreitet hatte. Der Bischof war an Stelle des Grafen getreten, sein Vogt war oberster Richter über die Stadt und den Markt. Bei Märkten auf Königsgut ist die Zugehörigkeit zur Domänen-Immunität des Pfalzrichters, iudex fisci, außer Zweifel. Bei Marktgründungen von Bischöfen und Äbten ist es nicht sicher, ob nach Analogie der Römer-

1) Vgl. die eingehenden Untersuchungen OPPERMANNS in der WZ. 1900. 1901. 1906. Freilich glaubt OPPERMANN nicht, daß sich die kaufmännische Ansiedelung in der Rheinvorstadt nach und nach entwickelte, sondern vertritt die Ansicht, daß „vielmehr durch einmaligen Gründungsvertrag eine Gilde von jenem Terrain Besitz ergriff und dadurch als im Stadtgebiet ansässige Gemeinde sich organisierte". Ähnlich faßt er in Freiburg i. B. die Marktgründung 1120 auf als eine durch den Herzog veranlaßte Unternehmung eines Konsortiums von 24 coniuratores fori und eines Rektors. Wir hätten dann eine Parallele zu der Kolonistenunternehmung des Erzbischofs Friedrich von Bremen-Hamburg vom Jahre 1106.

2) Ähnlich in Würzburg.

3) Damit ist nicht gesagt, daß sie alle persönlich frei waren; sie können Hörige fremder Grundherren sein. Auch eigene Hörige des Marktherrn konnten vereinzelt darunter vorkommen.

städte die erweiterte Immunität über den Markt in dem Marktprivileg, das der König dem geistlichen Grundherrn verlieh, eingeschlossen war; es ist möglich, daß sie unter der Grafengerichtsbarkeit verblieben, wie jedenfalls auch die Märkte weltlicher Grundherren. Aus dieser Immunitätsgerichtsbarkeit des Vogtes oder iudex fisci einerseits oder aus der Grafengerichtsbarkeit andererseits war also jetzt ein besonderer Stadtgerichtsbezirk herausgehoben.[1]) Der Marktherr bestellte zu diesem Zwecke einen Schultheiß, iudex, centenar, wicgraf. Die Hochgerichtsbarkeit blieb dagegen noch beim Immunitätsvogt oder beim Grafen.

Ebenso wie sich ein geschlossener Gerichtsbezirk für die Marktansiedelung als nötig erweist, entsteht auch das Bedürfnis nach einem besonderen Polizeibezirk und nach einem gesonderten Militärbezirk. — Damit ist die Stadt[2]) gegeben, sie wird jetzt auch als gesonderter Bezirk behandelt für öffentliche Leistungen hinsichtlich des Militärwesens und Finanzwesens. Aus einem ursprünglichen Anhängsel an eine Königspfalz, herzogliche Burg, an eine Bischofsimmunität ist die Kaufmannsniederlassung[3]) zur Trägerin des Fortschritts geworden, die schließlich eine Organisation öffentlichen Charakters ins Leben rief. Das war eine gewaltige Leistung; der Deutsche mußte einen neuen Ausdruck „Stadt“ dafür prägen, um dieses Gebilde mit vorwiegend öffentlichem Gepräge zu bezeichnen.[4])

Die Marktgemeinde hatte zunächst keine Selbstverwaltung; sie wurde verwaltet durch *Beamte des Stadtherrn.* In den ehemaligen Römerstädten hatte der Stadtherr, der Bischof, vor allem einen Kommandanten, praefectus, später Burggraf genannt, eingesetzt, der dem Markte militärischen Schutz bot, der für die Verteidigung der Stadt, für ihr Befestigungswesen zu sorgen hatte. Dieses Präfektenamt wurde vielfach dem Vogt übertragen, der nunmehr mit der erweiterten Immunitätsgerichtsbarkeit über den Marktort auch die Aufgaben eines Kommandanten verband. Als Vertreter des Stadtherrn konnte der Präfekt noch mit anderen Verwaltungsaufgaben betraut werden. So wurde ihm zuweilen die Aufsicht über das Gewerbewesen übertragen.[5]) Ein zweiter Beamter des Stadtherrn ist der schon genannte Stadtrichter, der ebenfalls außer seiner richterlichen Befugnis über den Stadtgerichtsbezirk auch mit administrativer und finanzieller Tätigkeit betraut wurde. Wo ein Dorf zur Stadt erhoben wurde, da hat der bisherige Bauermeister, heimburge, des Dorfes diese kommunalen Funktionen vom Stadtherrn übertragen erhalten. Da wo eine Marktansiedelung ein Dorf eingemeindet, da hat ebenfalls der Dorfvorsteher leicht eine Aufsicht über die Marktstadt erlangt.

---

1) Vielfach wird jetzt für ein Dorf, wenn es Stadtrecht erhielt, gleichzeitig auch ein gesonderter Gerichtsbezirk gebildet. Vgl. d. Urk. für Coesfeld und Bocholt. Westf. UB. 2 Nr. 559, 3 Nr. 3 und 174; Rietschel, Markt und Stadt, S. 147 und 162. — Nur in wenigen Fällen ist für die Marktansiedelung nicht ein besonderer Gerichtsbezirk gebildet worden.

2) Technische Bezeichnung ist civitas, deutsch zunächst Burg. Der Stadtfriede ist Burgfriede, der Gerichtsbezirk Burgbann. Dann erst kam die Bezeichnung „Stadt“ auf.

3) Im 11. Jh. unterscheidet man noch in Regensburg den pagus regius mit der kgl. und herzoglichen Pfalz, den pagus clericus mit den Wohnungen der Geistlichen und pagus mercatorum (vgl. Translatio Dionysii Ariopagiotae MG. SS. 11. 343ff.

4) „Es hat mehr als bloß formale Bedeutung, daß sich der Deutsche für die neue Form des sozialen Zusammenlebens einen eigenen sprachlichen Ausdruck schuf, während die Romanen sich mit vieldeutig farblosen Bezeichnungen wie civitas (città) oder villa (ville) behalfen und selbst die Engländer sich nur zu so mangelhaft gefaßten Begriffen wie borough, city, town durchrangen. Die schärfere sprachliche Unterscheidung ist das psychologische Ergebnis härterer politischer Arbeit. ... Die Ausprägung des Begriffes „Stadt“ war ein erster Schritt auf dem Wege, welcher weiterhin zu der Schöpfung der deutschen Stadtfreiheit und der glänzenden Entfaltung des deutschen Bürgertums inmitten einer nicht minder blühenden ländlich-feudalen Welt führte. Das Wort kam einer Tat gleich.“ Sander, a. a. O. S. 134f.

5) Meister, Burggrafenamt, in HJb. 1906. S. 264f.

Diesen Beamten des Stadtherrn gegenüber steht die *universitas civium*. Ältere Urkunden erwähnen nur diese universitas civium und noch keine Vertretung durch besondere Organe. Die primitiven kommunalen Angelegenheiten wurden in der Gemeindeversammlung erledigt. Bei der Vermehrung der Geschäfte war dies nicht mehr möglich. Es beginnen die Ansätze zu einer städtischen Verfassung.[1]) Die Stadtgemeinde erhielt nach und nach mehr Rechte, da die Organe des Stadtherrn den wachsenden Anforderungen nicht genügten. Zunächst durfte sie bei der Aufstellung des Schultheißen mitwirken[2]), sie erhielt die Aufsicht über Maß und Gewicht, sie mußte den Gemeindebesitz verwalten, sie übte die Lebensmittelkontrolle, es entstand das Bedürfnis nach einem Urteilerkollegium, kurz zu diesen und ähnlichen Aufgaben benötigte sie eine gewisse Organisation der Gemeinde.

Zunächst mußte der Begriff der *Bürgerschaft* selbst sich festigen, die Bürger mußten von Nicht-Bürgern sich scheiden. Nur den ersteren kamen alle Rechte zu, die den Genuß der besonderen Vorteile des städtischen Zusammenwohnens verbürgten. Nur den wirklichen Bürgern wurden die Pflichten auferlegt, die sich aus diesem städtischen Zusammenwohnen ergaben. Hier und da mag von Anfang an durch vertragsmäßige Bindung oder gildeartigen Zusammenschluß diese Bürgerschaft begründet sein[3]), anderwärts mag sie erst durch langsamen Prozeß die innere Einigung gefunden haben. Es galt jedenfalls die verschiedenartigen privaten Kreise zu einer Einheit zusammenzuschweißen und die mannigfaltigen Interessengegensätze zu beseitigen. Es war eine eminent erzieherische Leistung zu vollbringen, bis man die gemeinsamen Aufgaben erkannt und sich als eine in ihren Zielen gleiche Bürgerschaft fühlte. Gemeinsamer Gegensatz gegen den Stadtherrn hat oft die getrennten Elemente zusammengeführt.

Des weiteren mußte nun nach den sich ergebenden Bedürfnissen des städtischen Lebens alles das, was bisher an Verfassungseinrichtungen auf dem platten Lande, im feudalen Verbande erprobt war, angepaßt werden. Die städtische Verfassung ist schließlich eine Summe von Kompromissen, die sich die bisherigen Verfassungseinrichtungen gefallen lassen müssen zugunsten der neuen Forderungen, die durch die städtische Entwicklung gestellt wurden. Wo man konnte, knüpfte man an Vorhandenes an und modelte um, und hat schließlich auf längerem oder kürzerem Wege die Schwierigkeiten organisatorisch überwunden, die in den Gegensätzen von Landgemeinde und Stadtbürgerschaft lagen.[4])

Das wichtigste Organ, das sich die Stadt schafft, ist der *Stadtrat*. Er ist nicht überall gleichmäßig, sondern auf verschiedene Weise entstanden. So hat öfters die Marktgemeinde für bestimmte Zwecke coniuratores fori aus ihrer Mitte gewählt, sie hat Ausschüsse gebildet, aus denen dann der Rat erwächst. Wo ein Schöffenkollegium bestand, konnte an dieses angeknüpft werden, indem die Schöffen zu ihren richterlichen Funktionen durch die Bürger weitere Vollmachten in Gemeindesachen hinzuerhielten[5]) entweder durch einmaligen gesetzgeberischen Beschluß der Gemeinde oder

1) SANDER, a. a. O. S. 135 interpretiert Stadtverfassung als die politische Organisation der örtlich Zusammenwohnenden im überwiegend öffentlichen Verbandsystem.

2) In den westfälischen Bischofsstädten scheint die Stadtgemeinde von Anfang an den Richter erwählt zu haben, nach Analogie, wie die Bauerrichter von der Bauerschaft gewählt wurden. PHILIPPI a. a. O. S. 64.

3) So nimmt es H. JOACHIM, Gilde und Stadtgemeinde in Freiburg i. B. (Festschrift f. Anton Hagedorn S. 25—115. 1906) an, wie er S. 31 auch die Stadtgemeinden in Magdeburg, Naumburg, Halberstadt, Quedlinburg, Bremen, Gandersheim, Goslar u. a. von Anfang an als Gilden organisiert sein läßt.

4) Das Beispiel der früher entwickelten und noch an das römische Vorbild anknüpfenden Städte Italiens und Frankreichs ist für die deutschen Städte nicht ganz unerheblich. Inwieweit die organisatorische Arbeit einzelner Individuen an der Schaffung der Stadtverfassungen beteiligt ist, das müßte noch in Einzeluntersuchungen mehr klargestellt werden.

5) v. BELOW, Stadtgemeinde, S. 86f. Die Theorie HEUSLERS, daß der Stadtrat überall aus dem Schöffenkolleg sich entwickelt habe, ist durch v. BELOW widerlegt.

durch gewohnheitsrechtliche Erweiterung ihrer Befugnisse. Später bei fortschreitendem Wachstum der kommunalen Aufgaben sind diese dann dem Schöffenkolleg vielfach wieder abgenommen und einem besonderen Rat übertragen worden. Arbeitsteilung veranlaßt also vielfach zum Aufgeben des Übergangsstadiums und zur Schaffung der neuen Ratsbehörde. Oder der Ausschuß der Gilde[1]) einigte sich mit dem Schöffenkolleg zu einer gemeinsamen kommunalen Vertretung. So scheint es in Köln der Fall gewesen zu sein, wo das Schöffenkolleg der Altstadt 1112 eine coniuratio mit den zwölf Senatoren der Kaufmannsansiedelung der Martinsvorstadt abschloß und nunmehr die Schöffen und Senatoren zusammen die Kölner Stadtvertretung von 25 Mitgliedern bildeten.[2])

Jedenfalls ist in den Marktansiedelungen der Rat notwendigerweise aus dem Bedürfnis nach Bewältigung der wachsenden städtischen Aufgaben entstanden, während in den ehemaligen Römerstädten, wo schon eine vorgeschrittenere Gemeindeverfassung bestand, eine Auseinandersetzung mit dieser, ein Vertrag, eine Coniuratio erfolgen mußte und vielfach die neue Ratsverfassung revolutionär in Auflehnung gegen das bisherige Regiment eingeführt wurde. Die lateinische Bezeichnung ist, neben consilium oder cives iurati, meist consules und ist aus Italien zu uns gekommen.[3]) Die consules traten vielfach als Gehilfen des Richters auf; Richter und Rat erscheinen oft als die offiziellen Vertreter der Stadt. Der Richter ist zunächst noch der abhängige Beamte des Stadtherrn. Mit wachsender Selbständigkeit suchte jedoch die Stadt dieses Amt in ihre Hand zu bringen. Sie erwirbt das Amt und unterstellt nun den Richter, den sie einsetzt, dem Rat.[4]) An die Spitze des Rates stellt sie dagegen einen neuen Beamten, den magister consulum, magister civium, Ratsmeister, Bürgermeister. Die eigene Wahl des Bürgermeisters ist der entscheidende Schritt für den Übergang der abhängigen zur unabhängigen Stadtgemeinde.[5])

Als das Areal um den Markt nicht mehr ausreichte, erweiterte sich die Stadt in die benachbarte Landgemeinde hinein.[6]) So nimmt sie Landgemeinden in sich auf, zuweilen mehrere, die oft noch lange Zeit Namen und ländliche Verfassung bewahrten. Das sind die *Sondergemeinden*, die uns in vielen Städten begegnen. Allmählich breitet sich aber die städtische Verfassung über sie aus; die Organe der ländlichen Ortsgemeinde werden in den städtischen Organismus eingeführt, das Dorf geht in die Stadt auf. Bei den ehemaligen Römerstädten nahm die Stadtgemeinde die dort bestehenden Sonderbezirke auf, die aber oft nicht eigentliche Landgemeinden waren. Später sind auch bei verschiedenen Anlässen nahe Dorfgemeinden in aufblühende Städte verlegt worden.[7])

---

1) Die Bedeutung der Gilde für die Stadtverfassung ist vielfach überschätzt worden.

2) Vgl. O. Oppermann, Zur mittelalterlichen Verfassungsgeschichte von Freiburg, Köln und Niedersachsen, in WZ. 1906. 25, S. 273f. Auch H. v. Loesch, Die Kölner Kaufmannsgilde im 12. Jh. Ebenda Erghft. 12, 1904.

3) Consules sind zuerst erwähnt in Soest 1178 (Seibertz, UB. 1. Nr. 75, S. 105). Vgl. auch Keutgen a. a. O. S. 219. Statt consules im Medebacher Stadtrecht ist nach Ilgen (HZ. 77 S. 105) cives zu lesen. Stadtherren von Soest waren die Erzbischöfe von Köln, Erzkanzler von Italien. Es ist die ansprechende Vermutung aufgestellt worden, daß Erzbischof Rainald v. Dassel die Bezeichnung consules von den italienischen Städten auf Soest übertragen hat. Nächst dieser Stadt traten consules zuerst in Lübeck, Hamburg, Hamm und Lippstadt auf, wohin sie mit dem Soester Recht gekommen sind. Vgl. v. Below, Entstehung usw., S. 101f.; Rietschel, Markt und Stadt, S. 169; Hegel, Einführung des Konsultitels in den deutschen Städten. Kieler Monatsschrift 1854.

4) In manchen ehemaligen Römerstädten, wie Köln, in denen eine solche Abhängigkeit nicht zu überwinden war, ist der Schultheiß der Gesamtgemeinde von vornherein Gemeindebeamter.

5) Die Art des Überganges vom abhängigen Schultheiß zum eigenen Bürgermeister kann auch in anderer Weise vollzogen werden. v. Below, Stadtgemeinde, S. 110f.

6) Sie nimmt die Felder, Wiesen = lê in städtischen Anbau und daher heißen solche Stadtteile oft Laischaften.

7) Vgl. die Arbeiten von Lappe, Die Bauerschaften der Stadt Geseke. 1908. Derselbe, Die Sondergemeinden der Stadt Lünen. Programm 1909.

Das Stadtregiment des Stadtherrn und dann die Gemeindeverwaltung des Rates erhalten Hilfe und Ergänzung durch die *Gilde* der Kaufmannschaft und durch die *Zünfte* der Handwerker[1]; sie unterstützen die Stadtherren und den Rat in ihren marktpolizeilichen und gewerbepolizeilichen Aufgaben. Sie sorgen für die Durchführung der vom Herrn oder Rat erlassenen Vorschriften. Der Stadtherr, später der Rat, bestätigt sie, er gibt den Gilden Handelsmonopol, den Zünften Zunftzwang, er verleiht ihnen Privilegien und gewährt ihnen ihre Selbstverwaltung. Sie erhalten ihre eigenen Hansgrafen, Gilde- oder Zunftmeister und eine eigene Verfassung, aber der Rat behält die Aufsicht über sie und die Entscheidung bei Streit; er erhält auch gewisse Abgaben. Die Zünfte stellen ihre Organisation in den Dienst der Stadt, insbesondere ihre Wehrkraft, und es ist eine ganz natürliche Entwicklung, daß sie, zu Reichtum und künstlerischer Bildung gelangt, auch Anteil an der Stadtverwaltung begehrten.

Die Ratsstellen waren bisher nur durch die vermögenden Klassen, Kaufleute, Großgrundbesitzer, hier und da auch durch in die Bürgerschaft aufgenommene Ministerialen besetzt worden. Indem man diejenigen wählte, die schon einmal im Rate saßen, oder ihre Angehörigen, und indem die Wahl nach und nach durch ein Selbstergänzungsrecht des Rates ersetzt wurde, da war die ratsfähige Bürgerschaft der Geschlechter, *Patriziat*, von den nicht am Regiment beteiligten scharf geschieden.

So kam es zu den *Zunftkämpfen* des 14. und 15. Jhs., deren Ziel Ratsreformen waren, die auch mehr oder minder erreicht wurden. Der Grad des Erfolges war nicht überall gleich. Da, wo die Zünfte einen vollen Sieg errangen, haben sie den ganzen Rat zunftmäßig reorganisiert, so daß auch die Patrizier einer Zunft beitreten mußten, wenn sie in den Rat kommen wollten. Oder aber es wurde zu den schon bestehenden und den Geschlechtern vorbehaltenen Ratsstellen eine ganze Anzahl neuer hinzugefügt, die mit Zunftmitgliedern besetzt wurden. Oder es wurde das Selbstergänzungsrecht des Rates aufgehoben und den Zünften aktives und passives Wahlrecht verliehen. Es konnten jedoch nur Zunftmeister, keine Gesellen in den Rat gewählt werden. Weitere Ratsreformen bestanden darin, daß man neben dem alten Rat einen erweiterten, neuen Rat schuf, der bei bestimmten Angelegenheiten in Tätigkeit trat. Auch ist vielfach die Tätigkeit des alten Rates reduziert worden; man hat neben ihm einen Ausschuß eingesetzt, der die eigentliche Exekutivgewalt erhielt und den man je nach der Zahl seiner Mitglieder Rat der Zehner, Fünfzehner usw. nannte.

Neue Beamten kommen im Laufe der Zeit hinzu, insbesondere der Stadtschreiber, der meist auch zugleich Gerichtsschreiber war.

Nach Ausbildung der selbständigen Ratsverfassung führte die Stadt ein Stadtsiegel, in dem oft die Befestigung mit Tor und Türmen zum Ausdruck kam. Nachdem sich die Stadt von dem stadtherrlichen Regimente freigemacht hatte, was oft erst durch Kampf erreicht wurde, hat sie folgende *selbständige Rechte*: Sie hat das Recht der Autonomie. Sie zeichnet ihr Gewohnheitsrecht auf und gibt sich selbst Gesetze, sogenannte städtische Küren, Willküren, Schraen, Statuten. Sie hat das Besteuerungsrecht über alle Einwohner, und zwar ist dies dadurch entstanden, daß der Rat zunächst die Bede und andere öffentliche Reichsabgaben aufzubringen hatte und dann auch weiter ging und für städtische Bedürfnisse Abgaben erhob. Der Rat hatte das Recht, neue Bürger aufzunehmen; er ließ sich dabei einen Bürgereid schwören und eine Abgabe zahlen. Durch einen sehr weitgehenden Gebrauch von dieser Befugnis, indem er Ausbürger oder Pfahlbürger aufnahm, d. h. solche, die gar nicht in der Stadt wohnten, kam er oft in Konflikt mit den Fürsten und mit der Reichsgesetzgebung, die wiederholt das Pfahlbürgertum verbot.

1) Über ihre Entstehung und wirtschaftliche Verfassung siehe KÖTZSCHKE, Wirtschaftsgeschichte in diesem Grundriß.

Die Stadt hat ihr eigenes Kriegswesen. Die Patrizier dienten zu Pferd, die Zünfte stellten bestimmte Truppenkörper unter der Führung des eigenen Zunftmeisters, oft mit festbestimmten Aufgaben bezüglich des Wachtdienstes und der Verteidigung. Vom Reichskriegsdienst und dem Heerdienst im Heere des Stadtherrn haben die Städte sich meist freigemacht, mit Ausnahme der Landfolge bei Überfall u. dgl.

Das Gerichtswesen hing vom Rate ab. Er bildete entweder selbst das Schöffenkolleg oder er ernannte die Schöffen, er setzte den Richter ein. Den Blutbann haben nicht alle Städte erlangt; diejenigen, die ihn erhielten, haben ihn durch eine Auseinandersetzung mit dem Stadtherrn erworben.

In älteren Städten, in denen allmählich die einzelnen Vorrechte erworben wurden, sind sie durch Einzelprivilegien, Handfesten, erteilt[1]) und später zusammengefaßt worden. In später neu errichteten Städten wurde sogleich bei der Gründung ein fertiges, ausführliches Recht gegeben, das von einer anderen Stadt entlehnt wurde. An letztere, die Mutterstadt, wandte sich dann auch die Tochterstadt bei Lücken in ihrem Recht und erbat ein Weistum. Eine Mutterstadt konnte zum Oberhof werden, indem gerichtliche Entscheidungen von seiten der Tochterstädte eingeholt wurden. Durch derartige verwandtschaftliche Abhängigkeit des Rechtes entstanden ganze Stadtrechtsfamilien. Berühmte Mutterrechte waren das Magdeburger Recht, das von Soest, beziehungsweise das davon abgeleitete Lübecker Recht, das von Dortmund, von Kalkar (Kleve), Aachen, Freiburg i. B., Wien u. a.

Die Städte auf Königsgut haben oft durch Pfandleihe des Königs an einen Landesherrn ihre Reichsunmittelbarkeit eingebüßt. Später war dies den Königen nicht mehr gestattet, es verliert sich der Begriff, daß sie königliche Städte sind, über die der König frei verfügen konnte, und es tritt an die Stelle der Begriff der *Reichsstadt* mit unantastbaren Privilegien. Die Reichsstädte erwerben durch Bewilligungen der Kaiser eine nahezu landesfürstliche Selbständigkeit. Ihnen am nächsten kommen diejenigen Bischofsstädte, die sich vom Bischofe frei gemacht hatten und auch nicht unter die Landeshoheit des Bischofs geraten waren; sie hießen Freistädte. Später werden sie den Reichsstädten beigezählt. Die übrigen Städte waren entweder Landesstädte, die der Landeshoheit eines Herrn unterstanden, seinem landesherrlichen Gericht unterstellt waren und im Territorialstaat meist Landstandschaft erwarben, oder es waren Patrimonialstädte und grundherrliche Städte.

Wie die Landesstädte die Landstandschaft, so erstrebten die Reichsstädte die Reichsstandschaft, die sie aber erst in der folgenden Periode erlangen. Ihre politische Stellung hoben sie durch Städtebündnisse; neben dem kurzlebigen rheinischen Städtebund 1254—1256 kommt besonders der schwäbische Städtebund in Betracht, der aber schließlich für sie ungünstig endete. Größeren Rückhalt hatten lange Zeit die in der Hanse vereinigten Städte an ihrem Bunde.

3. Gerichtsverfassung.

Die fränkische Gerichtsverfassung ist seit dem 13. Jh. in voller Auflösung begriffen. Das hängt zusammen mit dem Zerfall der Reichsverfassung und dem Übergang zu einem losen Verbande territorialer Landesherrschaften. Davon mußte vor allem die Graftschaftsverfassung betroffen werden. Als das Reich in seiner Blüte stand, war es mit einem mehr oder minder gleichmäßigen Netz von Grafengerichten überspannt. Jetzt werden hier mehrere Grafschaften in einer Hand vereint zur Bildung eines größeren Fürstentums, dort wird eine Grafschaft auseinandergerissen und durch

1) Die ältesten erhaltenen Marktrechtsurkunden sind das Reichenauer Marktrecht für Allensbach von 1075 und das Privileg des Abtes Ulrich für Radolfzell 1100. Vgl. A. Schulte a. a. O. und Albert, Geschichte der Stadt Radolfzell, 1896, S. 35f.

immer neue Immunitäten zerstückelt. Grafen werden auf dem Wege des erblichen Lehnsrechtes zu selbständigen Herren. Die Bannleihe wird zur Formalität und schwindet dann ganz dahin, der neue Landesherr aber schafft sich eine eigene landesherrliche Gerichtsverfassung.

1. Das Reichshofgericht.

O. Franklin, Das Reichshofgericht im MA. 2 Bde. 1867/69. Tomaschek, Die höchste Gerichtsbarkeit des deutschen Königs und Reichs im 15. Jh. SB. Wiener Ak. 49. 1865. L. Baumann, Zur Geschichte des Hofgerichtes. ZGORh. 43, S. 69f., 392. Vogel, Beiträge zur Geschichte des deutschen Reichshofgerichtes. ZRG. der Savigny-Stiftung. GA. II, S. 151f. Schröder, Rg.[5] § 49, S. 557f.

Im königlichen Hofgerichte wurde insofern eine Änderung vorgenommen, als der König einen ständigen Vertreter am Hofe erhielt, den Reichshofrichter. Er ist zuerst im Mainzer Landfrieden Friedrichs II. von 1235 eingesetzt worden. Der Reichshofrichter, iustitiarius curiae regiae, war ein absetzbarer Beamter, der für bestimmte Zeit ernannt wurde, und dessen Stellung nicht unter das Lehnswesen fiel. Er wurde besoldet aus den Strafgeldern, besonders dem sogenannten Achtschatz, wenn er bei der Achterklärung beteiligt war, und sonstigen Gerichtsgefällen. Der Hofrichter hatte tägliche Gerichtssitzungen abzuhalten, in denen alles, was an den königlichen Hof gebracht wurde, vorkommen konnte, mit Ausnahme der Dinge, die sich der König vorbehielt. Vor jeder Sitzung mußte dem König Bericht erstattet werden, so daß er in der Lage war, jedesmal den Vorsitz selbst zu übernehmen. Ganz vorbehalten blieb dem König die Verhängung der Reichsacht und die hohe Gerichtsbarkeit über Fürsten. Bei Abwesenheit des Königs konnte der bestellte Reichsverweser, bei Thronvakanz der Reichsvikar ein ähnliches Hofgericht halten.

Das Hofgericht hatte keinen ständigen Sitz; es wechselte den Ort mit dem Wechsel des königlichen Hoflagers. Ebenso wechselte die Zusammensetzung, indem der König die Urteilfinder aus den gerade bei Hofe anwesenden Personen auswählte. Es war nur der Grundsatz zu beachten, daß niemand niederen Standes über jemand höheren Standes zu Gericht sitzen durfte. Mit der Einsetzung eines ständigen Vorsitzenden dieses Gerichtes in der Person des Hofrichters war jedoch auch insofern eine festere Organisation des Hofgerichtes geschaffen worden, als ein besonderes Hofgerichtssiegel eingeführt wurde und die Hofgerichtsurkunden nicht mehr in der Kanzlei, sondern von einem besonderen Hofgerichtsnotar, notarius curiae, geschrieben werden sollten.

Seit dem 12. Jh. wird es auch Gebrauch für Dinge, die an Ort und Stelle untersucht werden mußten, einen oder mehrere königliche Kommissare als delegierte königliche Richter vom Hofe zu entsenden.

2. Das königliche Kammergericht.

O. Franklin, Das königliche Kammergericht vor dem Jahre 1495. 1871. J. Lechner, Reichshofgericht und kgl. Kammergericht im 15. Jh. MIÖG. Ergbd. 7. G. Seeliger, Das deutsche Hofmeisteramt im späteren MA. 1885.

Gegen Mitte des 15. Jhs. wurde das Reichshofgericht immer unbeliebter und ging 1450 ganz ein. Seitdem erledigte der König die wenigen Streitsachen, die man noch an den Königshof brachte, selbst mit Hilfe des Hofmeisters und einiger Hofräte, wie er das auch seit 1415 schon neben dem Reichshofgerichte getan hatte. Die Hofräte waren meist Rechtsgelehrte und so wurde dem römischen Recht in den Entscheidungen ein großer Einfluß eingeräumt. Wenn der König nicht selbst den Vorsitz führte, so betraute er damit den Hofmeister. Dieses Gericht, das aufs engste mit der Person des Königs verknüpft war und nach 1450 ganz an die Stelle des Reichshofgerichtes trat und auch dieselbe Zuständigkeit hatte wie jenes, nannte man Kammergericht. Für seine Schriftsachen blieb der Gerichtsnotar oder Gerichtsschreiber bestehen.

3. Die Austräge.

Eine Art Selbsthilfe und Emanzipation vom Reichsgerichtshof stellen dar die sogenannten *Austrägalgerichte.* Ihr Vorbild lieferte der Kurverein von Rense, 1338, der für die Kurfürsten bestimmte, daß Streit untereinander in einem kurfürstlichen Austrag erledigt werden solle. Das wesentliche Charakteristikum solcher Austräge war, daß gleiche Standesgenossen sich verpflichteten, ihre Streitsachen einem aus ihrer Mitte gebildeten Schiedsgerichte zu unterbreiten und sich dem Schiedsspruch zu unterwerfen. Wenn aber auch diese Austräge anfangs nur zuständig waren in Händeln der Standesgenossen untereinander, so wurde ihnen doch zuweilen durch königliches Privileg das Recht erteilt, daß Klagen dritter gegen einen solchen Standesgenossen erst vor dem Austraggericht anhängig gemacht werden mußten, ehe das ordentliche Gericht angerufen wurde. So sind die Austräge der Fürsten und die der Reichsstädte im 15. Jh. geradezu regelmäßige Instanzengerichte geworden für alles, was gegen Fürsten und Reichsstädte vorgebracht wurde.

4. Die Landfrieden und Landfriedensgerichte.

L. Weiland, Der sächsische Landfrieden aus der Zeit Friedrichs II. und die sog. Treuga Henrici regis. ZSavStRgGA. 8. 1888. Wynecken, Die Landfrieden in Deutschland von Rudolf I. bis Heinrich VII. 1886. J. Schwalm, Landfrieden in Deutschland unter Ludwig d. B. 1889. E. Fischer, Die Landfriedensverfassung unter Karl IV. Göttingen. Diss. 1883. H. Vielau, Beiträge zur Geschichte der Landfrieden Karls IV. Die fränkischen und mittelrheinischen Landfrieden. 1877. Halle. Diss. H. A. Erhard, Mitteilungen zur Geschichte der Landfrieden in Teutschland vornehmlich des westfälischen Landfriedens im 14. Jh. mit bes. Rücksicht auf Thüringen. 1829.

Die große Unsicherheit, die allenthalben im Gefolge des Ritterwesens auftrat, das überhandnehmende Fehdewesen und dann das Raubrittertum hatten zur Folge, daß einerseits das Reich zu einer intensiveren Landfriedensgesetzgebung schreiten mußte und andererseits auch gemeinsame Landfriedensbündnisse zusammentraten, die für bestimmte Gebiete die Aufrechterhaltung des Friedens in die Hand nahmen.

Heinrich (VII.), der Sohn Friedrichs II., hatte mehrmals Landfriedenserlasse gegeben, so in Würzburg 1224 die sogenannte treuga Henrici und zehn Jahre später das Frankfurter Friedensedikt 1234. Das wichtigste *Landfriedensgesetz* ist das Friedrichs II. vom 15. August 1235, die Constitutio Moguntina, die zwar in erster Linie über das Fehdewesen und die Friedbrecher handelt, aber auch noch eine ganze Reihe anderer Fragen, wie die oben besprochene Organisation des Hofgerichtes, Zoll-, Münzwesen, Geleitrecht, Kirchenvogteien einbezieht. Bemerkenswert ist außerdem, daß diese Constitutio Moguntina offiziell in deutscher Sprache veröffentlicht wurde, das erstemal, daß die deutsche Sprache zu einem wichtigeren allgemeinen amtlichen Erlaß verwandt wurde. Auch inhaltlich hat der Mainzer Landfrieden von 1235 große Bedeutung, insofern er die Grundlage blieb für die Landfriedenserlasse bis 1438. In diesem Jahre hat Albrecht II. das Fehdewesen, das bisher nur eingeschränkt und in feste Normen gebracht war, ganz verboten und außerdem hat er das Reich zur besseren Wahrung des Landfriedens in vier Kreise einteilen wollen. Indessen Friedrich III. mußte 1442 in der Frankfurter Reformation ein gewisses beschränktes Fehderecht wieder zugeben. Neue Landfriedensverkündigungen folgten, so 1467 auf fünf Jahre, 1474 auf zehn Jahre, bis endlich 1495 ein ewiger Landfriede aufgerichtet wurde.

Die *Bezirke,* die bei diesen Landfriedenserlassen zur besseren Handhabung des Friedensgesetzes und zur Bestrafung des Friedbruches eingerichtet wurden, sind für die späteren Reichskreise vorbildlich geworden. Solche Landfriedensbezirke waren Elsaß, Thüringen, Sachsen, Westfalen, Niederrhein u. a. Ein jeder derartiger Bezirk war einem Landfriedenshauptmann, advocatus provincialis als iudex generalis unterstellt, den der König ernannte. Anfangs wurde dazu stets ein Fürst bestimmt, seit dem Ende des 13. Jhs. zog das Königtum jedoch vor, die Reichslandvögte für diese Stellung zu verwenden. Dem Landfriedenshauptmann standen mehrere (5—15) Beisitzer zur Seite, die als Friedensrichter (iudices pacis, conservatores pacis) im Landfriedensgericht fungierten.

Die freiwilligen *Landfriedensbündnisse* setzten an Stelle der durchs Reich geschaffenen Friedensbezirke das Gebiet ihrer Mitglieder. Sie richteten für die Dauer des Bündnisses Ausschüsse ein mit festbestimmten Bezirken, in denen diese Ausschüsse das Friedensgericht bildeten und die zur Wahrung des Landfriedens nötigen Anordnungen trafen.

In den sich konsolidierenden Territorialstaaten tritt die Landfriedensgesetzgebung des Landesherrn allmählich an Stelle derjenigen des Reiches. Auch entstehen dort Landfriedensvereinigungen für das Gebiet eines Territoriums. Ebenso werden dann analoge Ausschüsse auf territorialer Grundlage gebildet.

5. Die Landgerichte.

Stobbe, Die Gerichtsverfassung des Sachsenspiegels. Z. f. D. R. Bd. 15 S. 82ff. Herold, Gogerichte und Freigerichte in Westfalen in Beyerles deutschrechtl. Beiträge. Bd. 2. v. Wrochem, Der Schultheiß in der Gerichtsverfassung des Sachsenspiegels. Ebenda. E. Meister, Ostfälische Gerichtsverfassung im MA. 1912. Schmitz, Das Gogericht im Herzogtum Westfalen in Z. f. vaterl. Gesch. u. Altertumskunde. Bd. 59. Fehr, Fürst und Graf im Sachsenspiegel. B. d. sächs. Ges. d. W. Bd. 58. 1906.

Bis in den Anfang des 13. Jhs. hielt im wesentlichen die Grundlage vor, die für die öffentliche Gerichtsverfassung in der Karolingerzeit gelegt worden war. Allerdings sind ja die Einrichtungen Karls nicht überall gleichmäßig eingeführt worden. So war bei den Alamannen und Bayern das Institut der Schöffen nicht eingedrungen. Statt ihrer wurde für jede Tagung des Ding ein Ausschuß von „Vorstehern des Rechts" eingesetzt, dessen Mitglieder als Beisitzer oder „Richter" bezeichnet werden. Im Gebiet des Sachsenstammes hat das Schöffentum keinen Eingang in den Gogerichten gefunden.

Nach fränkischem Muster bestand im allgemeinen eine Zweiteilung des öffentlichen Gerichtes im Landrecht: echtes Ding und gebotenes Ding. Das echte Ding am echten Dingort in der echten Dingfrist von 6 zu 6 Wochen unter dem Vorsitz des Grafen war Hochgericht; das gebotene Ding, in dem der Graf durch den Zentenar oder Vikar im Vorsitz vertreten werden konnte, war Niedergericht.

Im Geltungsgebiet des Sachsenspiegels aber hat sich eine Dreiteilung des Gerichtswesens herausgestellt: echtes Ding unter Königsbann an echter Dingstätte, Grafengericht ohne Königsbann alle 14 Nächte ohne Bindung an echten Dingort (gebotenes Ding) und die Niedergerichte: Gogericht, Schultheißengericht. Das echte Ding unterscheidet sich von dem gebotenen Grafending durch die Zuständigkeit in Königsbannsachen und durch die allgemeine einerseits, die beschränkte Dinggemeinde andererseits, beide unter dem Vorsitz des Grafen. Die Niedergerichte (Gogericht und Schultheißengericht) sind in Ostfalen Standesgerichte, es ist nicht wie im Gebiet des fränkischen Rechts eine sachliche Scheidung, sondern eine solche nach Ständen nachzuweisen. Das Schultheißengericht wird von den Pfleghaften besucht, das Gogericht von den landlosen Freien.[1])

Ungefähr um die Mitte des 13. Jhs. erweitern die Niedergerichte ihre Kompetenzen. Das Schultheißengericht zieht die Verhandlung über Eigen an sich und geht dann auf im Freigericht. Das Gogericht, das vielleicht schon von Anfang an als altsächsisches Volksgericht etwas größere Zuständigkeit gehabt hat, erhält unbeschränkte Gerichtsbarkeit und wird so zum Hochgericht[2]) und Landding. Das macht sie wertvoll

1) E. Meister a. a. O. S. 210.

2) Die gegenteilige Meinung, daß das Gogericht von Anfang an Hochgericht gewesen sei, kann nach den Ausführungen von Fehr, Fürst und Graf im Sachsenspiegel. 1906. S. 81f. und Z. SavRg. 32, 1911, S. 489, und E. Meister, a. a. O. S. 149ff. nicht mehr aufrecht erhalten werden.

für die angehenden Landesherren, die sie nun zur Erweiterung ihrer Landeshoheit in ihre Gewalt zu bringen suchen.

a) Die territorialen Landgerichte.

Die Anschauung, daß der König die Quelle alles Rechtes ist, bleibt bis ans Ende des MA. bestehen, aber der direkte Empfang der abgeleiteten Königsgewalt fällt mehr und mehr fort. Im Sachsenspiegel erfahren wir, daß in den Markgrafschaften kein Königsbann mehr existiert[1]), und daß in den Grafschaften nur bei Verbrechen Schöffenbarer und Klagen über Eigen noch der Königsbann eintrat.[2]) Der Königsbann war aus der Markgrafschaft ganz verschwunden, weil dort kein Stand der Schöffenbaren und kein Schöffengericht existierte, und weil das Eigen nicht mehr als im Königsfrieden, sondern als im Markgrafenfrieden stehend aufgefaßt wurde. Der Markgraf richtete „bi sines selves hulden", d. h. bei Markgrafenbann.[3]) Die Grafen hatten zwar noch für einige wenige Königsbannsachen eine außerordentliche Gerichtsgewalt durch Bannleihe sich erteilen lassen müssen, aber es war ihr naturgemäßes Bestreben, diese besondere Leihe fortfallen und in allen Dingen kraft ordentlicher Amtsgewalt richten zu können. Andererseits festete sich bei dem wachsenden Ansehen der Fürstengewalt die Ansicht, daß der Reichsfürst mit der Übertragung der ordentlichen Amtsgewalt an den Grafen auch die Gewalt über die Königsbannsachen vergeben habe. Es kommt hinzu, daß im Rechtsgebiet des Schwabenspiegels gar keine königliche Bannleihe bestand. Hochgericht und Bann erhalten somit die Grafen in der Folgezeit aus der Hand des Fürsten.

Wo keine Bannleihe mehr ist, da hat der Fürst einen wichtigen Schritt zur Ausbildung einer eigenen landesherrlichen Gerichtshoheit vollzogen. Die Landesherren, die jetzt die gesamte Gerichtsgewalt übertragen, lassen vergessen, daß sie das Recht dazu vom König im Fahnenlehen empfangen haben; sie fangen an, kraft eigenen Rechtes die Landrichter einzusetzen. Sie tun das an den alten Dingstühlen, und sie weisen dem Richter auch den alten Gerichtssprengel zu, wenn nicht besonderer Anlaß eine Neuabgrenzung des Landgerichtssprengels nötig macht. So sind alte königliche Landgerichte, Grafengerichte, zu territorialen Landgerichten geworden.

Aber auch die Grafen, die nicht unter die fürstliche Landeshoheit, etwa eines Herzogs geraten, bleiben nicht Reichsbeamten. Sie werden selbst Landesherren und werden so aus Richtern, die im Namen des Reichs richten, selbständige Inhaber der Gerichtsgewalt. Dann besetzen sie die alten Gerichtsstätten ihres Bezirks mit Amtmännern und Vögten.

b) Königliche Landgerichte.

In Süddeutschland hat sich jedoch eine Anzahl königlicher Landgerichte von der Unterwerfung unter die Territorialgewalten freigehalten. Es waren dies hier weniger Grafengerichte, als vielmehr Reichslandvogteigerichte, die ja für den Reichsbesitz den Blutbann erhalten hatten, und auch Landfriedensgerichte. Sie wahrten sich ihre Stellung als unmittelbare Reichsgerichte und behielten die direkte königliche Bannleihe bei. Manche von ihnen, die aus kleinen Reichslandvogteien hervorgingen, hatten nur einen bescheidenen Umfang, wie die königlichen Landgerichte auf dem Bornheimer Berg, zu Ingelheim, Kaichen, Hirschberg, Rothenburg a. d. T., Bamberg u. a., dagegen hatten andere, wie das aus der großen fränkischen Reichslandvogtei Franken hervorgegangene königliche Landgericht zu Nürnberg, das aus der Landvogtei Niederschwaben erwach-

---

1) Sachsenspiegel, Landrecht II 12, § 6 und III 65, § 1.
2) Ebenda I 59, § 1; I 21, § 1; I 67, § 1.
3) Ph. Heck, Der Sachsenspiegel und die Stände der Freien. S. 775f. G. Meyer, Verleihung des Königsbanns und das Dingen bei markgräflicher Huld. 1881.

sene königliche Landgericht (seit Wenzel „Hofgericht" genannt) zu Rottweil, das aus der Reichslandvogtei Oberschwaben entsprungene Landgericht „auf der Leutkircher Haide und der freien Birs" einen größeren, ja einen sehr weitgehenden Wirkungskreis. Aus einem Landfriedensgericht ist das königliche Landgericht des Herzogtums Franken in Würzburg entstanden.

Bemerkenswert war für diese königlichen Gerichte, daß auch Rechtsfragen aus anderen Gerichtsbezirken bei ihnen angebracht werden konnten, und vor allem, daß sie das Recht erlangten, die Acht zu verhängen.

c) Die Vemgerichte.

Kopp, Verfassung der heimlichen Gerichte in Westfalen. 1794. P. Wigand, Das Femgericht Westfalens. 1825. 2. Aufl. 1893. L. Tross, Sammlung merkwürdiger Urkunden f. d. Gesch. der Femgerichte. 1826. F. P. Usener, Die Frei- und heimlichen Gerichte Westfalens. 1832. J. S. Seibertz, Zur Topographie der Freigrafschaften, in Z. f. Gesch. u. Altertumsk. Westfalens 23—28. R. Brode, Freigrafschaften und Feme. Halle. Diss. 1880; Derselbe, in hist. Aufsätze Georg Waitz gewidmet. 1886. Th. Lindner, Die Veme. 1888. F. Philippi, Das westfälische Femegericht und seine Stellung in der deutschen Rechtsgeschichte. 1888. Heusler, Vfg., S. 220f. Schröder, Rg.[5] § 49, S. 588f. Brunner, Grundzüge[5] S. 181.

In Westfalen haben sich die alten Grafengerichte mit königlicher Bannleihe[1]) zu halten verstanden. Der ferngesessene westfälische Herzog in der Person des Erzbischofs von Köln und die geistlichen Fürsten des Landes mochten nicht die Kraft besessen haben, diese Gerichte in Territorialgerichte umzuwandeln. Die große Zahl einer freien Bevölkerung in Westfalen hat dort die Landgerichte immer lebenskräftig erhalten, so daß es nie am freien Dingvolk fehlte. Es waren die ordentlichen Gerichte der Freien, und Freie waren hier in Westfalen die Hauptmasse der Dingpflichtigen, die das Gericht zusammensetzten; deshalb nannte man sie auch Freigerichte (iudicium liberum, vryegerichte, freiding). Ein Unterschied bestand in Ostfalen, wo in den analogen ordentlichen Gerichten das ritterliche und adelige Element überwog.[2]) Die Grafschaft nannte man Freigrafschaft[3]) und die alten Dingstühle Freistühle.[4]) In jeder Freigrafschaft gab es demnach ganz im Einklang mit der alten Grafschaftsverfassung mehrere Freistühle, die der Freigraf bereisen mußte.

Diese ursprüngliche Organisation wurde aber im Laufe der Zeit geändert. Zunächst ging man dazu über, daß der Freigraf an einem oder mehreren Freistühlen sich vertreten ließ durch einen Ministerialen.[5]) Der Freigraf bereiste dann nicht mehr die ganze Grafschaft, sondern er hatte an mehreren Freistühlen Ministerialen, die seine ständigen Vertreter waren. Nun aber nannte man diese Vertreter des Freigrafen selbst Freigrafen, und von diesem Moment an deckte sich der Begriff Freigrafschaft nicht mehr mit dem der Grafschaft. Unter Freigrafschaft war jetzt nur noch der Besitz eines oder mehrerer Freistühle zu verstehen.

1) Die sächsischen Herzöge, selbst Heinrich der Löwe, hatten nicht das Recht, die Grafschaft zu verleihen; sie blieb im Bereich des sächsischen Herzogtums unmittelbar vom König lehnbar. M. Jansen, Herzogsgewalt der Erzbischöfe von Köln, S. 105f. Nur im Bistum Minden hat der Herzog das Recht erlangt, den Grafen zu belehnen. Deshalb kam hier auch die Veme nicht recht zur Entfaltung und ging wieder ein. Lindner, Veme, S. 357.

2) Vgl. jetzt über das ostfälische Gerichtswesen E. Meister a. a. O. Er unterscheidet noch weiter eine verschiedene Entwickelung in Ostsachsen und im eigentlichen Ostfalen.

3) Der Ausdruck vrigreve kommt zum erstenmal 1186 vor; sonst liberorum comes, liber comes, vrigravius, liber iudex u. ä. In Ostsachsen und Ostfalen sollen nach E. Meister (a. a. O. S. 211f.) die Freigerichte nicht den Grafengerichten sondern den Schultheißengerichten entsprochen haben.

4) Zuerst überliefert zu 1269: sedes libera, andere Ausdrücke sedes libertatis, sedes liberi comitis oder comitatus, sedes regia oder regalis, vrystuel u. ä.

5) Der Graf teilte gewissermaßen seine Grafschaft in Freistuhlbezirke. So kommt z. B. die bischöfl. Münstersche Grafschaft 1264 tibulo pignoris zum Teil an den Ministerialen Stick, zum Teil an Theoderich Lof. Vgl. Wilmanns Westf. UB. III Nr. 736.

Die Bezeichnung des Freigerichts mit „Veme" ist zuerst 1251 bezeugt[1]), ein Ausdruck, der schon vielfache, aber keine allseitig befriedigende Deutung erfahren hat[2]); die Gerichtsgenossen wurden dementsprechend „vimenoth" (zuerst 1227), „vemenote" genannt.

Der Besitzer eines Freistuhles hieß seit dem 15. Jh. Stuhlherr; er konnte über den Freistuhl frei verfügen, ihn veräußern. Der Kölner Erzbischof hatte zunächst als westfälischer Herzog keinerlei Rechte[3]) über die Freigrafschaften, aber er besaß als Stuhlherr vier Freistühle: zu Rüthen, Medebach, Kanstein und Scherfede. Andere mächtige Stuhlherren sind die Bischöfe von Münster[4]), die Grafen von der Mark (von Altena), von Arnsberg u. a. Die Stuhlherren konnten die Freigrafschaft selbst ausüben und fungierten dann selbst als Freigrafen, oder sie bestellten einen Freigrafen, der das Amt in ihrem Auftrag ausübte.[5]) Sie schlugen dann den Freigrafen dem König vor, und der König erteilte ihm darauf den Königsbann. Zuweilen war für diese Freigrafen ihre Stellung nur ein Nebenamt; im Hauptamt waren sie Stadtrichter, Gograf u. dgl. Das echte Freiding sollte der Freigraf dreimal im Jahre, also je nach Ablauf von 18 Wochen abhalten. Durch einen Fronboten ließ er die Freien seines Bezirkes vorher einladen.

Die Abweichungen von der alten Grafschaftsgerichtsverfassung wurden noch größer, als man auch von auswärts Rechtssachen vor die westfälischen Freigerichte brachte; gerade wie die süddeutschen königlichen Landgerichte[6]), so wurden in Westfalen die königlichen Freigerichte zuständig über ihren engen Bezirk hinaus; wie die königlichen Landgerichte in Nürnberg und Rottweil Zuständigkeit für das ganze Reich erlangten, so haben auch die Freigerichte Westfalens den weitesten Wirkungskreis erhalten, indem Gerichtssachen auch aus Süddeutschland, aus der Schweiz, selbst aus Böhmen und dem preußischen Ordenslande gelegentlich vor ihrem Forum anhängig gemacht wurden. Diese Erweiterung der Tätigkeit der Freigerichte hatte aber zur Folge, daß in ihrer Organisation eine Änderung eintrat, die sich den neuen Anforderungen anpaßte.

Zunächst wurde für die von auswärts kommenden Rechtssachen ein gebotenes Ding abgehalten. Das echte Freiding beschäftigte sich fortan mit den gewöhnlichen Königsbannsachen[7]) der Freigrafschaft und hieß „offenes" Ding, „offenbares" Frei-

1) Privileg des Erzbischofs Konrad von Hochstaden für Brilon: quod illud occultum iudicium quod vulgariter vehma seu vridinch appellari consuevit. Seibertz, Urkundenbuch zur Landes- und Rechtsgeschichte Westfalens I, Nr. 269.

2) Die früheren Deutungen sind übersichtlich zusammengestellt von Geisberg in der Zeitschrift f. westfäl. Gesch. u. Altertumsk. Bd. 19. Siehe auch Lindner a. a. O., Abschnitt 75: Die Bedeutung des Wortes Veme, S. 303f. Er gibt dort die Ansicht von F. Jostes wieder, daß dem Wort Veme der Begriff Gesellschaft, Genossenschaft, Verband zugrunde liege. — Jedenfalls ist das Wort aber im 13. Jh. in der Bedeutung „Strafe" verwandt worden, so daß der Bezeichnung Vemgericht die Bedeutung Strafgericht, Strafprozeß innewohnen würde.

3) Im 13. Jh. wird zuweilen zu den Freigerichtsentscheidungen die erzbischöfliche Bestätigung eingeholt, im 14. Jh. nicht mehr. Aber seit der Mitte des 14. Jhs. suchen die Erzbischöfe gerade mittels der Freigerichte ihre Herzogsgewalt in Westfalen zu stärken. Ähnlich haben die Bischöfe von Minden Freigrafschaften erworben und benutzt, um ihre Landeshoheit zu festigen und zu erweitern. — Heuslers Darstellung (Vfg. S. 223) erweckt die schiefe Vorstellung, als ob schon seit Friedrich I. der Erzbischof von Köln die Bannleihe als westfälischer Herzog an den Freigrafen vollzogen hätte. Das Interesse der Kölner Erzbischöfe an den Freigerichten erklärt Heusler aus deren Verwendbarkeit als Ketzergerichte, ohne mit dieser Wiederholung der längst abgetanen Auffassung Thudichums (HZ. NF. 32) Glück zu haben. Über das Verhältnis der Kölner Erzbischöfe zur Veme vgl. insbesondere M. Jansen a. a. O., S. 106f.

4) Bischof Everhard von Münster kauft 1280 die Freigrafschaft Oesede, 1282 die vor den Toren Münsters gelegene Freigrafschaft.

5) Die Freigrafen urkunden später selbständig und haben eigenes Siegel (seit dem 15. Jh. ein Schwert oder einen Ritter mit dem Schwerte). Abbildungen bei Usener a. a. O.

6) s. o. S. 160.

7) Die wenigen Königsbannsachen des Sachsenspiegels: Klage über Eigen und Ungericht Schöffenbarer bildeten die Kompetenzen des Freigrafen, durch die er sich von anderen Richtern unterschied.

ding; das gebotene Ding, das sich mit fremden Angelegenheiten befaßte und daher Geheimhaltung notwendig hatte, nannte man zum Unterschied davon das heimliche oder stille Gericht (iudicium secretum, stilledink, heimliche Acht).[1])

Erst später verwischt sich diese Unterscheidung; von der Heimlichkeit wurde nach und nach mehr Gebrauch gemacht. Gebotenes Ding gab es schon früher auch für andere Rechtssachen, für Gutsübertragungen u. dgl. Da konnten ebenfalls Dinge zur Sprache kommen, die besser nicht öffentlich behandelt würden. So vergrößerte sich die Wirksamkeit der geheimen Gerichtsversammlung und in gleichem Maße sank die Bedeutung des offenen Freidings.[2]) Auch konnte man ein offenes Freigericht zu jeder Zeit in eine heimliche Acht umwandeln.[3])

Das echte Ding, das zuständig war für die Rechtssachen der Freigrafschaft, setzte sich zusammen aus dem Freigrafen als Vorsitzendem, den Freischöffen als Urteilfindern und den Freien des Bezirkes, seien es freie Herren, Gemeinfreie oder freie Landsassen. Das heimliche und gebotene Ding war außer den geladenen Parteien und ihren Vorsprechern nur gebildet durch Freigraf und Freischöffen. Wurde ein offenes echtes Ding in ein heimliches umgewandelt, so mußten die Nichtschöffen die Dingstätte verlassen. Der Schöffe war „wissend", d. h. er war bei Aufnahme unter die Freischöffen über seine Pflichten und Rechte aufgeklärt worden.[4]) Wie sich aber damit mehr und mehr der Begriff des Geheimnisvollen verband, nannte man die Nichtschöffen „Unwissende". Seit dem Ende des 14. Jhs. hat man immer seltener Unwissende zu dem Vemding einberufen. Seitdem gab es fast nur geheime Stilldinge.

Der Freischöffe wird im Freiding aufgenommen, er leistet einen Eid, das Geheimnis der Veme zu wahren, er wird dabei über die geheimen Erkennungszeichen belehrt („wissend" gemacht) und zahlt ein hohes Aufnahmegeld. Die Adeligen Westfalens werden sich wohl alle in die Reihe der Freischöffen, den sogenannten Freischöffenbund, haben aufnehmen lassen, ebenso die westfälischen Stadträte. Auch außerhalb Westfalens bewarb man sich darum, an dem einen oder anderen westfälischen Freistuhl Freischöffe zu werden. Der Kaiser Sigismund, der Kurfürst Friedrich I. von Brandenburg und viele andere weltliche und geistliche Fürsten und sonstige angesehene Männer, besonders viele Stadträte, wurden „wissende" Freischöffen.

Die Freischöffen hatten gewisse besondere Vorzüge, wenn sie selbst angeklagt wurden, daher war ihre Stellung sehr gesucht[5]); berechtigt waren sie an allen Freistühlen zu erscheinen. Die Freischöffen waren außer zur Geheimhaltung verpflichtet, bei der Hinrichtung mitzuwirken[6]), Vorladungen zu bestellen und gewissermaßen als „amtliche Rügegeschworene" Anzeigen anzunehmen und daraufhin die Rüge (vemwroge) zu erheben und als Ankläger aufzutreten.

Wenn mindestens drei Freischöffen jemanden bei handhafter Tat ergriffen, so konnten sie ein Notgericht abhalten und den Verurteilten am nächsten Baume aufhängen. Bei nicht handhafter Tat trat das Rügeverfahren und Beweisverfahren im Freiding ein, die beide ganz aus der karolingischen Wurzel erwachsen waren. Der Zweikampf war als Beweismittel nicht zugelassen; es gab nur die Reinigung vermittels Eides und Eidhelfer, wobei Ankläger und Angeklagter sich in der Zahl der Eidhelfer über-

---

1) Lindner, S. 477 ff. 2) Lindner, S. 545.

3) Z. B. wenn der Beklagte nicht erschien.

4) Der Freischöffe scheint nur an dem Stuhl, an dem er wissend gemacht war, berechtigt gewesen zu sein, das Urteil zu finden. Lindner, S. 546.

5) Andererseits waren die westfälischen Freigrafen sehr geneigt, neue Freischöffen anzunehmen wegen der Geldeinnahme bei der Aufnahme.

6) Dies war nötig, weil keine staatliche Exekutivgewalt dazu zur Verfügung stand. Ein großer Nachteil dieser Einrichtung lag darin, daß sie zu Mißbrauch und Mord den Deckmantel abgeben konnte. Innerhalb des eigenen Gerichtsbezirkes hatte der Freischöffe als angesehener, geachteter Mann in der eigenen Stellung den Rückhalt für seine Exekutivgewalt. Die Ausdehnung dieser Gewalt auf das ganze Reich war eine Überschreitung der natürlichen Grenzen der Schöffengewalt und mußte zu Nachteilen in der Rechtspflege führen. Heusler, Vfg. S. 228.

bieten konnten.[1]) Insofern haben wir eine direkte Fortsetzung des alten Gerichtsverfahrens, nur daß die Freigerichte, stolz im Bewußtsein, von den karolingischen Einrichtungen abzustammen, gewisse Formen und Förmlichkeiten ausbildeten, um sich auch deutlich von den landesherrlichen Gerichten zu unterscheiden. Das Richten bei königlichem Banne, mit dem ebenfalls bestimmte feierliche Formen verbunden waren, unterstützte solche Förmlichkeiten. So bekamen die westfälischen Vemgerichte allmählich den Nimbus eines Geheimbundes.

Ihre Gerichtssitzungen wurden zuweilen bei wichtigen Fällen auch äußerlich glanzvoll gestaltet, indem außer dem vorsitzenden Freigrafen mehrere andere Freigrafen erschienen und den Mitvorsitz führten und außer den notwendigen sieben Freischöffen bis zu 100 anwesend sein konnten.

Den Charakter von königlichen Gerichten haben die Vemgerichte auch nicht verloren, als der Erzbischof von Köln zunächst 1382 für seine eigenen Freigrafen das Recht erhielt, den Königsbann zu erteilen, und dann der Kölner Erzbischof Dietrich v. Mörs von Kaiser Sigismund 1422 geradezu zum „Statthalter der heimlichen Gerichte“ eingesetzt wurde. Seitdem[2]) hat der Kölner Erzbischof über alle westfälischen Freigerichte, nicht nur über diejenigen seines Herzogtums die Oberaufsicht und das Recht, den Königsbann zu vergeben. Dietrich v. Mörs suchte eine straffere Organisation den Freigerichten zu geben, indem er mit kaiserlicher Ermächtigung Versammlungen der Freigrafen, sogenannte Kapitelstage berief. Auf diesen ließ er durch Weistümer für eine Anzahl Fragen das Vemerecht feststellen. Er verbot, eine Sache an mehreren Stühlen zugleich anhängig zu machen, und er suchte eine Art Berufungsinstanz einzurichten, indem er sein Freigericht zu Arnsberg zum Hauptstuhl erhob. Er hatte jedoch nur bezüglich der Freigrafen des Herzogtums Westfalen Erfolg.

Die Kaiser Ruprecht und Sigismund haben die Vemgerichte sehr gestützt.[3]) Unter ihnen hatten sie ihre höchste Blüte als königliche Freigerichte. Ihre angesehene Stellung veranlaßte sie jedoch zu Übergriffen mancherlei Art. Den Kaiser Friedrich III., der nicht Freischöffe geworden war, haben sie sogar vor ihren Richterstuhl geladen und ihm bei Ungehorsam mit der Vervemung gedroht. Die Folge ihrer Anmaßungen war die Reaktion der Landesherren und der Städte gegen sie.[4]) Königliche Exemtionsprivilegien, die ablehnende Haltung der Kaiser[5]) halfen dann den Fall der Vemgerichte zu beschleunigen. Seit Ende des 15. Jhs. sind sie wieder auf ihr Ursprungsland, Westfalen, beschränkt und weiterem Verfalle überlassen.[6])

4. Militärwesen.

W. F. v. MÜLINEN, Geschichte der schweizer Söldner bis zur Errichtung der ersten stehenden Garde 1497. 1887. H. FISCHER, Die Teilnahme der Reichsstädte an der Reichsheerfahrt vom Interregnum bis zum Ausgang Karls IV. Leipzig. Diss. 1884. W. ERBEN, Zur Geschichte des österreichischen Kriegswesens im 15. Jh. Mitteilungen des k. k. Heeresmuseums. H. 2. K. SPANNAGEL, Zur Geschichte des deutschen Heerwesens. Leipzig. Diss. 1885.

---

1) H. BRUNNER, Grundzüge^5, 1912, S. 183.

2) 1475 wurde dies dem erzbischöflichen Stuhl als solchem zuerkannt. Vgl. GRAUERT, Herzogsgewalt in Westfalen. (1877.) S. 118f. LINDNER a. a. O., S. 416, 418f., 426f.

3) Sigmund erklärte die Exemption von Freigerichten als unzulässig, da es kaiserliche Gerichte seien.

4) Sie pachteten oder kauften von verarmten Stuhlherren Freistühle und benutzten nun diese Stühle, um an ihnen zum Schutze ihrer Untertanen Widerklage gegen das Urteil anderer Freistühle zu erheben und dadurch deren Tätigkeit lahmzulegen.

5) Friedrich III. suchte das königliche Hofgericht als Berufungsgericht den Freigerichten überzuordnen; die Reichsreformen von 1495 brachten ebenfalls Einschränkung der Veme.

6) Der letzte Oberfreigraf von Arnsberg starb 1830.

1. Söldnerheere.

Die größte Veränderung, die im deutschen Heerwesen vor sich gehen sollte, ist das Aufkommen des Söldnerwesens. Es ist nicht im 15. Jh. mit einem Male da, sondern es hat schon seine vereinzelten Vorstadien gehabt. Da in anderen Staaten schon früher Soldtruppen verwandt wurden, so sehen wir, daß Deutsche schon seit dem 10. Jh. hier und da fremden Herren Solddienste leisteten.[1])

Im Reichsheere hat Heinrich IV. 1075 und 1076 in der Not Kriegerscharen durch Geld geworben; ein Jahrhundert später unter Friedrich I. hören wir, daß 1158 vor Mailand das letzte Treffen aus Söldnern bestand. Einzelne deutsche Kontingentsherren stellten zuweilen Söldner in die Kontingente ein, die sie dem Reichsheere zuzuführen hatten.

Das mögen zum Teil Soldritter gewesen sein, aber daneben legte das Wiederaufkommen des Fußvolkes auch die Annahme von nicht ritterbürtigen Söldnern nahe, besonders seit das österreichische Feudalheer in der Schlacht bei Sempach 1386 den Schweizer Fußsoldaten erlegen war und nunmehr die Achtung vor der Fußtruppe wieder stieg. Die älteren Bezeichnungen für Söldner waren (praemiis) conducti milites; in Flandern begegnet uns zuerst der Ausdruck soldarii, und von Brabant her, wo das Söldnerwesen früh heimisch war, wurde die Bezeichnung brabantini, brabanciones (frz. brabançons) geläufig.

Im 15. Jh. besonders veranlaßt durch die Hussitenkriege wird das Feudalheer des Reiches durch Söldnerheere ersetzt, nachdem schon vorher das Reich mehr und mehr den Fürsten und Vasallen Geldbeisteuern hatte leisten müssen, um die Widerwilligen zum Kriegsdienst zu bewegen. Der Reichstag von Nürnberg 1422 hat zum erstenmal zur Aufstellung eines Söldnerheeres eine direkte allgemeine Vermögenssteuer, den hundertsten Pfennig, ausgeschrieben. Für die Städte und sonstige Stände, die sich ablehnend verhielten, wurde eine gesetzliche Matrikel festgesetzt, die die Grundlage ihres Kontingentes sein sollte. Der teilweise mißglückte Versuch von 1422 wurde auf dem Reichstage zu Frankfurt 1427 erneuert und nunmehr der gemeine Pfennig für die Anwerbung eines Reichssöldnerheeres durchgesetzt. Der Nürnberger Reichstag von 1429 brachte die nähere Ausführung dieser Beschlüsse. Das alte Aufgebot wurde aufgegeben und nur noch den Kurfürsten wurde geboten, eine bestimmte Zahl Schützen zu stellen und mit anderen Fürsten und Städten gemeinsam Geschütze und Kriegsmaterial zu liefern. Eine solche Lieferung wurde auch anderen Ständen anempfohlen.

Diese Maßregeln waren nur für den augenblicklichen Bedarf getroffen worden, eine dauernde Änderung des gesamten Heerwesens war 1422 und 1427/29 nicht beschlossen worden. Auch ist die Veränderung zunächst tatsächlich nicht beibehalten worden. Immerhin lieferte sie das Vorbild für spätere Reformen.

2. Burgenverfassung und Befestigungswesen.

A. Meister, Die Hohenstaufen im Elsaß; Beilage I über Burgverfassung im Elsaß unter den Staufern. 1890. A. Schulte, Geschichte der Habsburger. 1887. S. 55f. H. Meyer, Das staufische Burggrafentum. Leipzig. Diss. 1900. H. Niese, Die Verwaltung des Reichsgutes im 13. Jh. Kap. V, Abschn. 4. 1905. S. Rietschel, Das Burggrafenamt und die hohe Gerichtsbarkeit. 1905. A. Meister, Burggrafenamt oder Burggrafentitel. Die Präfektur. HJb. 1906. S. 253ff.

Seit den Burgenbauten Heinrichs IV. haben erst die Staufer wieder Burgen in größerer Anzahl gebaut. Sie dienten in erster Linie militärischen Zwecken, und zwar vor allem zur Sicherung von Reichsgut und von staufischem Familienbesitz. Mit dem Burgenbau ging vielfach eine Stadtbefestigung Hand in Hand. Nach dem Interregnum hat Rudolf von Habsburg gebrochene Burgen und Festungen wieder aufbauen lassen und das Befestigungssystem noch vermehrt.

Die Burg erhielt einen Kommandanten und eine Besatzung.

---

1) Vgl. Spannagel a. a. O., Anhang S. 71f.

Zum Kommandanten einer Burg wurde nicht immer ein besonderer Beamter eingesetzt, der nur dieses Amt ausschließlich versah. Vielfach war der jeweilige Schultheiß des Burgortes oder der Vogt des Gebietes, in dem die Burg lag, gleichzeitig Burgkommandant. Die Bezeichnung des Befehlshabers der Burg ist praefectus; seit der Mitte des 12. Jhs. kommt vereinzelt[1]), im 13. Jh. häufiger der Titel Burggraf, burggravius, auf. Ein Grafenamt ist damit natürlich nicht gemeint. Das Amt des Burgkommandanten bestand vielmehr in erster Linie in der militärischen Befugnis eines Befehlshabers, und zwar erstreckte sich dieser Befehl entweder nur über die Burg oder auch über ein zur Burg gehöriges Schutzgebiet. Bei Reichsburgen führte er den militärischen Befehl über den umliegenden Reichsbesitz. Außer den militärischen Aufgaben konnten administrative und zuweilen auch richterliche Funktionen hinzukommen, je nachdem der Kommandant gleichzeitig Schultheiß oder Vogt war. Die Dauer der Stellung eines burggravius ist örtlich verschieden gewesen, bei manchen Burgen war sie lebenslänglich, bei anderen zeitlich begrenzt, bei einigen setzt schon früh die Erblichkeit ein.

Die Besatzung der Burg wurde gebildet durch Burgmannen. Ihre Bezeichnung war castrensis, castellanus, sessor und sesman. Burgmannen sowohl wie Burgkommandanten gehören ihrem sozialen Stande nach den Ministerialen an, auf Reichsburgen den Reichsministerialen. Zuweilen und zwar in wachsendem Maße seit Rudolf von Habsburg drangen freie Herren und auch einzelne Grafen in diese Stellungen ein, wogegen die Burgmannen Widerspruch erhoben und auch zum Teil Erfolg haben.

Die Ansetzung eines Burgmannes auf einer Burg geschah vermittels eines Burglehens; auch der Kommandant konnte ein Burglehen empfangen. Das Burglehen unterschied sich zunächst von dem gewöhnlichen echten Lehen dadurch, daß — von ganz vereinzelten Ausnahmen abgesehen — ursprünglich nicht liegende Güter verliehen wurden, sondern Kapital oder Renten. Dabei konnte wohl ein Grundstück angewiesen werden, aus dessen Ertrag in Geld oder Naturalien ein bestimmter Teil an Stelle des zu zahlenden Kapitals dem Burgmann verpfändet wurde. Im übrigen wurden die Renten gern angewiesen bei Reichsburgen auf die nutzbaren Einnahmen aus Regalien, wie Weinzölle, Judenschutz u. a. Das Burglehen ist also seinem Wesen nach ein Solddienstvertrag[2]), seinem Zwecke nach ein Burgbewachungsvertrag.

Der Burgmann erhielt einen Sitz auf der Burg, d. h. ein Wohnhaus. War ein solches nicht vorhanden, so mußte er sich eines bauen; er erhielt gleichzeitig die Verpflichtung, für Instandhaltung dieses Hauses Sorge zu tragen, wie er auch überhaupt an der Unterhaltung des baulichen, verteidigungsmäßigen Zustandes der Burg sich beteiligen mußte. Außer den militärischen Aufgaben, die der Burgmann übernahm, hat er auch die Pflicht der persönlichen Residenz. Anfangs wird wohl dauernder Aufenthalt auf der Burg beabsichtigt gewesen sein. Im Laufe der Zeit wurde Residenzpflicht nur für bestimmte Fälle oder auf beschränkte Zeit vereinbart. Der ganze Zeitraum eines Jahres konnte in einzelne Wochenperioden zerlegt sein, nach deren Ablauf die Burgmannen einander ablösten. Besonders bei kleinen Territorialherren kam dies vor, wo eine Mehrzahl von Ministerialen oder gar alle Dienstmannen Burgmannen geworden waren[3]) und daher abwechselnd für den Burgdienst eingezogen werden mußten. Selbst Vertretung in der Residenzpflicht wird zugelassen, und zwar sowohl bei Territorialburgen als bei Reichsburgen. Durch die beschränkte Residenz war auch die Möglichkeit gegeben, daß jetzt mehrere Burglehen in einer Hand vereinigt werden konnten.[4]) Man konnte so auf verschiedenen Burgen Burgmann sein.

---

1) Zum erstenmal 1123. 2) Niese a. a. O., S. 229f.

3) Vgl. R. Fressel, Das Ministerialenrecht der Grafen von Tecklenburg (in Münstersche Beiträge zur Geschichtsforschung. NF. H. 12).

4) Niese a. a. O., S. 235.

Die Burgenverfassung stellt sich dar als ein Gegensatz zu der Lehnsverfassung. Der Kaiser gewann durch das Burglehen eine zuverlässige Mannschaft auf den Reichsburgen, in einer Zeit, wo die Entwicklung des Lehnswesens ihm die Verfügbarkeit über die Lehen sehr beschnitten hat. Gegen die sich vom Reiche immer mehr emanzipierenden Lehnsträger erhielt er so wenigstens zum Schutze des Reichsbesitzes ein Gegengewicht in den Burgmannen. Ähnlichen Vorteil zogen die Territorialherren aus dieser Institution, da sie sehr gern zur Durchbrechung des alten Lehnswesens in ihren Territorien schritten.

Demselben militärischen Zwecke, wie die Burgen, dienten oft geradezu Stadtgründungen, d. h. die Anlage von Mauern um Orte, die für einen größeren Bezirk zum Schutz gereichen konnten. Sehr oft war eine Verbindung von Burg und Stadtbefestigung gewählt worden. Das führte dann dazu, daß in solchen Städten das Ministerialenelement überwog, und daß infolgedessen oft Konflikt zwischen Bürgern und Rittern entstand, der vielfach mit der Vertreibung der Ritter und der Zerstörung der Burg endete.